Fit im Schulsport

Wolfgang Friedrich

Über den Autor:

Dr. Wolfgang Friedrich ist Magister der Sportbiologie und Sportwissenschaft sowie Diplom-Sportlehrer. Er lehrt seit über 25 Jahren als Studienleiter des Württembergischen Landessportbundes (WLSB) an der Landessportschule Albstadt und hat in dieser Funktion über 7000 C-Trainer unterschiedlicher Sportarten ausgebildet. Er ist u. a. Experte für Ernährungs- und Regenerationsfragen. In den Jahren 2006 bis 2011 war er zudem als Dozent für den Bereich Sport und Ernährung an der Elite-Universität Konstanz tätig. Er war Tischtennis-Leistungssportler, hat selbst Bundesliga gespielt, ist im Besitz der DTTB Bundesligatrainer-Lizenz und war fast 20 Jahre im Lehrausschuss des DTTB für den Bereich der Traineraus- und -fortbildung zuständig. Er bildete zudem über 1000 Bundesligatrainer unterschiedlicher Sportarten aus.

Neben seinem großen Fachexpertenwissen verfügt er über viel praktische Erfahrung in der Zusammenarbeit mit Sporttrainern und Sportprofis sowie ambitionierten Breitensportlern.

Im Spitta Verlag erschienen von ihm bereits das Buch „Optimale Regeneration“ in der 2. und das Buch „Optimale Sporternährung“ in der 4. Auflage sowie das Lernheft „Workbook Optimale Regeneration im Sport“.

Für den Schul- und Vereinssport erschien der Titel „Optimales Trainerwissen“.

Das Buch „Fit im Schulsport“ wendet sich an Schülerinnen und Schüler des Pflichtfachs Sport an Gymnasien sowie an Schülerinnen und Schüler des Profilfaches Sport an der Gemeinschaftsschule.

Fit im Schulsport

Optimales Sportwissen für das Sportprofil

Wolfgang Friedrich

2., vollständig überarbeitete und erweiterte Auflage

Die Inhalte orientieren sich am Bildungsplan Baden-Württemberg
für das Pflichtfach Sport an Gymnasien
und für das Profilfach Sport an Gemeinschaftsschulen.

spitta

Spitta GmbH · Ammonitenstraße 1 · 72336 Balingen · www.spitta.de

Korrespondenzadresse:
Dr. Wolfgang Friedrich
Im Brühl 1/2
72144 Dusslingen

Bibliografische Information der Deutschen Bibliothek
Die Deutsche Bibliothek verzeichnet diese Publikation in der Deutschen Nationalbibliografie;
detaillierte bibliografische Daten sind im Internet über http://dnb.ddb.de abrufbar.
ISBN 978-3-946761-53-2

Ammonitenstraße 1, D-72336 Balingen
www.spitta-sport.de

Projektleitung: Christian Koch
Covergestaltung: Michael Schwarte, Balingen
Coverfoto: Hans Yao, Tübingen
Lektorat: Dr. Annaliese Benkwitz, Balingen; Hannelore Stix, Nürnberg
DTP-Produktion: Banholzer Mediengestaltung, Rottweil
Printed in Germany

Inhalt

Hinweise zum Arbeiten mit „Fit im Schulsport“

Zum leichteren Auffinden sind folgende wichtige Lerninhalte farblich markiert:

- **Definitionen**, **Merksätze** und **Hinweise** bringen das Wesentliche in wenigen Sätzen auf den Punkt.
- **Praxisbeispiele** liefern veranschaulichende Beispiele aus der Sportpraxis.
- **Trainingstipps** geben Anreize und Anleitungen für ein effektives Training (auch für den Cooper-Test).

Zu jedem der 27 Kapitel gibt es Aufgaben und Fragen zum Inhalt. Diese Aufgaben dienen zur Wiederholung, zum besseren Verständnis, zur Zusammenfassung und zum Lernen.

In den Kapiteln 10 (Aufwärmen im Sport), 12 (Krafttraining) und 20 (Ernährung im Sport) finden sich **Arbeitsblätter** für den Unterricht:

- Sie bilden eine Brücke zwischen Theorie und Praxis: So kann das Gelernte sofort in die Praxis umgesetzt und somit besser verstanden werden.
- Sie zeigen verschiedene Elemente aus der Trainingspraxis des Ausdauer- und Krafttrainings.
- Sie können zur aktiven Gestaltung des Unterrichts beitragen.

Zum Lehrbuch „Fit im Schulsport“ ist beim gleichen Verlag ein „Arbeitsheft“ erschienen, in dem jedes Kapitel vom Schüler selbständig erarbeitet werden kann.

Um den Lesefluss so wenig wie möglich zu stören, verzichten wir weitgehend auf die Nennung beider Geschlechter. Wann immer die männliche Form angesprochen wird, gilt dies in gleicher Form für die weibliche.

Was man unter Sport verstehen kann

1

In Deutschland betätigen sich ca. 40 Millionen Menschen sportlich, davon sind im DOSB (Deutscher Olympischer Sportbund) im Jahr 2016 fast 27,3 Millionen Menschen in Vereinen organisiert. In 15 von 16 Landesverfassungen der Bundesrepublik Deutschland ist der Sport als Staatsziel normiert. Dies zeigt die wichtige gesellschaftliche Bedeutung des Sports auf.

Staatsziel Sport

Der DOSB möchte erreichen, dass das Staatsziel Sport in das Grundgesetz der Bundesrepublik Deutschland mit folgender Formulierung aufgenommen wird:

„Der Staat schützt und fördert die Kultur und den Sport."

Gründe:

1. Sport ist die größte Bürgerbewegung Deutschlands.
2. Sport hilft bei der Integration.
3. Sport kann Werte vermitteln.
4. Sport sorgt für Chancengleichheit bei Männern und Frauen.
5. Erfolgreiche Sportler repräsentieren Deutschland und tragen so zur Identifikation der Bürger mit ihrem Land bei.
6. Der organisierte Sport ist ein wichtiger Wirtschaftsfaktor geworden.
7. Sport übernimmt öffentliche Aufgaben, z. B. in der Gewaltprävention.
8. Sport hat eine wichtige Bedeutung für die Gesundheit.

(vgl. Positionspapier des DOSB, 2006)

Fußball-Weltmeisterschaften oder Olympische Spiele sind große mediale Ereignisse, die jeweils von Hunderten von Millionen Zuschauern auf der ganzen Welt verfolgt werden. Im Sommer 2016 liefen z. B. in England auf 8 verschiedenen BBC-Kanälen parallel Übertragungen der Olympischen Spiele in Rio. Mehrere TV-Kanäle zeigen in Deutschland Sport rund um die Uhr an 7 Tagen in der Woche, und die großen Fußballklubs in Europa verfügen sogar über eigene TV-Kanäle, allerdings häufig im pay-TV-Modus. Der deutsche Fußballstar und Weltmeister Mesut Özil bringt es 2016 auf insgesamt 30,3 Millionen Facebook-Follower. Er soll sich den Medien nach um einen neuen Vertrag bei seinem Klub Arsenal London bemühen, der ihm 300000 Euro pro Monat an Gehalt bringen soll. Fast wöchentlich wird in den Medien über Dopingskandale berichtet. Der Sport ist heute ein globales Kulturphänomen mit gleichzeitig wichtiger politischer und wirtschaftlicher Bedeutung.

1.1 Sport ist nicht gleich Sport

Sport findet auf verschiedene Art und Weise und in verschiedenen Organisationsformen statt. Er wird betrieben in örtlichen Vereinen, in Parks auf Slacklines oder bei Lauftreffs, als Schnupperkurs beim Tauchen im Urlaub, im Schnee auf den Pisten, im Bob im Eiskanal, als Yoga oder Tai-Chi, mit Pistolen oder Pfeil und Bogen, an Volkshochschulen, ohne Trainer, mit Trainer, in Fitnessstudios, am Schachbrett, in Kampfsportarten, auf dem Wasser, als Koronarsport, als Wellnessangebot in Touristenhotels, als Alterssport, auf dem Rücken von Pferden, in der Formel 1, beim Dartspiel, Betriebs- oder Gesundheitssport, im Strafvollzug, als Schulsport, bei der Polizei und Feuerwehr oder mit Geflüchteten - das Wachstum und die Verschiedenartigkeit des Sports in dieser Richtung scheinen fast unbegrenzt zu sein.

Einige dieser Erscheinungsformen des Sports haben sich erst in den letzten 20–30 Jahren entwickelt. So gewann z. B. der Gesundheitssport erst in den 80er- und v. a. 90er-Jahren des letzten Jahrhunderts immer mehr an Bedeutung. Das Spektrum an Motiven und Sinnmustern für die Menschen Sport zu treiben, ist sehr groß. Mit den Sinnmustern wird deutlich gemacht, welchen Sinn der Einzelne in seinem Sport sieht und wozu das Sporttreiben für den Einzelnen in einer Gesellschaft gut ist. Motive können u. a. sein:

- das Leistungsmotiv,
- das Gesundheitsmotiv,
- die Geselligkeit,
- die Fitness,
- das Naturerlebnis,
- die Abenteuerlust oder
- die Individualität.

Da sich die Sinnzuschreibung für ihre sportlichen Betätigungen von Mensch zu Mensch stark unterscheidet, ist selbst bei homogenen Gruppen wie Leistungssportlern, Gesundheits- oder Fitnesssportlern und Bundesligafußballern dieser subjektive Sinn nicht gleich. Es gibt eben auch Sportarten, an denen sich die Geister scheiden. Was für den einen *der Sport* schlechthin ist, kann und darf ein anderer als *Nicht-Sport* bezeichnen.

Der Sport hat sich in der Geschichte schon immer weiterentwickelt, indem er auf den gesellschaftlichen Wandel reagiert und sich darauf eingestellt hat. Somit unterliegen Sportdefinitionen ebenso wie die Gesellschaft ständigen Veränderungen.

1.2 Wie kann man Sport definieren?

Die folgenden zwei Definitionen sollen dies veranschaulichen:

Definition 1: „Sport als Leibesübung ist im Lebensbereich zweckfreien Tuns ein von Wertgefühl und Festlichkeit erfülltes, natur- und kampffrohes, verfeinert und typisiert geregeltes Vervollkommnungsstreben. Der Gegner im Sport ist Freund als Träger der vergleichbaren Wettbewerbsleistung.“

Definition 2: „Sport ist ein kulturelles Tätigkeitsfeld, in dem Menschen sich freiwillig in eine Beziehung zu anderen Menschen begeben mit der bewussten Absicht, ihre Fähigkeiten und Fertigkeiten insbesondere im Gebiet der Bewegungskunst zu entwickeln und sich mit diesen anderen Menschen auf Grundlage der gesellschaftlich akzeptierten ethischen Werte nach selbstgesetzten oder übernommenen Regeln zu vergleichen.“ (Quelle: www.sportwissenschaft.uni-hamburg.de/tiedemann/documents/sportdefinition.html [Zugriff 27.03.2017])

Die erste Definition von *Carl Diem*, einem der Begründer der Sporttheorie, stammt aus dem Jahr 1949. Die zweite Theorie von 2016 hat *Claus Tiedemann* formuliert, ein Sportprofessor aus Hamburg. Zwischen beiden Definitionen liegen über 60 Jahre.

Dazu schreibt das Sportwissenschaftliche Lexikon: „Aufgrund des großen Bedeutungsgehalts in der Umgangssprache ist eine präzise Abgrenzung des Begriffs nicht möglich. (...) Das Begriffsverständnis unterliegt deshalb historischen Wandlungen und ist nicht für alle Zeiten festlegbar." (*Röthig*, 1992, S. 338)

Diese beiden Definitionen zeigen auch, dass es eine einheitliche Definition nicht geben kann, da es *den Sport* auch nicht gibt.

1.3 Welche Sportbereiche kann man unterscheiden?

Die meisten Sportarten / Disziplinen kann man in Anlehnung an *Hottenrott / Neumann* 2016 folgenden Sportbereichen zuordnen:

1. Leistungssport

Beim Leistungssport handelt es sich um eine in vielerlei Hinsicht intensive und professionelle Sportausübung mit dem persönlichen Ziel, optimale bzw. maximale Wettkampfleistungen zu erzielen. Weitere Kennzeichen:

- sehr hoher Trainingsaufwand (15–40 Std. / Woche)
- Saisonperiodisierung / Zyklisierung
- sehr hoher persönlicher Einsatz / Motivation
- sehr hohe Trainingsintensität
- sehr hohe Leistungsbereitschaft
- sehr hohe Sportartspezialisierung
- Sport dominiert fast alle Bereiche des täglichen Lebens
- Beachtung einer gesunden Lebensführung (z. B. Verzicht auf Alkohol, Zigaretten, Drogen, ...)
- starke Beachtung von sportgerechter Ernährung
- Betreuung durch lizensierte Trainern, Physiotherapeuten, Sportpsychologen etc.
- u. U. Landeskader- oder Bundeskadermitglied der Sportart
- ausgearbeitete schriftliche Trainingspläne
- u. U. sehr hohe finanzielle Vergütung

2. Breiten- und Freizeitsport

Den Breiten- und Freizeitsport kennzeichnet ein wettkampfungebundener Sport. Es existiert allerdings in populären Sportarten wie Fußball, Handball oder Tischtennis auch ein für diese Sportarten sehr bedeutsamer Wettkampfbereich. Die Teilnahme am Wettkampf und der Leistungsvergleich spielen für die Sportler eine wichtige Rolle, sind z.T. sogar ihre Hauptmotive. Weitere Kennzeichen:

- begrenzter Trainingsaufwand (Trainingshäufigkeit)
- u. U. kein Trainer vorhanden
- häufig noch Trainer ohne Lizenz
- kein Betreuerteam vorhanden
- keine oder kaum Trainingspläne vorhanden
- z. T. unregelmäßige Trainingsteilnahme / Wettkampfteilnahme
- gesunde Lebensführung häufig nur zweitrangig
- tägliches Leben wird nicht oder selten durch den Sport dominiert
- sportgerechte Ernährung spielt eine untergeordnete / keine Rolle
- keine Kaderzugehörigkeit (Landes- oder Bundeskader der Sportart)
- keine oder nur geringfügige finanzielle Vergütung

Dass die Zuordnung nicht immer einfach ist, soll folgendes Beispiel verdeutlichen. Seit ein paar Jahren gibt es eine Gruppe von sog. „Freizeitsportlern“ im mittleren Alter (ca. 35–65 Jahre), welche in ihrer Sportart sehr engagiert und zielstrebig trainiert. Im Mountainbikebereich trainieren diese Sportler z. B. täglich und bereiten sich nach genau festgelegten Trainings- und z. T. auch Ernährungsplänen konzentriert auf bestimmte Wettkämpfe vor. Fahrleistungen liegen dabei nicht selten um 15000–20000 Kilometer pro Jahr. Hier sind sehr viele Ähnlichkeiten bzw. Parallelen zum Leistungssport vorhanden.

3. Fitnesssport

Der Fitnesssport ist gegenwärtig die stärkste Strömung im Sport, insbesondere in den kommerziellen Fitnessstudios. Man kann darunter alle Sportarten zusammenfassen, die

- zum körperlichen und
- zum geistigen Wohlbefinden beitragen.

Einen inhaltlichen Schwerpunkt bilden die Ausdauerbelastungen wie Radfahren, Walking, Nordic Walking, Joggen und Schwimmen, einen weiteren Schwerpunkt sanfte Formen des Bodybuildings mit dem Ziel der Figurformung, Krafttraining, Beweglichkeits- und Koordinationstraining.

Nach Vorstellungen des DOSB (Deutscher Olympischer Sportbund) sollte die Fitness durch regelmäßiges, maßvolles und freudvolles Training, möglichst in Sportvereinen, betrieben werden.

4. Extremsport

Hierzu zählen Sportarten, bei denen die Sportler ganz bewusst und gezielt sowohl körperlich als auch psychisch Grenzbelastungen suchen. Hierzu zählen z. B. Base-Jumping, Parkour, Canyoning, das Race Across America, der Transeuropalauf, Freeclimbing, Eisklettern oder Paragliding.

5. Gesundheitssport

Beim Gesundheitssport handelt es sich um eine aktive, regelmäßige und systematische Belastung mit dem Ziel, die menschliche Gesundheit psychisch, körperlich und sozial zu fördern, zu erhalten und wiederherzustellen. Man verfolgt beim Gesundheitssportler zwei Hauptziele:

1. Eine Gesundheitswirkung – körperlich und psychosozial, d. h., durch Sportreiben in der Gruppe verbessert sich auch das Selbstbewusstsein.
2. Eine Verhaltenswirkung – man möchte eine langfristige Bindung des Menschen an den gesundheitsorientierten Sport erreichen.

Dazu machen viele im DOSB organisierte Vereine seit Beginn der 1990er-Jahre Gesundheitssportangebote, meistens in Kursform, mit eigens dafür ausgebildeten Präventionsübungsleitern. Der Anteil der Vereine, welche sich in besonderer Weise im Gesundheitssport z. B. in Baden-Württemberg engagieren, liegt bei etwas über 25 %. Von insgesamt ca. 11400 Sportvereinen bieten ca. 2900 Gesundheitssportangebote an.

6. Rehasport

Das Ziel des Rehasportes ist es, den Menschen nach überstandener Erkrankung die Wiedereingliederung in die Beschäftigung oder ein „normales“ Leben zu ermöglichen, Beispiel: Koronarsportgruppen (Herzsportgruppen).

7. Integrationssport

Darunter versteht man den Sport von Menschen mit Migrationshintergrund. Aufgrund ihrer politischen und religiösen Neutralität sind Sportvereine grundsätzlich offen für alle Menschen, gleich welcher Nationalität, Hautfarbe oder Glaubensrichtung sie sind. Die Regeln des Sports sind universell und Sprachprobleme können durch Gestik und Mimik überwunden werden. Hier wird die soziale

Bedeutung des Sports besonders deutlich. Die praktische Umsetzung geschieht z.B. in den örtlichen Sportvereinen oder in Kursen von Landessportverbänden. Nach einer Vereinsstudie von 2016 engagieren sich z.B. 28% der Sportvereine in Baden-Württemberg in besonderer Weise für Flüchtlinge (s. DOSB-Grundlagenpapier: Integration und Sport - Ein Zukunftsfaktor von Sportvereinen und Gesellschaft).

1.4 Eingrenzungen, was Sport ist

Die Vereine und Verbände des Sports sollen sich nach den Forderungen des DOSB zu einem humanistisch[1] geprägten Menschenbild und zum Fairplay bekennen. Das Sportangebot soll den Menschen zur bewegungs- und körperorientierten ganzheitlichen Entwicklung der Persönlichkeit dienen und strebt die Gesundheit in körperlicher, sozialer und psychischer Hinsicht an. Für eine Aufnahme in den DOSB müssen Voraussetzungen erfüllt werden:

1. Die Ausübung der Sportart muss eine eigene, sportartbestimmende motorische Aktivität eines jeden zum Ziel haben, der sie betreibt.
   Dies liegt nicht vor bei Denkspielen, Bastel- oder Modellbau, Zucht von Tieren, Dressur von Tieren oder technischen Geräten ohne Einbeziehung des Menschen.
2. Die Ausübung der sportlichen Betätigung muss der eigentliche Zweck der Betätigung sein. Dies liegt nicht vor bei Alltagstätigkeiten oder Zustandsveränderungen des Menschen.
3. Die Sportart muss die Einhaltung ethischer Werte wie Fairplay, Chancengleichheit, Unverletzlichkeit der Person und Partnerschaft durch Regeln und ein System von Wettkampf- und Klasseneinteilungen gewährleisten.

1.5 Wie ist der Sport in Deutschland organisiert?

Die Sportvereine gelten als die Basis des organisierten Sports in Deutschland, der Sportverein gilt als der deutsche Verein in Reinform. Fast alle Sportarten, die den zuvor aufgeführten Sportbereichen zugeordnet werden können, kann man auch in Sportvereinen ausüben.

Die Dachorganisation des organisierten Sports in Deutschland und damit auch der Vereine ist der DOSB. Er wurde 2006 als Zusammenschluss von DSB (Deutscher Sportbund) und NOK (Nationales Olympisches Komitee) gegründet. Er ist die größte Bürgerbewegung in Deutschland. Zum DOSB gehören 98 Mitgliedsorganisationen, darunter 16 Landessportbünde, 62 Spitzenverbände und 20 Verbände mit besonderen Aufgaben. In den Vereinen engagieren sich über 8,6 Millionen Freiwillige. Im Durchschnitt erbringen die Engagierten auf Vorstandsebene und Ausführungsebene eine jährliche Arbeitsleistung von 290 Millionen Stunden (s. *www.DOSB.de*).

1.5.1 Sportvereine

In Deutschland ist die Entwicklung des modernen Sports untrennbar mit der Entstehung von Sportvereinen verbunden. Nach dem deutschen Grundgesetz haben alle Deutschen das Recht, Vereine zu gründen. Die Paragraphen 21–79 des Bürgerlichen Gesetzbuches (BGB) regeln dies genau. Bei den 91000 Vereinen handelt es sich von der Idee her um sog. Non-Profit-Organisationen. Die Vereine sind die zentralen Träger für die Bereiche Breiten-, Freizeit-, Gesundheits- und Leistungssport. Sportvereine legen darüber hinaus sehr viel Wert auf die Qualifikation ihrer Übungsleiter und Trainer. Um eine Trainer- oder Übungsleiterlizenz zu erhalten, muss man i.d.R. je nach Qualifikationsstufe mindestens 120 Lerneinheiten inklusive theoretischer und praktischer Prüfung erfolgreich absolvieren.

1 Der Humanismus (Zeitepoche von 1400–1600 n.Chr.) ist eine Haltung, die von der Achtung der Würde des Menschen geprägt ist.

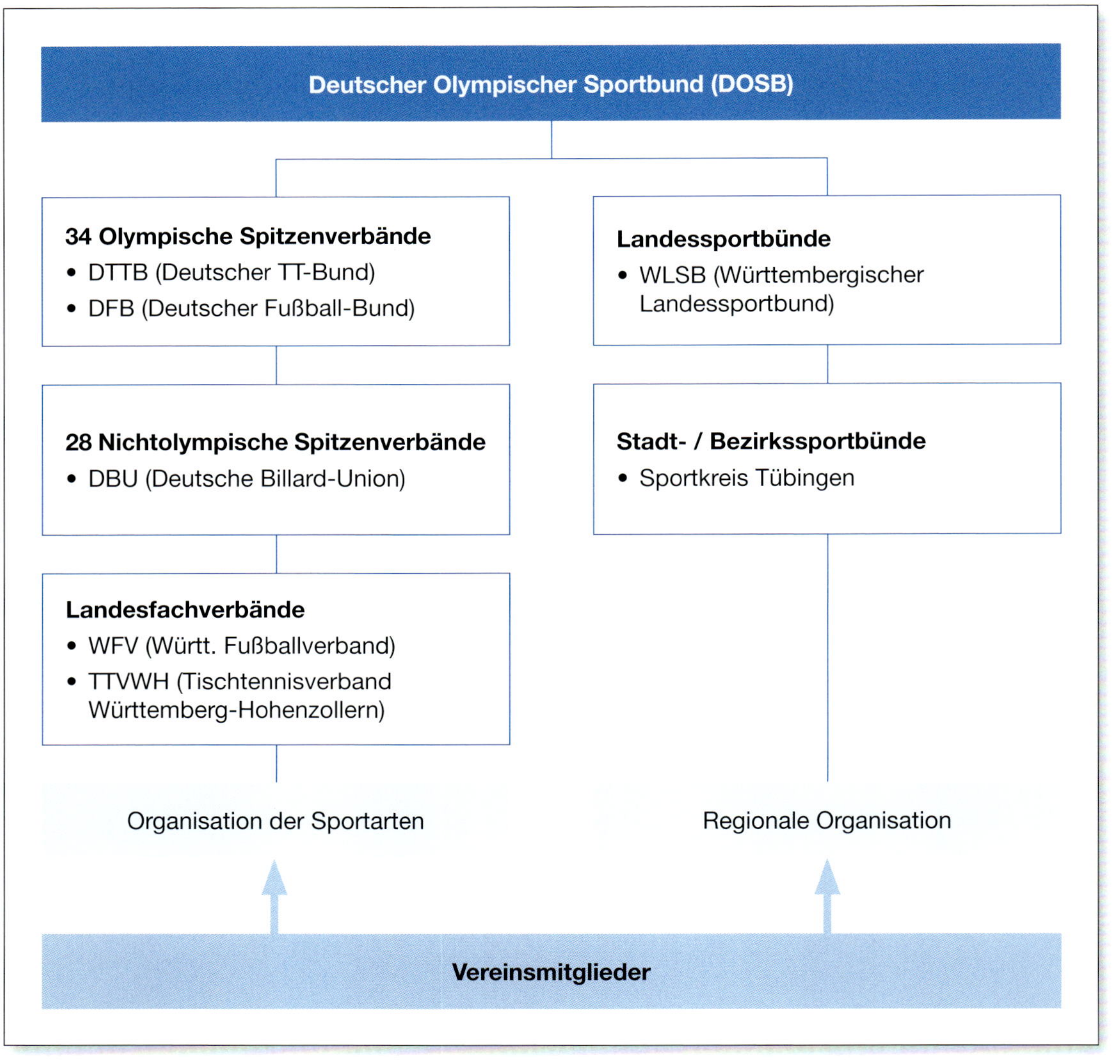

Abb. 1.1: Der organisierte Sport in Deutschland (vgl. *Thiel* et al., 2013)

Die Grafik veranschaulicht den zweigliedrigen Aufbau des Sports in Deutschland. Für die jeweiligen Organisationsformen wurden Beispiele angegeben.

Im Bundesland Baden-Württemberg gibt es drei Sportbünde: den WLSB mit Sitz in Stuttgart, den Badischen Sportbund Süd in Freiburg und den Badischen Sportbund Nord mit Sitz in Karlsruhe.
Homepage WLSB: *www.wlsb.de*
Homepage Badischer Sportbund Nord: *www.badischer-sportbund.de*
Homepage Südbadischer Sportbund: *www.bsb-freiburg.de*
Homepage des Deutschen TT-Bundes: *www.tischtennis.de*
Homepage DFB: *www.dfb.de*

1.5.1.1 Organisationsformen von Sportvereinen

Ebenso wenig, wie es *den* Sport gibt, gibt es *den* Sportverein. Die Sportvereine müssen heute stärker denn je mit kommerziellen Fitnessstudios und Trends im nicht-vereinsgebundenen Sport konkurrieren. Der WLSB hat im Jahr 2002 Ergebnisse einer Vereinsstudie veröffentlicht, aus der Teile nun dargestellt werden sollen.

Insgesamt wurden vom Institut für Sportwissenschaft der Universität Tübingen 3259 Vereine untersucht, bei einer Gesamtanzahl von 5523 Vereinen.

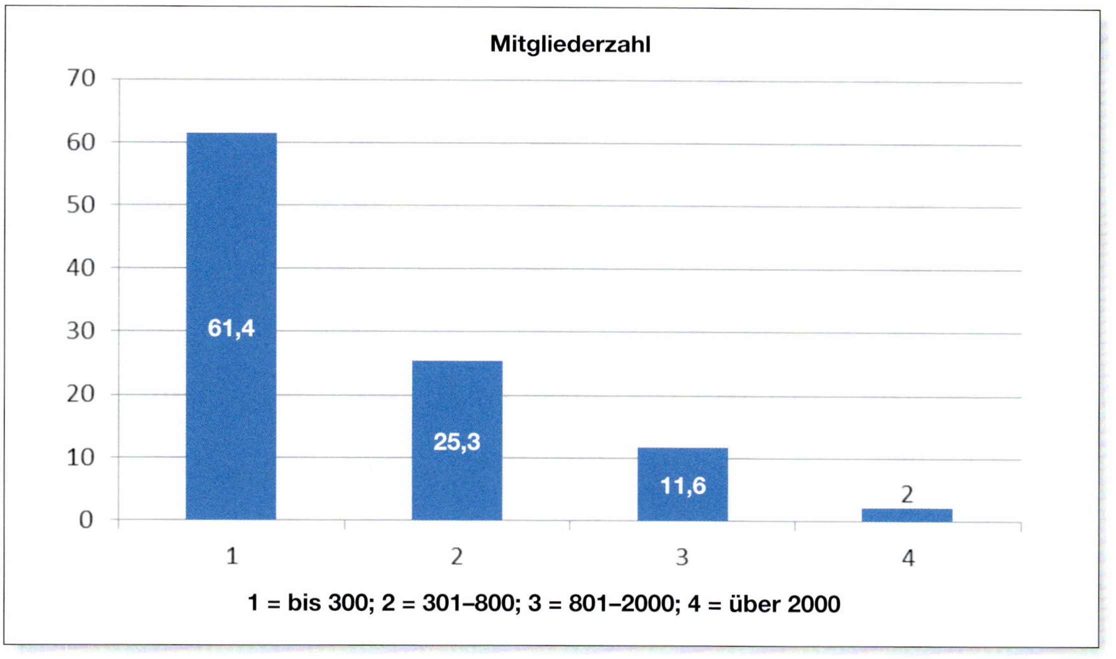

Abb. 1.2: Mitgliederzahl

Von der Stichprobe bestehen 61 % aus Kleinvereinen mit bis zu 300 Mitgliedern, 25 % der Vereine haben 301-800 Mitglieder, 12 % haben 801-2000 Mitglieder und nur 2 % machen die Großvereine mit mehr als 2000 Mitgliedern aus.

Nahezu zwei Drittel der Stichprobe bestehen aus Einspartenvereinen. Hingegen haben nur 13 % der Vereine mehr als 5 Abteilungen. Die restlichen 26 % der Vereine haben zwei bis 5 Abteilungen.

Interessant ist, dass 28 % der Vereine ein Haushaltsvolumen von weniger als 10000 Euro haben und 29 % der Vereine ein Haushaltsvolumen zwischen 10001 und 30000 Euro aufweisen. Das Haushaltsvolumen von 30 % der Vereine liegt zwischen 30001 und 100000 Euro. Ein Haushaltsvolumen von mehr als 100000 Euro haben 13 % der Vereine.

So sah 2002 der Durchschnittsverein des WLSB aus:

Er hatte 397 Mitglieder, hatte 2,6 Abteilungen und wurde 1946 gegründet. Das Haushaltsvolumen betrug ca. 60.000 Euro. Der Mitgliedsbeitrag für Erwachsene lag bei ca. 56 Euro pro Jahr.

Die Mitgliederzahl variierte zwischen 6 und 9321 und das Haushaltsvolumen zwischen 50 Euro und 5 Millionen Euro. Die Untersuchung unterteilte schließlich die Vereine in 3 Haupt-Vereinstypen (mit verschiedenen Untertypen):

1. Einspartenvereine: relativ wenige Mitglieder, geringer Jahresbeitrag, typische Sportarten: Fußball, Tennis, Schießen
2. Mehrspartenvereine: zwischen 5 und 15 Abteilungen, deutlich mehr Mitglieder, Haushaltsvolumina zwischen 145000 Euro und 365000 Euro
3. Umsatzstarke Vereine: sehr große Mitgliederzahl, im Durchschnitt über 20 Abteilungen, haben das höchste Haushaltsvolumen, nämlich zwischen ca. 1,2 bis 2,5 Millionen Euro.

Mitgliedsstarke Mehrspartenvereine mit unterschiedlichen Tätigkeitsfeldern organisieren sich häufig in mehrere Abteilungen. Diese Vereine haben sehr oft einen hauptamtlichen Geschäftsführer und weitere fest angestellte Mitarbeiter, da der Verwaltungs- und Organisationsaufwand so groß ist, dass er für ehrenamtlich Tätige nicht leistbar wäre. Sie sind z. T. vergleichbar mit mittelständischen Industrieunternehmen (Beispiel: VfL Sindelfingen *www.vfl-sindelfingen.de*).

1.5.1.2 Konstituierende Merkmale eines Sportvereins

Aus den gesetzlichen Bestimmungen zum Vereinswesen haben *Thiel* et al. (2013) fünf konstitutive Merkmale eines Sportvereins abgeleitet:

1. Freiwillige Mitgliedschaft: Jeder Mensch kann sich freiwillig entscheiden, ob er bei Interesse am Vereinsangebot Mitglied werden will.
2. Orientierung an den Interessen der Mitglieder: Vereine müssen sich am Interesse der Mitglieder orientieren, sind also deren Interessen verpflichtet.
3. Unabhängigkeit von Dritten: Der Verein finanziert sich über Mitgliedsbeiträge und andere, nicht-monetäre Leistungen der Mitglieder selbst und ist somit unabhängig von Dritten und autonom.
4. Freiwilligenarbeit: Die wesentlichen Arbeiten im Verein werden über freiwillig Tätige geleistet.
5. Demokratische Entscheidungsstruktur: Gemäß Satzung weisen Vereine eine demokratische Entscheidungsstruktur auf.

(*Thiel* et al., 2013, S. 205)

1.5.1.3 Wie gründet man einen Sportverein?

Das Bürgerliche Gesetzbuch schreibt in Deutschland genau vor, was man tun muss, wenn man einen Verein gründen möchte.

1. Wenn man einen Sportverein gründen möchte, sind dazu mindestens 7 Personen notwendig.
2. Der Verein benötigt eine Satzung. Die Regeln, die für den Verein gelten sollen, werden in der Satzung schriftlich festgelegt.
3. Der Verein benötigt einen Vorstand, der aus mehreren Personen besteht und der für den Verein quasi als gesetzlicher Vertreter auftritt.
4. Es muss ein schriftliches Gründungsprotokoll verfasst werden.
5. Letztendlich muss der Verein im sog. „Vereinsregister" eingetragen werden, was man an dem Kürzel „e.V.", also z. B. VfB Stuttgart e.V., eingetragener Verein, erkennen kann. Dafür ist der Vorstand verantwortlich.

1.5.1.4 Der Sportverein – ein konkurrenzloses Modell?

Der soziale Wandel geht natürlich auch nicht spurlos am Erfolgsmodell Sportverein vorüber. Der Sport wird vielfältiger und zeigt sich in vielerlei Gestaltungsformen. Mitglied in einem Sportverein zu sein kann eine Hürde und Möglichkeit zugleich für die Entwicklung von Sportvereinen sein. Ungefähr zwei Drittel aller ehrenamtlich im Verein Engagierten kamen über Anfragen und Anwerbungen in ihr aktuelles Amt. Die Vereine als klassische Mitgliedsorganisationen sind sehr gut funktionierende Netzwerke. Die Mitglieder in Sportvereinen tun etwas für ihre Vereinsmitglieder, Produzenten und Konsumenten sind quasi identisch. Doch der Sportverein hat in den letzten Jahren Konkurrenz bekommen. Die Volkshochschulen und kommerziellen Fitnessstudios konkurrieren schon sehr lange mit den Sportvereinen. Hierauf haben die Vereine z. B. mit vereinseigenen Fitnessstudios reagiert. Aber auch immer mehr Stiftungen, Bürgerstiftungen, Träger der freien Jugendhilfe, Stadtteilarbeit und andere entdecken den Sport nach einer Studie der „Zivilgesellschaft in Zahlen" für sich und ihre Zielsetzungen. Diese Organisationsformen sind deutlich seltener verbandlich organisiert. Damit entwickelt sich so etwas wie fließende Übergänge am Rande des gemeinnützigen Sports, welche auch Entwicklungs- und Kooperationsmöglichkeiten für die klassischen Sportvereine sein können. (vgl. *Kulmann,* www.DOSB.de, 2016)

1.5.2 Aufgaben und Ziele des DOSB

Der Deutsche Olympische Sportbund (DOSB), die regierungsunabhängige Dachorganisation des deutschen Sports, wurde am 20. Mai 2006 gegründet durch Zusammenschluss des Deutschen Sportbundes und des Nationalen Olympischen Komitees für Deutschland. Der DOSB steht für Leistung, Gesundheit, Lebensfreude und Wertevermittlung. Schirmherr des DOSB war 2016 der damalige deutsche Bundespräsident Joachim Gauck.

1. Laut Satzung bestehen Ziele und Zweck darin, den deutschen Sport in allen seinen Erscheinungsformen zu fördern, zu koordinieren und ihn gegenüber der Gesellschaft, dem Staat und dem In- und Ausland zu vertreten.
2. Der DOSB sichert die Teilnahme der Bundesrepublik an den Olympischen Spielen. Er bestimmt zudem, welche Städte in Deutschland sich um Olympische Spiele bewerben dürfen.
3. Der DOSB ist für die Betreuung seiner Mitglieder zuständig. Dies wird über die Satzung und zahlreiche Ordnungen geregelt.

Das Aufgabenspektrum des DOSB lässt sich genauer in die drei Bereiche Breitensport, Leistungssport und Sportentwicklung unterteilen.

1. Leistungssport

Im Leistungssport geht es um die Erarbeitung, Festlegung und Durchführung von sportartübergreifenden Konzepten zu dessen Förderung. Weitere Aufgabenbereiche sind: Fragen der Finanzierung, Leistungssportförderung, Vorbereitung, Nominierung und Entsendung sowie Abwicklung der Teilnahme der deutschen Mannschaft an Olympischen Spielen, offizielle Begleitung durch Sportwissenschaft und Sportmedizin, hochwertige Traineraus- und -fortbildung.

2. Breitensport

Im Breitensport bestehen die Aufgaben primär in der Beratung der Mitgliedsorganisationen zu Fragen der Vereinsentwicklung. Weitere Aufgabenbereiche: Breitensportförderung und Sportwissenschaft, Deutsches Sportabzeichen, Stärkung der Integrationsfunktion des Sports, Gesundheitssport und soziale Lebensqualität.

3. Sportentwicklung

Das Ziel der Sportentwicklung ist die Förderung einer ganzheitlichen Persönlichkeitsentwicklung im Sport, die Förderung des Kinder- und Jugendsports und der Bildung im und durch Sport. Wichtige Arbeitsbereiche sind: Vermittlung olympischer Grundprinzipien, gleichberechtigte Teilnahme am Sport für Männer und Frauen, Förderung des Behindertensports.

1.6 Internationale Sportstrukturen – am Beispiel des Fußballs

Die meisten Sportarten haben eigene Weltfachverbände, wie z. B. die FIFA (Fedération Internationale de Football: http://de.fifa.com/) im Fußball, welche beispielsweise die Fußballweltmeisterschaften der Männer und Frauen ausrichtet, das allgemein gültige Regelwerk festlegt und die Aufgabe hat, die Sportart zu fördern. In Europa gibt es die UEFA (Union of European Football Associations: http://de.uefa.com/), die für die Ausrichtung der Fußball-EM verantwortlich ist oder die Ausrichtung der Champions League, die für die Vereine finanziell sehr interessant ist.

1.7 Sport treiben ohne Vereinszugehörigkeit

Nicht jeder Mensch, der Sport treiben möchte, tut dies auch in einem Sportverein. Es gibt eine große Anzahl an Menschen, die Sport auch nicht in einem Verein betreiben möchten. Dabei handelt es sich aber auch hier um engagierte Sportler, denen das Sporttreiben sehr viel bedeutet und die ihren Sport sehr ernst nehmen. Ein bekanntes Beispiel sind die „Kampfschwimmer", die in den frühen Morgenstunden in den Freibädern jeden Morgen bei „Wind und Wetter" ihre Bahnen ziehen. Oder Kinder, die auf Bolzplätzen Fußball spielen bzw. Jugendliche, welche sich zum *Basketball zocken* auf einem Basketballplatz verabreden. Es können unterschiedliche Gründe sein, weshalb eine Vereinsmitgliedschaft für Menschen nicht in Frage kommt:

- Sportart / Disziplin gibt es nicht im Verein
- insgesamt schwaches Sportartenangebot
- keine qualifizierten (lizensierten) Trainer vorhanden
- Vereinsbeitrag zu teuer / Ausstattung zu teuer
- starre Denkweisen im Verein (zu viel Tradition)
- Erwartung, dass man sich ehrenamtlich engagiert
- zu sehr leistungssportlich orientiert
- Teilnahme am Wettkampfsport wird erwartet
- zu stark breitensportlich orientiert
- Altersstruktur passt nicht
- Trainingszeiten unflexibel
- keine Betreuungsmöglichkeiten für den Nachwuchs
- veraltetes Equipment / Ausstattung
- etc.

Viele Jogger, Radfahrer, Kletterer oder Schwimmer, aber auch Skifahrer auf Pisten oder Loipen sind keine Vereinsmitglieder. Es gibt jedoch auch Kombinationen, wenn man z. B. in einem Tischtennisverein wettkampfmäßig in einer Mannschaft spielt, aber vereinsungebunden in seiner Freizeit alleine für sich joggt oder Rad fährt. Eine interessante Gruppe bilden auch die Thekenmannschaften im Fußball mit z. T. sehr phantasievollen Namen, die sich nicht in „traditionellen Vereinen" organisieren, sondern ihren Platz außerhalb dieser Organisationsform in eigenen Ligen, die häufig als „bunte Ligen" bezeichneten werden, gefunden haben, um ihren Sport dort mit Gleichgesinnten so auszuüben, wie sie es sich vorstellen und wünschen.

1.8 E-Sport

Nicht nur im „richtigen Sport", bei dem wahrhafte Menschen sich im Sport betätigen oder messen, sondern auch im virtuellen Sport, dem E-Sport, treten Sportler und Mannschaften gegeneinander an.

Beim E-Sport handelt es sich um einen sportlichen Wettkampf zwischen Menschen mithilfe von Computerspielen. Die Sportler werden hier als E-Sportler bezeichnet (vgl. www.wikipedia.de).

Einer Studie von 2016 zufolge spielen monatlich ca. 100 Millionen Nutzer das Spiel „League of Legends". Zu den Finalspielen der Ligen *Counter Strike*, *Fifa 16* und *League of Legends* kamen 2016 ca. 30000 Zuschauer nach Köln. Der E-Sport verbreitet sich immer mehr, was auch steigende Zuschauerzahlen belegen. League of Legends (LoL) wird beispielsweise von professionellen E-Sportlern in einem Ligabetrieb gespielt. Das Computerspiel wird an einem Rechner mit Monitor gespielt, es gibt eine Deutsche Meisterschaft und sogar eine Champions-League. Bei der Weltmeisterschaft 2016 betrug das Preisgeld 2,1 Millionen Dollar, der Sieger bekam davon 1 Million Dollar. In Deutschland können ca. 100 professionelle Spieler vom E-Sport leben. Es gibt darunter interessanterweise Teams, die 3-mal pro Woche ins Fitnessstudio gehen, um die körperliche Grundlage für diese mentale Herausforderung zu schaffen.

Man rechnet damit, dass die „echten" Sportarten Handball, Basketball oder Eishockey im Hinblick auf die Zuschauerzahlen vom E-Sport bald überholt werden. Jetzt schon gibt es auch in Deutschland Fußballvereine, wie Schalke 04 und den VFL Wolfsburg, welche über eigene professionelle E-Sport-Teams verfügen. Im Ausland gehen z.B. Manchester City, Paris St. Germain, der FC Valencia und Besiktas Istanbul diesen Weg. Immer mehr Sponsoren aus dem Bereich der Online-Spiele engagieren sich beim E-Sport. Nach Auffassung des DOSB handelt es sich hierbei nicht um Sport. (vgl. *Tolks*, 2017, S. 2–3)

1.9 Trainer- und Übungsleiterausbildung im Sport

Die Trainer sowie Übungsleiter erfüllen in den Vereinen sehr wichtige Funktionen. Die Vereine legen sehr viel Wert auf qualifizierte Trainer und Übungsleiter. Daher bildet jeder Fachverband entsprechend den Bedürfnissen Übungsleiter oder Trainer aus. Im Basisbereich der 1. Lizenzstufe dauert beispielsweise eine Tischtennis-Trainerausbildung im Bereich des TTVWH (Tischtennis-Verband Württemberg-Hohenzollern) 120 Lerneinheiten (LE), wobei eine Lerneinheit 45 Minuten entspricht. Die gesamte Ausbildung ist in drei Ausbildungsblöcke zu jeweils 5 Tagen unterteilt. Theorie- und Praxisunterricht wechseln sich ab. Diese Ausbildung wird mit einer praktischen Lehrprobe und schriftlicher Prüfung abgeschlossen. Nach 4 Jahren müssen C-Trainer wieder auf eine 2-tägige Fortbildung, um ihre Lizenz zu verlängern. Die Tabelle 1.1 zeigt den Aufbau einer Trainerausbildung im WLSB:

Lehrgangsart	Lehrgangsart	Lehrgangsart
Grundlehrgang 40 LE Dauer 1 Woche	Aufbaulehrgang 40 LE Dauer 1 Woche	Prüfungslehrgang 40 LE Dauer 1 Woche

Tab. 1.1: Aufbau einer Trainerausbildung im WLSB

Die Tabelle 1.2 zeigt das Strukturschema der Trainer- und Übungsleiterausbildung:

<table>
<tr><th>Lizenz-
stufen</th><th colspan="3">Übungsleiter
(ÜL)
Breitensport
(sportartübergreifend)</th><th>Trainer
Breitensport
(sportartspezifisch)</th><th>Trainer
Leistungssport
(sportartspezifisch)</th></tr>
<tr><td>4.</td><td colspan="3"></td><td></td><td>Diplom-Trainer*</td></tr>
<tr><td>3.
A-Lizenz
mind. 90 LE</td><td colspan="3"></td><td>Trainer-A
Breitensport
(Sportart)</td><td>Trainer-A
Leistungssport
(Sportart)</td></tr>
<tr><td>2.
B-Lizenz
mind. 60 LE</td><td>ÜL-B
sportart-
übergreifen-
der
Breitensport</td><td>ÜL-B
Sport in der
Prävention</td><td>ÜL-B
Sport in der
Reha-
bilitation</td><td>Trainer-B
Breitensport
(sportartübergreifend)</td><td>Trainer-B
Leistungssport
(Sportart)</td></tr>
<tr><td rowspan="2">1.
C-Lizenz
mind.
120 LE</td><td colspan="3">Übungsleiter-C
Breitensport
(sportartübergreifend)</td><td>Trainer-C
Breitensport
(sportartübergreifend)</td><td>Trainer-C
Leistungssport
(Sportart)</td></tr>
<tr><td colspan="5">Für ÜL und Trainer:
ein Anteil von mind. 30 LE sportartübergreifender Basisqualifizierung</td></tr>
<tr><td>Vorstufen-
qualifikati-
onen
(mind.
30 LE)</td><td colspan="3">z. B.
Übungsleiterassistent / sportart-
übergreifender Breitensport /
Gruppenhelfer</td><td>z. B. Trainerassistent
Breitensport /
Leistungssport</td><td>z. B.
Gruppenhelfer
D-Trainer</td></tr>
</table>

Tab. 1.2: Das Strukturschema der Trainerausbildung im Lizenzsystem des DOSB
*Die Diplom-Trainerausbildung findet an der Trainerakademie des DOSB in Köln statt (www.trainerakademie-koeln.de). Die Ausbildungsstufen bauen hierbei von 1 nach 4 aufeinander auf und summieren sich hinsichtlich der Lerneinheiten.

Die Vorstufenqualifikationen gehören noch nicht zum Lizenzsystem des DOSB, sondern werden von den Spitzenverbänden selbst organisiert und verwaltet.

1.9.1 Inhalte einer Trainerausbildung am Beispiel der C-Trainerausbildung des TTVWH

Die Ausbildung zum Tischtennistrainer setzt sich aus sportartübergreifenden *und* sportartspezifischen Inhalten zusammen:

Sportartübergreifend: Sportpädagogik, Sozialkompetenz, Sportmedizin (aktiver und passiver Bewegungsapparat, Herz-Kreislauf-System, Energiebereitstellung), Training und Trainieren, allgemeine Trainingslehre / Trainingsmethoden, Trainingsprinzipien, Aufwärmen im Sport, Konditionstraining, Koordinationstraining, Sportverletzungen, Dehnung und Mobilisation, Kräftigungsgymnastik

Sportartspezifisch: Aufbau einer Tischtennis-Trainingseinheit, Methodik zum Erlernen der Schlagtechniken, Taktiktraining, Coaching im Wettkampf (Sportpsychologie), Materialkunde, Balleimertraining, Spielformen im Tischtennis, Trainingsorganisation, Regelkunde, Fehlerkorrektur

Die Tischtennisinhalte werden dabei von Referenten bzw. Landestrainern des TTVWH unterrichtet und die sportartübergreifenden Inhalte von Studienleitern des WLSB. Die Ausbildung findet zentral an der Landessportschule Albstadt des WLSB statt. Nach statistischen Erhebungen verfügt jeder

Verein in Baden-Württemberg durchschnittlich über ca. 5 ausgebildete Übungsleiter bzw. Trainer. Unterstützt werden können Trainer im Verein auch durch sog. Schülermentoren „Sport".

1.9.2 Schülermentoren-Ausbildung Sport

Schon in jüngeren Jahren können am Sport und speziell an ihrer eigenen Sportart interessierte Jugendliche sich zum Schülermentor „Sport" ausbilden lassen. Wer im laufenden Schuljahr das 15. Lebensjahr vollendet, darf die Ausbildung absolvieren. Durch die Ausbildung sollen Schüler befähigt werden, mit Unterstützung des Lehrers eine Gruppe zu führen und zu betreuen.

Schülermentoren unterstützen Lehrer z. B. in einer Sport-AG an der Schule. Voraussetzung dazu ist, dass die Mentoren bereits über *ausreichende Erfahrung* in ihrer Sportart verfügen und diese auch auf ausreichendem Niveau selbst beherrschen.

Beispielsportart Tischtennis (TT): Es genügt als *ausreichende Erfahrung* nicht, ab und zu im Sommer im Freibad TT gespielt zu haben. Die Ausbildung erfolgt in erster Linie in der Sportart Tischtennis, und dies setzt daher ein gewisses Niveau an eigenem Können (= Eigenrealisation) voraus. Außerdem würde die Akzeptanz der Mentoren bei den Schülern leiden, wenn sie ihre Sportart selbst nur ungenügend beherrschen. Idealerweise sollten die angehenden Mentoren bereits über mehrere Jahre Tischtennis in einem Verein gespielt haben.

1.9.3 Ziele der Schülermentoren-Ausbildung

Persönlicher Bereich	Schulischer Bereich	Außerschulischer Bereich
⬇	⬇	⬇
• Verantwortung übernehmen, die Anforderungen bewältigen, an der Aufgabe wachsen • Erwerb und Vermittlung von Schlüsselqualifikationen wie Kreativität, Flexibilität, Teamgeist sowie Stärkung des Selbstvertrauens	• An der Schule eine mitverantwortliche Tätigkeit übernehmen • mitverantwortliche Gestaltung des Schullebens • Schule als Ort der unmittelbaren Entfaltung der eigenen Fähigkeiten erfahren	• Vorbereitung auf die mögliche Übernahme einer ehrenamtlichen Tätigkeit außerhalb der Schule (Verein) • Einstieg in die Übungsleiter- oder Trainerausbildung

Tab. 1.3: Übersicht der Ausbildungsziele von Schülermentoren (Quelle: Schülermentorenausbildung in Baden-Württemberg - eine Erfolgsgeschichte. Hrsg: MKJS Baden-Württemberg, 2009)

Neben der Mithilfe in einer AG können Schülermentoren z. B. bei Sportfesten in der Schule, bei Jugend trainiert für Olympia oder Schulsportturnieren mithelfen. Idealerweise sammeln Schülermentoren in ihrer eigenen Sportart weitere Erfahrung im Sportverein, z. B. als Co-Trainer oder Übungsleiterhelfer.

Aufgaben und Fragen

1. Nennen Sie Gründe dafür, weshalb man sagen kann: „Der Statt schützt und fördert die Kultur und den Sport".
2. Welche Motivationen für das Sporttreiben kennen Sie? Finden Sie Sportarten bzw. Disziplinen, welche dafür charakteristisch sind.
3. Was sind Kennzeichen des Breiten- und Freizeitsports?
4. Was sind Kennzeichen des Leistungs- und Fitnesssports?
5. Wie beurteilen Sie die Möglichkeiten des Sports zur Integration? Wo sehen Sie u. U. Probleme? Wie könnte man hier besser agieren? Begründen Sie Ihre Entscheidung.
6. Welches sind die Merkmale eines Sportvereins? Wie gründet man einen Sportverein?
7. Welches sind die Aufgaben und Ziele des DOSB? Erläutern Sie.
8. Was versteht man unter der „Olympischen Idee"? Was waren die zentralen Gedanken?
9. Was von diesen Gedanken findet man heute noch bei Olympischen Spielen?

Was passiert im Körper, wenn wir Sport treiben?

2

Der Impuls loszulaufen, einen Tischtennisschläger in die Hand zu nehmen oder sich auf ein Mountainbike zu setzen und loszuradeln, kommt vom Gehirn, welches amerikanische Wissenschaftler als den „central governor" bezeichnen.

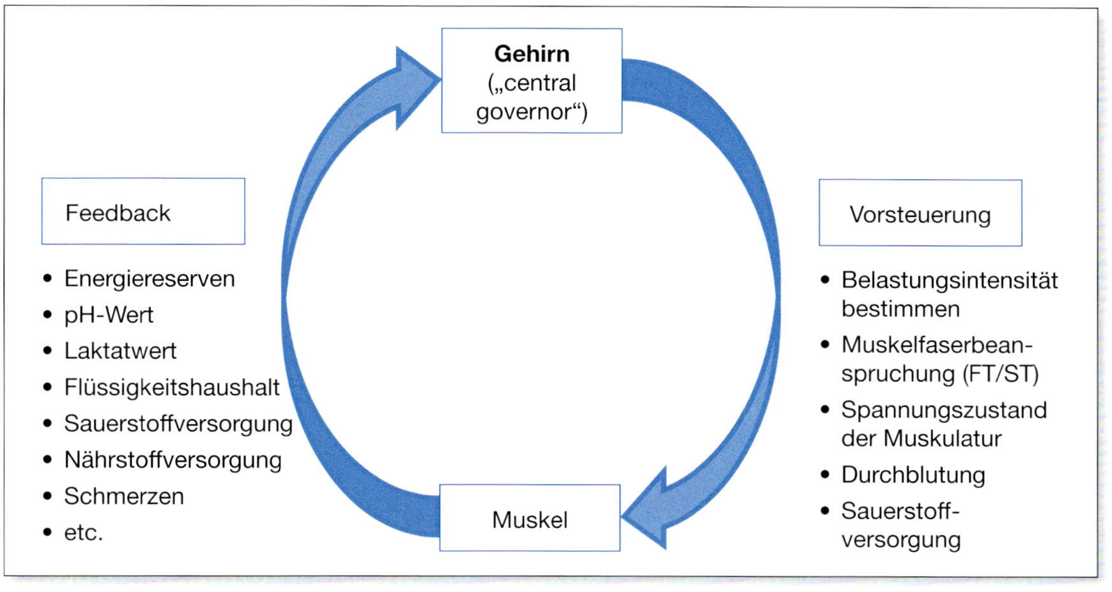

Abb. 2.1: Modell der zentralnervösen Belastungssteuerung des Muskels (mod. nach *Noakes*, 2010)

Das obige Modell zeigt, dass die zentralnervöse Steuerung des Gehirns in der Belastungssteuerung des Muskels die entscheidende Rolle spielt. Auch *Hollmann* und *Strüder* (2009) gehen von einer zentralen Steuerung aller Vorgänge im Gehirn aus. Die Laktatkonzentration ist z. B. nur einer von mehreren Faktoren, welche in dem Rückkopplungsprozess des Muskels zum Gehirn eine Rolle spielen. Es ist das Gehirn, welches u. a. das Tempo (den Muskeln) bei einem Lauf vorgibt (z. B. 100-m-Sprint oder Marathonlauf) oder den Befehl (den Muskeln) zum Endspurt beim 10000-m-Lauf gibt.

Der Vorstartzustand

Schon bevor man mit dem eigentlichen Sporttreiben beginnt, stellt sich der menschliche Organismus darauf ein. Die im Folgenden beschriebenen Vorgänge werden vom „central governor" bewusst gesteuert. Der Vorstartzustand kann u.U. mehrere Stunden dauern, aber auch erst unmittelbar zuvor einsetzen. Ein zu starker Vorstartzustand kann z. B. durch mangelhaften Schlaf oder durch zu starke Übermotivation hinderlich für die zu erbringende Leistung sein.

Beim Vorstartzustand werden in der Erwartung der körperlichen Belastung parallel zur Steigerung der motorischen Zentren im Gehirn, welche zur Bewegungssteuerung und Bewegungsregelung verantwortlich sind, über die sogenannte zentrale Mitinnervation auch die Herz-Kreislauf-Zentren aktiviert. Diese Voraussetzungen ermöglichen es, sofort zu Beginn einer Belastung seine optimale Leistung abrufen zu können. Der 100-m-Sprint in der Leichtathletik ist ein sehr gutes Beispiel für die Bedeutung des Vorstartzustandes.

Der Vorstartzustand kann folgendermaßen charakterisiert werden:

- Blutdruckanstieg
- Anstieg der Herzfrequenz und des Herzminutenvolumens
- Erhöhung der Atemfrequenz, der Atemtiefe und des Atemminutenvolumens
- Anstieg des Muskeltonus (Anspannungsgrad der Muskulatur)
- erhöhte Ausschüttung der Katecholamine (Leistungshormone) Adrenalin und Noradrenalin (vgl. *Weineck*, 2010)

Für das Erreichen eines optimalen Vorstartzustandes spielt das sportartgerichtete Aufwärmen eine wichtige Rolle.

Wenn man Sport treiben möchte, so muss man sich dazu in der Regel mehr oder weniger intensiv und lange bewegen. Dazu muss es in erster Linie zu einer Anpassung des Herz-Kreislauf-Systems kommen, da die Muskulatur auf eine ausgeglichene Energiebilanz angewiesen ist. Denn ohne Energie gibt es keine Muskelbewegung. Die Versorgung der Muskulatur mit Nährstoffen (Kohlenhydrate / Fette) und Sauerstoff muss dem aktuellen Energiebedarf angepasst sein. Mit Beginn einer körperlichen Belastung steigt der Stoffwechsel zur Energiebereitstellung sofort um ein Vielfaches seines Ruhewertes an. Die arbeitenden Muskeln benötigen eine größere Sauerstoffmenge, somit muss die Durchblutung gesteigert werden, damit mehr Sauerstoff über das Blut in die Muskeln gelangen kann. Dazu werden die Herzfrequenz, die Atemfrequenz und Atemtiefe erhöht. Die Blutmenge, welche in einer bestimmten Zeit durch die Muskulatur fließt, das sog. Herzminutenvolumen, steigt dadurch an. Dies wird beim gesunden Menschen durch die Abnahme des peripheren Strömungswiderstandes in den Arterien, also durch eine Blutdruckregulation, gewährleistet.

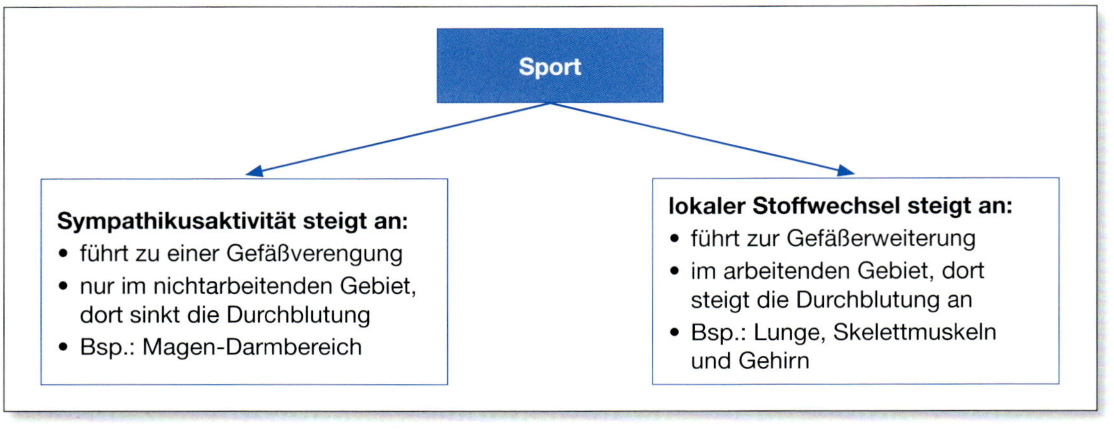

Abb. 2.2: Reaktionen im Organismus auf körperliche Arbeit, z. B. Sport

Der Sympathikus ist der Leistungsnerv, der Parasympathikus ist der Erholungsnerv.

Sensoren in der Muskulatur des Sporttreibenden melden die in den Muskeln vorherrschende Stoffwechselsituation permanent dem Gehirn („central governor"), welches auch für die Atemregulation verantwortlich ist.

Wird die sportliche Betätigung beendet, sinkt der Energiebedarf der Muskulatur. Die Herz-Kreislauf-Größen kehren zum Ausgangsniveau zurück. Dies kann u. U., abhängig vom Trainingszustand des Sportlers, dem Umfang und der Intensität der Belastung, bis zu mehrere Stunden in Anspruch nehmen. Der Parasympathikus übernimmt dann wieder die Regie.

Aufgaben und Fragen

1. Beschreiben Sie, welche Voraussetzungen der Muskel benötigt, um im Sport eingesetzt werden zu können?
2. Wie reagiert der Körper auf eine sportliche Belastung?

Spielregeln im Sport

3

3.1 Was sind Spielregeln?

Wenn man im Sport-Brockhaus nachschlägt, wie Spielregeln definiert sind, kann man Folgendes lesen: *„Spieleregeln sind Regeln, die die Durchführung eines Spiels bestimmen. Die Spiele setzen eine Übereinkunft, regelgerechtes Verhalten und Sanktionen bei Verletzungen der Spielregeln voraus. Sie bestimmen damit das gesamte Spielverhalten und erlauben durch weltweite Verbreitung und Anerkennung international gültige Vergleichskämpfe."* (*Brockhaus*, 1984, S. 487)

Sportliche Bewegungen müssen auch immer als Bewegungen gesehen werden, die durch ein Regelwerk mehr oder weniger stark bestimmt werden. Im Basketball darf ein Spieler, dessen Mannschaft im Ballbesitz ist, sich nicht länger als 3 Sekunden in der gegnerischen rechteckigen Zone vor dem Korb aufhalten. Um die Schnelligkeit des Spiels zu betonen, hat ein Team 24 Sekunden Zeit, um einen Angriff zum Abschluss zu bringen. Im Tischtennis muss der Ball beim Aufschlag senkrecht mindestens 16 cm hoch geworfen werden. Dazu muss der Ball zu Beginn des Aufschlags frei auf dem geöffneten Handteller des Aufschlägers liegen. Der Ball muss während des gesamten Aufschlages jederzeit vom Gegner gesehen werden können (vgl. http://tischtennis-regeln.de/). Im Handball oder Basketball wird die Spielzeit bei Unterbrechungen sofort gestoppt, während sie z. B. im Fußball weiterläuft. Aber auch im Tischtennis gibt es eine Zeitregel. Das Zeitspiel, auch Wechselmethode genannt, setzt ein, wenn ein Satz nach zehn Minuten noch nicht beendet ist und beide Spieler nicht mindestens 9 Punkte haben. Beim Zeitspiel wechselt das Aufschlagsrecht nach jedem Punkt.

Wie am Tischtennisaufschlag gut zu erkennen ist, zwingen die Spielregeln den Spieler, diese Vorschriften einzuhalten und der Spieler muss seine Aufschlagtechnik diesen Vorschriften anpassen. Es gibt in der Sportpraxis tatsächlich nur wenige Bewegungen, bei denen es keinerlei Vorschriften gibt.

Was die Menschen im Sport tun und wie sie diesen Sport ausüben, wird durch die Regeln festgelegt. Sie bestimmen, was erlaubt ist und was unterlassen werden muss. Sie schaffen einen Rahmen von sozialer Verbindlichkeit, was dazu führt, dass man sich auf sie verlassen kann. Denn nur auf diese Weise können sie den Sport ermöglichen, koordinieren und lenken. Die Spielregeln haben auch einen Aufforderungscharakter, fordern zu Entscheidungen bestimmter Handlungen, wie Tore schießen oder Treffer verhindern, auf.

> Ein Sport ist das, was er auf Grundlage seiner Regeln ist.

Die Einhaltung von Spielregeln sowie die Durchsetzung sind durch Sanktionen (Belohnung und Strafe) abgesichert, was unter die Aufgabe von Schiedsrichtern oder Kampfrichtern oder Wertungsrichtern fällt (vgl. *Digel*, 1983).

3.2 Wozu sind Spielregeln notwendig?

1. Man legt durch Spielideen und Spielregeln fest, wie der Wettkampf in einer Sportart ablaufen soll und wie die Leistung (Treffer, Tore, Punkte) beurteilt wird. Die Spielidee stellt allgemein den Handlungsentwurf für die Spielenden dar, aus der sich die konkreten Spielregeln herleiten.

2. Der Sport hat sich original aus dem Wettkampf heraus entwickelt, man möchte besser sein als der Gegner, und da dies der Gegner ebenfalls anstrebt, ergibt sich daraus quasi eine Art „Konfliktsituation", die man durch Regeln geleitet austrägt (vgl. *Bruckmann / Recktenwald*, 2010).

Für den Sportler gibt es Regeln, auf die man nicht verzichten darf. Dabei unterscheidet man zwischen 3 verschiedenen Arten von Regeln:

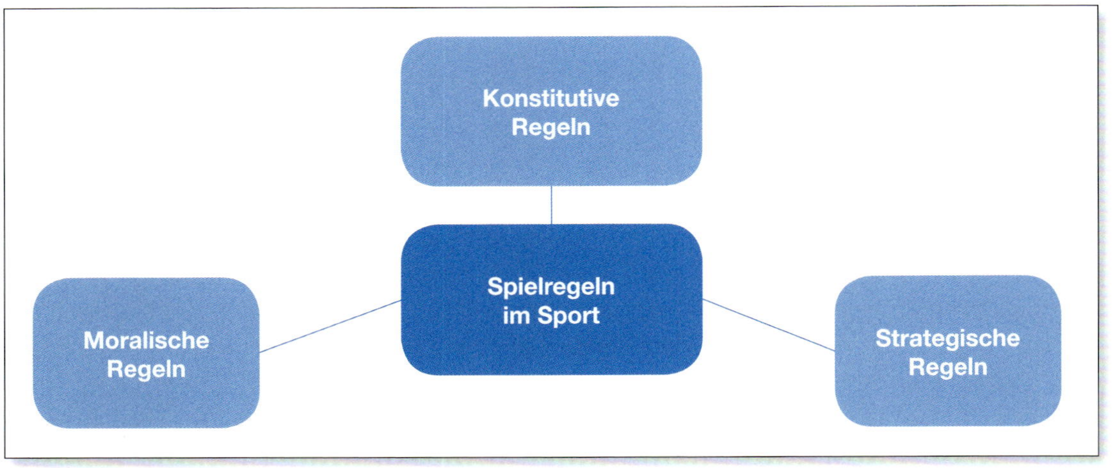

Abb. 3.1: Die Spielregeln im Sport

1. Konstitutive Regeln: Ohne sie kann kein Spiel zustande kommen. Es geht hierbei um die Anzahl der Mitspieler, das Spielfeld, den Zeitrahmen, die Spielgeräte, den Umgang mit den Spielgeräten und den Umgang mit dem Gegner.
2. Strategische Regeln: Dies sind Regeln, bei denen eine Mannschaft z. B. untereinander die Spieltaktik abspricht. Darunter fallen auch die Aufstellung und das Zusammenspiel in der eigenen Mannschaft. Diese Regeln dienen dazu, die konstitutiven Regeln so zu nutzen, dass man im Spiel zum Erfolg kommt.
3. Moralische Regeln: Dabei handelt es sich um Regeln, welche in allen Sportarten und bei allen Wettkämpfen gelten sollen. Jeder Sportler / jedes Team geht davon aus, dass sie vom Gegner ohne explizite weitere Hinweise eingehalten werden.

3.3 Wie hängen die Regeln miteinander zusammen?

Die gemeinsame Anerkennung und Achtung aller Regeln ist z. B. die Basis für die Fairness. Sie beinhaltet einen auch „partnerschaftlichen" Umgang mit dem Gegner, nicht mit allen Mitteln im Zweikampf den Erfolg anzustreben, auf gleiche Chancen und Bedingungen zu achten sowie eine rechte Haltung in Sieg und Niederlage. Die Einhaltung der oben genannten Regeln ist die Grundvoraussetzung für sportliche Betätigungen. Fairness gilt sowohl im Breitensport als auch beim Spitzensport, bei Erwachsenen genauso wie bei Kindern.

> Der faire Umgang der Sportler miteinander ist im Sport oberstes Gebot.

Es wird unter Sportlern z. B. hoch angesehen, wenn ein Profifußballer keine „Schwalben" macht oder bei einer erkennbaren Verletzung eines Spielers der gegnerischen Mannschaft trotz eigenen Ballbesitzes den Ball ins Aus spielt, damit der verletzte Spieler behandelt werden kann. Ist die Behandlung des Spielers abgeschlossen, spielt seine Mannschaft den Ball wieder dem Gegner zu. Dieses Vorgehen steht nicht im Regelwerk. Es ist eine stillschweigende Übereinkunft, wie man fair miteinander umgeht. Von den Zuschauern wird ein solches Verhalten z. B. immer mit Applaus bedacht. Im Tischtennis werden von Spitzenspielern Schiedsrichterentscheidungen über sog. „Kantenbälle", welche der Schiedsrichter zugunsten des einen Spielers sah, von diesem zu seinen Ungunsten korrigiert, wenn der Schiedsrichter sich bei seiner Entscheidung nach Wahrnehmung des bevorteilten Spielers getäuscht hatte.

3.4 Regelveränderungen und Spielveränderungen

Wenn man die Regeln einer Sportart ändert, die eigentlich die Spielidee vorgeben, verändert man die Sportart. Wenn man eine „neue" oder „alternative" Sportart kreieren möchte, muss man dazu einen Rahmen festlegen, in dem die Spielidee und die Regeln genau definiert sind.

Beispiele:

- beim Fußball auf vier Tore spielen
- beim Handball ohne Wurfkreis spielen
- beim Basketball nur Würfe von unten mit beiden Händen erlauben
- beim Tischtennis den Aufschlag im Doppel nicht mehr nur diagonal spielen, sondern frei über den gesamten Tisch platzieren

Intermannschaftliches Handeln

Ganz allgemein sind als Voraussetzungen für ein Spiel gemeinsame Vereinbarungen und Absprachen zu treffen, die alle einhalten müssen. Konstitutive Regeln müssen miteinander vereinbart werden, sie gelten für die eigene Mannschaft und den Gegner.

Intramannschaftliches Handeln

Strategische Regeln kann jede Mannschaft für sich selbst festlegen, solange sie mit den konstitutiven Regeln übereinstimmen. Sie gelten nur für die eigene Mannschaft, der Gegner hat dasselbe Recht auf ein solches Handeln.

Fairness

Sie geht verloren, wenn die Teams sich wenig oder überhaupt nicht um die Regeln kümmern. Dies kann zu Ärger oder zu Aggressionen führen oder sogar dazu, dass ein Team die Lust am Spiel verliert (vgl. *Bruckmann / Recktenwald*, 2010).

Wie lässt sich Neues herstellen?

Neue Spiele können z. B. dadurch entstehen, dass man konstitutive Regeln eines Spieles unter völliger Beibehaltung aller übrigen Regeln auf ein anderes Sportspiel überträgt. Beispiel: Im Eishockey spielt man mit einem TT-Ball anstelle des Pucks und anstelle von Eishockeyschlägern nimmt man TT-Schläger. Das wäre theoretisch machbar, aber bei genauerer Betrachtung weniger sinnvoll. In der Vergangenheit haben sich jedoch auf ähnliche Art und Weise „neue" Spiele entwickelt, einige davon sogar bei Olympischen Spielen etabliert. Hier ein paar Beispiele:

- Volleyball → Beachvolleyball
- Tischtennis → HEADIS (www.headis.com)
- Handball → Beachhandball
- Fußball → Futsal

Nicht alle neuen Spiele sind also mit dem Eishockeybeispiel zu vergleichen. Beim Doppel im Tischtennis muss der Aufschlag immer diagonal vom eigenen rechten Feld in das gegnerische rechte Feld geschlagen werden. Dürfte man den Aufschlag frei platzieren, würde die Bedeutung des Aufschlages stark aufgewertet werden. Im TT muss ebenfalls im Doppel abwechselnd geschlagen werden. Würde man hier die Regel ändern, dass jeder Spieler zweimal schlagen darf, würde sich taktisch eine völlig andere Situation ergeben. Ähnlich wäre es, wenn man im Tennisdoppel künftig abwechselnd schlagen müsste.

Regeln und Spielregeln sind im Sport das zentrale Bauprinzip. Durch geschickte Veränderungen lassen sich „neue Spiele“ kreieren, die manchmal sinnvoller und manchmal aber auch weniger sinnvoll sind.

3.5 Spielregelveränderungen am Beispiel Futsal

3.5.1 Zur Geschichte des Futsal

Futsal ist der offizielle Hallenfußball des Weltverbandes FIFA. Der sogenannte „Futebol de Salao“ - der „Salon-Fußball“ oder „Indoor Soccer“, wie ihn die Engländer und Amerikaner nennen - wurde 1989 von der FIFA als förderungswürdige Sportart anerkannt.

Über die Entstehung des Futsals streiten nach wie vor die Experten. Einige behaupten, dass der Salon-Fußball bereits in den 30er Jahren aufgetaucht sei bei der YMCA, dem „Christlichen Verein Junger Männer“ in Montevideo (Uruguay). Sein Schöpfer sei der dortige Sportlehrer Juan Carlos Ceriani gewesen, der 1996 gestorben ist. Andere beteuern, dass São Paulo der Geburtsort dieser Sportart war. In dieser brasilianischen Großstadt spielten junge Männer innerhalb der Basketball-Felder, denn sie hatten stets Probleme, in den Außenbezirken freie Fußball-Felder zu finden. Also begnügten sie sich damit, auf den Basketball- oder Hockeyplätzen gegen den Ball zu treten. Anfangs spielten sie mit fünf, sechs oder auch sieben Teilnehmern in jedem Team, aber bald setzte man die Zahl auf fünf Spieler pro Team fest und dabei blieb es.

Die benutzten Bälle enthielten entweder Sägemehl, Pferdehaare oder granulierte Korkmasse, jedoch hatten sie alle ein Problem: Sie hüpften zu sehr und sprangen deshalb andauernd aus dem Spielfeld. Also verkleinerte man das Volumen und vergrößerte das Gewicht. Aus diesem Grund bekam der Salon-Fußball auch den Spitznamen „O Esporte da Bola Pesada“, die Sportart des schweren Balls.

Mit absoluter Sicherheit weiß man jedoch, dass Futsal in Brasilien organisiert, mit dem heutigen Reglement versehen und dort auch offiziell ins Sportprogramm integriert worden ist. Und in São Paulo schuf man auch 1952 die erste offizielle Institution für diesen Sport: die Liga für Salon-Fußball. Deren Gründer war Habid Maphuz, der Leiter der „Vereinigung Junger Männer“. Zwei Jahre später wurde auch die erste föderative Vereinigung, die „Associacao Metropolitana de Futebol de Salao“, gegründet, heutzutage bekannt unter dem Namen „Associacao de Futsal do Rio de Janeiro“.

Das erste Regelbuch wurde bereits 1956 von Luiz Gonzaga de Oliveira Fernandes, geboren in São Paulo, verfasst und herausgegeben, nachdem es von der Institution geprüft worden war, die zu jener Zeit die weltweite Kontrolle über den Futsal inne hatte. Aber nicht nur die Leute aus São Paulo trugen zur Verbreitung und Weiterentwicklung des Sports bei. Zu jener Zeit praktizierten auch junge Leute aus Rio de Janeiro Futsal in der Anlage des lokalen „America Futebol Clube“. So entstand die erste Rivalität in diesem Sport - São Paulo gegen Rio de Janeiro - und sie trug entscheidend zur Entwicklung der Disziplin innerhalb Brasiliens bei.

Die Expansion des Sports pflanzte sich unaufhaltsam weiter fort, als Konsequenz entstanden andere mächtige Teams, wie etwa aus Rio Grande do Sul oder aus Ceará, dem Bundesstaat, in dem die „Confederação Brasileira de Futebol de Salão“ (CBFS) ihren Sitz hat, die 1999 schon ihr 20-jähriges Bestehen feierte. Nach dieser ersten Aufbauphase kontrollierte die „International Indoor Soccer Federation“ diesen Sport bis zum Jahr 1989, als er von der FIFA übernommen wurde - inklusive fast seines gesamten Reglements.

Derzeitiger Präsident des Futsal-Kommitees der FIFA ist Ricardo Teixeira, der auch Präsident des brasilianischen Fußballverbandes CBF ist. Doch der Futsal ist nicht nur in Brasilien populär, wo alle Bundesstaaten eine entsprechende Föderation und Ausscheidungsspiele haben, sondern hat sich inzwischen auf der ganzen Welt ausgebreitet.

Direkt nach seiner Anerkennung durch die FIFA fand die erste Futsal-Weltmeisterschaft statt, die 1989 in den Niederlanden von Brasilien gewonnen wurde. Die Ausrichtung einer UEFA-Europameisterschaft ließ aber noch etwas auf sich warten. Erst nach der Durchführung eines inoffiziellen Turniers 1996 in Spanien, das die Gastgeber auch gewannen, und dem erfolgreichen Abschneiden der europäischen Teams bei der WM 1996 kam 1999 die erste offizielle EM - wiederum in Spanien - zustande. Der Sieg ging an Russland, das sich in einem dramatischen „Shoot-out" gegen Gastgeber Spanien durchsetzen konnte.

Spätestens seitdem ist Futsal aus dem offiziellen Kalender von FIFA und UEFA nicht mehr wegzudenken. Auch in Deutschland wird die rasante Fußball-Variante immer populärer - wann ein deutsches Team bei einem internationalen Großereignis Premiere feiert, ist momentan allerdings noch nicht abzusehen (www.dfb.de/futsal/geschichte/ [Zugriff 15.05.2017]).

3.5.2 Die wichtigsten Futsal-Regeln in Kurzform

Worin liegen die bedeutendsten Unterschiede zwischen Futsal, der offiziellen Hallenvariante nach FIFA-Regeln, und dem in Deutschland traditionellen Hallenfußball? DFB.de und Training & Wissen Online bieten den folgenden Überblick zu den Futsalregeln:

1. Futsal wird immer ohne Bande und mit einem kleineren, für die Halle sprungoptimierten Ball gespielt.
2. Futsal-Tore sind dreimal zwei Meter groß und damit kleiner als Fußball-Kleintore.
3. Zwei Schiedsrichter leiten die Partien gleichberechtigt und bewegen sich jeweils an den Seitenauslinien des Spielfeldes.
4. Der Ball wird nicht eingerollt, sondern eingekickt. Der Ball muss dabei auf der Seitenlinie beziehungsweise bis zu maximal 25 Zentimeter außerhalb des Spielfeldes ruhen, die gegnerischen Spieler müssen fünf Meter entfernt sein. Der Spieler hat für den Einkick ab dem Zeitpunkt, an dem der Schiedsrichter den Ball freigibt, maximal vier Sekunden Zeit. Für einen Eckstoß gelten dieselben Regeln.
5. Die begangenen Fouls, beziehungsweise alle direkten Freistöße pro Mannschaft, werden zusammengezählt. Nach dem fünften Mannschaftsfoul innerhalb einer Halbzeit gibt es für jedes folgende Foul (6.,7.,8. usw.) einen direkten Freistoß für den Gegner vom Zehn-Meter-Strafstoßpunkt. Erfolgt das Foul weniger als zehn Meter vom gegnerischen Tor entfernt, darf der Freistoß am Ort des Vergehens ausgeführt werden, sofern das Vergehen nicht im Sechs-Meter-Raum stattgefunden hat. Es darf keine Mauer gestellt werden und der Schütze muss auf direktem Weg versuchen, ein Tor zu erzielen.
6. Beiden Mannschaften steht pro Halbzeit jeweils eine Auszeit von einer Minute zu, die beim Zeitnehmer oder dritten Schiedsrichter angemeldet werden muss und nur bei Spielunterbrechungen bei eigenem Ballbesitz genutzt werden kann.
7. Der Torhüter darf den Ball in seiner Spielfeldhälfte nach einem absichtlichen Zuspiel nur dann ein zweites Mal berühren, wenn zwischenzeitlich ein Gegenspieler den Ball berührt oder gespielt hat. Befindet sich der Torwart in der gegnerischen Spielfeldhälfte, entfällt diese Regel und der Torwart kann somit als fünfter Feldspieler agieren.
8. Ein Strafstoß (nach Foul im Strafraum) wird aus sechs Metern Torentfernung ausgeführt.
9. Maßgeblich ist - ähnlich wie beim Eishockey - die reine Spielzeit (Netto-Spielzeit). Heißt: Bei sämtlichen Spielunterbrechungen (auch Ausball) wird die Uhr sofort angehalten.

(Quelle: http://www.dfb.de/news/detail/futsal-das-sind-die-wichtigsten-regeln-50601/ [Zugriff 15.05.2017])

3.5.3 Futsalstudie

Futsal, die offizielle Hallenfußball-Variante des Weltverbandes FIFA, nimmt in Deutschland zunehmend Fahrt auf. Der Deutsche Fußball-Bund (DFB) bemüht sich seit geraumer Zeit, dieser Variante des Fußballs in der Halle einen höheren Stellenwert zu verschaffen: So veranstaltet der DFB bereits seit dem Jahr 2006 einen offiziellen DFB-Futsal-Cup.

Auch im Kinder- und Jugendbereich tut sich in Sachen Futsal einiges. Auf Kreis- bzw. Bezirksebene werden in den Wintermonaten - ergänzend zum traditionellen Hallenfußball - vermehrt Futsal-Turniere ausgetragen. Bei den C-Junioren qualifizieren sich alljährlich Mannschaften für einen Futsal-Cup auf Bundesebene.

Neben einer guten technischen Ausbildung dient Futsal als Sprungbrett zum Fußball.

Bis auf einige Unterschiede (z. B. Ballmaterial, Regeln) entspricht Futsal dem Spiel Fußball. Die logische Frage ist also: Wirken sich die Unterschiede positiv oder negativ auf die Weiterentwicklung der für den Fußball wichtigen Fähigkeiten aus? Diese Frage wurde (insbesondere vor dem Hintergrund von Nachwuchsspielern) in einer Studie unter Leitung von Dr. Ulrich Frick und Christopher Heim vom Institut für Sportwissenschaft der Universität Frankfurt am Main wissenschaftlich beantwortet. Die Kernaussage lautet:

Futsal wirkt sich positiv auf die Entwicklung von fußballspezifischen Fertigkeiten aus.

Teilnehmer der Studie waren 410 Kinder im Alter von zehn bis zwölf Jahren. Untersucht wurden mittels Videoanalyse kurzfristig zu erkennende Änderungen des Verhaltens im Spiel:

1. bei Verwendung eines gewöhnlichen Fußballs
2. bei Verwendung eines Filzballs und
3. bei Verwendung eines Futsal-Balls

Die Schüler spielten Turniere und absolvierten Einzelübungen mit den drei Ballarten. Im Anschluss an die Übungen wurden sie hinsichtlich ihrer Erfahrungen in Bezug auf Angst vor dem Ball, Spielspaß, Spielbeteiligung und dem Niveau des Spiels befragt. Die Ergebnisse sprachen eindeutig für den Einsatz eines Futsal-Balls.

Futsal ist die ideale Fußballvariante in der Halle, denn:

1. die technischen Fertigkeiten werden stark gefördert,
2. die Handlungsschnelligkeit wird gesteigert,
3. die Motivation der Spieler wird durch Erfolgsmomente erhöht,
4. die Spieler übernehmen mehr Verantwortung im Spiel,
5. das geringere Verletzungsrisiko erhöht die Attraktivität,
6. es ist eine Abwechslung zum konventionellen Fußball-Training.

Langzeituntersuchungen der Universität Frankfurt über einen Zeitraum von zwei Jahren lieferten bestätigende Ergebnisse.

Futsal ist daher keine Konkurrenz zum Fußball, sondern eine Ergänzung und Unterstützung.

Quelle: http://www.dfb.de/futsal/geschichte/futsal-studie/ (Zugriff 28.02.2017)

Aufgaben und Fragen

1. Wozu benötigt man Spielregeln im Sport? Begründen Sie Ihre Entscheidung.
2. Welche Arten von Spielregeln im Sport kennen Sie? Was versteht man im Einzelnen darunter?
3. Wie hängen Regeln miteinander zusammen?
4. Versuchen Sie Beispiele zu finden, wie man neue Spiele kreieren kann. Probieren Sie diese Variationen / Spiele in der Praxis aus.
5. Probieren Sie mit Ihren Mitschülern Futsal in der Praxis aus. Was ist neu? Was gefällt oder missfällt Ihnen dabei?

Kommunikation und Kooperation

4

Viele Sportarten - hier insbesondere die Mannschaftssportarten - sind gekennzeichnet durch Kommunikation. Kulturforscher gehen davon aus, dass der Mensch als einziges Lebewesen auf Kooperation und Kommunikation in der für ihn eigenen Art und Weise angelegt ist. Um zu überleben, musste und muss der Mensch kooperieren und kommunizieren. Dies kann sich auf eine konkrete Situation und / oder Ziele beziehen. In der Kommunikation kommt es nicht nur darauf an, was gesagt wird, sondern auch, wie etwas gesagt wird. In den Mannschaftsspielen muss man miteinander im eigenen Team, gleichzeitig jedoch auch mit seinem Gegner kommunizieren. Konkret versuchen z. B. Trainer im Fußball in das Spiel hineinzurufen oder sie versuchen, durch Gesten den Spielern etwas mitzuteilen. Mitunter geben sie ihren Spielern sogar Informationszettel, welche dann im Team weitergegeben werden. In der Halbzeitpause kann der Trainer wichtige Informationen an seine Spieler weitergeben. Im Tischtennis muss man mit seinem Doppelpartner taktische Überlegungen kommunizieren, dies geschieht dort z. B. auch nonverbal, indem der Aufschläger unter dem Tisch mit der freien Hand seinem Partner die Rotationsart anzeigt, damit dieser sich besser auf den Rückschlag des Gegners einstellen kann. Im Handball oder Basketball können wir erkennen, wie die Trainer bei der Auszeit auf einem Taktikbrett den Spielern neue Spielzüge vorgeben. Lobt ein Trainer z. B. sein Team, während seine Körpersprache etwas anderes sagt, wird das Lob jedoch seine Wirkung verfehlen.

Kommunikation entwickelt sich im Sport am besten, wenn Chancengleichheit, Ehrlichkeit und Toleranz beachtet werden sowie Offenheit und Akzeptanz gegenüber Mitspielern und Gegnern eingehalten werden. Wenn man „miteinander" spielen möchte, muss man darüber kommunizieren, wie und was gespielt werden soll. Haben alle Mitspieler hierüber eine Übereinkunft, kann man mit dem Spielen / Spiel beginnen.

4.1 Was muss man über Kommunikation wissen?

Eines der bekanntesten Kommunikationsmodelle stammt von *Schulz von Thun* (1981). Es umschreibt den Grundvorgang der zwischenmenschlichen Kommunikation so, dass es

1. einen Sender gibt, der etwas mitteilen möchte, und
2. einen Empfänger, für den die Nachricht bestimmt ist.

Dabei betrachtet *Schulz von Thun* die Kommunikation von 4 Seiten (s. Abb. 4.1).

Jede Nachricht enthält zunächst einmal eine Sachinformation. Sie sollte eigentlich im Vordergrund der Kommunikation stehen. In jeder Nachricht stecken Informationen über die Person des Senders. Wir erfahren in der Selbstoffenbarung, ob er z. B. deutschsprachig ist, ob er es eilig hat, müde oder wütend ist. Sprechen ist auch Selbstdarstellung und z. T. unfreiwillige Selbstenthüllung des Sprechenden, denn nicht immer ist ihm bewusst, welche Signale er diesbezüglich an den Empfänger sendet. Diese Seite der Kommunikation ist psychologisch wichtig. Was ich von dem Empfänger halte und wie ich zu ihm stehe, steckt in der Beziehungsseite der Nachricht. Aus dieser geht hervor, was der Sender vom Empfänger hält, wie der Sender zum Empfänger steht. Dies zeigt sich manchmal in der gewählten Formulierung, im Tonfall oder anderen „nonverbalen" Signalen der Mimik oder Gestik.

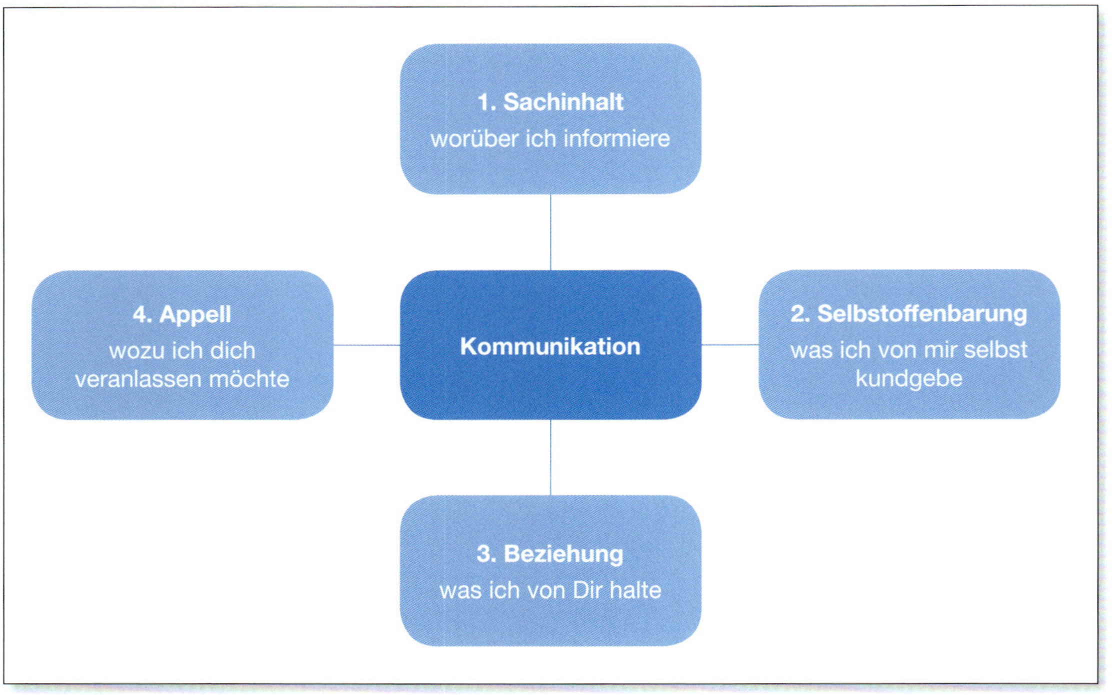

Abb. 4.1: Die vier Seiten der Kommunikation (mod. nach *Schulz v. Thun*, 1981)

Wichtig hierbei ist: Für diese Seite der Nachricht hat der Empfänger ein besonders empfindliches Ohr. Hier kann er erfahren, wie er vom Sender behandelt – oder misshandelt wird. Fast alle Informationen haben die Funktion, auf den Empfänger Einfluss zu nehmen, denn kaum etwas wird nur so gesagt. Man richtet einen Appell an seinen Kommunikationspartner. Die Information dient also dazu, den Empfänger dazu zu bringen, etwas zu tun oder etwas zu lassen (Abb. 4.2).

Abb. 4.2: Kommunikationsverlauf

4.2 Beispiel Taktik und Kommunikation

Wie eingangs erwähnt, kommunizieren Trainer mit ihrern Spielern, um ihnen bestimmte taktische Hinweise für das laufende Spiel zu übermitteln. Dabei geht es häufig um Stärken oder Schwächen der gegnerischen Mannschaft. Auch untereinander müssen Spieler miteinander kommunizieren. Die Kommunikation ist ein wichtiges Merkmal von Sportspielen. Gelingende Kommunikation setzt folgende Regeln voraus:

- anderen gut zuhören
- andere ausreden lassen
- keine Beleidigungen
- die Sachinformation sollte im Vordergrund stehen
- andere Meinungen respektieren

- sich um Verständnis bemühen (Toleranz)
- keine abfällige Gestik / Mimik

4.3 Kooperation und Teamfähigkeit

In vielen Sportarten kann man nicht alleine zum Erfolg kommen, sondern ist auf Kooperation mit seinen Mitspielern / Mannschaftskollegen angewiesen. Im Fußball kann man z. B. sehr häufig nach einem gewonnenen Spiel hören: „Wir sind heute alle für den anderen gelaufen". Dies ist im Handball, Fußball, Basketball und Volleyball offensichtlich. Doch auch ein Ruder-Achter oder ein Radteam beim Zeitfahren ist auf Kooperation angewiesen. Einen Wimbledonsieg im Tennis erringt man zwar alleine. Aber auch hier sind indirekt Trainer, Konditionstrainer und evtl. Sportpsychologen daran mitbeteiligt. Selbst ein Formel-1-Autorennen gewinnt der Fahrer zwar alleine, es stehen jedoch z. B. für einen Reifenwechsel fast zwanzig Personen in der Box bereit. Es hängt also ganz stark von der Sportart bzw. Disziplin ab, wie intensiv man kooperieren muss.

4.4 Mannschaftstypen im Sport

> Als Mannschaft bezeichnet man soziale Gruppen, die sich durch eine gemeinsame Zielsetzung von anderen Gruppen unterscheidet.

Bei den Mannschaftstypen muss man zwei Aspekte berücksichtigen:

1. das Zustandekommen des Mannschaftsergebnisses,
2. die Interaktion bzw. Koaktion der Mannschaftsmitglieder.

Das Mannschaftsergebnis kann additiv, interaktiv oder summativ erfolgen (s. Abb. 4.3).

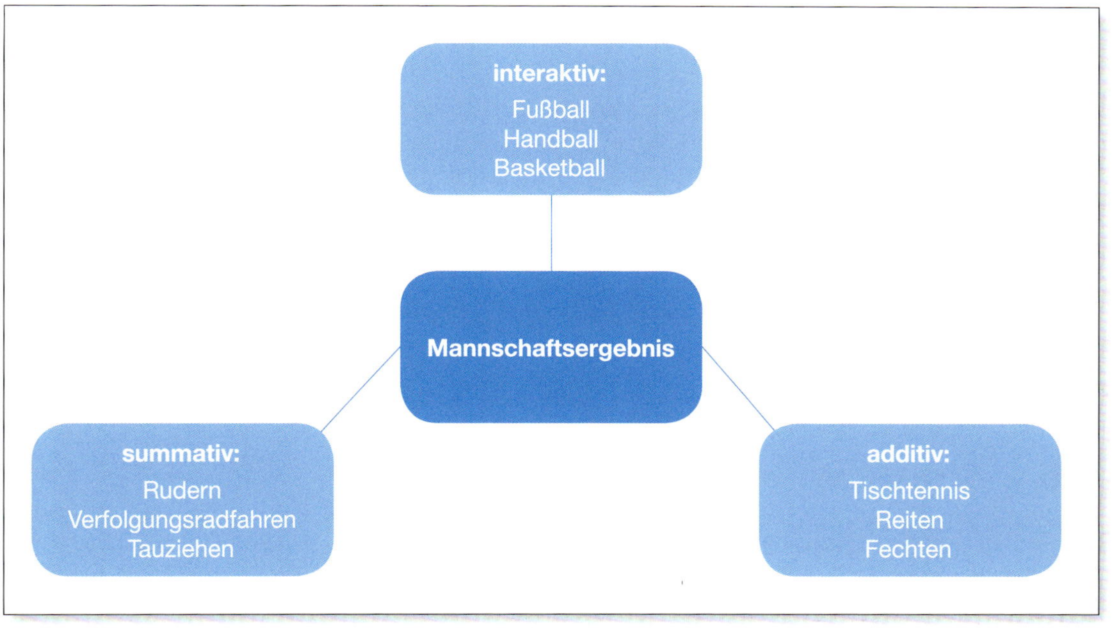

Abb. 4.3: Mannschaftsergebnisse

Bei interaktiven Mannschaftsspielen wie Fußball, Basketball oder Handball kommt das Ergebnis zustande durch

- die Qualität der Interaktionen,
- das Zusammenspiel,
- das gegenseitige Verständnis,
- die Kommunikationsfähigkeit und
- die Kooperationsfähigkeit.

Bei Tischtennis- oder Judomannschaften kommt das Mannschaftsergebnis durch die Addition der Einzelleistungen zustande. Am Endergebnis kann man erkennen, wer etwas dazu beigetragen hat. Es kann also z. B. vorkommen, dass man sein Einzel im Tischtennis gewinnt, die Mannschaft jedoch das Spiel verliert und umgekehrt. Dies kann zu Konflikten beim Spieler, aber auch bei der Mannschaft führen.

Bei Mannschaften wie dem Ruder-Achter oder einem Kajak-Vierer kommt das Leistungsergebnis durch gleichzeitiges oder gleichartiges Handeln zustande. Die sportliche Leistung ist das Ergebnis aus der Koordination und gleichzeitiger Summation der Kräfte der Einzelmitglieder. Bei diesen Mannschaftstypen wird die Einzelleistung nicht erkennbar und bewertbar.

Bei interaktiven Sportarten wie Fußball oder Basketball müssen die Spieler ihre Einzelhandlungen ständig auf ihre Mitspieler ausrichten oder gemeinsame Angriffs- und Abwehrstrategien aufbauen, um auch gemeinsam erfolgreich zu sein.

Bei koaktiven Sportarten gibt es keine oder nur geringe Teaminteraktionen. Bei einem Tischtennisspiel haben die Spieler während des Spiels wenig oder gar nichts miteinander zu tun. Beim Tischtennis handelt es sich um eine gemischt interaktiv-koaktive Mannschaft.

Mannschaftssportarten, welche ein hohes Maß an Interaktion, Kooperation und gegenseitige Unterstützung erfordern wie Fußball, Volleyball oder Handball, erzielen z. B. am häufigsten positive Beziehungen zwischen dem Mannschaftszusammenhalt und der Leistung (vgl. *Baumann*, 2002).

4.5 Kommunikation im Mannschaftssport

Während eines Spiels gibt es für die Spieler Möglichkeiten, stimmlich, sprachlich oder nonverbal, also über Mimik und Gestik, über Blickkontakt, Körpersprache und Bewegungsaktionen zu kommunizieren. Im Laufe der Zeit lernen die Spieler, auf die jeweiligen Signale ihrer Mitspieler zu reagieren. Für Trainer ist es manchmal mehr als frustrierend, dass ihr Appellverhalten verpufft, ohne dass etwas geschieht. Wichtig ist aber in diesem Zusammenhang zu wissen, dass in emotional belasteten Situationen die Kommunikation umso schwieriger wird. Wenn Kommunikation häufiger unbefriedigend verläuft, muss man sich zusammensetzen und analysieren, wo die Gründe dafür liegen können. Selbstverständlich trägt auch die Kommunikation außerhalb des Spielfeldes dazu bei, das Verständnis der Spieler untereinander und mit dem Trainer zu verbessern und zu vertiefen.

4.6 Strukturen von Sportmannschaften

Man spricht im Sport von interagierenden und koagierenden Mannschaften. Kennzeichen einer Mannschaft sind:

- soziale Einheit - Mannschaft, Spielerkleidung, Namen, etc.
- es gibt Positionen - Außenstürmer, Torspieler, etc.
- es gibt Rollen - Erwartungen, welche man in einer Position erfüllen sollte, etc.
- es gibt Normen, es gibt Status - Verhaltensregeln, Orientierungen, etc.

- es gibt Interaktion und Koaktion
- es gibt ein Ziel – jedes Team benötigt ein Ziel
- es existiert ein „Wir-Gefühl" – Zusammengehörigkeitsgefühl

(vgl. *Baumann*, 2002)

Mannschaften und ihre Spieler streben ein gemeinsames Ziel an, welches sie nicht alleine erreichen können.

Das gemeinsame Ziel stellt den wesentlichsten gemeinschaftsbildenden Faktor dar.

Die Gemeinsamkeit drückt sich im Entstehen des „Wir-Gefühls" aus, durch das sich eine Mannschaft emotional von anderen abhebt.

4.6.1 Teamgeist und Mannschaftszusammenhalt

Viele Spieler schreiben den Erfolg oder Misserfolg häufig der Art und Weise zu, wie gut das Team zusammenarbeitet. Der Zusammenhalt einer Mannschaft wird bestimmt

- vom Aufgabenzusammenhalt und
- dem sozialen Zusammenhalt.

Der Aufgabenzusammenhalt bezieht sich auf das Ausmaß, in dem eine Mannschaft zusammenarbeitet, um eine gemeinsame Aufgabe zu erfüllen und gemeinsame Ziele zu erreichen.

Der Aufgabenzusammenhalt ist insbesondere bei Profimannschaften sehr wichtig, für die es in erster Linie um den Erfolg geht.

Der soziale Zusammenhalt wird durch das Ausmaß gekennzeichnet, in dem sich die Mitglieder sympathisch sind, einander mögen, zufrieden sind und das Miteinander genießen.

Der soziale Zusammenhalt ist z. B. sehr wichtig beim Breiten- und Freizeitsport bei den Mannschaftsspielen. Bei leistungsorientierten Mannschaften zeigt er seine Bedeutung beispielsweise in Krisensituationen, wenn Erfolge ausbleiben und besondere Anstrengungen erforderlich werden. Der soziale Zusammenhalt stützt und verstärkt den Aufgabenzusammenhalt. Eine zu starke negative Beziehung der Mitglieder untereinander lenkt u. U. vom Ziel ab und beeinträchtigt die Zufriedenheit der Mitglieder.

4.6.2 Welche Möglichkeiten der Mannschaftsbildung gibt es?

Die Bildung einer Mannschaft gleicht einem Prozess, der gemeinsam durchlaufen werden muss. Möglichkeiten, etwas zur Mannschaftsbildung beizutragen, sind:

- gemeinsames Ziel,
- gemeinsamer Gegner,
- gemeinsamer Vorteil,
- gemeinsame Not,
- gemeinsame Freude,
- Strukturierung,
- Mannschaftszusammenkünfte,

- Gespräche (Konflikte),
- Trainerkontakt.

Für den Teamzusammenhalt sind wichtig:

- Teambildungsmaßnahmen im Sport sowie
- Teambildungsmaßnahmen außerhalb des Sports.

4.6.3 Was können einzelne Spieler zum Teamzusammenhalt beitragen?

Jeder einzelne Spieler kann selbst etwas zum Teamzusammenhalt beisteuern:

- sich untereinander kennenlernen,
- gemeinsame Ziele setzen,
- sich verstehen und miteinander reden,
- einander helfen und loben,
- sich gegenseitig unterstützen,
- Verantwortung übernehmen,
- offen sein zum Trainer,
- sich 100 %ig einsetzen,
- Konflikte sofort ansprechen.

Wenn nur sehr wenige Spieler etwas persönlich zum Teamzusammenhalt beitragen, wird dieser entsprechend gering ausgeprägt sein. Negative Folgen kann man auch erwarten, wenn Teammitglieder das Gegenteil der oben erwähnten Punkte machen.

Ein sehr gutes und positives Beispiel für Teamzusammenhalt ist seit mehreren Jahren die deutsche Fußballnationalmannschaft. Der Mannschaftszusammenhalt war beispielsweise während der EM 2016 so wichtig, dass der Bus, mit dem das Team fuhr, den großen Schriftzug „Vive La Mannschaft" (Es lebe die Mannschaft!) trug.

Aufgaben und Fragen

1. Erklären Sie das Grundmodell der Kommunikation nach *Schulz von Thun*.
2. Welches sind die Regeln von gelingender Kommunikation? Versuchen Sie Begründungen für diese Regeln zu finden.
3. Wie können Mannschaftsergebnisse zustande kommen? Versuchen Sie noch mehr Sportarten / Disziplinen dafür zu finden.
4. Welches sind die Kennzeichen einer Mannschaft? Versuchen Sie in Ihrer eigenen Mannschaft herauszufinden, welche Kennzeichen Sie dort wiedererkennen können.
5. Welche Bedeutung hat das gemeinsame Ziel für eine Mannschaft?
6. Welche Möglichkeiten der Mannschaftsbildung kennen Sie?
7. Was können einzelne Sportler für den Mannschaftszusammenhalt tun?
8. Sind Schulklassen mit Sportmannschaften vergleichbar? Diskutieren Sie diese Frage mit Ihren Mitschülern und versuchen Sie Gemeinsamkeiten / Unterschiede zu finden.

5 Fitness und Fitnesstraining

Wenn eine Gruppe von Klassenkameraden eine mehrtägige Mountainbike-Tour plant und sich ein Bekannter anschließen möchte, so wird er gefragt, ob er fit sei. Möchte man eine Bergtour durchführen, bei der auch schwierige und technisch anspruchsvolle Passagen zu klettern sind, so würde auch hier die Frage an einen weiteren Teilnehmer lauten, ob er denn fit sei. Plant die Familie eine Tagestour auf dem Fahrrad und die Großeltern möchten mitfahren, so stellt man sich auch hier die Frage, ob die beiden Senioren fit genug seien.

Dass Sport fit hält, ist allgemein bekannt. Was versteht man aber unter Fitness? Der Begriff der Fitness leitet sich sprachlich gesehen vom englischen Verb „to fit = passend sein" ab. Wie zu sehen ist, geht es bei der Frage nach der Fitness immer um die Beiwörter „fit wofür?" Fitness drückt im Sport die Eignung für eine beabsichtigte Handlung aus, in unseren Beispielen für die Mountainbike-Tour, für das Bergklettern und für den Familienausflug mit dem Rad. Fitnesstraining gehört in Deutschland mit ca. 6 Millionen Aktiven zu den am häufigsten ausgeübten sportlichen Aktivitäten. Die Motivation, ein Fitnessstudio zu besuchen, wird dominiert von dem Motiv Gesundheit, das sowohl bei Männern als auch bei Frauen mit weitem Abstand an erster Stelle steht. Dieses Ziel wird am häufigsten durch Formen von Ausdauer- und Krafttraining angestrebt.

Der Fitnesssport ist sehr schwer vom Gesundheitssport zu trennen. Mit einer guten Fitness ist in der Regel auch ein guter Gesundheitszustand verbunden. Deshalb stellt sich die Frage: Was versteht man heute unter Gesundheit?

Definition:
Nach Definition der Weltgesundheitsorganisation bedeutet **Gesundheit**: „Zustand völligen körperlichen, seelischen und sozialen Wohlbefindens."

Die Konsequenz dieser Definition des Gesundheitsbegriffes ist eine Entkoppelung der Gesundheit von der Krankheit als zentralem Bezugspunkt aller Gesundheitsbetrachtungen. Gesundheit ist mehr als die Abwesenheit von Krankheit: Sie gehört zur Selbstverantwortung und zu dem Lebensstil jedes Einzelnen.

Man ist sich heute mehr denn je bewusst, dass regelmäßige körperliche Betätigung eine notwendige Voraussetzung für den Erhalt der Gesundheit und des Wohlbefindens sowie der Leistungsfähigkeit – der persönlichen Fitness – ist.

Merke

Fitness und Gesundheit müssen stets neu erarbeitet werden, da sie sich bei körperlicher Inaktivität schnell zurückbilden (nach *Keul / Hamm*, 1998).

Innerhalb von wenigen Wochen bzw. Monaten nehmen z. B. Herzgröße und Leistungsfähigkeit bei völliger Inaktivität um 20 bis 30 Prozent ab. Langfristig kann Bewegungsmangel zu Krankheiten führen. Nachfolgend sind in Tabelle 5.1 Erkrankungen aufgelistet, die durch Bewegungsmangel hervorgerufen werden können.

Bewegungsapparat		
Gelenke	→ Instabilität → Bewegungseinschränkung	→ Arthrose
Wirbelsäule	→ Muskelungleichgewichte → Fehlhaltung	→ Bandscheibenleiden
Knochen	→ ungenügende Druck- und Biegebelastungen	→ Osteoporose
Muskulatur	→ Muskelschwäche → schlechte Motorik	→ Verletzungsneigung
Herz-Kreislauf-System		
Blutdruck	→ Bluthochdruck → Schädigung der Herzkranzgefäße	→ Herzinfarkt
Arterien	→ Arteriosklerose → Schädigung der hirnversorgenden Gefäße	→ Schlaganfall
Venensystem	→ ungenügende Muskelpumpe	→ Venenstauung
Stoffwechsel		
Fettstoffwechsel	→ Cholesterinerhöhung (HDL / LDL)	→ Arteriosklerose
Blutzuckerspiegel	→ Typ-II-Diabetes → Blutzuckeranstieg	→ Arteriosklerose
Metabolisches Syndrom*	→ Fettstoffwechselstörung / Blutzuckeranstieg	→ Arteriosklerose
Übergewicht	→ Fettstoffwechselstörung	→ Arteriosklerose
Nervensystem		
Psyche	→ Dauerstress → Angst → Bluthochdruck	→ Depression
Vegetatives Nervensystem	→ Dauerstress → Bluthochdruck	→ Herzschädigung
Immunsystem		
Abwehrverhalten	→ Schwächung → Erkrankungsneigung	→ Infektion

Tab. 5.1: Durch Bewegungsmangel geförderte Erkrankungen (mod. nach *Geiger*, 2003).
*Das *metabolische Syndrom* ist eine Kombination von Diabetes mellitus Typ II, Fettstoffwechselstörung, Bluthochdruck und Übergewicht. Es erhöht das Sterberisiko sehr stark.

Besonders gesund sind dynamische, lang andauernde Sportarten wie Laufen, Radfahren, Inline-Skating, Bergwandern, Schwimmen und Ballspiele mit ihren unterschiedlichen Beanspruchungsformen. Sie fördern nicht nur die Fitness, sondern wirken auch lebensverlängernd, vor allem wenn eine vernünftige Ernährung und ein aktiver Lebensstil hinzukommen. Es entstehen 70 Prozent der gesamten Ausgaben für die Heilung oder die Verhinderung des Fortschreitens einer Krankheit im letzten Lebensjahrzehnt eines Menschen. Bei körperlich Aktiven und regelmäßig Sporttreibenden ist laut Statistik die Phase des Krankseins gegenüber bewegungsarmen Menschen auf die Hälfte verkürzt und die Behandlungskosten sind entsprechend gemindert. Diese Kostenminderung ist einer der Gründe, weshalb heutzutage manche Krankenkassen das Sporttreiben sowie den richtigen BMI (Body-Mass-Index, siehe Kapitel 20 zu Ernährung) ihrer Mitglieder mit Beitragsrückzahlungen belohnen. Sport ist eine Möglichkeit, weit über die Schulzeit hinaus bis ins hohe Alter fit zu bleiben.

Um in jeder Altersphase ein möglichst gesundes Leben zu führen, rückt die Prävention, eine von uns selbst zu gestaltende Gesundheitsvorsorge, in den Blickpunkt. Die Erkenntnisse über eine gesunde Lebensführung sollten von der Gesellschaft, von jedem Einzelnen, angenommen und umgesetzt werden. Die beiden tragenden Säulen der Prävention sind eine gesunde, bedarfsgerechte Ernährung sowie die körperliche Bewegung bzw. der Sport.

Merke

Sport hebt nicht nur den Risikofaktor Bewegungsarmut auf, sondern beeinflusst günstig das Gewicht, den Bluthochdruck, zu hohe Blutfettwerte und Diabetes mellitus.

Viele Erfolge durch Prävention sind bereits nachweisbar: Die Anzahl der Herz-Kreislauf-Erkrankungen sind z. B. in den USA in der Zeit von 1980 bis 2000 um 45 Prozent, die Anzahl der Schlaganfälle sogar um 55 Prozent zurückgegangen. Diese deutliche Abnahme von Herz-Kreislauf-Erkrankungen wird an erster Stelle der Verminderung von Risikofaktoren wie z. B. Bewegungsarmut und Fehlernährung in der Bevölkerung zugeschrieben und gilt als entscheidender Beweis, dass eine Prävention bei Herzerkrankungen wirksam ist. Hauptursache für diese Erkrankungen ist die Arteriosklerose, ein langsam voranschreitender Verschluss von Blutgefäßen. Die Hauptrisiken der Arteriosklerose sind neben dem Übergewicht und der Bewegungsarmut der Bluthochdruck, zu hohe Blutfettwerte, der Diabetes mellitus und das Rauchen!

Durch Sport, einem aktiven Lebensstil mit viel Bewegung und einer entsprechenden Ernährung, verbessert man die in der Abbildung 5.1 aufgeführten Stoffwechselparameter und kann so das Fortschreiten einer Arteriosklerose verhindern bzw. sogar rückgängig machen. Es sollten präventive Sportarten betrieben werden, die den Nutzen körperlicher Aktivität für unsere Gesundheit gewährleisten und zugleich bewirken, dass eine ausreichende Fitness erworben wird. Das Sporttreiben in der freien Natur mit Licht, Luft und Sonne wirkt über unser Nervensystem positiv auf unser seelisches Gleichgewicht und unsere Entspannung. Auch die Bedeutung der sozialen Komponente darf nicht außer Acht gelassen werden. Sport fördert zwischenmenschliche Beziehungen: Gute Freunde findet man oft im Sportverein. Sport kann mit der ganzen Familie oder mit Freunden unterschiedlichen Alters betrieben werden. In den letzten Jahren wurden mosaikartig die vielen bunten Steinchen zusammengetragen, welche das Bild der Gesundheitsförderung durch Sport vervollständigen.

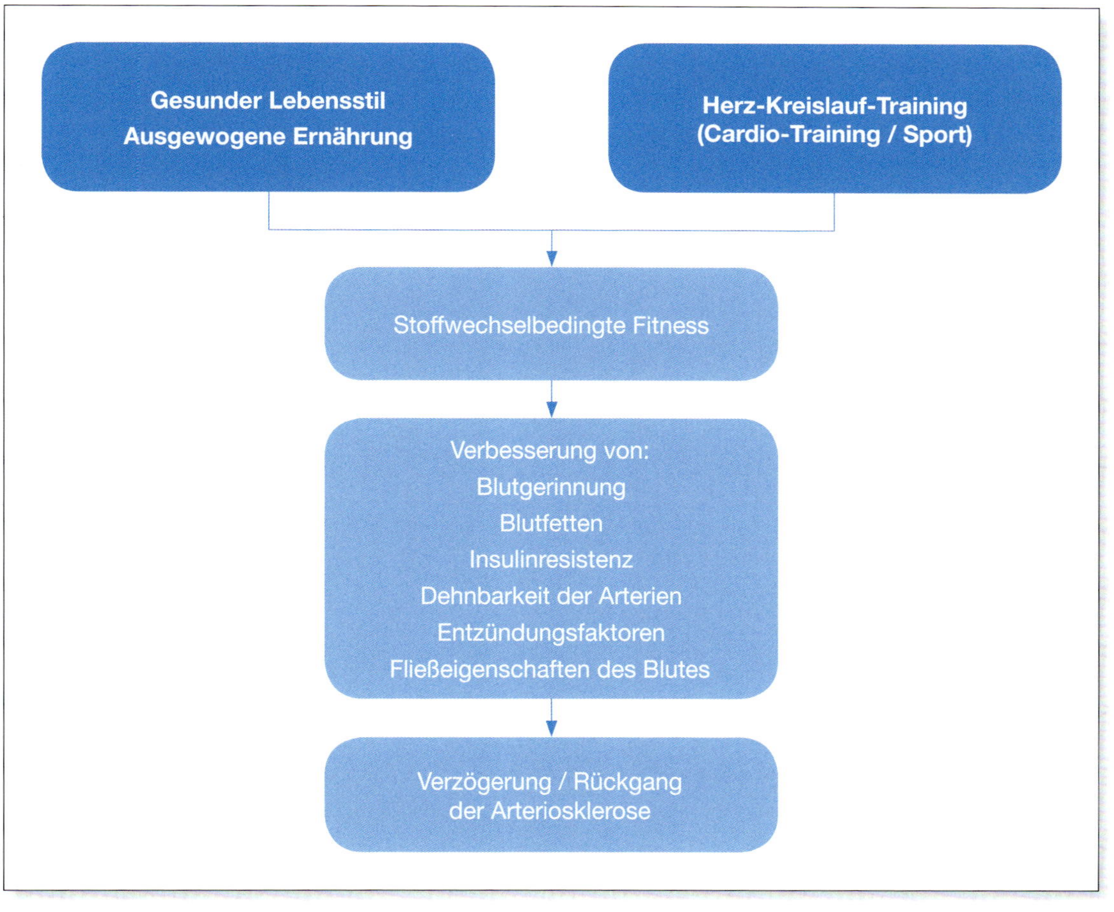

Abb. 5.1: Einfluss-Faktoren und ihre möglichen Wirkungen auf chronische Erkrankungen (mod. nach *Keul / Hamm*, 1998)

Bös hat bei Schülern 1976 und 1996 identische motorische Tests durchgeführt. Die Leistungsfähigkeit war 1996 in der Größenordnung von 10 bis 20 Prozent geringer als 20 Jahre zuvor. In einem 6-Minuten-Lauf liefen die Schüler 1976 noch über 1000 Meter weit, 1996 liefen sie im Durchschnitt

100 Meter weniger. Während der Prozentanteil der Übergewichtigen 1976 bei 16 Prozent lag, stieg er auf 31 Prozent im Vergleichsjahr 1996 – also fast eine Verdoppelung. Mögliche Folgen von Übergewicht können sein: negative Veränderungen der Insulinsensitivität, erhöhtes Risiko an Typ-II-Diabetes (eigentlich Altersdiabetes!) zu erkranken, Herz-Kreislauf-Probleme, Fußdeformitäten und erhöhter Blutdruck, um nur einige zu nennen.

Diese Erkrankungen können Folgen von Bewegungsarmut und gleichzeitiger Fehl- bzw. Überernährung sein. Die Bewegungsarmut lässt sich nach *Bös* bei Schülern folgendermaßen darstellen:

Tätigkeit	Dauer
Liegen	9 Stunden/Tag
Sitzen	9 Stunden/Tag
Stehen	5 Stunden/Tag
Bewegung	1 Stunde/Tag
davon Sport bzw. intensive Bewegung	15–30 min/Tag

Tab. 5.2: Bewegungstagebuch zur Beschreibung der körperlich-sportlichen Aktivität von Schülern (nach *Bös*, 2005)

Die Zeit vor dem Computer und Fernsehapparat ist eine bewegungs- sowie kontaktarme Zeit, bei der häufig noch nebenbei Ungesundes gegessen oder getrunken wird. Die in Tabelle 5.2 aufgeführten 15 bis 30 Minuten Sport wurden noch genauer analysiert. Die Schüler wurden nun gefragt, wie sehr

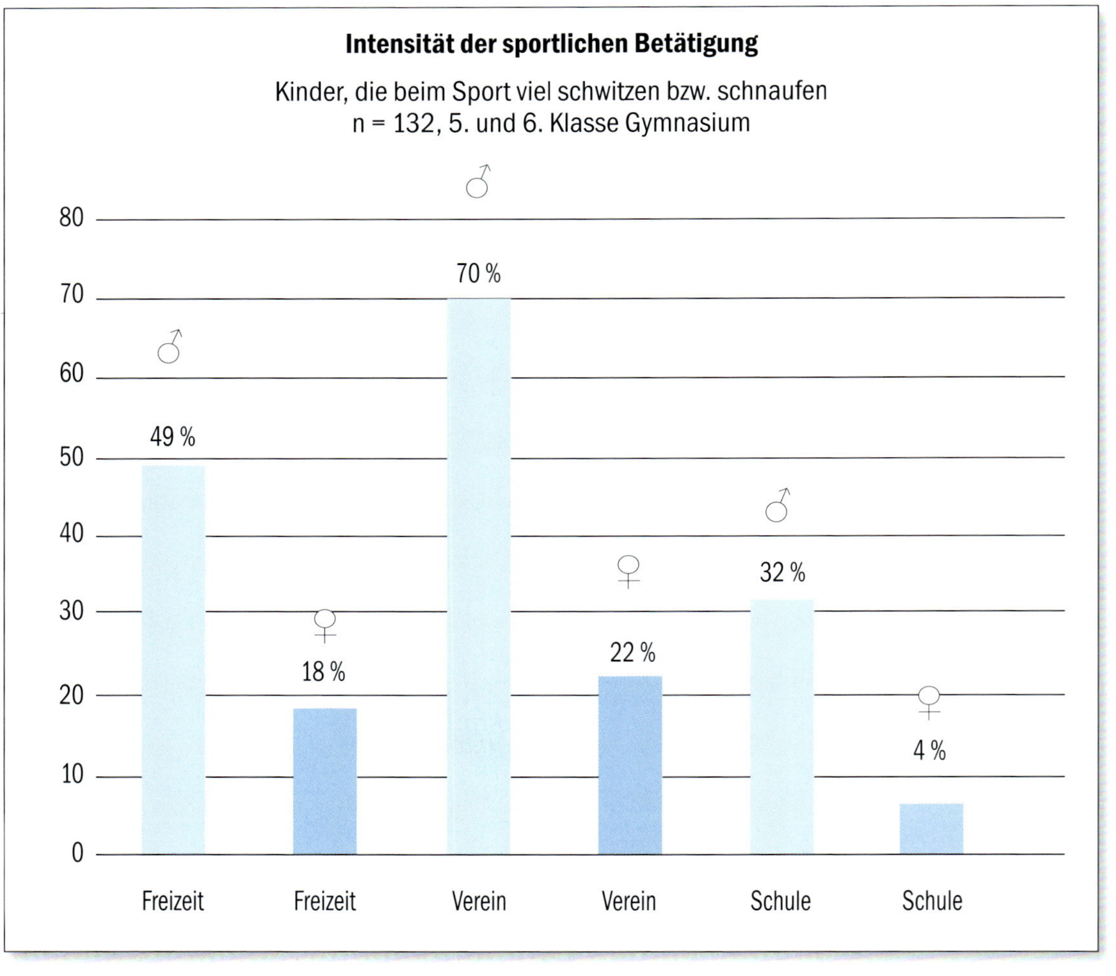

Abb. 5.2: Prozentanteil der Schüler, die sich beim Sport anstrengen (nach *Bös*, 2005)

sie sich beim Sporttreiben anstrengen, wobei zwischen Freizeitsport, Schulsport und Vereinssport unterschieden wurde.

Die Ergebnisse sind ernüchternd. Vor allem Mädchen scheinen darauf zu achten, dass sie sich beim Sport nicht so richtig anstrengen und nicht zu sehr ins Schwitzen kommen.

Die Bedeutung der Fitness für Gesundheit und Wohlbefinden

Wenn Bewegungsarmut sich - auch schon in jungen Jahren - nachteilig auf die Gesundheit und unser körperliches sowie seelisches Wohlbefinden auswirkt, müssen wir uns natürlich ebenfalls umgekehrt fragen, wie vernünftig betriebener Sport sich auf unseren Körper und unsere Fitness auswirkt. Dies soll hier exemplarisch am Beispiel des Risikofaktors Bluthochdruck gezeigt werden. Zahllose Untersuchungen belegen, dass sich ein kontinuierliches Ausdauertraining mittlerer Intensität günstig auf verschiedenste Formen des Bluthochdruckes auswirkt. Besonders die leichten Formen des Bluthochdrucks lassen sich gut durch Ausdauertraining beeinflussen. Deshalb stellt auch in der modernen Medizin die Bewegungstherapie die Basistherapie der Bluthochdruckerkrankung dar.

Der Blutdruck kennt zwei Phasen: Der maximale Blutdruck wird als systolischer Druck bezeichnet und entsteht durch die Austreibung des Blutes aus dem Herzmuskel in die Aorta. Der minimale Blutdruck, der so genannte diastolische Druck, entspricht der Erschlaffungsphase des Herzmuskels, wenn also das Herz wieder Blut ansaugt. Der Blutdruckwert wird in einer historischen Maßeinheit angegeben: in Millimeter Quecksilbersäule (= mm Hg). Wie in Abbildung 5.3 zu erkennen ist, liegt der systolische Druck von Ausdauertrainierten bis ins hohe Alter deutlich unter dem Wert der Gesamtbevölkerung. Dies bedeutet für Ausdauertrainierte eine Schonung des Herzmuskels und als Folge ein geringeres Herzinfarktrisiko (siehe auch Tabelle 5.1). Der normale Wert des systolischen Blutdrucks beträgt 120 mm Hg, der diastolische Wert 80 mm Hg. Als noch normal gilt der Druck von 140 zu 90 mm Hg, als grenzwertig die Bereiche ab 140 bis 160 zu 90 bis 95 und als krankhaft ein Wert über 160 zu 95 mm Hg. Die Herz-Kreislauf-Erkrankungen stellen mit ca. 50 Prozent der Todesfälle in Deutschland den „man killer" Nummer eins dar.

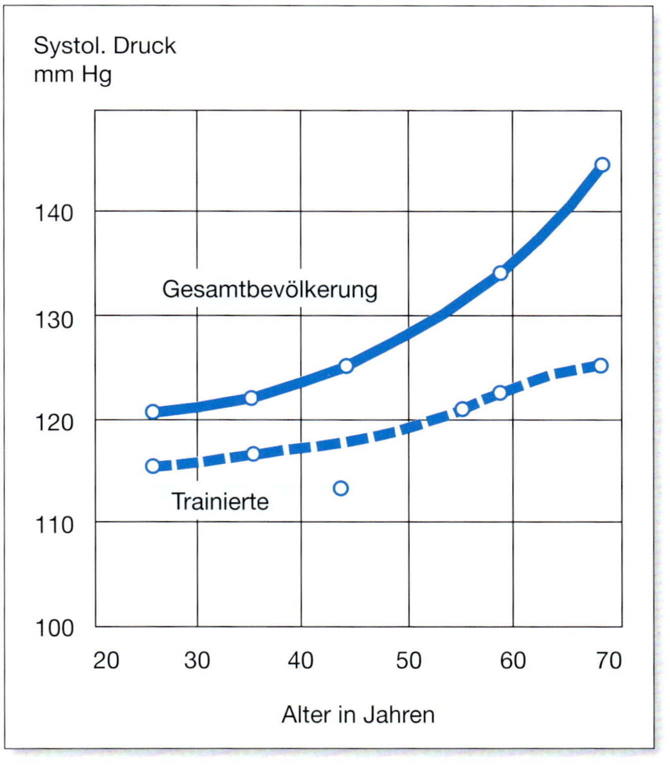

Abb. 5.3:
Das Blutdruckverhalten bei Ausdauertrainierten im Vergleich zur Normalbevölkerung (nach *Weineck*, 2010)

Wenn man im Sport Leistung bringen möchte, muss man dafür trainieren. Trainieren tun alle Sportler, vom Anfänger über den Fortgeschrittenen bis zum Leistungssportler, vom Grundschüler über den Jugendlichen bis zum Seniorensportler. Dabei gibt es ganz unterschiedliche Motive: Die einen möchten ihre Leistung steigern, andere ihre Fitness erhalten und Wiedereinsteiger möchten diese erneut zurückgewinnen. Jedoch unterscheiden sich die Zielsetzungen des jeweiligen Trainings. So ist es zwar auch ein Ziel des Schulsports, die körperliche Leistungsfähigkeit zu verbessern, er hat aber nicht, wie der Spitzensport, das Erreichen der absoluten individuellen Höchstleistung zum Ziel. Für die Motivation ist es außerdem wichtig, dass Sport mit Freude betrieben wird.

Merke

Sportliches Training ist aus sportpraktischer Sichtweise ein komplexer Handlungsprozess mit dem Ziel der planmäßigen und systematischen Entwicklung der sportlichen Leistungsfähigkeit hin zur optimalen individuellen Leistung.

5.1 Voraussetzungen für ein gelingendes Training

Das Training muss, wenn es erfolgreich sein soll, planmäßig, systematisch und auf ein Trainingsziel hin ausgerichtet werden. Dies ist dann gegeben, wenn Trainingsziele, Trainingsmethoden, Trainingsinhalte und Trainingsaufbau sowie Trainingsorganisation unter Beachtung trainingswissenschaftlicher Erkenntnisse und trainingspraktischer Erfahrungen im Vorhinein festgelegt sind und sich der Trainingsvollzug an diesen Vorgaben orientiert. Es existiert also in der Trainingslehre ein Wissen, welches dem Trainierenden sagt: „Mache es so - und es wird gut!"

5.2 Die motorischen Hauptbeanspruchungsformen

Wenn man seine Fitness trainieren möchte, so betrifft dies in erster Linie die Bereiche der Kondition und Koordination. Dabei stellen die motorischen Hauptbeanspruchungsformen Ausdauer, Kraft, Schnelligkeit und Beweglichkeit sowie die koordinativen Fähigkeiten zentrale Leistungsvoraussetzungen für das Erlernen und Realisieren von sportlichen Bewegungshandlungen dar. Die konditionellen Fähigkeiten beruhen vor allem auf energetischen Prozessen, die koordinativen überwiegend auf zentralnervösen (informationellen) Steuerungs- und Regelungsprozessen. Da z. B. ein Tischtennis-

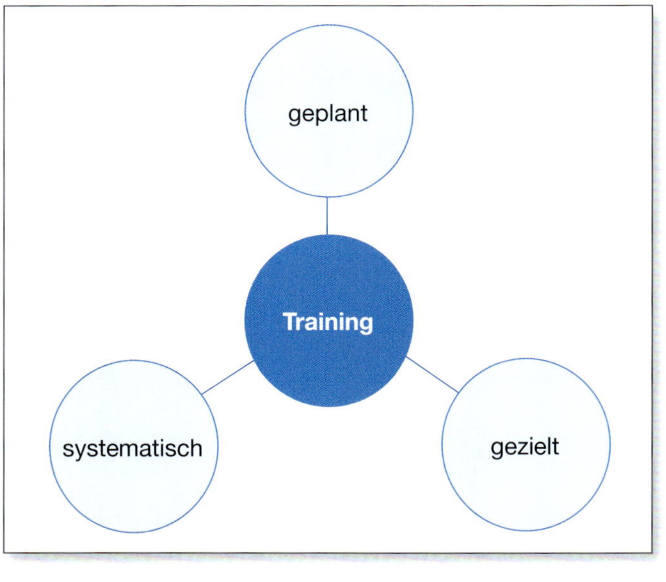

Abb. 5.4.:
Voraussetzungen für ein gelingendes Training

schlag (eine koordinative Leistung) nicht ohne den Einsatz von Muskelkraft machbar ist, wird in der folgenden Abbildung ein kombiniertes Modell vorgestellt. Beweglichkeit, Schnelligkeit und Kraft sind Fähigkeiten, welche sowohl energetisch als auch informationell bestimmt sind. Informationell heißt in diesem Kontext, dass der Sportler auf Informationen angewiesen ist, z. B. akustischer, optischer oder taktiler Natur (= den Hautsinn betreffend).

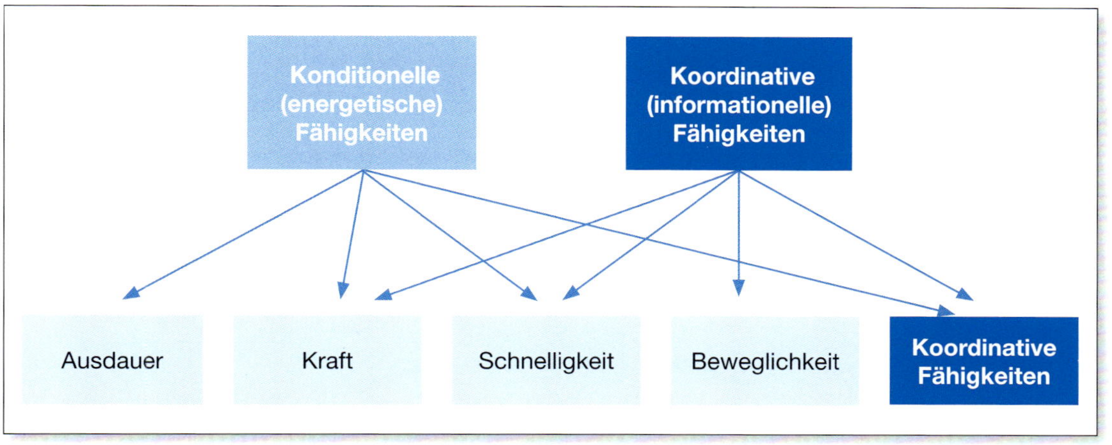

Abb. 5.5: Systematik der Kondition und Koordination unter Berücksichtigung der Wechselbezüge bei der Kraft, Schnelligkeit und Beweglichkeit (nach *Hohmann / Lames / Letzelter*, 2007)

Für den Fitnessbereich im Schulsport gilt die Aufmerksamkeit primär den konditionellen Fähigkeiten, wobei darauf hingewiesen werden soll, dass es kaum Sportarten bzw. Disziplinen gibt, bei denen nur eine einzige Fähigkeit leistungsbestimmend ist.

Das versteht man unter den einzelnen konditionellen Fähigkeiten:	
Kraft	ist die konditionelle Basis für Muskelleistungen mit Krafteinsätzen, deren Werte über ca. 30 Prozent der jeweils individuell realisierbaren Maximalwerte liegen. **Beispielsportarten:** Gewichtheben, Ringeturnen, Klettern, Kugelstoßen, Hammerwurf
Ausdauer	ist die Fähigkeit, eine bestimmte Leistung über einen möglichst langen Zeitraum aufrechterhalten zu können. **Beispielsportarten:** Radrennsport, Marathonlauf, Skilanglauf, Inline-Skating
Schnelligkeit	ist die Fähigkeit, auf einen Reiz bzw. ein Signal schnellstmöglich zu reagieren und / oder Bewegungen bei geringen Widerständen mit höchster Geschwindigkeit durchzuführen. **Beispielsportarten / -sportler:** 100-Meter-Sprint, Tischtennis, Tennis, Badminton, Fußball- und Handballtorwarte
Beweglichkeit	ist die Fähigkeit, Bewegungen willkürlich und gezielt mit der erforderlichen bzw. optimalen Schwingungsweite der beteiligten Gelenke ausführen zu können. **Beispielsportarten:** Turnen, rhythmische Sportgymnastik, Schwimmen

Tab. 5.3: Definition der Hauptbeanspruchungsformen und beispielhafte Sportarten

Schauen wir uns exemplarisch die konditionellen Fähigkeiten des siebenfachen Europameisters, Vizeweltmeisters (2010) und Olympiamedaillengewinners (2008) im Tischtennis, Timo Boll, an. Timo verfügt über eine sehr gute Ausdauerleistung, die es ihm erlauben würde, in diesem Bereich mit Fußballbundesligaprofis mitzuhalten. Die im Kniegelenk gebeugte Grundstellung erfordert – über ein ganzes Spiel gesehen – ein entsprechendes Maß an Kraftausdauerfähigkeit. Da Tischtennisschläge Ganzkörperschläge sind, benötigt er zusätzlich eine entsprechende Rumpfkraft. Tischtennis ist das schnellste Rückschlagspiel, daher verfügt Timo Boll über herausragende Reaktions- und Bewegungsschnelligkeit. Auf seinem Niveau sind Bälle manchmal nur mit sehr guter Gelenkbeweglichkeit zu erreichen. Zu diesem Zweck führt er täglich ein gezieltes Beweglichkeitstraining durch.

In den Kapiteln 11 und 12 werden die konditionellen Fähigkeitsbereiche Ausdauer und Kraft jeweils genauer beschrieben.

Die folgende Grafik gibt einen Gesamtüberblick über die Faktoren, welche sportliche Leistungen beeinflussen:

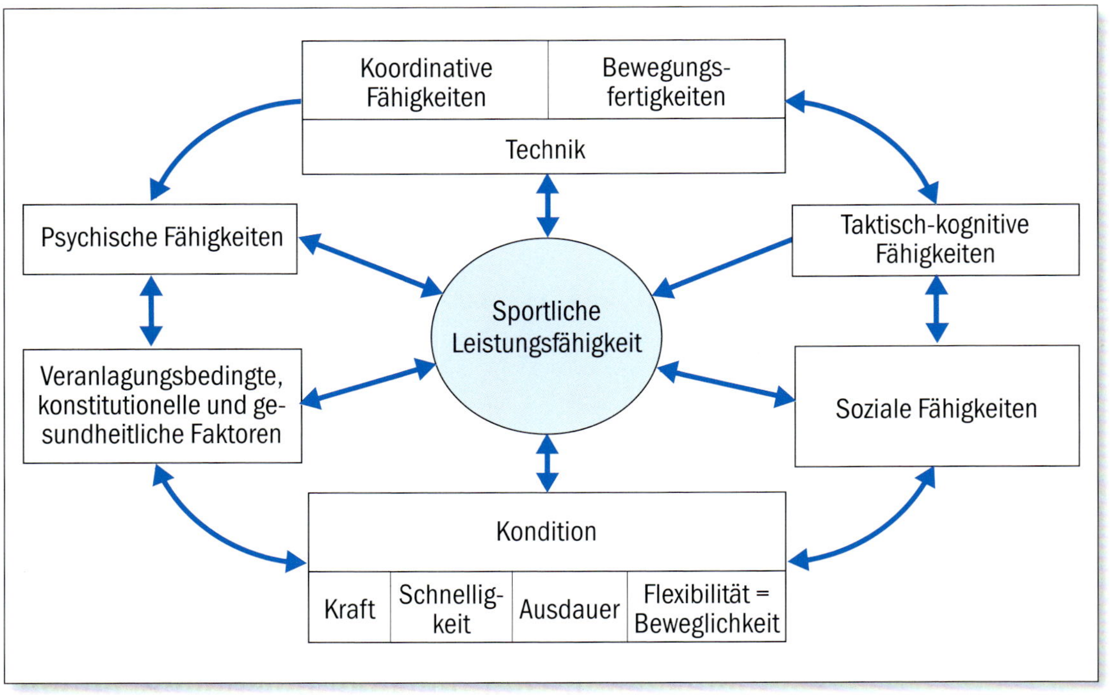

Abb. 5.6: Faktoren, die die sportliche Leistungsfähigkeit beeinflussen (nach *Weineck*, 2010)

Aus der Grafik geht hervor, dass sich die „sportliche Leistungsfähigkeit" aus einem sehr komplexen Zusammenspiel vieler unterschiedlicher Faktoren zusammensetzt. Die Schwerpunkte variieren von Sportart zu Sportart sehr stark. Hinzu kommt, dass bei jedem Sportler wiederum die Ausprägung der einzelnen Faktoren sehr unterschiedlich gelagert sein kann.

Aufgaben und Fragen

1. Was versteht man unter Gesundheit?
2. Ist Gesundheit etwas, das man beeinflussen kann? Wenn nein, warum nicht? Wenn ja, wodurch?
3. Welche Erkrankungen kann man auf Bewegungsmangel zurückführen?
4. Was kann man tun, um die Arteriosklerose zu verzögern bzw. um ihren Rückgang zu beeinflussen?
5. Wie wirkt sich Sporttreiben auf den Blutdruck aus?
6. Was kennzeichnet Training, welche Voraussetzungen sind wichtig?
7. Was versteht man unter den konditionellen Fähigkeiten?
8. Nennen Sie Sportarten bzw. Disziplinen, in denen einzelne Fähigkeiten dominieren!
9. Versuchen Sie, einen Ihnen bekannte Sportart nach Abbildung 5.6 zu analysieren!

Gesetzmäßigkeiten des Trainings

6

Merke

Wenn man regelmäßig im Studio Krafttraining absolviert, so ist man nach ein paar Wochen bzw. Monaten in der Lage, ein größeres Gewicht zur Hochstrecke zu bringen. Führt man über mehrere Wochen bzw. Monate ein gezieltes Ausdauertraining mit Laufen durch, so kann man danach entweder eine längere Strecke am Stück laufen oder eine bestimmte Strecke schneller als zuvor.

Diese Phänomene der Leistungssteigerung durch sportliches Training beschreibt man als Anpassung oder Adaptation (siehe Merksatz). Die Adaptation führt zu einer Steigerung der Funktionstüchtigkeit, Leistungsfähigkeit und Belastungstoleranz.

Die Gesetzmäßigkeiten des Trainings verstehen sich als allgemeine Handlungsorientierung für den geplanten, systematischen und zielgerichteten Aufbau des Trainings. Wenn man sich nach ihnen richtet, so wird Training grundsätzlich zu den gewünschten Anpassungserscheinungen führen.

6.1 Reizschwellengesetz – Der wirksame Belastungsreiz

Für die Trainingswirksamkeit eines Reizes ist es wichtig, dass dieser eine bestimmte Schwelle überschreiten muss, wenn er zu Anpassungserscheinungen führen soll. Training muss mehr oder weniger anstrengend sein, um Wirkungen zu erzielen. Zum Bäcker gehen, mit dem Rad zur Bank fahren oder Baden gehen im See genügt dazu nicht. Die Stärke der Belastungsreize orientiert sich an der Reizstufenregel nach *Roux*. Danach führen nur lang andauernde und entsprechend intensive Lauf-, Rad- oder Schwimmbelastungen zu einer Ausdauerverbesserung.

Die folgende Tabelle stellt die Reizstufenregel nach *Roux* dar:

Belastungsintensität	Biologische Anpassung
Unterschwellige Reize (d. h. unter der wirksamen Reizschwelle)	bleiben wirkungslos
Überschwellige, leichte Reize	erhalten das aktuelle Funktionsniveau
Überschwellige, mittlere und starke Reize	lösen physiologische und anatomische Veränderungen aus
Überschwellige, zu starke Reize	können die Funktion beeinträchtigen, den Organismus schädigen

Tab. 6.1: Reizstufenregel (basierend auf *Roux*)

Wie hoch der Schwellenwert bei dem jeweiligen Sportler ist, hängt von dessen Leistungsstärke ab. Spitzensportler reagieren nur bei hohen und spezifischen Belastungsreizen mit entsprechender Anpassung, während weniger gut Trainierte im Vergleich dazu nur relativ niedrige und unspezifische Reize benötigen.

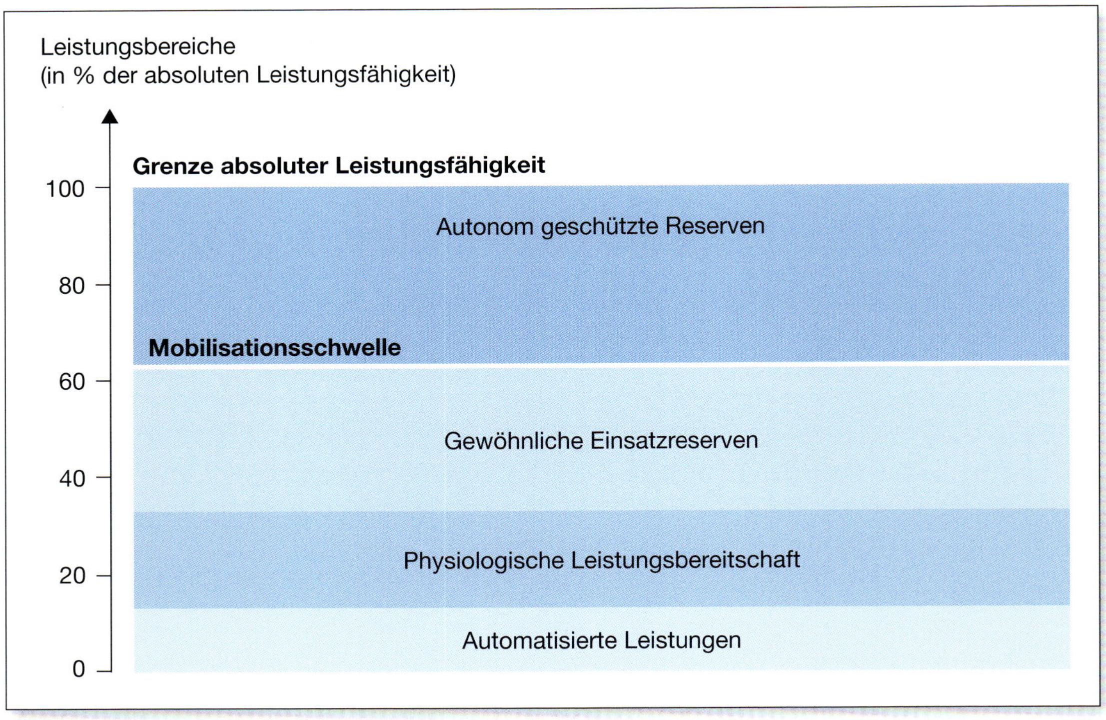

Abb. 6.1: Schema der Leistungsbereiche (mod. nach *Weineck*, 2010)

Merke

Ein Ausdauertraining muss individuell auf das Niveau des jeweiligen Sportlers ausgerichtet sein. Wenn ein Freizeitsportler und ein Leistungssportler zusammen laufen, kann dies für den Freizeitsportler zu positiven Anpassungserscheinungen führen, während es beim Leistungssportler nicht einmal zum Erhalt seiner Form ausreicht. Der Belastungsreiz ist für den Leistungssportler zu gering. Durch Training kann die Mobilisationsschwelle (vgl. Abb. 6.1) von Untrainierten und Trainierten angehoben werden.

6.2 Superkompensation und Homöostase

Die Anpassungsvorgänge im menschlichen Organismus verlaufen in bestimmten zeitlichen Phasen. Nach einer intensiven Belastung kommt es zu einer Auslenkung von Parametern, welche sich nach einer gewissen Zeit wieder auf ihr Ausgangsniveau einpendeln, wenn keine weitere Belastung folgt. Der menschliche Organismus befindet sich vor einer körperlichen Belastung in einer Art „Fließgleichgewicht“, der Homöostase. Nach dem sog. Roux-Prinzip versucht der Organismus, Störungen der Funktion aktiv auszugleichen, um den Ausgangszustand wiederherzustellen. Mit Trainingsbelastungen versucht man jedoch, diesen Zustand zu stören und setzt somit Reize.

Definition:

Bei dem **Basismodell der Superkompensation** geht man davon aus, dass Training zur Ermüdung führt, nach der Ermüdung eine Erholung einsetzt, welche letztendlich den Organismus in einen „belastbareren“ Zustand als zuvor versetzt (= Trainingseffekt). Die Konsequenz ist eine Verbesserung der Leistungsfähigkeit.

Wenn man sich z. B. im Ausdauertraining belastet, kommt es zu einem Abbau von Glykogen (= Speicherform des Traubenzuckers in der Zelle). In der Regenerationsphase empfiehlt man den Athleten Kohlenhydrate zur schnelleren Wiederauffüllung der Glykogenspeicher. Durch häufiges Ausdauertraining legt die Muskelzelle in der Folgezeit immer mehr Glykogen an (= Mehrausgleich, Superkompensation), mit dem man dann entweder länger oder intensiver Ausdauertraining betreiben kann. Für diese Anpassungserscheinung hat *Jakowlew* 1977 das Modell der Superkompensation entwickelt.

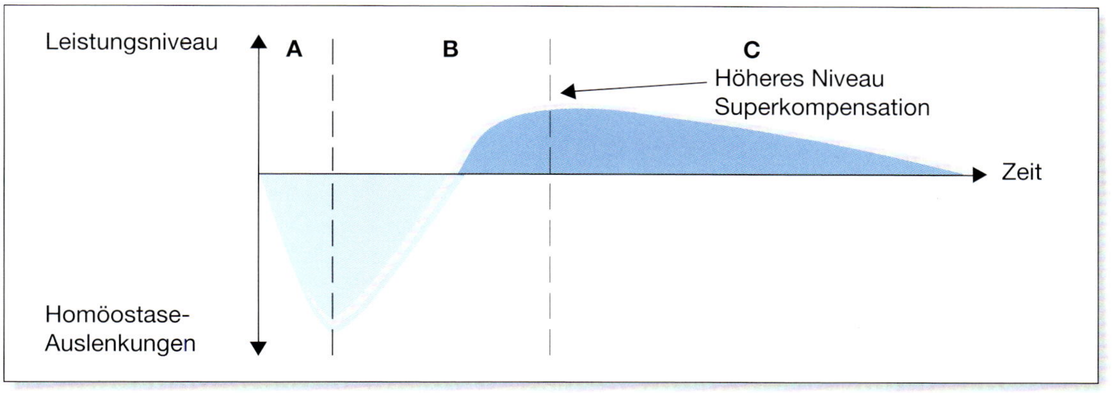

Abb. 6.2: Um Trainingseffekte zu erzielen und das Leistungsniveau zu erhöhen, werden Homöostase-Auslenkungen verlangt. Schematischer Verlauf der Superkompensation bei Ausdauer und Krafttraining: Phase A = Belastung, Abbau von Glykogen, Ermüdung; Phase B = Regeneration und positive Anpassung, Aufbau verbrauchter Substrate (z. B. Glykogen); Phase C = Rückkehr zum Ausgangsniveau oder neuer Reiz (mod. nach *Frey*, 2002)

Die Regeneration sollte man aktiv unterstützen durch gezielte Maßnahmen: genügend Schlaf, bedarfsgerechte Ernährung, Entspannungsmethoden (z. B. nach Jacobsen, Yoga, Autogenes Training), Massage, Sauna, aktiv-dynamische Dehnungsübungen (hierbei bewegt man sich durch Muskelkraft in die Dehnposition hinein), Auslaufen, Ausradeln oder Ausschwimmen nach intensiven Belastungen.

Merke

Der Verlauf der Regenerationsphase wird von vielen Faktoren beeinflusst: vom Trainingszustand, der Belastungsdauer und Belastungsintensität, von der Art der Belastung, vom Erholungszustand, von Schlaf und Ernährung.

Praxisbeispiel zur Regeneration

Wenn Fußballbundesliga-Profis nach einem Spiel noch einmal auf den Rasen kommen, so dient dieses ca. 10- bis 20-minütige Auslaufen der Regenerations-Beschleunigung. Unmittelbar nach einem Fußballspiel erhalten Profis zudem geeignete Sportgetränke zur schnelleren Wiederauffüllung ihrer Zuckerspeicher in der Muskulatur.

Folgerungen für die Trainingspraxis

Unter praktischen Gesichtspunkten hat sich für Sportler mit niedrigerem Leistungsniveau eine zwei- bis dreimalige Belastung pro Woche bewährt.

Die Reizeinwirkung (Training) auf den menschlichen Organismus muss über einen längeren Zeitraum erfolgen, wenn dadurch eine Leistungserhöhung erzielt werden soll. Ähnliche oder gleiche Reize müssen in den zeitlich richtigen Abständen immer wieder auf das System einwirken (Abb. 6.3). Ist dies nicht der Fall, kommt es zu keiner Leistungsverbesserung. Wenn Trainingsreize zu dicht aufeinander folgen (trainingsmethodischer Fehler), hat dies eine Verschlechterung der Leistungsfähigkeit zur Folge. Ständig andersartige und von Tag zu Tag wechselnde Belastungen mit unterschiedlicher Beanspruchung lassen für entsprechende Erholungsvorgänge genügend Zeit. In der Konsequenz heißt das für den Sportler, dass er keine inhaltlich oder zeitlich beliebigen Reize setzen darf. Es ist auf Kontinuität und Variation zu achten!

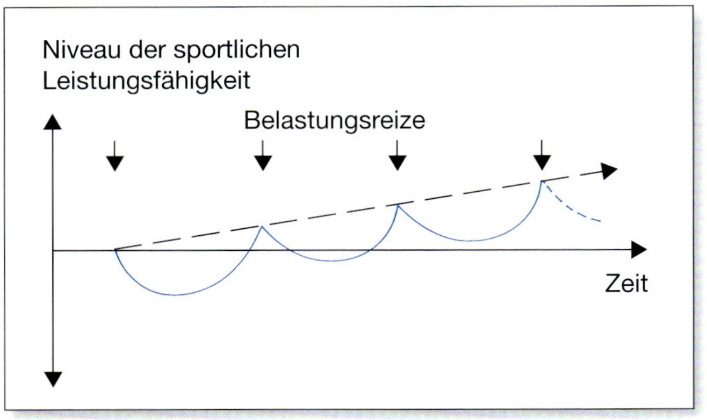

Abb. 6.3:
Verbesserung der sportlichen Leistungsfähigkeit durch zeitlich optimal gesetzte Reize (nach *Weineck*, 2010)

Merke

Wenn man in der Vorbereitungsperiode intensiv Kraft und Ausdauer trainiert hat, so muss dies auch während der Wettkampfperiode erfolgen. Unterbleiben die Reize oder sind sie nicht intensiv genug, hat dies Leistungseinbußen zur Folge.

Wenn man nicht lange genug und qualitativ schlecht regeneriert, kann dies zu Leistungseinbußen führen (Abb. 6.4).

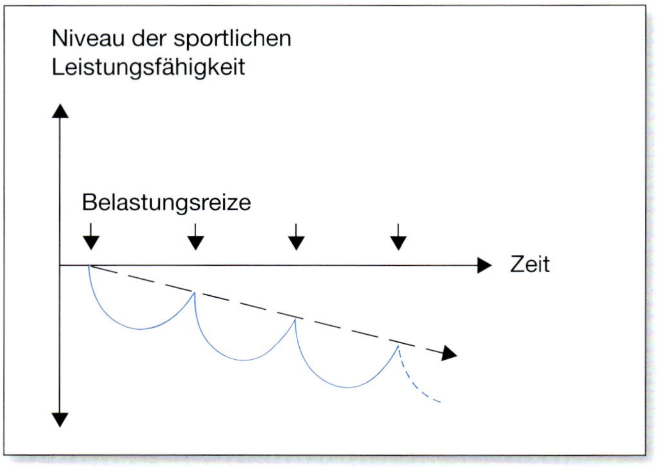

Abb. 6.4:
Verschlechterung der sportlichen Leistungsfähigkeit durch zu schnell aufeinander folgende Reize (nach *Weineck*, 2010)

Trainingstipp: Wer am Tag vor dem Cooper-Test ein sehr langes und intensives Dauerlauftraining durchführt, wird mit ziemlicher Sicherheit am nächsten Tag keine optimale Leistung erbringen können.
Dies sollte man in der unmittelbaren Vorbereitung auf den Test beachten!

6.3 Altersgemäßheit und Trainierbarkeit

Wenn Training optimal gestaltet werden soll, muss während der gesamten Lebensspanne auf die altersgemäße Trainingsbelastung geachtet werden. Dies bedeutet, dass die Zielsetzungen und Inhalte des Trainings den geschlechts- und altersspezifischen Besonderheiten angepasst werden müssen.

Merke

Eine gute Trainierbarkeit über das gesamte Kindes- und Jugendalter ist beim Koordinationstraining gegeben.

In der Praxis ist also zu berücksichtigen, dass ein Krafttraining von Kindern und Jugendlichen anders gestaltet werden muss als bei erwachsenen Frauen und Männern. Zusätzlich sind individuelle Fähigkeiten nicht nur im athletischen Bereich, sondern auch hinsichtlich der Motivation und Leistungsbereitschaft zu beachten. Es gilt dabei die Phasen der Trainierbarkeit zu berücksichtigen.

Jugendliche sind relativ gut im Bereich der Schnelligkeit und Schnellkraft sowie der aeroben Ausdauer (vgl. Kapitel 9.1.2) trainierbar. Für die anaerobe Ausdauer ist das enzymatische System im frühen Schulkindalter noch nicht weit genug entwickelt. Maximalkrafttraining in seiner leistungssportlichen Ausprägung ist für den passiven Bewegungsapparat im frühen Schulkindalter nicht geeignet.

Jugendliche sind besser trainierbar als Kinder. Jedoch sind trainierte Kinder leistungsstärker als untrainierte Jugendliche. Die Trainierbarkeit von jungen Erwachsenen ist größer als die von Älteren.

Entgegen früheren Behauptungen kann man heute sagen, dass auch im Seniorenalter (älter als 60 Jahre) noch positive Anpassungserscheinungen bei allen motorischen Hauptbeanspruchungsformen (Ausdauer, Schnelligkeit, Kraft, Koordination und Beweglichkeit) erzielt werden können. Die Trainierbarkeit bleibt erhalten, wenngleich nicht mehr auf dem Niveau und der Anpassungsgeschwindigkeit der jüngeren Menschen. Späteinsteiger können nach einigen Jahren ähnliche Leistungen erzielen wie Nicht-Unterbrecher, was insbesondere für die Ausdauerleistungsfähigkeit gilt. Es ist also nie zu spät!

Männer und Frauen unterscheiden sich aufgrund geschlechtsspezifischer Merkmale im Bereich der motorischen Hauptbeanspruchungsformen in typischer Weise. Im Hinblick auf Kraft und Schnelligkeit ist der Mann besser trainierbar. Dies gilt weniger für Ausdauer (vgl. Abb. 6.5) und trifft auf die Beweglichkeit überhaupt nicht zu. Im Bereich der Ausdauer sind dabei die Unterschiede am geringsten. Bei der Koordination und Beweglichkeit kann man keinerlei geschlechtsspezifische Unterschiede feststellen.

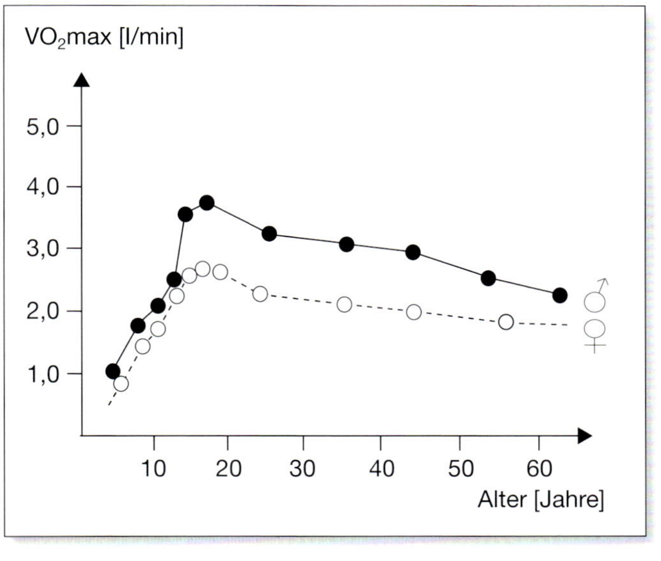

Abb. 6.5:
Die absolute maximale Sauerstoffaufnahmefähigkeit VO_2max (= Kriterium zur Beurteilung der Ausdauerleistungsfähigkeit) männlicher und weiblicher Personen im Altersgang (nach *Astrand / Rodahl*, 1981)

6.4 Trainingshäufigkeit

Ein sehr wichtiger Faktor für den Trainingserfolg stellt die Trainingshäufigkeit dar, also wie oft in der Woche trainiert wird. Der in Abbildung 6.6 dargestellte Versuch bei eineiigen Zwillingen verlief folgendermaßen: Ein Zwilling absolvierte an 6 Tagen pro Woche für jeweils 6 Minuten ein Training mit 80 Prozent seiner Maximalleistung. Der Zweite absolvierte ein einmaliges Training pro Woche von 36 Minuten mit gleicher Intensität. Der erste Zwilling erzielte eine Steigerung des maximalen Sauerstoffaufnahmevermögens von ca. 850 ml, der zweite von ca. 350 ml. Die maximale Sauerstoffaufnahme (VO_2max) gibt dabei an, wie viele Milliliter Sauerstoff der Körper im Zustand der Ausbelastung maximal pro Minute verwerten kann. Die Maßeinheit wird angegeben in Milliliter Sauerstoff pro Minute (ml/min). Es ist nach diesem Ergebnis sinnvoll, das wöchentliche Training in mehrere Einheiten zu unterteilen.

> Trainingstipp für den Cooper-Test:
> Bei gleicher Gesamtdauer und Intensität der Belastung ist ein häufigeres Training mit kürzeren Zeiteinheiten effektiver als ein selteneres Training mit längeren Zeitabschnitten.

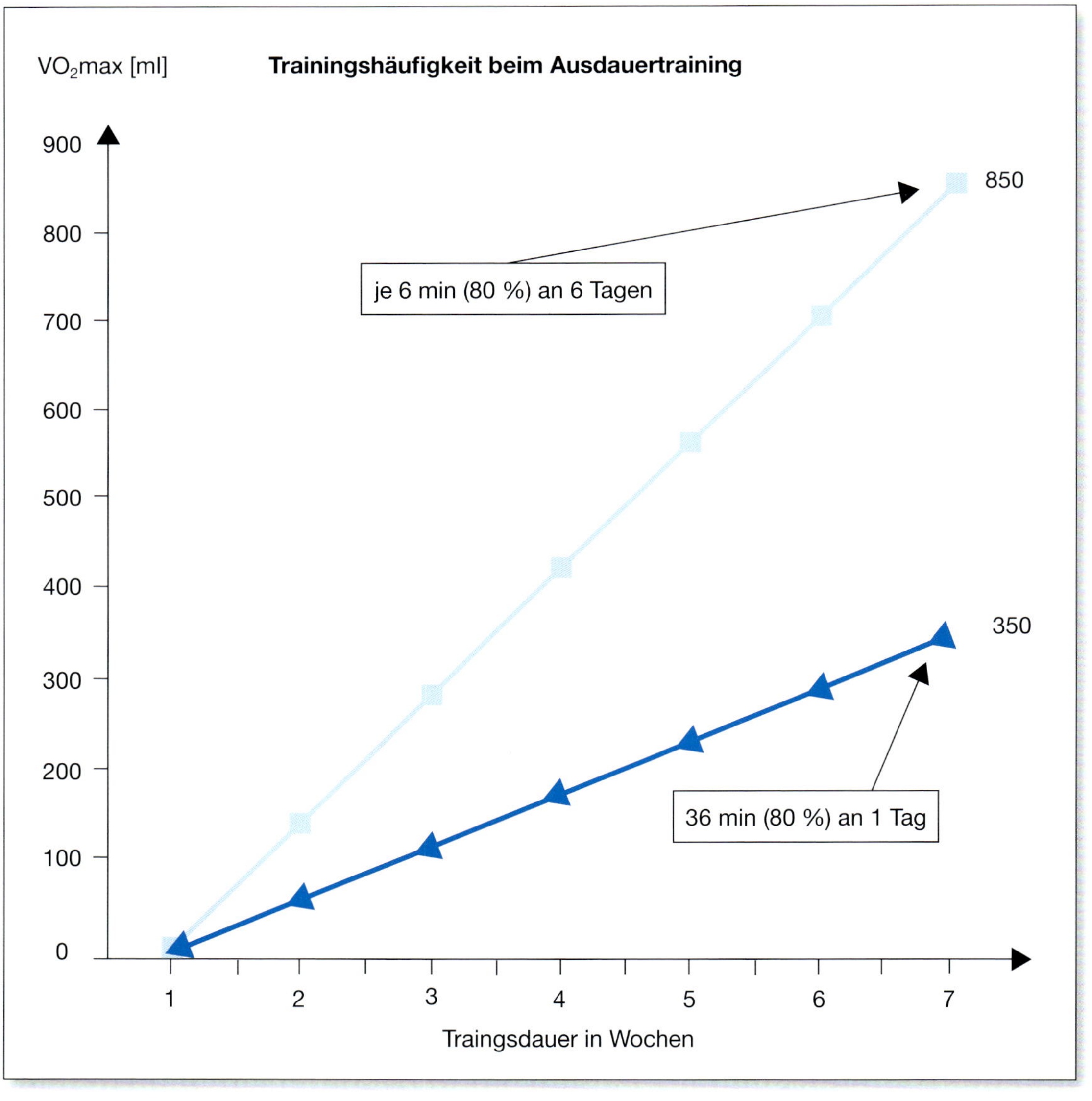

Abb. 6.6: Zunahme des maximalen Sauerstoffaufnahmevermögens bei gleicher Trainingsquantität und Leistung, aber unterschiedlicher Trainingshäufigkeit

Für das Ausdauertraining gilt somit: Es ist effektiver, dreimal pro Woche 20 Minuten zu laufen als einmal in der Woche 60 Minuten! Wichtig ist die Einhaltung ausreichender Regenerationsphasen. Ein sehr gut trainierter Athlet regeneriert in deutlich kürzerer Zeit als ein untrainierter.

Aufgaben und Fragen

1. Warum können ein Leistungssportler und ein Laufanfänger nicht von einem gemeinsamen Training profitieren?
2. Wie nennt man das Phänomen der Leistungssteigerung durch sportliche Betätigung in der Sportwissenschaft?
3. Warum ist es ein Fehler, direkt einen Tag vor dem Cooper-Test noch einen langen Dauerlauf zu machen?
4. Was versteht man unter Superkompensation?
5. Welche konditionellen Fähigkeiten kann man im Jugendalter gut trainieren?
6. Was ist im Ausdauertraining effektiver: An drei Tagen in der Woche jeweils 20 Minuten zu laufen oder einen Tag in der Woche 60 Minuten zu trainieren?

Aufbau einer Trainingseinheit 7

In der Trainingsplanung ist die Trainingseinheit (TE) die kleinste Einheit. Folgende Faktoren sind zu berücksichtigen, wenn die Trainingseinheit effektiv verlaufen soll:

Die Trainingseinheit bestimmende Faktoren	Praktische Beispiele
Trainingsziel(e)	z. B. konditionelle Fähigkeiten, Schlagtechniken, Taktik, etc.
Trainingsinhalte	Joggen, Spielformen, Übungsformen, etc.
Trainingsmethoden	Dauermethode, Intervallmethoden, Wiederholungsmethode
Entwicklungs- und Ausbildungsstand des Sportlers	D-Kader, Bundeskader, Anfänger, etc.
Soziale Beziehungen	Trainer – Sportler, Sportler – Sportler, etc.
Lage der TE im Tages- und Wochenverlauf	Morgen, Spätnachmittag, Abend, wochentags, Wochenende
Materielle Bedingungen	Bälle, Tore, TT-Tische, Pulsuhr, Tartanbahn, Hochsprunganlage, etc.

Tab. 7.1: Faktoren für eine effektive Trainingseinheit

7.1 Struktur einer Trainingseinheit

Es gilt:

> Wenn die Trainingseinheit effektiv ausgerichtet sein soll, muss sie mit ihren einzelnen Teilen als ein funktionales Ganzes aufgebaut sein.

Eine Trainingseinheit ist nicht nur auf ein „Absolvieren" angelegt, sondern konsequent auf das Erreichen der vorgegebenen Ziele zu gestalten. Wird nicht jede Trainingseinheit optimal gestaltet, leidet insgesamt die Effektivität darunter. Die Qualität jeder einzelnen Trainingseinheit hat Auswirkungen auf die sportliche Form bzw. die jeweilige Leistungsentwicklung des Sportlers.

Eine Trainingseinheit weist i.d.R. eine Dreiteilung auf:

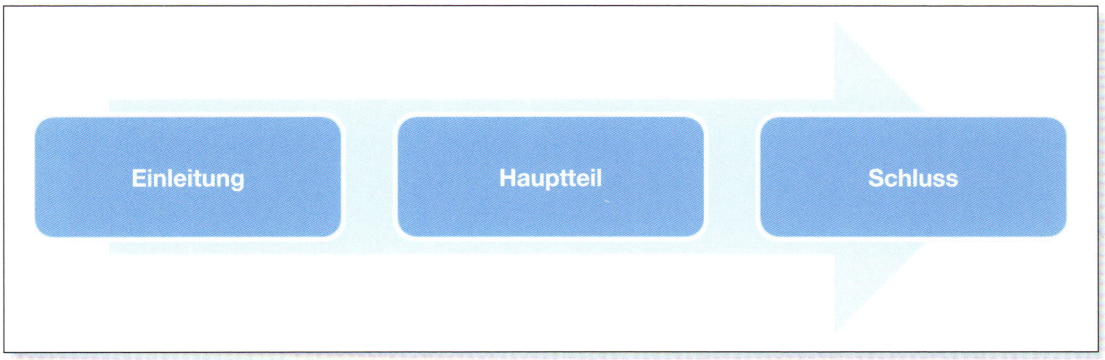

Wie lange eine Trainingseinheit zeitlich dauert und wie die einzelnen Teile mit Inhalten gefüllt sind, ist von Sportart zu Sportart unterschiedlich. Meistens dauern Trainingseinheiten 90 Minuten, wobei es auch extrem lange Einheiten über 3,5–4,5 Stunden wie im Straßenradsport geben kann. Wichtig ist:

> Eine Trainingseinheit sollte keine beliebige Aneinanderreihung von Spiel- und Übungsformen sein, sondern ein geordneter und zuvor festgelegter Ablauf von einzelnen Teilen, welche untereinander verbunden und um einen Schwerpunkt angeordnet sind.

7.2 Zur Einleitung der Trainingseinheit

Der einleitende Teil soll wirkungsvoll den Hauptteil vorbereiten, indem die Vorbelastung sowohl körperlich als auch koordinativ-technisch dem folgenden Hauptteil ähnlich sind.

7.2.1 Allgemeine Vorbereitung

Dadurch sollen die Sportler körperlich und psychisch auf den Hauptteil und seine Inhalte vorbereitet werden:

- aufwärmen und vorbelasten, ausgewählte, auf die Sportart / Disziplin ausgerichtete Dehnungsübungen, Aktivierung des Herz-Kreislauf-Systems, Gelenkmobilisation der sportartspezifischen Gelenke
- intensive, lange Stretching-Einheiten sind nicht empfehlenswert
- Sportler aus Sportarten, in denen eine hohe Gelenkbeweglichkeit erforderlich ist, müssen dies beim Aufwärmen berücksichtigen
- die Belastung sollte langsam, allmählich im Verlaufe des Aufwärmens gesteigert werden, weshalb sich Fangspiele zu Beginn einer TE eher nicht empfehlen
- dieser allgemeine Teil dauert i.d.R. zwischen 10 und 20 Minuten und wird z. B. der Witterung bzw. dem Entwicklungszustand der Sportler angepasst

7.2.2 Spezielle Vorbereitung

- Bei der speziellen Vorbereitung geht es um das sich Hineinarbeiten in die eigentliche Sportart bzw. Disziplin.
- Im Tischtennis spielt man sich z. B. durch einfache Übungen am Tisch ein, z. B. durch Vorhand diagonal kontern.
- Im Fußball, Handball, Basketball oder Volleyball nimmt man nun den Ball hinzu und kann mit einfachem, partnerweisem Zupassen oder individueller Technikarbeit beginnen.
- Beim Tanzsport würde man mit einfachem Eintanzen mit Basics beginnen.
- Dieser zweite Teil des Aufwärmens kann ebenfalls ca. 10–20 Minuten dauern. Es liegt hier also eine Systematik vor, indem man sich durch sportartspezifische Übungen auf den Hauptteil vorbereitet (vgl. *Schnabel*, 1997).

7.3 Hauptteil der Trainingseinheit

Der Hauptteil erfüllt durch seine Inhalte und seine methodische Gestaltung die Zielaufgaben. Inhalte können sein:

- Techniktraining
- Bewegungslernen
- wettkampfnahes Training
- Taktiktraining
- Konditionstraining (Kraft, Schnelligkeit, Ausdauer)
- Koordinationstraining
- Regenerationstraining
- psychologisches Training
- Kombinationen dieser Inhalte

Der Charakter der TE wird maßgeblich durch das geprägt, was inhaltlich, also an Spiel- und Übungsformen, in seinem Hauptteil stattfindet.

Damit die Inhalte maximal effektiv sind, müssen folgende Faktoren berücksichtig werden:

- am Anfang stehen Übungs- und Spielformen, welche ein ermüdungsfreies Zentralnervensystem und eine ermüdungsfreie Muskulatur voraussetzen: Schnelligkeitstraining, Schnellkraft (Schusskraft, Sprungkraft, Schlagkraft), Koordinationstraining, Techniktraining, Bewegungslernen
- es können auch zwei Hauptteile durchgeführt werden
- ermüdende Trainingsformen kommen an den Schluss: Zirkeltraining, Stationstraining, Kraftausdauertraining, stark übersäuernde Trainingsmethoden wie z.B. Randori im Judo oder Endrundentanzen im Tanzsport, HIT-Training, ...
- Planung der räumlichen Organisation, Medieneinsatz, Anzahl an Geräten, Bällen, Tischen etc.
- Ein- und Aufteilung der Trainingsgruppe: hier empfiehlt sich meistens eine Zweiteilung im Hinblick auf die Leistungsfähigkeit (z.B. Anfänger und leicht Fortgeschrittene / Könner)
- gegen Ende erfolgt ausdauerorientiertes Training
- vor allem bei Kindern im frühen Schulkindalter (5/6 bis 9/10 Jahre) gilt es zu bedenken, dass jegliches Üben immer auch konditionelle Auswirkungen hat

7.4 Schlussteil der Trainingseinheit

Der Schlussteil sollte i.d.R. einen Belastungswechsel zum Hauptteil bringen. Er sollte drei Aufgaben gerecht werden:

1. Er muss die Regenerationsprozesse einleiten: Auslaufen, Dehnen, Blackroll, Entspannungsübungen.
2. Er kann der psychischen Stimulierung dienen: Simulationswettkampf.
3. Er kann einen pädagogischen Abschluss beinhalten: gemeinsame Besprechung / Auswertung der TE.

Merke

Der regenerative Anteil nach einer Belastung ist sehr wichtig für die Verarbeitung der Trainingsbelastung und leitet die Anpassungsprozesse ein. Er ist damit genauso wichtig wie das Aufwärmen und darf nicht weggelassen werden!

Praxisbeispiele

- Nach einem Tischtennistraining, welches mit 45 min Wettkampfspielen beendet wurde, erfolgt noch ein 10-minütiges Rollout auf den Blackrolls.
- Nach einem Fußballtraining, das mit einem hochintensiven 4 gegen 4 im Kleinspielfeld 25 x 15 m beendet wurde, erfolgt noch ein 7- bis 10-minütiges Auslaufen und kurzes Nachdehnen.

7.5 Was ist hilfreich bei der Organisation einer Trainingseinheit?

Damit eine Trainingseinheit möglichst erfolgreich ablaufen kann, muss sie entsprechend gut organisiert werden.

Dazu sind wichtig:

1. Einteilungsformen
2. Aufstellungsformen
3. Verfahren des Übungsablaufs

7.5.1 Einteilungsformen

Folgende Formen haben sich in der Praxis bewährt:

Einteilungsformen	Praktische Beispiele
Trainingsgruppe	alle Trainingsteilnehmer machen genau dieselben Übungen / Spielformen
Mannschaft	Leistungsstärke entscheidet über die Zuteilung
Teilgruppe	Abwehrspieler separat, Angriffsspieler separat
Paar	z. B. beim Tanzen, Tischtennis, Tennis
Einzelsportler	vorwiegend im Leistungssport anzutreffen; es ist eine optimale Einstellung auf den einzelnen Sportler möglich

Tab. 7.2: Einteilungsformen für die Trainingseinheit

7.5.2 Aufstellungsformen

Es handelt sich dabei um geometrische Anordnungen der Sportler im Raum, der Halle, dem Spielfeld, Teilfeld:

- Linien-,
- Reihen-,
- Halbkreis-,
- Kreisaufstellungen,
- unorganisierte Formen.

7.5.3 Verfahren des Übungsablaufs

Die Form wird in erster Linie von der Aufgabenstellung, den Voraussetzungen der Sportler und den materiellen Bedingungen bestimmt:

- Frontales Training – alle Sportler machen die gleichen Übungen, die gleichen Spielformen.
- Stationstraining – hier erfüllen der Sportler oder die Trainingsgruppe an mehreren Stationen unterschiedliche Aufgaben, an jeder Station eine bestimmte Aufgabe; man bleibt z. B. für ein Sprungkrafttraining für 3 Serien mit ca. 6–8 Sprüngen an dieser Station.
- Zirkeltraining (Circuittraining) – hier macht man nach einem festgelegten Schema von Belastung zu Erholung einfache Übungen, mit oder ohne Gerät; es dient primär der Schulung der Kraftausdauer.

7.6 Vor- und Nachbereitung einer Trainingseinheit

Der Effekt einer Trainingseinheit hängt ganz wesentlich von der Qualität ihrer Planung bzw. Vorbereitung ab. Diese sollte, wenn möglich, in schriftlicher Form erfolgen und folgende Inhalte aufweisen:

Trainingsdidaktik und -methodik	Praktische Beispiele / Umsetzung
Trainingsziel(e)	Was möchte ich erreichen? Welches sind meine Ziele im konditionellen, koordinativen oder technischen bzw. taktischen Bereich?
Trainingsinhalte	Welche Übungs- oder Spielformen möchte ich dazu verwenden?
Trainingsmethoden	Welche Trainingsmethoden wähle ich dazu aus? Dauermethode, Intervallmethoden, HIT, vom Leichten zum Schweren, vom Bekannten zum Unbekannten, Belastungsintensität, Pausen, Wiederholungszahlen, etc.
Materielle Anforderungen	Material, Anzahl der benötigten Geräte, Bälle, Tische, Spielfeldgröße, etc.
Organisatorisches	Zeitbudget und Zeiteinteilung der Trainingsabschnitte, Gruppengröße, Hallengröße etc.

Tab. 7.3: Vorbereitung einer Trainingseinheit

Jede Trainingseinheit sollte im Nachgang vom Trainer nachbereitet werden, da dies wichtig für die weitere Trainingsplanung und -steuerung ist. Hier kann man sich Notizen machen zu folgenden Punkten:

- Verlauf – Organisatorisches, Geräte, zeitliche Gliederung, Pausen, Gruppeneinteilung, Hallenaufteilung, etc.
- Resultat – haben die Teilnehmer sich verbessert? Haben sie etwas dazugelernt? Habe ich Ziele bzw. Teilziele erreicht?
- Atmosphäre – wie war der Umgang der Sportler mit mir? Wie war mein Umgang mit den Sportlern? Wie war die Stimmung im Training? Haben sich die Teilnehmer wohlgefühlt? War die Einstellung der Sportler dem Thema angemessen?

Die folgende Abbildung zeigt eine exemplarische Stundengliederung.

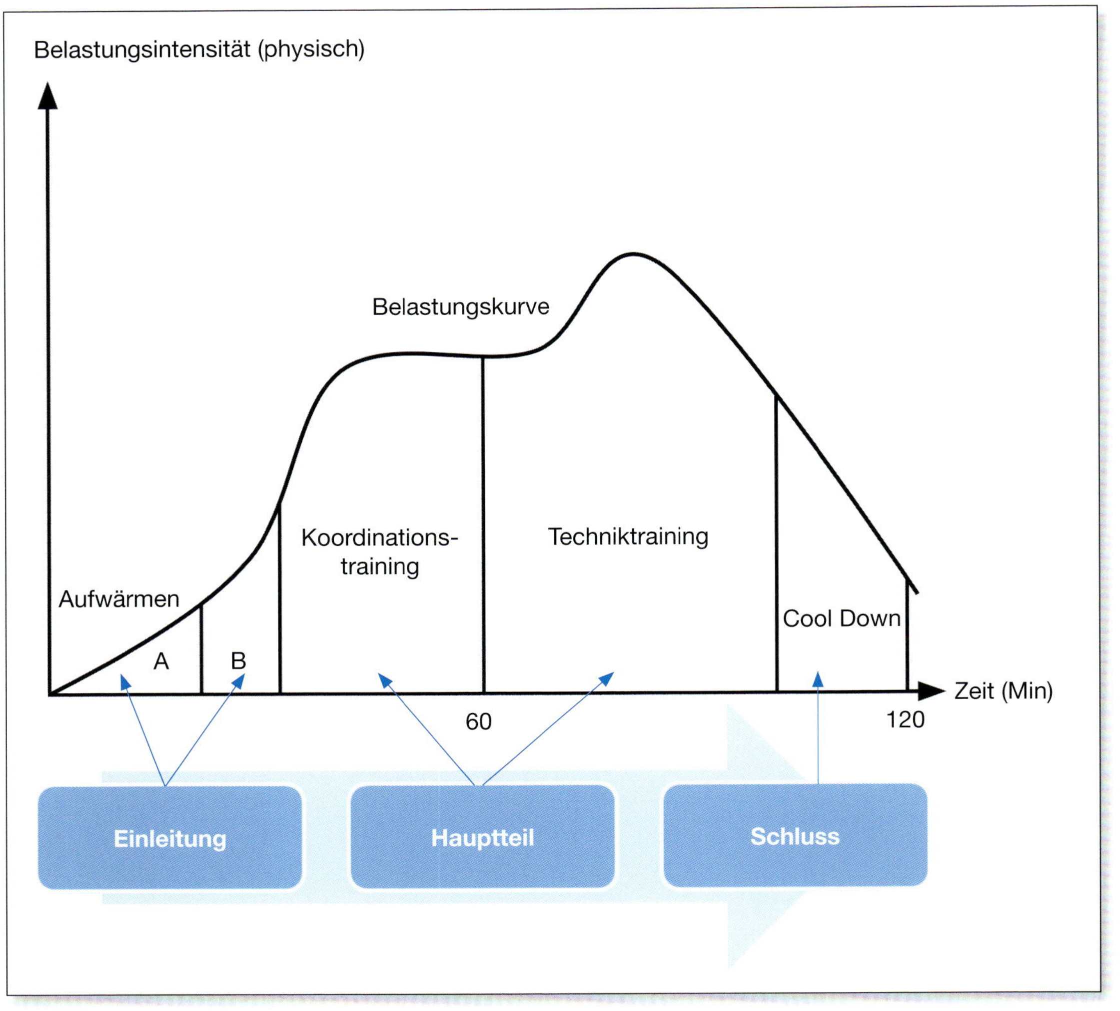

Abb. 7.1: Zeitliche und inhaltliche Verteilung von Trainingsinhalten mit Belastungskurve einer Trainingseinheit von 120 min Dauer. Aufwärmen Teil A: allgemeines Aufwärmen. Teil B: sportartspezifisches Aufwärmen, der Hauptteil besteht aus zwei Teilen (mod. nach *Rieder*, 1986)

Auf der folgenden Seite ist eine exemplarische Trainingseinheit (Lehrprobenentwurf) im Tischtennis zum Erlernen des Rückhand-Topspins dargestellt, wie sie zur Erlangung der Trainer C-Lizenz des TTVWH (Tischtennisverband-Württemberg-Hohenzollern) aussehen könnte. Es handelt sich dabei um den gleichen Schlag, wie ihn Dimitrij Ovtcharov im Kapitel 18 „Bewegungslehre" auf den Abbildungen spielt.

LEHRPROBENENTWURF

Name: **Verein:**

Lehrprobenthema: Gestalten Sie eine Lehrprobe von 90 min Dauer zum Erlernen des RH-Topspin bei 8- bis 10-Jährigen.

Ziele (Wozu?)	**Inhalte / Übungsbeschreibung (Was?)**	**Methodik / Organisation (Wie?)**	**Zeit**
1. Herz-Kreislauf-Aktivierung	1. Lauf-ABC	1. Gruppe läuft in der Hallenlänge	4 min
2. Vorbereitung der Muskulatur / des Bewegungsapparates auf das TT-Training	2. Dehnungsübungen: • Oberschenkelrückseite • Oberschenkelvorderseite • Wadenmuskulatur • Adduktoren (Oberschenkelinnenseite) • Schräge Rumpfmuskulatur • Pectoralis Major (Brustmuskulatur) • Triceps (Oberarm-Rückseite)	2. Trainer unterrichtet; deduktiv, er macht vor und korrigiert die Sportler	8 min
3. vorbereitende Methodik auf die Vorspannung der Schlaghand	3. Frisbee-Spiel auf Tore, 2 Mannschaften	3. auf das Handballfeld mit Handballtoren	8 min
4. Gewöhnung an Tisch / Schläger / Ball	4. kontrolliertes Einspielen am Tisch	4. partnerweise am Tisch	5 min
5. + 6. Schaffung einer Bewegungsvorstellung	5. Erläuterungen des Schlages am Lernposter mit Bezug auf Bewegungsanalogie „Frisbee schräg nach oben werfen" Demonstration des zu erlernenden Schlages am Tisch	5. + 6. Trainer erläutert und erklärt und demonstriert den Schlag am Tisch	ca. 5 min
	6. Üben des Schlages am Topspinrad / Spinball		
7. Festigen des Bewegungsablaufes zum tangentialen Treffen des Balles	7. Indirektes Zuspiel aus dem Balleimer – RH-Topspin diagonal geschlagen	7. partnerweise	40 min
8.–10. Methodik: vom indirekten Spiel zum Partnerzuspiel	8. RH-Topspin auf indirekt eingespielten Ball unter der Torstange (ca. 40–50 cm) hindurch (Flughöhenkontrolle) – diagonal geschlagen	8.–10. partnerweise mit Balleimer	
	9. diagonaler leichter Unterschnitt-Aufschlag – RH-Topspin diagonal		
	10. Trefferspiel: Zeitung muss getroffen werden, gelungene Treffer von jeweils 30 Versuchen werden gezählt		
11. Motivierendes Abschlussspiel zur Platzierungskontrolle	11. Bierdeckelspiel, d. h. 3–5 Bierdeckel auf der Tischhälfte auslegen.	11. Wettkampfform zur Motivationssteigerung und Platzierungssteuerung	10 min
12. Einleitung des Cool Down, Senkung des Muskeltonus	12. Auslaufen, 5–6 Dehnungsübungen	12. ganze Trainingsgruppe zusammen	10 min

Aufgaben und Fragen

1. Welches sind die Bestandteile der allgemeinen Vorbereitung in einer Trainingseinheit?
2. Welches sind die Bestandteile der speziellen Vorbereitung in einer Trainingseinheit?
3. Welche Faktoren sind bei der Planung des Hauptteils zu beachten?
4. Welche Funktionen erfüllt der Schlussteil der Stunde?
5. Beobachten Sie die Trainingseinheit einer höherklassigen Mannschaft (z. B. Bundesliga Handball, Fußball, Basketball o. Ä.) und analysieren Sie diese mit Blick auf die Einteilung einer Trainingseinheit sowie der dazugehörigen Faktoren.
6. Welche Einteilungsformen, Aufstellungsformen und Verfahren des Übungsablaufs sind Ihnen bekannt? Wozu sind diese wichtig?
7. Warum ist es sinnvoll, eine Übungsstunde nachzubereiten?

Pädagogische Anforderungen an einen Schülermentor Sport

8

8.1 Kompetenzen eines Mentors

Welche Kompetenzen, also welche Fähigkeiten, Fertigkeiten, Kenntnisse und Wissensbestände, sind für die Mentorentätigkeit wichtig? Die Kenntnisse der Kompetenzbereiche dienen dem Mentor dazu, zielgerichtet sowie selbstorganisiert zu handeln und sollen ihm bei der Bewältigung bekannter und unbekannter Aufgaben helfen. Man kann vier Bereiche unterscheiden, die in Abbildung 8.1 dargestellt sind.

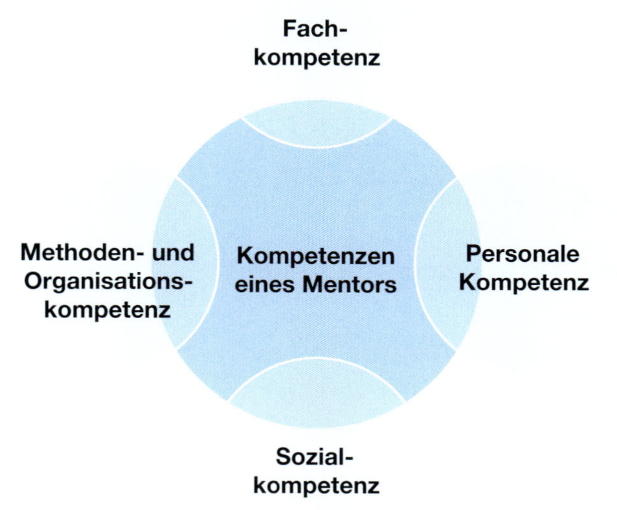

Abb. 8.1:
Die Kompetenzbereiche eines Mentors

8.1.1 Fachkompetenz

Die Fachkompetenz beinhaltet neben dem Basiswissen über die Sportart / Disziplin (Technik, Taktik, Fehlerkorrektur, Methodik usw.) die sportartübergreifenden Bereiche Trainingslehre, Funktionelle Gymnastik, Koordinations- und Konditionstraining. Die Fachkompetenz in der jeweiligen Sportart / Disziplin bildet die eigentliche Basis der Tätigkeit, denn ohne Fachkompetenz kann bzw. sollte man in keiner Sportart als Mentor tätig werden!

8.1.2 Sozialkompetenz

Bei der Sozialkompetenz geht es darum, mit den Schülern angemessen umzugehen und auf sie eingehen zu können. Die Führungsposition, in der sich der Mentor befindet, erfordert von ihm auch

Führungs- und Steuerungsfähigkeit. Dem Mentor muss klar sein, dass ihm diese Führungsposition im Training der Sport-AG und evtl. im Wettkampf zukommt. Führungsflexibilität ist die Fähigkeit zu situativ-flexiblem Führungsverhalten unter Berücksichtigung von Geschlecht und Alter der zu betreuenden Schüler. Führen können ist nicht, wie häufig vermutet, angeboren, sondern kann bzw. muss erlernt werden.

> Out ist z. B. bei Jugendlichen, durch Angst oder Einschüchterung oder autoritäres Verhalten führen zu wollen.

Kommunikationsfähigkeit bedeutet das Vorhandensein von sprachlichen Fähigkeiten, dass man sich auf einen anderen Menschen einlassen und sich angemessen mit ihm unterhalten kann. Zur Kommunikation zählt ebenso die Körpersprache des Menschen, also seine Gestik und Mimik.

Konfliktfähigkeit ist die Fähigkeit, Konflikte unter Anerkennung andersartiger Meinungen zu erkennen und zu bewältigen. Sie beinhaltet sowohl die Fähigkeit zur Durchsetzung als auch zur Zurückstellung eigener Interessen.

Unter Teamfähigkeit versteht man die Anpassung des einzelnen Teammitglieds an bestehende Strukturen einer Gruppe bei Bewahrung einer eigenen Position. Der Mentor ist auch für die Teambildung z. B. in der Schul-AG mitverantwortlich. Er sollte dabei die demokratischen Spielregeln wahren sowie Kooperationsbereitschaft und den Willen zur konstruktiven Zusammenarbeit zeigen.

8.1.3 Methoden- und Organisationskompetenz

Methoden- und Organisationskompetenz soll dem Mentor ermöglichen, den Schulsport sowie evtl. das Training in der Sport-AG und Wettkämpfe erfolgreich planen und durchführen zu können. Der Mentor sollte unterschiedliche Organisationsformen des Trainings kreativ zu nutzen wissen. Diese Formen gibt jede Sportart selbst vor.

8.1.4 Personale Kompetenz

Unter personaler Kompetenz versteht man wichtige Charaktereigenschaften des Mentors wie Engagement, Gewissenhaftigkeit, Offenheit und Vertrauenswürdigkeit. Als wichtig wird für einen Mentor auch die Selbstständigkeit angesehen, also die Fähigkeit, systematisch und selbstorganisiert handeln zu können. Der Mentor sollte Interesse an der Übernahme verantwortungsvoller Aufgaben zeigen und zusätzlich entscheidungsfreudig sein. Die mannigfaltigen Anforderungen setzen natürlich auch ein gewisses Maß an Frustrationstoleranz sowie Stressresistenz und Geduld voraus. Die Mentorentätigkeit macht nämlich nicht immer nur Spaß. Das Engagement beinhaltet die generelle Leistungs- und Anstrengungsbereitschaft sowie die Identifikation mit der eigenen Tätigkeit. Gewissenhaftigkeit ist die Fähigkeit und der Wille zu Sorgfalt, Zuverlässigkeit und Pflichtbewusstsein im Rahmen der Mentorentätigkeit. Wenn man gewissenhaft ist, erlebt man sich als strukturiert, diszipliniert und umsichtig. Auf dieser Basis sind ein vertrauensförderndes Verhältnis sowie ein angemessener Umgang mit den Schülern möglich. Vertrauensbruch oder Vertrauensmissbrauch, z. B. indem man die Trainingsteilnehmer belügt, dürfen nicht vorkommen.

Grundsätzlich lässt sich der Bereich der Fachkompetenz am leichtesten erlernen. Er bildet i.d.R. den Schwerpunkt der Mentorenausbildung. In den Bereichen der Sozialkompetenz und der personalen Kompetenz könnte man glauben, dass diese jeder Mentor „mitbringen muss", dass man sie weniger gut erlernen kann. Dies ist jedoch nur teilweise richtig. Jeder Mentor bringt unterschiedliche Voraussetzungen in diesen Bereichen mit. Im Verlaufe seiner Tätigkeiten in der Schule oder dem Verein muss ein Mentor sich auch mit den schwächeren Kompetenzbereichen beschäftigen und versuchen, sich hier weiterzuentwickeln bzw. weiterzubilden.

8.2 Schülermentor Sport in der Schule

Der Mentor hat in der Schule eine besondere pädagogische Verantwortung. Da der Sport einen bedeutsamen Teil der Lebenswelt Sport treibender Kinder einnimmt, beeinflusst der Mentor durch sein Verhalten mehr oder weniger stark - gewollt oder ungewollt - deren Persönlichkeitsentwicklung. Darüber muss man sich als Mentor im Klaren sein. Die anderen Lebenswelten der jungen Sportler, wie Familie, Freunde, Freizeit, Schule, sind ebenso Teil dieses Entwicklungsprozesses und beeinflussen das Verhalten des Kindes / Jugendlichen in Training oder Wettkampf. Der Sport kann dazu beitragen, dass Kinder und Jugendliche zu einer sinnvollen und zufriedenstellenden Lebensführung finden und sie zu lebenstüchtigeren Menschen erziehen. Um dies bewerkstelligen zu können, wird der humanistische Mentortyp im Nachwuchsbereich bevorzugt.

Merke

Für den Schülermentor Sport muss der Schüler als Mensch bei der pädagogischen Betreuung im Vordergrund stehen!

Dies bedeutet, dass der Mentor die Würde des von ihm betreuten Schülers achtet, tolerant und respektvoll im Umgang ist und sich weiterhin durch Gewaltfreiheit auszeichnet. Er versucht, den Schüler zu motivieren und ihm realistisch seine Möglichkeiten bewusst zu machen. Er setzt dabei auf Mitsprache des zu Trainierenden zur gemeinsamen Verantwortung und stärkt dadurch dessen Selbstvertrauen. Zu diesem kooperativen Führungsstil gehören:

1. persönliches Kennenlernen,
2. Interesse für persönliche Probleme,
3. Gesprächsbereitschaft,
4. Berücksichtigung von Gefühls- und Stimmungslagen,
5. Empathievermögen - das bedeutet, dass man bemüht sein sollte, sich in die Lage bzw. Situation des anderen hineinzuversetzen.

Von Vorteil ist bei dieser auch als humanistisch bezeichneten Methode, dass der Schüler Gelegenheit zur Selbstentfaltung bekommt, seine Vorstellungen und Ziele formulieren sowie verwirklichen kann. Der Mensch, das Persönliche, steht dabei im Vordergrund.

8.3 Wie funktioniert Konfliktlösung?

Auch im Sport kommt es immer wieder unter den Teilnehmern zu Konflikten. Aber auch der Mentor selbst kann mit einem oder auch mehreren Teilnehmern in einen Konflikt geraten. Bei einem Konflikt sollte man bei der Konfliktlösung bestrebt sein, den Ursachen auf den Grund zu gehen.

Francescon schlägt ein 6-stufiges Modell zur konstruktiven und kommunikativen Konfliktlösung vor:

Stufe 1: Problem erkennen, Problem beschreiben, Problem definieren

Diese Phase ist in der Regel sehr zeitaufwendig. Unter Berücksichtigung aller Beteiligten wird die Ausgangssituation möglichst genau beschrieben. (Welches Verhalten zeigen die Beteiligten? Was könnte in der Person vorgehen? Welches Interesse haben einzelne Personen? Was wollen die einzelnen Personen erreichen? Welchen Gewinn haben einzelne Personen durch den Konflikt? Was können einzelne Personen durch den Konflikt verlieren?)

Stufe 2: Lösungsvorschläge entwickeln

Alle Lösungsvorschläge sollten zunächst akzeptiert, gesammelt, aber noch nicht bewertet werden. Eine kurze, stichwortartige Notiz erleichtert später die Auswertung.

Stufe 3: Lösungsvorschläge werten
Jeder einzelne Vorschlag wird auf seine Vor- und Nachteile hin untersucht und diskutiert. Auch hier sollte man sich schriftliche Notizen machen. Manchmal ergibt sich hier bereits eine Reihenfolge nach Durchführbarkeit oder Fairness.

Stufe 4: Über die Lösung entscheiden
Hier sollte unter den Mitgliedern der Gruppe ein gemeinsamer Konsens gefunden werden, quasi der kleinste gemeinsame Nenner, damit alle Beteiligten die Lösung des Problems unterstützen. Wenn möglich, sollte der Mehrheitsbeschluss vermieden werden, da die Gefahr besteht, dass Absprachen dann von Lösungsgegnern boykottiert werden oder ein neuer Konflikt entstehen könnte.

Stufe 5: Realisierungsschritte erarbeiten
Alle müssen Verantwortung für die Lösung übernehmen. Hilfreich ist dabei ein Maßnahmenplan, in dem festgehalten wird, was von wem und wie und wann getan wird. Die Kriterien für die Erreichung des Ziels müssen klar dargestellt werden.

Stufe 6: Lösung beurteilen
Die Lösung wird nach einiger Zeit gemeinsam bewertet. Sollte sich herausstellen, dass der Lösungsweg nicht optimal ist, sollte nach einem neuen Weg gesucht werden (vgl. *Francescon*, 2001).

In der Praxis hat es sich als sinnvoll erwiesen, wenn die Konfliktpartner den Konflikt miteinander lösen. Dies setzt jedoch das Interesse an einer Lösung von beiden Seiten voraus. Wenn dies nicht vorliegt, muss die Person handeln, welche das Problem hat.

Was bei Jugendlichen besonders schlecht ankommt:

- Moralpredigten halten
- beleidigen oder verhöhnen
- bloßstellen vor der Gruppe
- herumschreien / anschreien
- ohne Vorankündigung die Eltern informieren

Lösungsorientierte Ansätze sind:

- Ursachenanalyse mit allen Beteiligten
- eigene Stellung klarmachen
- Forderungen formulieren
- Sanktionen vereinbaren oder konkret ankündigen
- vorbeugen durch Regelvereinbarungen

Ziel des Kinder- und Jugendsports ist es auch, einen Beitrag dazu zu leisten, dass junge Menschen selbstständig werden, Selbstvertrauen und Selbstbewusstsein gewinnen und befähigt werden, ihr Leben in eigener Verantwortung zu gestalten. Dazu dienen dem Mentor unterstützende Erziehungsmittel und -maßnahmen (vgl. *Baumann*, 2002):

- Ermutigung
- Lob
- Erfolgserlebnis
- Zuwendung
- gutes Vorbild
- Gespräch

Der Mentor muss die jungen Sportler in Situationen, die ihrem Könnensniveau entsprechen, ermutigen, motivieren. Für gelungene Aktionen oder gewünschtes Verhalten soll der Mentor das Lob akzentuiert und gezielt einsetzen. Im Sport ist es wichtig, dass den Kindern und Jugendlichen Chancen gegeben werden, Erfolgserlebnisse - allein oder in der Gruppe - zu erfahren. Fehlen die Erfolgserlebnisse, leidet die Atmosphäre in der Sportstunde, da Misserfolgserlebnisse die Stimmung des Einzelnen oder auch der Gruppe negativ beeinflussen. Vor allem im Anfängerbereich sind Erfolgserlebnisse wichtig, weil sie die Bindung der Kinder an die Sportart ganz wesentlich mit beeinflussen. Ohne Erfolgserlebnisse steigt z. B. die Wahrscheinlichkeit, dass die Schüler wieder mit der Sport-AG aufhören.

Ein Schüler, der im Sport mehr Frust als Lust erlebt, dreht dem Sport u. U. schnell wieder den Rücken zu. Durch Zuwendung für das einzelne Kind / den einzelnen Jugendlichen kann der Mentor das positive Gefühl des „gut Aufgehobenseins“ unterstützen. Er trägt damit zur Bindung des Schülers an die Sportart bei und zeigt ihm, dass er sich für ihn interessiert. Dies schließt aus, dass der Mentor sich nur um die guten, talentierten Schüler kümmert.

Der Mentor als „gutes Vorbild“ darf nicht unterschätzt werden. Wer als Mentor des Öfteren zu spät in die AG kommt, während des Sports mit dem Handy telefoniert oder gelangweilt wirkt, der darf sich über das gleiche Verhalten bei seinen Schützlingen nicht beklagen und wird ihnen dieses Verhalten nicht problemlos verbieten können. Pünktlichkeit sollte für einen Mentor eine sehr hohe Priorität haben. Auch das äußere Erscheinungsbild (Negativbeispiel: Gammellook) des Mentors beeinflusst die Trainingsteilnehmer.

Die Basis, um mit Kindern / Jugendlichen Kontakt aufzunehmen, ist das Gespräch. Um zu verhindern, dass sich gleich zu Beginn Barrieren aufbauen, empfiehlt es sich, das Gespräch mit angenehmen Inhalten zu wählen, über die man gerne spricht, wie z. B.: „Welche Hobbys betreibst du noch?“. Es ist einleuchtend, dass ein negatives Thema, wie beispielsweise „Sport ist wohl nicht so dein Ding ...“, das Gegenteil bei Heranwachsenden bewirken kann.

Kenntnisse der persönlichen Lebensumstände und soziale Einflussfaktoren bieten die Grundlage für bestimmte Verhaltensweisen. Der Mentor sollte auch zu einem gewissen Maß Interesse am Menschen zeigen.

8.4 Problematisches Verhalten als Schülermentor Sport

Nachdem wir bisher festgestellt haben, welches Verhalten wir uns von dem Mentor wünschen, so soll nun dargestellt werden, welches Verhalten im Kinder- und Jugendbereich nicht erwünscht ist. Zu bedenken ist dabei, dass häufige Drohungen, Beschimpfungen oder Bestrafungen zur Ablehnung des Mentors führen können. Das negative Urteil des Mentors kann zum Maßstab für das Verhalten des Sportlers werden. Das gilt es zu vermeiden. Muss sich ein Mentor deshalb alles gefallen lassen? Mit Sicherheit nicht! Auch der Mentor hat ein Anrecht darauf, dass er sich in der Sport-AG wohlfühlt, dass es für ihn durch das schlechte Benehmen der Kinder und Jugendlichen nicht zur Belastung wird, dass er sich nicht ständig darüber ärgern muss. Ein Mentor soll sich auf die Sport-AG mit seinen Schülern freuen können. Dazu müssen allerdings die Bedingungen stimmen und Regeln eingehalten werden.

Es gibt z. B. auch Trainer, die davon überzeugt sind, dass erwünschte Verhaltensweisen durch Lob verstärkt und unerwünschte durch Strafen vermieden werden können. Dieser Verhaltenstyp arbeitet also hauptsächlich mit Belohnung und Bestrafung. Der Erfolg ist das absolute Ziel. Menschliche Beziehungen oder Einfühlungsvermögen zu den AG-Teilnehmern sind aus seiner Sicht nicht erforderlich. Im Fußball sprechen diese auch als „harte Hunde“ bezeichneten Trainer häufig davon, dass ihre Spieler „Gras fressen“ müssen oder ordnen wegen des Fehlverhaltens eines Spielers für die gesamte Mannschaft ein Straftraining an (vgl. *Borggrefe* et al., 2006). Diese Spezies trifft man jedoch erfreulicherweise immer weniger unter Trainern an. Man bezeichnet sie auch als behavioristische Trainer (abgeleitet vom Behaviorismus).

Der behavioristische Stil bringt über längere Sicht betrachtet eine Reihe von Nachteilen mit sich. Die Sportler können in ihrer persönlichen Würde, in ihrem Streben nach Selbstverwirklichung, nach Eigenverantwortlichkeit und Entfaltung unterdrückt werden. Sie werden aggressiv oder passiv, widerwillig oder es macht sich Frustration breit. Die Sportler verlieren die Lust, selbstständig zu denken oder ihre Motivation leidet stark.

Ebenso negativ wirkt sich aus, wenn der Trainer ständig autoritär auftritt. Dieser Führungsstil duldet keine Widerrede, geschweige denn Mitsprache. Bei ihm heiligt der Erfolg die Mittel. Er informiert lediglich über seine Ziele und Trainingsmethoden - manchmal nicht einmal dies - und verlangt von seinen Sportlern absolute Unterordnung. Wer seine Anordnungen nicht befolgt, muss mit Sanktionen rechnen. Eine starke Kontrolle seiner Sportler gehört zu den wesentlichen Arbeitsmitteln dieses Trainers. Wenn Training in einer angenehmen und förderlichen Atmosphäre stattfinden soll, muss man von einem solchen Trainerverhalten Abstand nehmen.

8.5 Was sollte man im Umgang mit Jugendlichen beachten?

Linz (2004) schlägt eine Kombination aus Verständnis und Toleranz vor. Es hilft jungen Menschen, wenn man sich ihnen gegenüber tolerant zeigt. Dies darf jedoch nicht soweit führen, dass der Mentor keine Grenzen setzt. Als Mentor muss man sich nicht alles gefallen lassen.

Kinder und Jugendliche benötigen - nicht nur im Training - Grenzen. Erfolgreiche Fußballtrainer, wie z. B. *Alex Ferguson, Arsène Wenger, José Mourinho* oder auch Top-Basketballtrainer wie *Phil Jackson* und *Pat Riley*, legen sehr starken Wert auf Disziplin. Darunter kann man verstehen:

- Pünktlichkeit: Trainingsbeginn, Busabfahrt, Bettruhe, etc.
- Kleiderordnung: Trainingskleidung, Sauberkeit, etc.
- keinerlei Toleranz bezüglich Doping
- Trainingsauffassung: man spielt die ausgegebenen Übungen, man strengt sich an, etc.
- Kommunikation untereinander: keine Schimpfwörter oder Fäkalsprache
- Ernährungsvorschriften: kein Alkohol in der Umkleidekabine, sportgerechte Ernährung
- Selbstdisziplin: Grundlage des Vertrauens der Sportler untereinander und dem Trainer gegenüber

Jeder Trainer legt für sich fest, wie wichtig ihm die Disziplin in seinem Training ist und wie er bzw. das Team mit Disziplinverstößen umgeht. Der ehemalige Coach von Bayern München, *Louis van Gaal*, sprach in diesem Zusammenhang auch von Regeln, die eingehalten werden müssen, wenn die Zusammenarbeit gelingen und erfolgreich sein soll.

Genauso wichtig ist diesen Coaches der respektvolle Umgang miteinander. Respekt bezeichnet dabei eine Form der Wertschätzung und Achtung gegenüber einer anderen Person. Wenn man als Coach seinen Sportlern gegenüber Respekt zeigt, so fällt diesen umgekehrt auch ein respektvoller Umgang leichter. Respekt ist etwas, was nicht einseitig sein darf. Was nicht passieren darf, ist, dass ein Mentor von seinen Sportlern Respekt verlangt, diesen gegenüber aber selbst keinen Respekt zeigt. Respektvolles Verhalten einem Mentor gegenüber soll auch nicht in Richtung Unterwerfung tendieren. In diesem Zusammenhang ist der Hinweis wichtig, jegliche Art von Gewalt, einschließlich sexueller Übergriffe, zu unterlassen und auch bei anderen zu unterbinden. Bei Missbrauch von Schutzbefohlenen ist das Wegsehen eine völlig falsch verstandene Kollegialität (vgl. *DLV*, 2010).

8.6 Zusammenfassung

Als Mentor sollte man möglichst authentisch sein, sich also so geben, wie man ist, so leben, wie man spricht, und eine klare, für die Kinder bzw. Jugendlichen nachvollziehbare Linie vertreten.

Hilfreich für die eigene Entwicklung können auch die positiven Erinnerungen an die Trainer sein, die man selbst als Kind / Jugendlicher erlebt hat. Was hat uns an diesen besonders gut gefallen, was hat uns menschlich besonders beeindruckt? Eigenschaften und Verhaltensweisen, die man selbst als angenehm und förderlich bei seinen eigenen Trainern erlebt hat, kann man sich selbst zu eigen machen. Umgekehrt sollte man Verhaltensweisen ablehnen, die man selbst abgelehnt oder als menschlich zweifelhaft erlebt hat. Auf diese Weise kann man seinen eigenen Weg als Mentor / Trainer finden.

Jeder Mentor hat seine eigene Lebensgeschichte und ist durch Elternhaus, Freunde, Sportverein, Schule etc. unterschiedlich sozialisiert worden. Man bringt also mehr oder weniger Erfahrung mit. Aber auch die Qualität der Erfahrungen, deren Verarbeitung und welche Schlüsse man daraus zieht, spielt eine wichtige Rolle. In allen Kompetenzbereichen kann man noch etwas dazulernen.

Die Arbeit mit Kindern und Jugendlichen kann für einen Mentor sehr schön sein und Spaß machen. Dies können viele Trainer bestätigen, die mit diesen Altersgruppen (6/7 bis 15/16 Jahre) arbeiten. Gerade in dieser Altersgruppe kann man als guter Mentor die prägende Grundlage für das spätere Sportlersein der Kinder legen.

Aufgaben und Fragen

1. Welches sind die Kompetenzbereiche eines Mentors?
2. Erläutern Sie, was man im Einzelnen unter den 4 Bereichen versteht.
3. Welche 6 Stufen der Konfliktlösung gibt es? Was versteht man im Einzelnen darunter?
4. Was wäre Ihrer Meinung nach ein problematisches pädagogisches Verhalten eines Schülermentors Sport? Begründen Sie Ihre Entscheidung.
5. Was sollte man Ihrer Meinung nach als Mentor im Umgang mit Schülern beachten? Begründen Sie Ihre Entscheidung.

Sportbiologie

9

Definition Sportbiologie:
Die Sportbiologie ist ganz allgemein die Lehre vom Leben des Menschen in Bezug auf Sport (*Weineck*, 2010, S. 12).

9.1 Aktiver Bewegungsapparat: Muskulatur, Energiebereitstellung und Herz-Kreislauf-System

9.1.1 Die Muskulatur

Praxisbeispiele

Beim Sporttreiben spielt die menschliche Muskulatur durch die Bewegungsmöglichkeiten, die sie dem Sportler erschließt, und ihre spezifischen Anpassungserscheinungen eine zentrale Rolle. Die Muskulatur erlaubt einem Ringeturner den sog. Kreuzhang, lässt einen Weltklassesprinter auf 100 m unter 10 Sekunden sprinten oder ermöglicht es dem Menschen, Triathlonbelastungen auf sich zu nehmen. Der Volleyballspieler setzt bei einem gelungenen Lob gezielt seine Muskulatur ein, genau wie der Handballspieler beim präzisen Sprungwurf aufs Tor, der Basketballspieler beim Korbwurf oder ein Tischtennis- bzw. Tennisspieler beim gefühlvollen Vorhand-Topspin.

Arten des Muskelgewebes und Aufbau des Skelettmuskelgewebes

Es werden drei Arten des Muskelgewebes unterschieden:

- glattes Muskelgewebe
- Herzmuskelgewebe
- Skelettmuskelgewebe

Der Skelettmuskel, welcher im Sport die zentrale Rolle spielt, setzt sich zu 70–80 % aus Wasser, zu 15–20 % aus Eiweiß und zu 3–4 % aus Elektrolyten zusammen, wobei sich diese Relationen während des Wachstums verändern können und von der jeweiligen Ernährungsform, vor allem aber von der regelmäßigen körperlichen Belastung (Sport) und vom Trainingszustand, mit beeinflusst werden. Beim hoch ausdauertrainierten Sportler spielen sich unter Belastung ca. 90–95 % des gesamten Stoffwechsels in der Muskulatur ab.

Wie Röhren dicht aneinandergelegt, bilden viele Muskelfasern den Skelettmuskel (Abb. 9.1). Muskelfasern können bis zu 18 cm lang und etwa $\frac{1}{10}$ mm stark sein. Eine Muskelfaser wiederum besteht aus mehreren hundert bis tausend parallel verlaufenden Fibrillen, den Myofibrillen. Die Myofibrillen schließlich setzen sich aus tausenden von Muskelfilamenten zusammen. Dabei handelt es sich um Eiweißstrukturen, die nach ihren Proteinbestandteilen in zwei Gruppen eingeteilt werden: dünne Aktinfilamente und dicke Myosinfilamente.

Die Muskelkontraktion läuft nach der anerkannten Theorie der Filament-Gleittheorie (sliding filaments) ab, bei der die Myosin- und Aktinfilamente bei einer Längenänderung der Muskelfaser aneinander vorbeigleiten. Bei der Muskelkontraktion werden die Aktinfilamente in die Myosinzwischenräume hineingezogen, sie „gleiten" quasi hinein.

Der „Querbrücken-Zyklus" gibt modellhaft eine Erklärung für das Hineingleiten der Aktinfäden in die Myosinzwischenräume bei der Brückenbildung. Im Anfangsstadium sind die Myosinköpfe fest mit den Aktinfäden verbunden. Durch Anlagerung von ATP (Adenosintriphosphat, siehe Kapitel 9.1.2) und unter Mitwirkung von Kalzium löst sich der Myosinkopf vom Aktin. Die ATP-Spaltung führt zur Verspannung des Myosinkopfes, was mit dem Spannen einer Feder vergleichbar ist. Das Kalzium bewirkt eine feste Querbrückenbildung durch Anheftung des Myosinkopfes an das benachbarte Aktinmolekül. Durch Freisetzung von Phosphat und ADP wird die Verspannung in mechanische Energie umgesetzt, vergleichbar dem Loslassen einer gespannten Feder oder einem „Ruderschlag". Der Myosinkopf kippt dabei von 90 auf ca. 45 Grad. Damit ist der Anfangszustand wieder erreicht. Voraussetzung für die Muskelkontraktion ist die elektrische Stimulation, die über den Nerv auf die Muskeloberfläche gelangt (vgl. *de Marées* 2003).

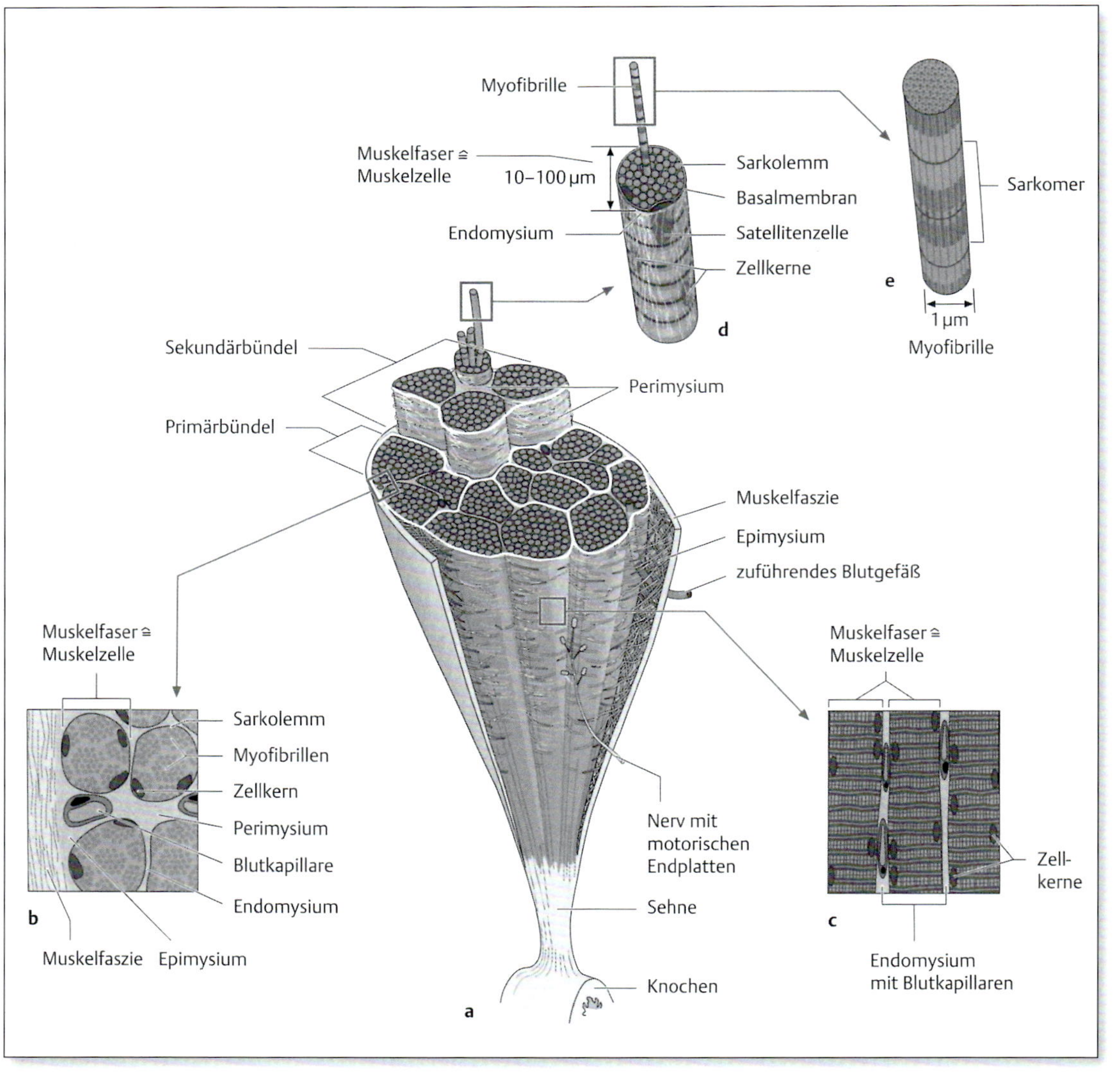

Abb. 9.1: Bauprinzipien und Anatomie der Skelettmuskulatur (vgl. *Freiwald / Greiwing*, 2016, S. 43)

9.1.1.1 Die motorische Einheit

Alle aktiven Bewegungen des Menschen im Sport, alle unwillkürlichen Bewegungen und auch die Reflexe beruhen auf einem Zusammenspiel von nervalen und muskulären Strukturen. Die Muskeln und Nerven bilden eine Einheit.

Die motorische Einheit ist die kleinste Funktionseinheit und die entscheidende Funktionsstruktur für alle aktiven Bewegungsformen. Sie ist durch folgenden Aufbau charakterisiert:

- die motorische Vorderhornzelle (α-Motoneuron)
- die entsprechende motorische Nervenfaser (Neurit oder Axon) mit ihren motorischen Endplatten
- die versorgten Muskelfasern

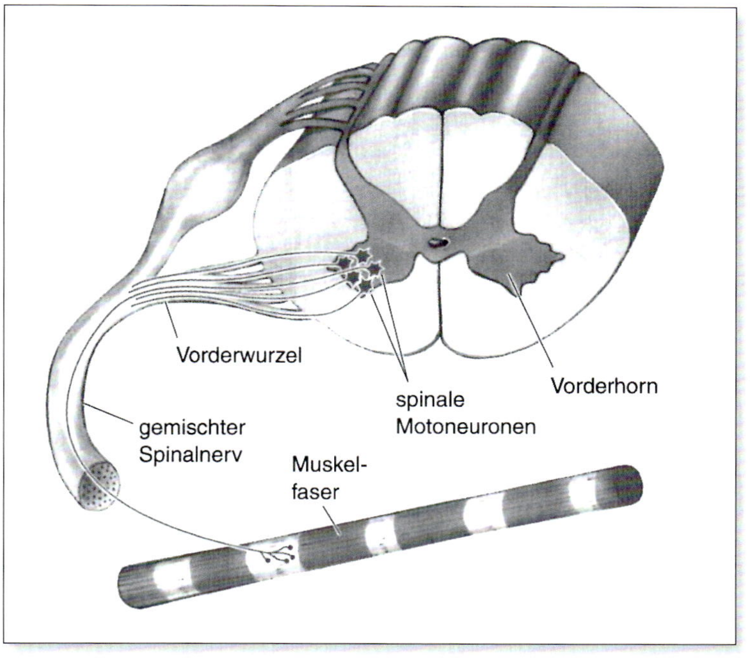

Abb. 9.2:
Die Grafik zeigt das Prinzip der Innervation der Muskeln durch die spinalen Motoneuronen. Die Motoneuronen, welche die Skelettmuskeln innervieren[1], befinden sich im Vorderhorn des Rückenmarks.

> Als motorische Einheit bezeichnet man die funktionelle Einheit bestehend aus Alpha-Motoneuron, motorischer Endplatte und den darüber erreichten Muskelfasern. Die motorische Einheit stellt die elementare Funktionseinheit für alle willkürlichen und reflektorischen Bewegungsabläufe dar und beinhaltet stets nur eine Muskelfaserart (vgl. *Hollmann / Strüder*, 2009).

Wie viele Muskelfasern in einer motorischen Einheit zusammengefasst werden, hängt von der Funktion der jeweiligen Muskulatur ab:

- Für sehr fein abgestimmte Bewegungen, wie sie z. B. bei den äußeren Augenmuskeln notwendig sind, sind es wenige Muskelfasern pro motorische Einheit, nämlich ca. 5–10 Muskelfasern je Nerv
- Ein Muskel, wie der Oberarmbizeps, der für „gröbere" Bewegungen verantwortlich ist, verfügt über ca. 750 Muskelfasern je motorische Einheit, die Muskeln im Rumpfbereich über 1000 Muskelfasern je Nerv (vgl. *Freiwald / Greiwing*, S. 49).

Die Anzahl der motorischen Einheiten beläuft sich in einem großen Muskel auf mehrere tausend (vgl. *Hollmann / Strüder*, 2009).

1 innervieren = mit Nervenimpulsen versorgen

Wenn eine motorische Einheit aktiviert wird, wandert die Erregung von dem Motoneuron über das Axon mit einer Geschwindigkeit von mehreren Metern pro Sekunde und erregt alle zu dieser Einheit gehörenden Muskelfasern.

9.1.1.2 Einflussgrößen auf den Krafteinsatz

Für den Krafteinsatz der Muskeln im Sport sind drei Einflussgrößen von Bedeutung:

- Rekrutierung
- Frequenzierung
- Synchronisation

- Als Rekrutierung bezeichnet man die Zuschaltung immer größerer Anzahlen an motorischen Einheiten.

Bei einer Bewegung im Sport werden nie alle Muskelfasern eines Muskels gleichzeitig innerviert. Die Rekrutierung (Zuschaltung) erfolgt nach dem Größenordnungsprinzip. Bei geringen Kraftanforderungen werden zunächst die Slow-Twitch-Fasern (Typ ST) aktiviert. Steigen die Kraftanforderungen an, werden immer größere motorische Einheiten dazugeschaltet bzw. rekrutiert. Erst bei über ca. 40–80 % der Maximalkraft werden die ersten Fast-Twitch-Fasern (Typ IIa) dazugeschaltet, ab ca. 70–90 % noch größere motorische Einheiten der FT-Fasern (Typ IIx). Bei explosiven Schnellkrafteinsätzen ist das Größenordnungsprinzip unbedeutend, es werden dann sofort die FT-Fasern aktiviert.

Durch eine fein abgestimmte Zusammenarbeit mit der Rekrutierung ermöglicht die Frequenzierung ebenfalls eine Abstufung der Muskelkraft.

- Als Frequenzierung wird die Anzahl der Nervenimpulse pro Sekunde bezeichnet, die die motorischen Einheiten aktivieren.

Wenn bereits ein größerer Teil der Muskelfasern durch die Rekrutierung aktiviert ist, kann die Kraftentwicklung nur durch eine höhere Frequenzierung erreicht werden. Bei langer Kontraktionsdauer (> 90 Sekunden) werden alle Muskelfasertypen rekrutiert, die schnellen jedoch erst zum Ende der Kontraktionsdauer hinzugeschaltet.

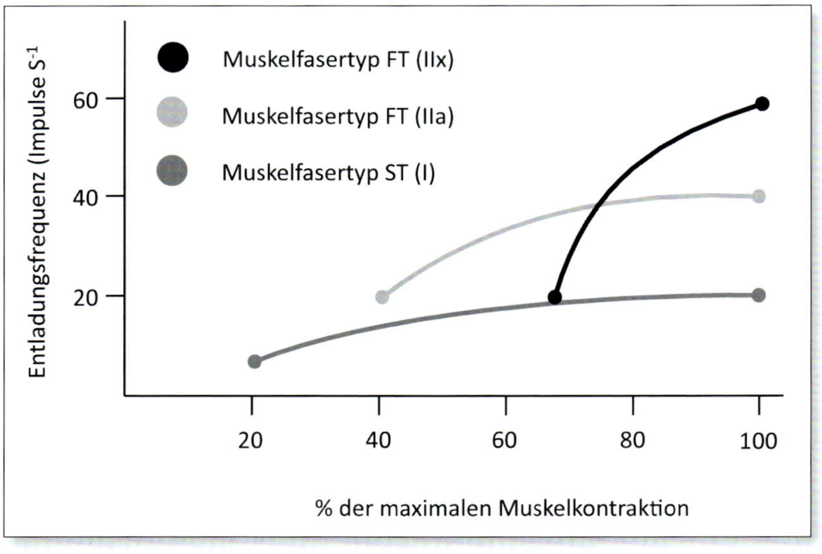

Abb. 9.3:
Die Grafik zeigt die Prinzipien der Rekrutierung, Frequenzierung und das Größenordnungsprinzip.

- ST (**S**low-**T**witch) = langsame motorische Einheiten
- FTa (**F**ast-**T**witch) = schnelle oxidative glykolytische[2] motorische Einheiten
- FTx (**F**ast-**T**witch) = schnelle glykolytische motorische Einheiten

2 glykolytisch = unter Verwendung von Glukose (Traubenzucker)

Hat man ein Krafttraining über mehrere Wochen hinweg durchgeführt, findet eine messbare Verbesserung der Synchronisation der motorischen Einheiten statt (gleichzeitige Aktivierung der Muskelfasern). Dadurch kommt es zu einem besser koordinierten und höheren Krafteinsatz. Dies ist insbesondere für explosive Kraftentwicklung von Bedeutung (vgl. *Freiwald / Greiwing*, 2016, S. 56).

Es wurden drei motorische Einheiten repräsentativ für das gesamte Faserspektrum eines Muskels dargestellt.

Sportliches Training führt zu Anpassungserscheinungen bei der motorischen Einheit:

- Verbesserung der Stoffwechselprozesse
- die Nervenleitgeschwindigkeit wird verbessert
- die motorische Endplatte (Synapse) vergrößert ihre Fläche und es kommt zu einer Vermehrung der Überträgersubstanzen (vgl. *Wick*, 2009, S. 89 / 90)

9.1.1.3 Muskelkater

Der in seiner Symptomatik jedem Sportler bekannte Muskelkater ist ein verzögerter Muskelschmerz von etwa einwöchiger Dauer. Er wird in den letzten Jahren als Mikrotrauma, also als Miniaturverletzung der Muskulatur, definiert. Er hat nichts mit der Übersäuerung in der Muskulatur zu tun. Diese Mikrotraumen sind kleinste, nur unter dem Mikroskop zu erkennende Schädigungen der Muskelzelle und des Muskelbindegewebes durch ungewohnte oder abbremsende (exzentrische) mechanische Beanspruchung der Muskulatur. Dabei kommt es zu Zerstörungen der Z-Scheiben, die wie Zerreißungen aussehen. Für Muskelkater gibt es folgende Ursachen (vgl. *Böning*, 2000):

- körperliche Aktivität nach langer Pause,
- ungewohnte Bewegungen bei gut trainierten Sportlern,
- besonders starke Belastungen (z. B. Wettkampf) bei gut trainierten Sportlern.

Vorbeugend ist nach gründlicher Aufwärmarbeit eine abgestufte Belastungssteigerung mit Anpassung an die individuelle Leistungsfähigkeit des Sportlers zweckmäßig. Bei Muskelkater sind weitere intensive Belastungen und Massagen zu meiden! Der „verkaterte" Sportler soll eine aktive Pause mit stark reduzierter körperlicher Aktivität (maximal 30 % seiner Leistungsfähigkeit) und vorsichtigen Dehnungsübungen der betroffenen Muskeln durchführen. Unterstützend kann bei Leistungs- oder Profisportlern die Einnahme von Vitamin E empfohlen werden.

9.1.2 Die Energiebereitstellung

Wenn ein Mensch sich im Sport bewegt, so benötigt er in seinen Muskeln dazu Energie. Die Muskelzellen gewinnen ihre Energie für die Bewegungen im Sport aus dem ATP. Der Mensch ist in dieser Hinsicht vergleichbar mit einem Auto (siehe S. 83, Kapitel 9.1.2.5).

Der einzige Energielieferant dazu ist das ATP, das sogenannte Adenosin-Tri-Phosphat. Adenosin besteht aus dem Zucker Ribose und aus der Base Adenin.

ATP: Adenin – Ribose – $P \sim \underbrace{P \sim P}_{\text{Energiereiche Bindungen}}$

ATP ist eine hochenergetische Verbindung von Adenin und Ribose und drei Phosphaten. Es ist die *einzige* Energieform, die der Muskel nutzen kann.

Der menschliche Organismus hat drei Wege, um ATP herzustellen:

1. die anaerob-alaktazide Energiebereitstellung
2. die anaerob-laktazide Energiebereitstellung
3. die aerobe Energiebereitstellung

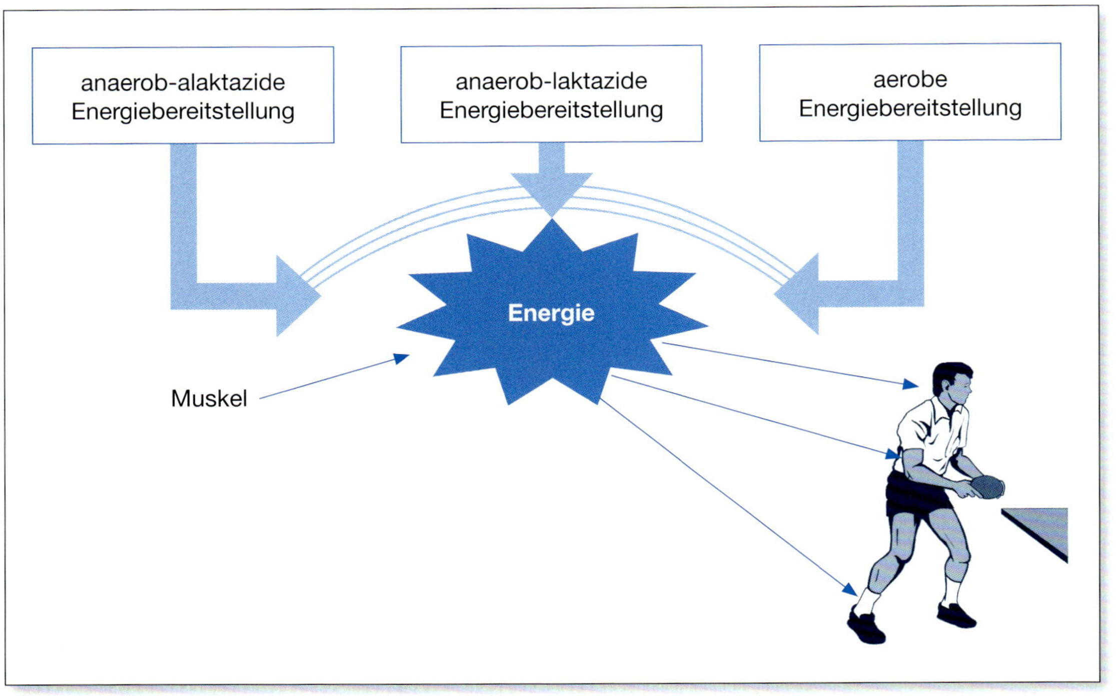

Abb. 9.4: Vereinfachte Darstellung des Muskels und die drei unterschiedlichen Energiebreitstellungsarten

Das ATP ist der primäre und universelle Energielieferant in allen lebenden Zellen.

Der Muskel wandelt das ATP in mechanische Energie um und dies ermöglicht die Muskelbewegungen z. B. beim Tischtennisspielen, 10000-m-Lauf oder Kugelstoßen. Die gesamte Energie kann allerdings nicht in Bewegung umgesetzt werden, der Wirkungsgrad liegt bei sportlichen Bewegungen zwischen 15 und 40 %, der Rest geht in Form von Wärme verloren. Der Wirkungsgrad ist definiert als der Quotient zwischen der erbrachten physikalischen Leistung (Arbeit pro Zeiteinheit) und dem dafür benötigten Arbeitsumsatz. Die Energie, welche man zum Sporttreiben benötigt, stammt letztendlich aus unserer Nahrung, genauer aus den Nährstoffen:

- Kohlenhydrate,
- Fette,
- Eiweiße.

9.1.2.1 Der Muskel im Sport

Um den Muskel im Sport bewegen zu können, muss er u. a. auch

- genügend durchblutet werden,
- mit Sauerstoff versorgt werden,
- ausreichend / optimal neuronal (über das Nervensystem) stimuliert sein,
- mit Nährstoffen (Kohlenhydrate, Fette, Proteine) versorgt werden.

Weiterhin wird die Art des Stoffwechselgeschehens beeinflusst von:

- den Arbeitsformen,
- der Belastungsintensität,
- der Belastungsdauer und
- der kognitiv / emotionalen Vorbelastung und Erwartung (vgl. *Hollmann / Strüder*, 2009).

Praxisbeispiele

- Ein längerer Ausdauerlauf (von ca. 30–40 Minuten Dauer) wird durch aerobe Stoffwechselprozesse bestimmt,
- statische Muskelarbeit schon jenseits einer mittleren Intensität durch anaerobe Stoffwechselprozesse (vgl. *Hollmann / Strüder*, 2009).

Die verschiedenen Energiegewinnungsprozesse spielen sich in der Muskelzelle an unterschiedlichen Orten ab.

Die energieliefernden Stoffwechselprozesse, welche in den Mitochondrien unter Verwendung von Sauerstoff stattfinden, werden als aerober Stoffwechsel bezeichnet.

Die energieliefernden Stoffwechselprozesse, welche im Zytoplasma ohne Sauerstoffverwendung der Zelle sattfinden, werden als anaerober Stoffwechsel bezeichnet.

Wenn man sich im Sport längere Zeit aktiv bewegt (z. B. Schwimmen, Radfahren, Skilanglaufen, Joggen), dominiert die aerobe Energiebereitstellung, während bei statischer Arbeit (Hängen an einer Reckstange) schon jenseits einer mittleren Intensität die anaerobe Energiebereitstellung dominiert.

Mitochondrien sind kleine ovale Zellorganelle, in die das L-Carnitin den Sauerstoff hineintransportiert. Sie werden auch als „Kraftwerke“ der menschlichen Zelle bezeichnet, da sie bei langen Belastungen sehr große Mengen Energie produzieren können. Das Zytoplasma ist das Zellplasma.

9.1.2.2 Die anaerob-alaktazide Energiebereitstellung

Für jede Muskelkontraktion im Sport stellt der Abbau von ATP die Grundlage dar. Die Gesamtmenge an ATP im Muskel ist relativ klein, sie wird auf 3–4 maximale Bewegungen geschätzt, was ungefähr 1–2 Bewegungen bei starker körperlicher Belastung entspricht. Da sehr viele Sportarten aber mit 1–2 Bewegungen nicht auskommen, muss es weitere Möglichkeiten der Energiebereitstellung, der Energienachlieferung geben. Im Muskel ist weiterhin Kreatinphosphat (KP) in ebenfalls geringer Menge vorhanden, welches nach einem Umbau zu ATP weitere maximale Muskelbewegungen von 5–6 Sekunden ermöglicht. Insgesamt ergibt sich folgende Summe:

ATP = für 1–2 sek Bewegungen
KP = für 5–6 sek Bewegungen

Gesamt: für ca. 6–8 Sekunden
maximale Arbeitsdauer der Muskeln im Sport

Der Speicher der beiden energiereichen Verbindungen ATP und KP reicht im Sport für ca. 20 maximale Muskelkontraktionen von ca. 6 bis 8 Sekunden Dauer.

Für viele Sportarten bzw. Disziplinen reichen natürlich auch 20 Muskelkontraktionen nicht aus. Es muss demnach einen weiteren Speicher geben, welcher für längere Belastungen im Sport die dafür notwendige Energie liefert.

9.1.2.3 Die anaerob-laktazide Energiebereitstellung

Diese Energiebereitstellung wird benötigt, wenn der momentane Energiebedarf nicht durch die aerobe oder anaerob-alaktazide Energiebereitstellung abgedeckt werden kann. Hier wird die Energie aus Glukose (Traubenzucker) zur Verfügung gestellt. Wenn durch eine sehr hohe Intensität bei einer körperlichen Belastung der Energiebedarf sehr stark ansteigt, entsteht dabei in der Folge die Milchsäure (Laktat). Der dabei freiwerdende Wasserstoff (H^+) führt dann zur Übersäuerung, was zu den bekannten „schweren und brennenden Beinen" führt.

> Das Kennzeichen der anaerob-laktaziden Energiebereitstellung ist die Milchsäurebildung (Laktatbildung) und die durch den dabei freiwerdenden Wasserstoff bedingte Übersäuerung.

Der Laktatstoffwechsel

Die Laktatbildung ist das Hauptcharakteristikum der anaerob-laktaziden Glykolyse. Die Ruhelaktatwerte im Blut betragen ca. 0,8–1,5 mmol/l, im Blut befindet sich also immer eine kleinere Menge an Laktat. Im Fußball, Handball, Feldhockey oder auch Basketball werden z. B. durchschnittliche Laktatwerte von ca. 4–6 mmol/l gemessen, aber abhängig von der jeweiligen Spielsituation treten auch Einzelwerte von über 12 mmol/l auf. Im Tischtennis liegen die Werte durchschnittlich bei ca. 2 mmol/l, wobei die Werte einzelner Ballwechsel deutlich höher liegen dürften. Bei einem 10000-m-Lauf liegen sie bei etwa 8 mmol/l, beim 5000-m-Lauf bei ca. 16 mmol/l. Verantwortlich für die Übersäuerung der Muskulatur ist die Wasserstoff-Ionenkonzentration, welche durch die Laktatbildung ansteigt. Bei maximal schnellen 800- oder 400-m-Läufen können bei Spitzenathleten maximale Laktatwerte bis zu 28 mmol/l auftreten.

Laktatabbau und Regeneration

Für die Regeneration und die Trainingsplanung ist wichtig: Die Abbaugeschwindigkeit von einem Laktatspiegel von ca. 10 mmol/l liegt bei ca. 15 Minuten, für Laktatwerte um 5 mmol/l bei etwa bei 10 Minuten und bei sehr hohen Laktatkonzentrationen über 20 mmol/l kann sie 30 Minuten bis zu einer Stunde dauern (vgl. *de Marées / Heck*, 2003).

> Am schnellsten baut Laktat sich ab, wenn man sich bewegt, da der arbeitende Muskel es in der aeroben Energiebereitstellung weiterverwenden kann. Also sollte man nach sehr hartem Training z. B. auslaufen oder ausradeln bzw. ausschwimmen.

Beim Laktat handelt es sich um ein Stoffwechselprodukt, welches zwischen den Zellen, Organen und Geweben, auch den Muskeln, u. a. aktiv hin- und hertransportiert wird. Dort wird es der aeroben Energiebereitstellung zugeführt. Laktat wird im menschlichen Organismus praktisch immer produziert und immer eliminiert.

> Laktat ist kein „Stoffwechselendprodukt", „Endprodukt" oder gar „Abfallprodukt" der Energiebereitstellung, sondern ein wichtiger Energieträger in der oxidativen Energiebereitstellung (vgl. *Wahl*, 2009).

An folgenden Orten kann Laktat verstoffwechselt werden:

1. am Bildungsort selbst,
2. in benachbarten Zellen (z. B. Muskelzellen),
3. in anderen Geweben (wie z. B. in der Herzmuskulatur oder im Gehirn).

Die Muskulatur ist sowohl Hauptproduktionsort für das Laktat als auch sein Haupteliminationsort.

Folgende Organe können Laktat zur Energiegewinnung verwenden:

1. Herz (bis zu 60 % des Energiebedarfs über Laktat)
2. Gehirn (bis zu 33 % des Energiebedarfs über Laktat)
3. Nieren

Zu den oben genannten Organen - Herz, Gehirn, Nieren - gelangt das Laktat über die Blutbahn. Auf diese Weise wird deutlich, dass anaerober und aerober Stoffwechsel quasi über Laktat miteinander verbunden sind und nicht zwei voneinander unabhängige Systeme darstellen. Beide Energiebereitstellungsarten greifen ineinander und dürfen nicht als entgegenwirkende Ersatzlösungen betrachtet werden (vgl. *Holfelder / Bubeck*, 2012).

Abb. 9.5:
Laktat als Stoffwechselprodukt, welches aeroben und anaeroben Stoffwechsel miteinander verbindet

Laktat, das Produkt des anaeroben Stoffwechsels, ist gleichzeitig eine wichtige Substanz für den aeroben Stoffwechsel.

Für die Umwandlung von Laktat in Pyruvat (Brenztraubensäure) ist die Laktatdehydrogenase (LDH) ein wichtiges Enzym. Die Bildung von Laktat geschieht daher in den schnellen Muskelfasern schneller als in den langsamen Muskelfasern. Durch Ausdauertraining kann man die Enzymkapazität der LDH steigern.

Die Rolle der Muskelfasern bei der Laktatbildung

Ein entscheidender Faktor bei der Laktatbildung ist, dass sich die unterschiedlichen Muskelfasertypen in ihrer Laktataufnahme und Laktatverwertung voneinander unterscheiden.

Die Typ-I-Muskelfasern (= langsame, oxidative Fasern, slow-twitch-fibres) wechseln bei Blutlaktatkonzentrationen von 1 – 2 mmol/l von einer Laktatabgabe zu einer Laktataufnahme (vgl. *Gladden*, 2008).

Die Typ-II-Muskelfasern (= schnelle, glykolytische Fasern, fast-twitch-fibres) wechseln bei Blutlaktatkonzentrationen von 3 – 4 mmol/l von einer Laktatabgabe zu einer Laktataufnahme.

Niedrige Blutlaktatkonzentrationen von (Ausdauer-)Trainierten sind vor allem durch bessere Verwertung des Blutlaktats und nicht durch eine geringere Produktion bedingt. Wenn man eine stärkere Übersäuerung verhindern möchte, empfiehlt sich z. B. im Fußball ein aerobes Grundlagenausdauertraining.

Laktat und Ermüdung

Die muskuläre Ermüdung, unter der man das Unvermögen verstehen kann, eine erforderliche oder erwartete Leistung aufrechtzuerhalten, ist ein komplexes, auf viele Faktoren zurückzuführendes Phänomen.

> Überholte Sichtweisen der Ermüdung bei einer Belastung durch unzureichende Sauerstoffversorgung und Laktatbildung können nicht länger aufrechterhalten werden.

Bei den Sportspielen wie Handball, Fußball oder Basketball sind die Laktatwerte in hohem Maß spielsituationsabhängig. Im Fußball misst man *durchschnittliche Laktatwerte* von ca. 4–6 mmol/l, obwohl auch Einzelwerte von 12 mmol/l gefunden werden (*Freiwald / Greiwing 2016*). *Freiwald* (2016) hält daher die durchschnittlichen Messergebnisse in Sportspielen für relativ unbrauchbar. Dies ist bedeutsam im Hinblick auf Konsequenzen in der Trainingslehre.

Nach ca. 40–60 Sekunden erreicht die anaerob-laktazide Energiebereitstellungsart ihren Höhepunkt, die Belastung kann dann nicht mehr länger mit dieser Intensität aufrechterhalten werden.

Es existiert hier wieder das Problem, dass sehr viele Sportarten und Disziplinen länger als 40–60 Sekunden dauern. Es muss also eine weitere Möglichkeit geben, bei längeren Belastungen im Sport die Muskulatur energetisch zu versorgen.

9.1.2.4 Die aerobe Energiebereitstellung

Für längere körperliche Belastungen im Sport hat der Organismus die Möglichkeit, primär aus Kohlenhydraten und Fetten in den Mitochondrien unter Zuhilfenahme von Sauerstoff Energie zu produzieren. Die Mitochondrien sind kleine ovale Zellorgane, in denen sich der aerobe Energiebereitstellung (Zitronensäurezyklus und Atmungskette) abspielt. Durch Ausdauertraining kann man ihre Anzahl steigern, was wiederum zu einer größeren Energieproduktion führt. Die Eiweiße spielen in der Energiebereitstellung eine eher untergeordnete Rolle. Die Glukose (Traubenzucker) wird in der Muskelzelle als Glykogen gespeichert. Über mehrere Abbaustufen wird dann in erster Linie im Zitronensäurezyklus sowie in der Atmungskette ATP hergestellt. Endprodukte dieser Energiebereitstellungsform sind Kohlendioxid (CO_2) und Wasser (H_2O).

Über die aerobe Energiebereitstellung können 31 mol ATP gewonnen werden, für die anaerobe ergeben sich nur 3 mol ATP. Allerdings kann die anaerobe Energiebereitstellung wesentlich schneller

Aerobe Energiebereitstellung	Anaerobe Energiebereitstellung
• 31 mol ATP	• 3 mol ATP
• keine Laktatbildung	• Laktatbildung
• relativ langsame Energiebereitstellung	• relativ schnelle Energiebereitstellung
• die pro Zeiteinheit produzierte Energiemenge ist relativ klein	• die pro Zeiteinheit produzierte Energiemenge ist relativ groß
• die zur Verfügung gestellte Gesamtenergiemenge ist relativ groß	• die zur Verfügung gestellte Gesamtenergiemenge ist relativ klein
• **Sportbeispiele:** 10000-m-Lauf, Triathlon, Marathon, Radsport-Etappen, 1500 m Schwimmen, Skilanglauf etc.	• **Sportbeispiele:** 400-m-Lauf, Ballwechsel im TT oder Tennis, Schlagwurf im Handball, Speerwurf, Kugelstoßen, 500 m Eisschnelllauf etc.

Tab. 9.1: Gegenüberstellung der aeroben und anaeroben Energiebereitstellung (vgl. *de Marées / Heck*, 2003)

Energie liefern. Möchte man z. B. eine Radausfahrt machen oder einen 5000-m-Jogginglauf, so liefert hierzu die aerobe Energiebereitstellung dem Muskel die notwendige große Menge an ATP.

9.1.2.5 Wiederherstellungsprozesse

Die Wiederherstellung des anaerob-alaktaziden Speichers dauert ca. 1–1,5 Minuten. Die laktazide Energiebereitstellung benötigt zur Erholung zwischen 15 Minuten bis zu einer Stunde. Ein aktiver Skelettmuskel baut Laktat dabei schneller ab, weshalb man z. B. auslaufen, ausradeln oder ausschwimmen sollte. Die Erholung des aeroben Speichers, also der Kohlenhydrat- und Fettspeicher kann Tage bis Wochen in Anspruch nehmen, abhängig davon, wie stark die Entleerung war.

Vergleich Mensch und Auto

Das Auto benötigt zum Fahren Treibstoff, entweder Diesel, Benzin oder elektrische Energie. Der Mensch benötigt ATP, welches aus den Nährstoffen Kohlenhydrate, Fette und Eiweiße hergestellt werden muss. Ein Auto fährt entweder mit Diesel oder mit Benzin, wenige Autos hingegen mit elektrischer Energie und zusätzlich mit Verbrennungsmotor (= Hybridfahrzeuge). Ein Mensch kann gleichzeitig aus allen drei Nährstoffen Energie gewinnen. Das Auto wird über seine Batterie gestartet, in der dafür Energie gespeichert wird. Der Mensch hat für seinen „Start" ATP und KP in seinen Muskelzellen gespeichert. Ein Auto kann nur so lange fahren, wie es Treibstoff im Tank hat. Gleiches gilt für den Menschen, auch er muss die Belastung einstellen, wenn die Energievorräte erschöpft sind. Ein wesentlicher Unterschied liegt nun darin, dass ein Mensch seine Belastung bereits reduzieren muss, wenn seine Energievorräte sich dem Ende zuneigen. Das muss das Auto nicht. Man fährt mit dem fast vollständig leeren Tank mit gleichbleibend hoher Geschwindigkeit an eine Tankstelle, tankt wieder voll und kann danach sofort mit Höchstgeschwindigkeit weiterfahren. Auch hier unterscheidet sich der Mensch vom Auto. Sind „die Energietanks" stark entleert worden, so muss sich ein Mensch erst einmal wieder regenerieren, sich erholen. Dies benötigt mehr oder weniger lange Zeit.

9.1.3 Das Herz-Kreislauf-System

Das Herz-Kreislauf-System verbindet alle Körpersysteme zu einer funktionellen Einheit. Seine Hauptaufgabe liegt in der Versorgung der Zellen mit Nährstoffen und Sauerstoff sowie dem Abtransport von Stoffwechselzwischen- und Endprodukten. Das Blut ist das Transportmittel, die Venen und Arterien sind die Transportwege. Das Herz ist aus diesem Grund mit der Lunge über den Lungenkreislauf verbunden.

Das Herz schlägt in Ruhe bei einem untrainierten Menschen mit einer Herzfrequenz von ca. 60–80 Schlägen pro Minute. Dabei wird einmal die Blutmenge (ca. 5–6 Liter) des Menschen durch seinen Körper gepumpt. Dies bezeichnet man als das Herzminutenvolumen in Ruhe. Hochausdauertrainierte Menschen haben als Anpassungserscheinung einen sehr niedrigen Ruhepuls von ca. 35 Schlägen pro Minute. Man spricht hier von einer sogenannten Trainingsbradykardie. Durch langjähriges umfangreiches Ausdauertraining vergrößert sich das Herz eines Sportlers. Während das Herzvolumen eines Untrainierten ca. 700–800 Milliliter beträgt, kann ein Sportherz eines Hochausdauertrainierten zwischen 2000 und 2500 Milliliter Herzvolumen aufweisen. Die Menge an Blut, welche pro Herzaktion ausgeworfen werden kann, steigt von ca. 60–80 Milliliter bei Untrainierten auf ca. 200–250 Milliliter bei Hochausdauertrainierten an. Diese Blutauswurfmenge pro Herzschlag bezeichnet man als das Schlagvolumen. Unter höchster Belastung kann das Herz eines Untrainierten ca. 12–15 Liter Blut pro Minute durch den Organismus pumpen, bei einem hochausdauertrainierten Sportler können dies zwischen 40 und 50 Liter pro Minute sein. Diese Blutmenge entspricht dem Herzminutenvolumen unter Belastung. Die maximale Herzfrequenz pro Minute liegt beim Erwachsenen bei ca. 207 Schlägen pro Minute/Lebensalter und beim Jugendlichen und Kind bei ca. 220 Schlägen pro Minute/Lebensalter.

Herzminutenvolumen = Herzfrequenz x Schlagvolumen

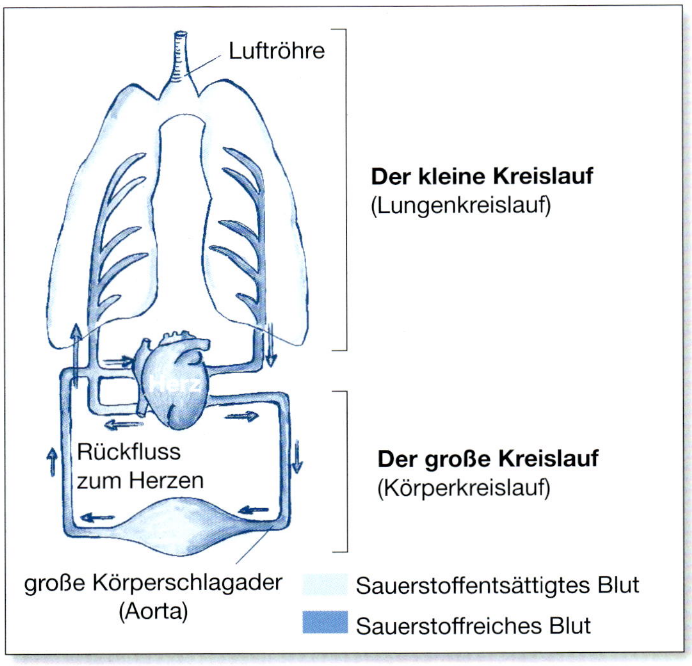

Abb. 9.6:
Vereinfachtes Schema des Sauerstofftransportes über den Blutweg.
Dunkelblaue Linie = sauerstoffreiches Blut,
Hellblaue Linie = sauerstoffentsättigtes Blut

Je größer die Muskelgruppen, die an einer sportlichen Bewegung beteiligt sind, und je höher die Intensität einer Belastung ist, umso höher ist die Belastungsherzfrequenz. Das menschliche Herz reagiert auch auf psychische Belastungen mit einem Frequenzanstieg. Daher bildet die gemessene Herzfrequenz während einer Sportausübung nicht immer *nur* die körperliche Belastung ab.

Das Herz eines Menschen schlägt im Verlaufe eines Lebens ca. 3 Milliarden Mal und pumpt dabei ca. 250 Millionen Liter Blut durch den Organismus. Es schlägt unentwegt ca. 100000-mal am Tag und pumpt dabei ca. 7500 Liter Blut durch den Körper. Bewegt sich ein nichtsportlicher Mensch im Alltag, können es auch gut 10000 Liter Blutvolumen sein. Wenn wir ruhen, werden zwischen 300 und 350 Liter/Stunde durch den Kreislauf befördert.

Vor allem Ausdauersport führt zu folgenden Anpassungserscheinungen im Herz-Kreislauf-System, welche auch aus gesundheitlicher Sicht von wichtiger Bedeutung sind:

- Die Herzfrequenz in Ruhe nimmt ab (= Trainingsbradykardie)
- Zunahme des Herzminutenvolumens
- Verbesserung der Erholungsherzfrequenz: besteht eine sehr gute Ausdauerleistungsfähigkeit, erholt sich das Herz schneller von der vorausgegangenen Belastung
- Verringerung der Herzfrequenz auf submaximalen Belastungsstufen
- harmonische Erweiterung aller 4 Herzhohlräume (= regulative Dilatation)
- Anstieg des maximalen Sauerstoffaufnahmevermögens (VO_2max)
- Verringerung des systolischen Blutdruckes bei einer Hypertonie um bis zu 15mmHg; die Hypertonie ist die krankhafte Form des Bluthochdruckes, sie kann das Herz schädigen
- Die Fließeigenschaften des Blutes verbessern sich, es wird dünnflüssiger (die Viskosität sinkt)
- Die Blutmenge kann um ca. 1–2 Liter bei ausgeprägtem Ausdauertraining zunehmen
- Skelettmuskulatur: Zahl und Größe der Mitochondrien nimmt zu, Steigerung der Aktivität der aeroben Enzyme, Zunahme des Myoglobins und des intramuskulären Glykogendepots, verbesserte Kapillarisierung und Arterialisierung
- verbesserte Muskeldurchblutung
- Lipidstoffwechsel (Fettstoffwechsel): der Triglyceridgehalt (freie Fettsäuren) sowie das LDL im Blut werden vermindert; das HDL nimmt zu (LDL und HDL = Cholesterinarten), dies gilt als herzschonend
- hormonelle Regulation: Verminderung des Sympathikuseinflusses (Reduzierung der Adrenalin- und Noradrenalinspiegels = Stresshormone)

- Steigerung der Insulinsensitivität der Zellen (Diabetesprophylaxe)
- Verbesserung des Immunsystems (geringeres Infektrisiko)
- Neben den positiven physischen Auswirkungen kann regelmäßiges Ausdauertraining auch positive Auswirkungen auf die Psyche, das Wohlbefinden und die Lebensqualität haben.

9.1.3.1 Das Blut

Wenn ein Mensch Sport treibt, steigt die Förderleistung des Herzens an. Die Organe müssen mit bestimmten Substanzen versorgt werden, welche über das Blut dorthin gelangen. Die Funktionen des Blutes sind:

- Transportfunktion,
- Abwehrfunktion,
- Schutz vor Blutverlust,
- Pufferfunktion.

Bei einem Erwachsenen beträgt die Blutmenge ca. 7–8 % des Körpergewichts, was bei einem 70 Kilogramm schweren Menschen in etwa einer Blutmenge von 5 Litern entspricht.

Das Blut besteht aus einer gelblichen Flüssigkeit, dem Plasma, in dem man folgende Blutzellen findet:

- ca. 55 % des Blutvolumens sind Plasma
- ca. 45 % des Blutvolumens sind Blutzellen

Bei den Blutzellen unterscheidet man:

- Erythrozyten – rote Blutzellen, Hauptfunktion: Gastransport
- Leukozyten – weiße Blutzellen, Hauptfunktion: Immunabwehr
- Thrombozyten – Blutplättchen, Hauptfunktion: Blutgerinnung

9.1.3.2 Die Atmung

Das Herz-Kreislauf-System und die Atmung sind sehr eng miteinander verbunden. Ohne den über das Blut antransportierten Sauerstoff kann auf aerobem Weg keine Energie gewonnen werden. Wenn man lange und intensiv Sport treibt, nimmt auch die Atemfrequenz zu. Je nach körperlicher Belastung können täglich zwischen 10000 und 30000 Liter Luft ventiliert werden.

Zu den oberen Atemwegen zählen: Nasenhöhlen, Mundhöhle, Rachen, Kehlkopf.

Zu den unteren Atemwegen zählen: Luftröhre, Luftröhrenäste (Bronchien), Lungenbläschen. (Alveolen).

9.1.3.3 Der Sauerstofftransport im Blut

Bei Belastungen erhöht sich die Atemfrequenz pro Minute. In Ruhe atmet der Mensch im Durchschnitt ca. 14-mal pro Minute. Bei starker körperlicher Belastung liegt sie bei Kindern bei ca. 70 Atemzügen/ Minute, bei 20-Jährigen beträgt sie etwa 40–50 Atemzüge/Minute. Jenseits von 50 Atemzügen pro Minute ist die Mundatmung ökonomischer als die Nasenatmung. Bei einer starken körperlichen Belastung kann sich der Gesamtanteil der benötigten Energie für die Atmung im menschlichen Organismus auf 25–30 % erhöhen. Gleichzeitig vertieft sich die Atmung beim Sportreiben. Erst durch den Antransport von Sauerstoff und Brennstoffen und gleichzeitigem Abtransport von Kohlendioxid und Laktat wird eine Muskeltätigkeit von längerer Dauer überhaupt ermöglicht. Der Sauerstofftransport wird im Blut hauptsächlich über das Hämoglobin[2] gewährleistet. Nur eine minimale Menge (ca. 1 %) wird im Blutplasma transportiert. Nachdem der Sauerstoff durch die dünne Wand der Lungenbläs-

2 Hämoglobin ist der Transportbehälter der roten Blutkörperchen für den Gastransport. Das im Hämoglobin enthaltene Eisenatom kann Sauerstoff anlagern (*de Marées*, S. 331)

chen (Alveolen) in die Lungenkapillare diffundiert ist, wird der Sauerstoff an die Muskulatur im Körper transportiert. Umgekehrt diffundiert das Kohlendioxid, welches aus der Muskulatur über das Blut zurück zur Lunge gelangt ist, aus den Lungenkapillaren in die Lungenalveolen. Die Gesamtfläche der Lungenkapillare beträgt ca. 100 m^2. Der durch die Alveolarwand in die Kapillaren diffundierte Sauerstoff wird dabei

1. physikalisch im Blutplasma gut gelöst und
2. in die Erythrozyten transportiert.

In den Erythrozythen wird der Sauerstoff an das zweiwertige Eisen (Fe^{++}) des Hämoglobinmoleküls angelagert. Dabei können 100 Milliliter Blut, welches im Durchschnitt 15 Gramm Hämoglobin enthält, maximal 20 Milliliter Sauerstoff transportieren. Das Blut weist dann eine 100 %ige Sättigung auf. Die Sauerstoffbindungsfähigkeit des Blutes kann durch

- steigende H^+-Konzentration (verursacht Übersäuerung) sowie
- steigende Bluttemperatur

negativ beeinflusst werden. Somit sollte eine Laktatanhäufung möglichst gering gehalten werden und genügend Wasser für die Körperkühlung (und damit Blutkühlung) durch Schwitzen vorhanden sein. Nur wer genügend getrunken hat, kann auch schwitzen (vgl. *de Marées / Heck*, 2003).

9.2 Passiver Bewegungsapparat: Gelenkaufbau und Gelenkarten

Im Spitzensport stellt der passive Bewegungsapparat (vor allem Gelenke, Knorpel, Bandapparat) oft die leistungsbegrenzende Größe sportlicher Höchstleistung dar. Dies wird klar, wenn man sich vor Augen führt, welch enorme Belastungen auf die einzelnen Teile des passiven Bewegungsapparates beim Sporttreiben wirken. Sinnvollerweise reagiert aber auch der passive Bewegungsapparat mit entsprechenden Anpassungserscheinungen an sportliche Belastung.

Der Knochen zum Beispiel ändert seine Architektonik, was zu einer erhöhten Widerstandskraft in Richtung der Hauptbeanspruchung führt. Im Bereich der langen Röhrenknochen kommt es bei Trainierten zu einer erheblichen Dickenzunahme der Knochenrinde. Mechanische Belastung führt zu einer Verstärkung der Knochenbälkchenstruktur der Schwammsubstanz.

Bei kurzzeitigen Belastungen kommt es akut zu einer Dickenzunahme des Knorpels der Gelenkflächen durch eine zeitlich begrenzte Flüssigkeitsaufnahme. Der Knorpel saugt sich quasi mit Gelenkflüssigkeit voll. Dadurch wird der Knorpel resistenter gegen hohe Druck- und Scherkräfte. Wichtig dafür ist das Warmlaufen vor dem eigentlichen Aufwärmen. Bei längeren Belastungen (durch regelmäßiges Training) kommt es zu einem Dickenwachstum des Knorpels, wodurch dieser erhöhte mechanische Belastungen – wie sie im Sport vorkommen – ohne Gelenkbeschädigungen bewältigen kann. Durch Training werden der Sehnenquerschnitt sowie Zug- und Rissfestigkeit der Sehnen erhöht. Vergleichbare Anpassungserscheinungen ergeben sich für den Bandapparat. Auch hier führt Training zu einer entsprechenden qualitativen und quantitativen Strukturverbesserung.

Merke

Mehrbelastung im Sinne von Sporttreiben in vernünftigem Rahmen führt zu einer Kräftigung, Minderbelastung hingegen zu einer Schwächung von Knochen, Knorpel, Sehnen und Bändern (vgl. *Weineck*, 2004 b).

Gelenke und ihre Bedeutung für den Sportler

Um den Körper beim Sport entsprechend bewegen zu können, ist der Sportler auf die optimale Funktion der Gelenke angewiesen. Gelenke sind prinzipiell gleich aufgebaut, zeigen aber bestimmte gelenkspezifische Eigenheiten. Abb. 9.7 zeigt den Aufbau eines Gelenkes.

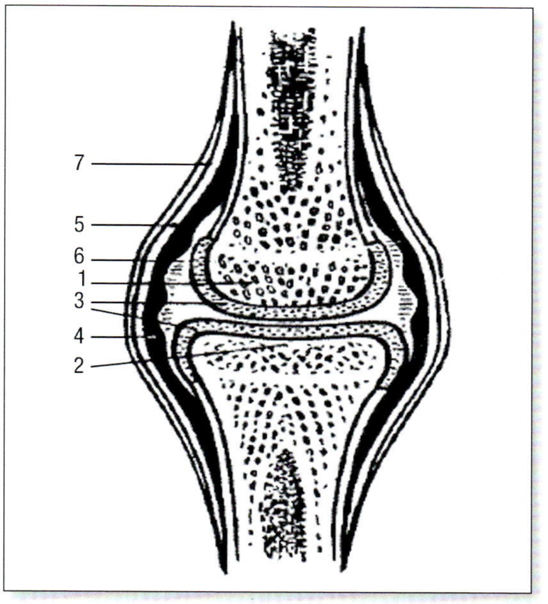

Abb. 9.7:
Schematischer Gelenkaufbau
1: Gelenkkopf
2: Gelenkpfanne
3: Gelenkknorpel
4: Gelenkinnenhaut oder Synovia
5: äußere Gelenkkapsel
6: Gelenkschmiereansammlung
7: Verstärkungsbänder der Gelenkkapsel
vgl. *Tittel*, 1985)

9.2.1 Gelenkaufbau

Typische Bestandteile für den Aufbau eines Gelenks sind:

1. zwei Knochenenden, von denen eines den Gelenkkopf, das andere die dazugehörige Gelenkpfanne bildet
2. eine, das Gelenk vollständig umschließende Gelenkkapsel
3. die visköse Gelenkschmiere
4. mehrere kurze oder lange Bänder

Das Gelenk wird durch die Gelenkpfanne und den Gelenkkopf gebildet, welche jeweils mit einer 2–5 Millimeter starken Knorpelschicht überzogen sind, damit sie fast reibungslos gegeneinander bzw. aufeinander gleiten können. Das gesamte Gelenk wird von der Gelenkkapsel luftdicht umschlossen, die innen die Synovialhaut aufweist, welche bei Bewegungen die Synovialflüssigkeit ausscheidet. Die Synovialflüssigkeit hat eine ähnliche Funktion wie das Schmieröl bei einem Scharniergelenk einer Haustüre, sie erleichtert das reibungslose Gleiten der Gelenkpartner. Die Bänder dienen der Stabilisierung des Gelenks und bestimmen das Ausmaß seiner Beweglichkeit, weshalb man sie auch als Führungs- oder Hemmungsbänder bezeichnet. Die Schleimbeutel sind kleine Taschen, welche dort platziert sind, wo z. B. Sehnen über Knochenvorsprünge ziehen und dadurch verletzt werden könnten (vgl. *Tittel*, 1985).

9.2.2 Gelenkarten

Im menschlichen Körper gibt es verschiedene Gelenkarten. Wichtig ist hierbei zu erkennen, dass die Gelenke für bestimmte Bewegungen vorgesehen sind. Die zwei obersten Halswirbel bilden ein sogenanntes Zapfengelenk. Es ist kein Kugelgelenk, weshalb z. B. das „Kopfkreisen" keine funktionelle Übung für dieses Gelenk darstellt. Hier die wichtigsten Gelenkarten:

1. Kugelgelenk: Es sind die beweglichsten Gelenke des menschlichen Körpers. Es sind Bewegungen um beliebig viele Achsen möglich. Beispielgelenke: Hüftgelenk, Schultergelenk

2. Sattelgelenk: Es sind Bewegungen um zwei Achsen mit vier Hauptbewegungsrichtungen möglich; es sind keine Rotationsbewegungen möglich. Beispielgelenk: das Daumengrundgelenk
3. Scharniergelenk: Es sind Bewegungen um eine Achse mit zwei Bewegungsrichtungen möglich. Beispielgelenke: das Ellbogengelenk, Mittelgelenke und Endgelenke der Finger; Kniegelenk. Im Kniegelenk sowie Ellbogengelenk sind Dreh- und Scharnierbewegungen möglich, man spricht daher auch von Dreh-Scharniergelenken.
4. Zapfengelenk: Es sind Bewegungen um eine Achse mit zwei Hauptbewegungsrichtungen möglich.

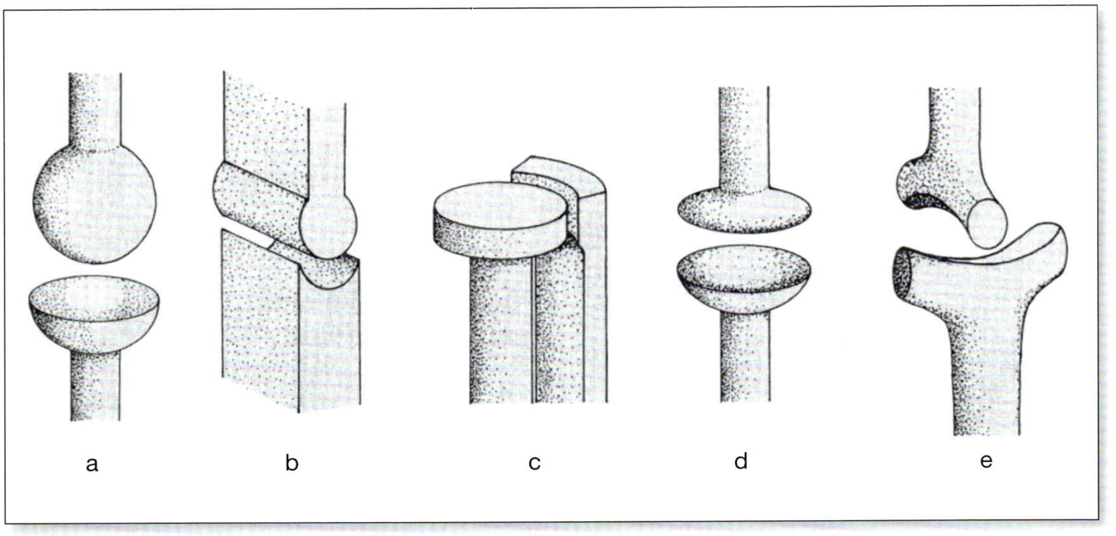

Abb. 9.8: Schematische Darstellung verschiedener Gelenktypen: a) Kugelgelenk, b) Scharniergelenk, c) Dreh- oder Radgelenk (= Trochoginglymus), d) Eigelenk und e) Sattelgelenk (*Weineck*, 2008, S. 80)

9.2.3 Agonist und Antagonist in der sportlichen Bewegung

An einer sportlichen Bewegung sind immer mehrere Muskeln beteiligt. Dabei bezeichnet man Muskeln, die die gleiche Arbeit verrichten als Agonisten oder Synergisten, diejenigen Muskeln, welche der Arbeit anderer Muskeln entgegenwirken, als Antagonisten.

Bei dem Rückhand-Topspin von Dimitri Ovtcharov kann man in der Ausholbewegung (Foto 1) eine fast 90-gradige Beugung im Ellbogengelenk erkennen. Auf dem rechten Foto (Foto 2), der Endphase der Bewegung, ist der Ellbogen deutlich gestreckter. Für die Beugung zur Ausholbewegung ist der Biceps brachii (Oberarmvorderseite) verantwortlich. Für die Streckung des Ellbogens und Beschleunigung des Unterarms ist der Triceps brachii (Oberarmrückseite) der Agonist, der Biceps wirkt als Antagonist, da die Streckbewegung vom ihm abgebremst wird.

Abb. 9.9: Rückhand-Topspin von Dimitri Ovtcharov (Foto 1 und 2)

Während einer Bewegung arbeiten jedoch nicht nur die Muskelgruppen der zusammenwirkenden, sondern auch die der entgegengesetzten Funktion, wodurch ein fein koordinierter Bewegungsablauf wie der Rückhand-Topspin von Ovtcharov erst möglich wird. Die Antagonisten haben einen regulierenden Einfluss auf die sonst stoßartigen und ruckartigen Bewegungen der Agonisten. Muskeln, welche für eine bestimmte Bewegung Agonisten sind, können für andere Bewegungen zu Antagonisten werden. Kein Muskel ist also ausschließlich Agonist oder Antagonist (vgl. *Tittel*, 1985).

Die folgende Abbildung zeigt die Beinmuskelbeteiligung an der Sprintbewegung.

Hintere Schwungphase	a) Abstoßen des hinteren Beines, Hüftstreckung
	b) Beugung im Kniegelenk
Vordere Schwungphase	c) Vornehmen des Oberschenkels, Strecken des Kniegelenks
Vordere Stützphase	d) Aufsetzen der Ferse, Heranführen des Unterschenkels, Anpassen des Fußes an Boden, Stabilisieren der Standsäule Fuß im Kniegelenk
Hintere Stützphase	e) Vollendung der Hüftstreckung, zweites höchstes Kontaktmaximum

Abb. 9.10: Beinmuskelbeteiligung beim Sprint (*Schönborn*, 2010, Abb. 139, S. 181)

9.2.4 Kniegelenk

Das Kniegelenk ist das größte, komplizierteste und gleichzeitig empfindlichste Gelenk des menschlichen Körpers. Sein Aufbau verdeutlicht, dass Gelenke für ganz bestimmte Bewegungen konstruiert sind. Abb. 9.11 zeigt den Aufbau des Kniegelenks.

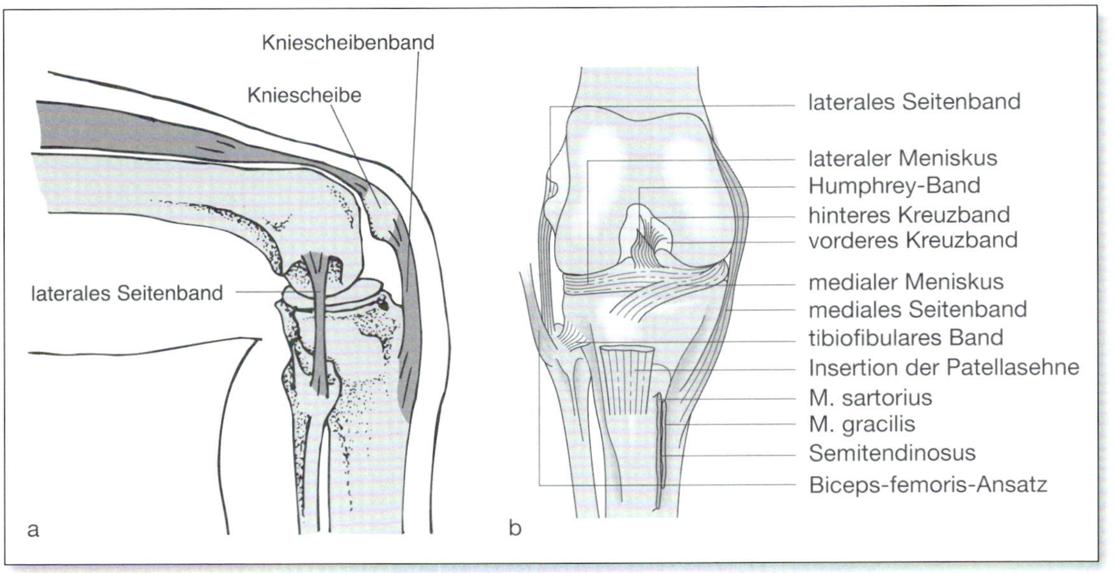

Abb. 9.11: Aufbau des Kniegelenks: a) Seitenansicht, b) Frontalaufsicht (aus *Weineck*, 2008, S. 227))

Das Kniegelenk zeichnet sich durch zwei funktionell voneinander unabhängige Bewegungsmöglichkeiten aus:

- Beugung und Streckung um eine Achse, die quer durch die Oberschenkelknochen verläuft.
- Drehung, die in senkrechter Richtung durch das Schienbein läuft und vor allem im gebeugten Knie (30–40 Grad) ausgeführt werden kann.

Merke

Sämtliche Bewegungen, die der Funktionalität des Gelenkes zuwiderlaufen, können das Kniegelenk grundsätzlich schädigen.

Typische Verletzungen des Kniegelenks sind Bandverletzungen, z. B. des Innen- oder Außenbandes, sowie vor allem im Fußball Risse der Kreuzbänder. Ursachen hierfür können Gegnereinwirkung oder entsprechende Bodenverhältnisse sein. Häufig sind weiterhin Verletzungen des Innen- oder Außenmeniskus, wobei der Innenmeniskus etwa 20-mal häufiger verletzt wird als der Außenmeniskus. Bei entsprechender Gewalteinwirkung kann es auch zur sog. unglücklichen Dreifachverletzung kommen, wenn nämlich vorderes Kreuzband, mediales Seitenband und Innenmeniskus (beide sind miteinander verwachsen) eingerissen sind (vgl. *Weineck*, 2005).

9.2.5 Sprunggelenke und Fuß

Die beiden Gelenke des Fußes sind im Sport ebenfalls sehr hohen Belastungen ausgesetzt. Einem funktionellen Schuhwerk sollte daher besondere Beachtung geschenkt werden. Der Fuß wird in Fußwurzel, Mittelfuß und Zehen unterteilt.

Das obere Sprunggelenk wird vom Schienbein und Wadenbein und den Gelenkflächen des Sprungbeins gebildet. Man kann damit die Fußspitze heben und senken (Dorsalflexion und Plantarflexion).

Das untere Sprunggelenk liegt zwischen dem Sprung-, Fersen- und Kahnbein (Abb. 9.12). Dieses Gelenk ermöglicht Auswärts- und Einwärtsdrehung (Pronation und Supination). Die Führung der Bewegungen in den Sprunggelenken erfordert einen kräftigen Bandapparat. Im Bereich des oberen Sprunggelenks findet man starke Seitenbänder, die sich fächerförmig ausbreiten und das Gelenk entsprechend stabilisieren (vgl. *Tittel*, 1985).

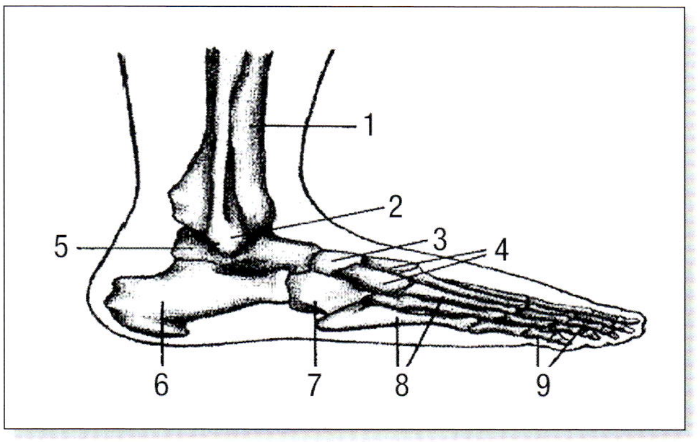

Abb. 9.12:
Fußskelett (1: Schienbein, 2: Wadenbein, 3: Kahnbein, 4: Keilbein, 5: Sprungbein, 6: Fersenbein, 7: Würfelbein, 8: Mittelfußknochen, 9: Zehen (*Spiecker*, 1983, S. 25)

Typische Verletzungen im Bereich der Füße sind Distorsionen (Überdehnungen), die fast drei Viertel aller Verletzungen ausmachen. Ungefähr 20 % aller Sportverletzungen betreffen das obere Sprunggelenk; davon wiederum betreffen etwa 97 % die Außenbänder. Bei der Überdehnung bzw. dem Riss des Außenbandes spricht man vom sog. „Supinationstrauma", welches vor allem bei den Sportspielen, aber auch beim Joggen besonders oft vorkommt. Dabei knickt der Sportler über die Außenkante des Fußes um. Hier sind insbesondere Volleyball und Basketball zu nennen (vgl. *Weineck*, 2005).

9.2.6 Wirbelsäule

Eine zentrale Stellung im passiven Bewegungsapparat nimmt die Wirbelsäule ein (Abb. 9.13). Sie besteht aus 7 Hals-, 12 Brust-, 5 Lenden-, 5 Kreuz- (Kreuzbein) und 4–5 Steißwirbeln (Steißbein). Die Wirbelsäule wird demnach von 33–34 Wirbeln und 23 Zwischenwirbelscheiben (Bandscheiben) gebildet. Sie weist eine doppelte S-Form auf. Diese dient vor allem dem Abfedern von Stößen (Stoßdämpferfunktion).

Die Beweglichkeit der Wirbelsäule nimmt von oben nach unten ab. Der beweglichste Teil der Wirbelsäule ist die Halswirbelsäule, gefolgt von der Brustwirbel- und Lendenwirbelsäule. Gleichzeitig kommt der Wirbelsäule eine wichtige Stützfunktion zu, sie „verbindet" Ober- und Unterkörper miteinander. Im Wirbelkanal verlaufen Nerven des Zentralnervensystems, für die die Wirbelsäule eine Schutzfunktion ausübt. Eine intakte Beweglichkeitsfunktion der Wirbelsäule ist für viele Alltags- sowie Sportaktivitäten von großer Bedeutung

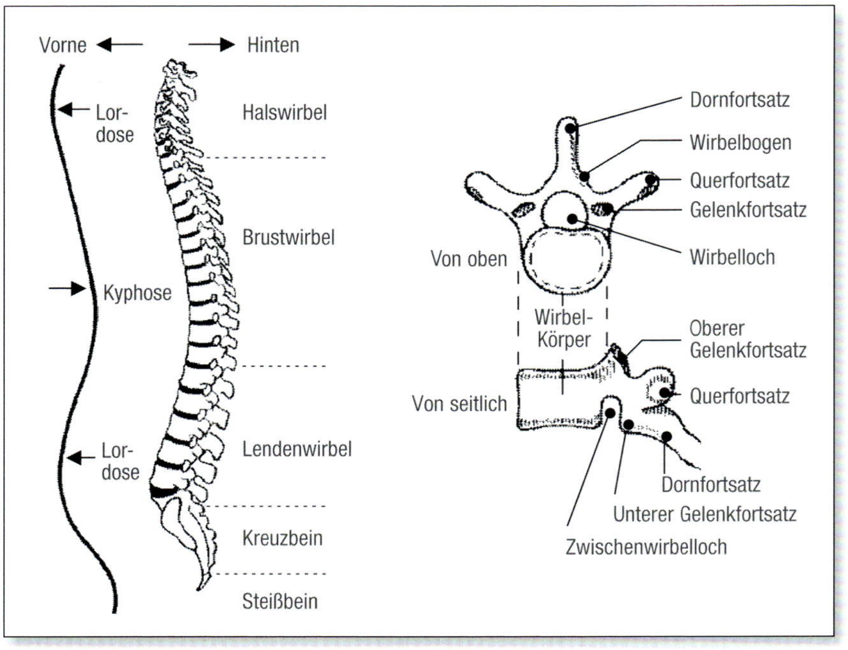

Abb. 9.13:
Seitenansicht der Wirbelsäule und Aufbau eines Wirbels am Beispiel eines Brustwirbels (*de Marées*, 2003, S. 8)

Die 12 Brustwirbel bilden mit den Rippen Gelenke. Im Bereich der Lendenwirbelsäule ist keine Drehung zur Seite hin möglich.

Die Wirbelkörper sind durch ein hinteres und ein vorderes Längsband miteinander verbunden. Die Wirbel des Steißbeins und Kreuzbeins sind nicht beweglich. Nur die Wirbel von Hals-, Brust- und Lendenwirbelsäule sind beweglich. Die Bandscheiben verbinden jeweils 2 Wirbelkörper miteinander. Ihnen kommt eine sog. Wasserkissenfunktion zu. Sie dämpfen und ermöglichen erst die Beweglichkeit der Wirbel gegeneinander. Durch häufige, asymmetrische und hohe Belastungen können Einrisse im Faserring der Bandscheibe entstehen.

Merke

Im Sport und im täglichen Leben sollte man stets darauf achten, die Wirbelsäule bei körperlichen Belastungen möglichst gerade zu halten.

Kräftigende Gymnastik für die Wirbelsäule, zum Aufbau einer schützenden und stützenden Muskulatur, ist die beste Prophylaxe (Fehlhaltungen wie z. B. Hohlkreuz berücksichtigen!). Vom Prinzip her ist die Wirbelsäule muskulär wie ein Bootsmast verspannt. Bei der Gymnastik (Kräftigung oder Dehnung) müssen die anatomischen Gegebenheiten der Wirbelsäule stets berücksichtigt werden. Ruckartige Bewegungen sind zu vermeiden (Gefahr der Bandscheibenschädigung). Sprünge im Sport sollten durch entsprechende Beugung im Fußgelenk, Knie- und Hüftgelenk kompensiert werden.

Damit die Wirbelsäule dem Menschen sowohl im Alltag als auch im Sport möglichst lange verletzungsfrei erhalten bleibt, sollte man Fehlbelastungen möglichst meiden. An erster Stelle sei das Anheben schwerer Lasten durch falsche Hebetechnik erwähnt. Bei Gewichthebern kann man gut erkennen, wie sie mit gestreckter (= gerader) Wirbelsäule die Gewichte anheben. Sie gehen dabei in die Knie und bringen den Körperschwerpunkt ganz nahe an die Stange heran. Sie heben die Last quasi körpernah. Im Alltag wird häufig der Fehler begangen, dass man Lasten mit gestreckten Armen und rundem Rücken anhebt. Dies kann zu irreversiblen Verletzungen der Bandscheiben führen.

Beim Schmetterschlag im Volleyball, beim Einwurf im Fußball sowie beim „peitschenartigen“ Aufschlag im Tennis wird die Wirbelsäule häufig in eine Hohlkreuzposition gebracht, die sich vor allem auf die Bandscheiben im Lendenwirbelbereich negativ auswirken kann. Auch beim Sitzen mit einem runden Rücken wirken ungünstige Druckverhältnisse auf die Bandscheiben. Als optimal gilt heute nicht ein absolut aufrechtes Sitzen, sondern ein sog. „bewegtes Sitzen“, bei dem man immer wieder die Sitzposition ändert bzw. nach längerem Sitzen Bewegungspausen durchführt.

9.2.7 Schultergelenk

Das Schultergelenk ist Bestandteil des Schultergürtels, welcher eine Verbindung zwischen Arm und Rumpf darstellt (Abb. 9.14). Der Schultergürtel des Menschen wird vom Schulterblatt, Schlüsselbein und Brustbein gebildet. Er ist ein sehr bewegliches Verbindungsglied. Dabei bilden Schulter- und Schultergürtelregion einen Gelenkkomplex, mit dessen Hilfe sich die große Beweglichkeit des Schultergürtels bzw. des Schultergelenks erklären lässt. Das Schultergelenk ist das beweglichste Gelenk des menschlichen Körpers.

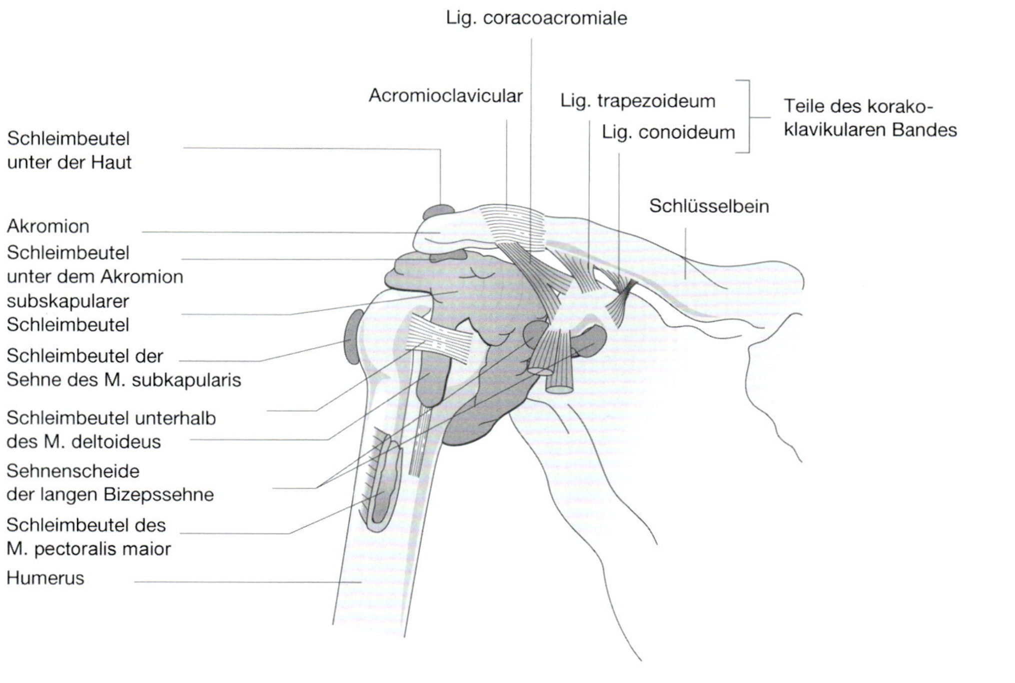

Abb. 9.14: Schultergelenk mit seinen Schleimbeuteln und Bändern (*Weineck*, 2008, S. 145)

Das Schultergelenk selbst wird durch den Kopf des Oberarmes und die Gelenkpfanne des Schulterblattes gebildet. Das Schultergelenk ist ein stark muskelgestütztes und muskelgeführtes Gelenk. Es ist gleichzeitig das Gelenk des Menschen, das am leichtesten zur Luxation (Ausrenkung) neigt.

Bei Spielsportarten mit Körperkontakt, also Fußball, Handball oder Basketball, kann man sich durch Gegnereinwirkung oder Sturz auf den Boden Verletzungen im Schulterbereich zuziehen. Beim Ski- oder Snowboardfahren ist die Schulter durch Stürze ebenfalls stark verletzungsgefährdet. Gegnerische Einwirkung ist auch die Hauptverletzungsursache des Schultergelenks im Ringen oder im Judo. In den Rückschlagspielen Tischtennis, Tennis, Badminton oder Squash ist das Schultergelenk durch Über- oder Fehlbelastung (mangelhafte Technik) verletzungsgefährdet.

Aufgaben und Fragen

1. Was unterscheidet bei der Ansteuerung über die motorische Einheit einen Augenmuskel von einem Oberarmmuskel?
2. Welche drei Einflussgrößen auf den Krafteinsatz von Muskeln kennen Sie? Erklären Sie diese genauer.
3. Was versteht man unter dem Wirkungsgrad bei der menschlichen Muskulatur?
4. Vergleichen Sie den Energiestoffwechsel des Menschen im Sport mit dem eines Autos. Wo liegen Unterschiede / Gemeinsamkeiten?
5. Charakterisieren Sie die aerobe, die anaerob-alaktazide und anaerob-laktazide Energiebereitstellung. Nennen Sie bitte ein eindeutiges Beispiel, bei dem die aerobe Energiebereitstellungsart dominiert, anschließend eines für die anaerob-alaktazide und schließlich eines für die anaerob-laktazide Energiebereitstellung.
6. Welche Bedeutung kommt dem Laktat in der Energiebereitstellung zu? Beschreiben Sie seine Stoffwechselwege so genau wie möglich.
7. Nehmen Sie Stellung zu folgenden Aussagen: „Laktat ist ein Endprodukt des Stoffwechsels und Laktat macht den Muskel sauer"; „Laktat ist für die Ermüdung des Muskels verantwortlich".
8. Sie sehen eine Laktatkurve eines Ihnen unbekannten Menschen. Sie steigt sehr schnell exponentiell an. Ist die Schlussfolgerung richtig, dass es sich hierbei um die Laktatkurve eines völlig untrainierten Menschen handelt?
9. Welche Anpassungserscheinungen des Herz-Kreislauf-Systems ergeben sich durch Ausdauertraining? Welche Sportarten führen zu diesen Anpassungserscheinungen?
10. Welche Blutbestandteile kennen Sie? Welche Unterschiede ergeben sich durch Ausdauertraining im Blut bei einem Ausdauersportler (z. B. Triathlet) im Vergleich zu einem Untrainierten?
11. Welche Unterschiede ergeben sich durch Ausdauertraining im Atmungssystem bei einem Ausdauersportler (z. B. Triathlet) im Vergleich zu einem Untrainierten?
12. Wie reagiert das Atmungssystem bei körperlicher Belastung, v.a. im Ausdauerbereich?
13. Welche Gelenke sind in Ihrer eigenen Sportart einer besonders starken Belastung ausgesetzt? Versuchen Sie möglichst genau zu beschreiben, warum dies so ist. Was können Sie vorbeugend gegen die Schädigungen dieses Gelenks unternehmen?
14. 2 Freunde haben sich zum Joggen verabredet. Der eine gehört zum D-Kader des Leichtathletikverbandes bei den Ausdauerathleten, der andere hat erst vor 3 Wochen mit dem Joggen begonnen. Was passiert in folgenden Situationen?
    a. Der Kaderathlet gibt das Lauftempo vor.
    b. Der Anfänger gibt das Lauftempo vor.
15. Nennen Sie die einzelnen Bestandteile eines Gelenks.
16. Machen Sie sich anhand einer Bewegung im Sport klar, wie Agonist(en) und Antagonist(en) zusammenarbeiten.

Aufwärmen im Sport

10

Das Aufwärmen ist ein wesentlicher Bestandteil des Sporttreibens. Es sollte nicht als lästiges Beiwerk empfunden werden oder für jegliche Art des Sporttreibens nach einem einheitlichen Muster „abgespult werden“. Denn durch ein sinnvolles, sportartgerichtetes Aufwärmen kann man bessere Ausgangsbedingungen für die Leistungsfähigkeit des Sportlers schaffen. Aufwärmen darf sich nicht darauf beschränken, nur die Muskulatur zu „erwärmen“. Vielmehr dient es dem Sportler zur physischen und psychischen Vorbereitung auf die darauffolgende Belastung. Da Belastungen unterschiedlich sind, muss auch das Aufwärmen sportartspezifisch sein.

Man unterscheidet das allgemeine vom speziellen Aufwärmen. Das Ziel des allgemeinen Aufwärmens liegt darin, z. B. durch Einlaufen, Einschwimmen und Einfahren die größeren Muskelgruppen der Beinmuskulatur besser zu durchbluten und das Herz-Kreislauf-System anzuregen. Beim speziellen Aufwärmen geht es um das disziplinspezifische Hineinarbeiten in die Sportart, wie z. B. das Einspielen vor einem Tennisspiel, das Einturnen, Einfahren beim Skilauf, 5 gegen 2 im Fußball.

Wie in der Abbildung 10.1 zu erkennen ist, führt bereits ein unter 10 Minuten andauerndes Aufwärmen zu einem Anstieg der Rektal- und Muskeltemperatur und in Verbindung damit zu einer Verbesserung der Sprintzeit. Optimale Ergebnisse können erst durch ein ca. 30-minütiges Aufwärmen erzielt werden. Wie die Grafik zeigt, ist ein Anheben der Körpertemperatur auf ca. 39 Grad Celsius optimal. Hinweis: Marathonläufer haben z. T. Rektaltemperaturen von bis zu 41 Grad Celsius!

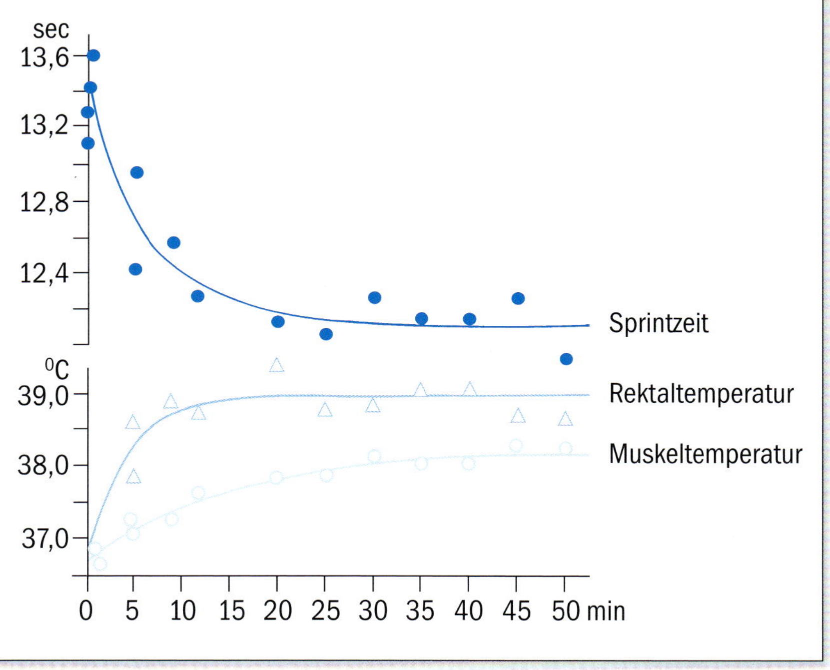

Abb. 10.1: Die Bedeutung der Aufwärmdauer für die 100-Meter-Sprintzeit, Rektaltemperatur und Muskeltemperatur (nach *Keul* et al., 1983).

Die Funktionen des Aufwärmens sind nach *Frey*, folgende:

1. Vorbereitung des Organismus auf die Belastung
2. Erhöhung der Leistungsbereitschaft
3. Reduktion des Empfindens von Trainingszeiten
4. Verkürzung der Regenerationsdauer
5. mentale Vorbereitung und Psychoregulation

Die Art und Weise des Aufwärmens ist von verschiedenen Faktoren abhängig. Folgt beispielsweise ein Technik- bzw. Koordinationstraining, so sollte man während des Aufwärmens mit koordinativen Übungen das Zentralnervensystem sowie die Skelettmuskulatur auf das folgende Training vorbereiten. Bei einem Schnelligkeits- oder Schnellkrafttraining sollte zuvor nicht lange und ausgiebig passiv gedehnt werden, da für dieses Training ein hoher Muskeltonus notwendig ist, den man durch zu intensives Dehnen stark absenkt. Hier empfiehlt sich eine Kraftvorausbelastung, die den Muskeltonus ansteigen lässt.

Trainingstipp:
Beim Ausdauertraining sollten das Herz-Kreislauf-System sowie das Atmungssystem - gezielt durch Einlaufen - auf das nachfolgende Training vorbereitet werden, um möglichst schnell in ökonomische Stoffwechselbereiche zu kommen.

Für das Herz-Kreislauf-System kann man durch Aufwärmen Folgendes erreichen:

- Regulation des Blutdrucks, Weitstellung der Blutgefäße in der Beinmuskulatur
- Herzfrequenzanstieg
- Anstieg der zirkulierenden Blutmenge (Herzminutenvolumen)

Für das Atmungssystem kann man durch Aufwärmen Folgendes erreichen:

- Sauerstoffaufnahme steigt mit zunehmender Körpertemperatur an
- Atemtiefe nimmt zu
- Atemmuskulatur arbeitet von Beginn an ökonomischer

Trainingstipp:
Sich dehnen und dann einfach losrennen ist für eine Ausdauerbelastung kein adäquates Aufwärmen! Auch die Befürchtung, man würde bereits durch das Aufwärmen unnötige Energie verbrauchen, die einem dann beim Laufen fehlt, ist unbegründet.

Die Dauer des Aufwärmens wird u. a. auch von der Außentemperatur mitbestimmt. Ist es kälter, wie z. B. im Herbst und Winter, so muss länger aufgewärmt werden. Wenn es sehr warm ist, darf man auch nicht auf das Aufwärmen verzichten, man muss jedoch nicht so lange wie im Winter aufwärmen. Auch die Tageszeit des Aufwärmens spielt eine Rolle, denn morgens muss das Aufwärmen länger dauern als z. B. am Nachmittag, wo gegen 15 Uhr das Maximum der Körpertemperatur erreicht wird. Je älter ein Sportler ist, umso länger muss aufgewärmt werden.

Merke

Die zeitliche Dauer des Aufwärmens liegt – je nach zur Verfügung stehenden Zeit – in der Regel zwischen 10 bis 45 Minuten. Für den Cooper-Test reicht ein 10-minütiges Aufwärmen vollkommen aus. Dies muss aber nicht in Form von Einlaufen geschehen.

Aufgaben und Fragen

1. Welche 2 Formen des Aufwärmens gibt es? Was sind Bestandteile des Aufwärmens und wie kann es in einer Ihnen bekannten Sportart aussehen?
2. Wie hängen Körpertemperatur und Leistungsfähigkeit zusammen? Welche Schlussfolgerung kann man daraus für die Sportpraxis ziehen?
3. Welche Funktionen kommen dem Aufwärmen zu?
4. Was bewirkt das Aufwärmen im Herz-Kreislauf-System bzw. im Atmungssystem?
5. Wie lange sollte man sich in der Regel aufwärmen?

Arbeitsblatt Aufwärmen 1: Eintragen der Körpertemperatur in Relation zur erzielten Sprungleistung mit und ohne Aufwärmen

Name: .... Datum: ....

Jump and reach-Test (Differenzsprung) zur Erfassung der Sprungkraft

Zum Vorgehen:

1. Messen Sie vor dem Aufwärmen Ihre Körpertemperatur am Ohr (Ohr-Thermometer).
2. Tragen Sie den Wert auf der Körpertemperaturskala 1 ein.
3. Führen Sie den Jump and reach-Test durch (siehe Schaubild).
4. Tragen Sie den Wert auf das Blatt ein (Jump and reach 1).
5. Nun wärmen Sie sich gründlich auf.
6. Messen Sie wieder Ihre Körpertemperatur am Ohr.
7. Tragen Sie den Wert auf der Körpertemperaturskala 2 ein.
8. Führen Sie den Jump and reach-Test durch.
9. Tragen Sie den Wert auf das Blatt ein (Jump and reach 2).

Gehen Sie nun in kleinen Gruppen zusammen und vergleichen Sie die Werte miteinander.

Hinweis: Wahlweise ist dieser Selbsttest auch mit dem Standweitsprung möglich

Körpertemperatur 1

40
39,5
39
38,5
38
37,5
37
36,5

Jump and reach 1

Körpertemperatur 2

40
39,5
39
38,5
38
37,5
37
36,5

Jump and reach 2

So wird der Jump and reach-Test durchgeführt

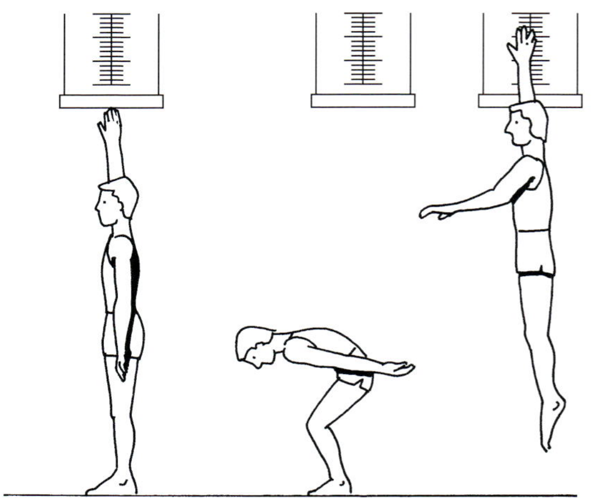

Der Jump and reach-Test (nach *Weineck*, 2010)

Arbeitsblatt Aufwärmen 2: Dehnungsprogramm

Name: .... Datum: ....

1 Hintere Unterschenkelmuskulatur

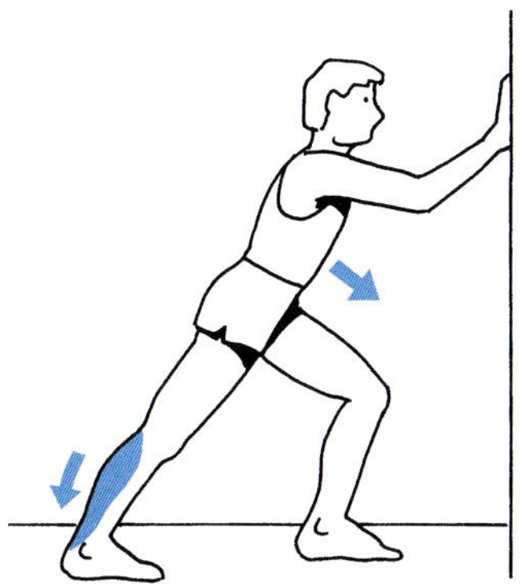

Fersen auf den Boden drücken

Körper gleichmäßig nach vorne neigen

2 Vordere Oberschenkelmuskulatur

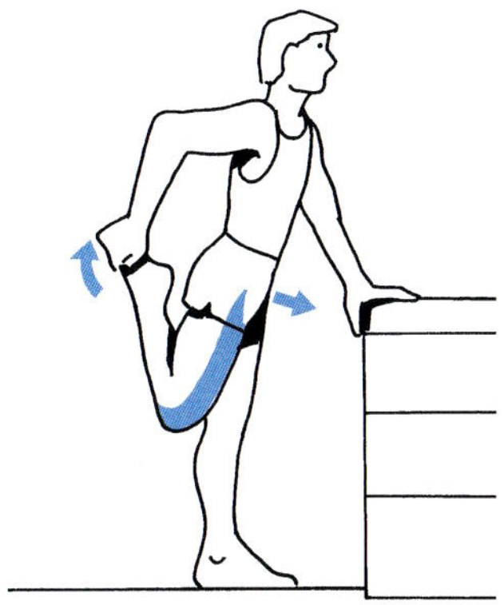

Fuß gegen Gesäß ziehen

Becken vorschieben

3 Hintere Oberschenkelmuskulatur

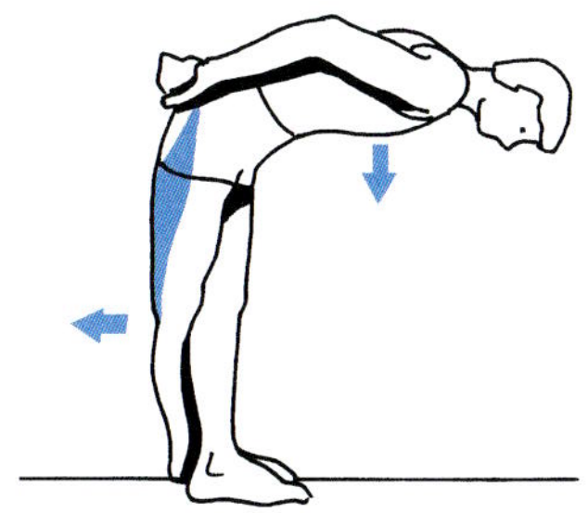

Knie strecken

Oberkörper nach vorne neigen

4 Vordere Hüftmuskulatur

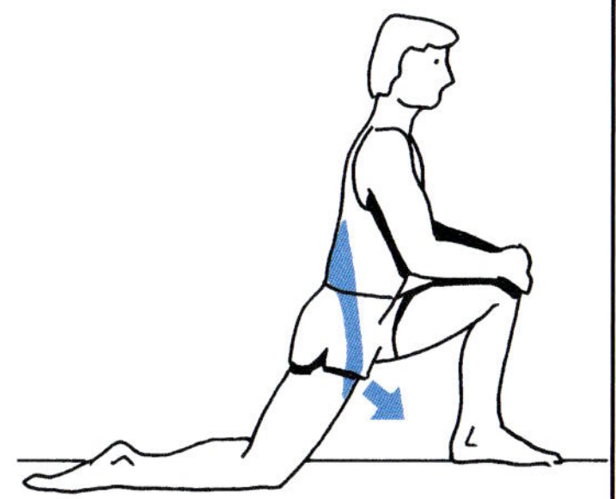

Hüfte nach vorne abwärts drücken

5 Hintere Hüftmuskulatur

Oberkörper nach vorne neigen

6 Innere Hüftmuskulatur

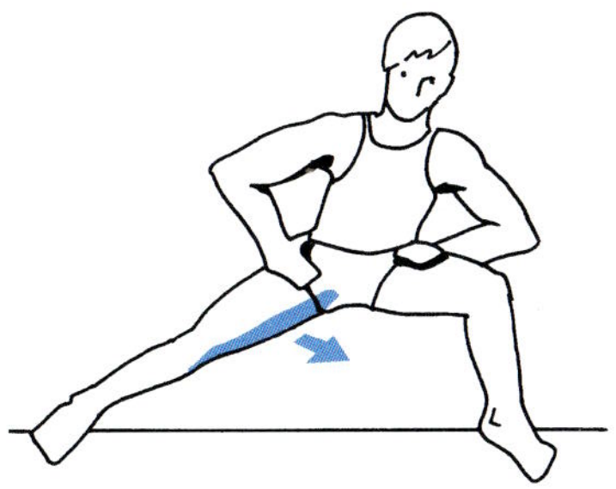

Becken schräg nach unten schieben

7 Rückenmuskulatur

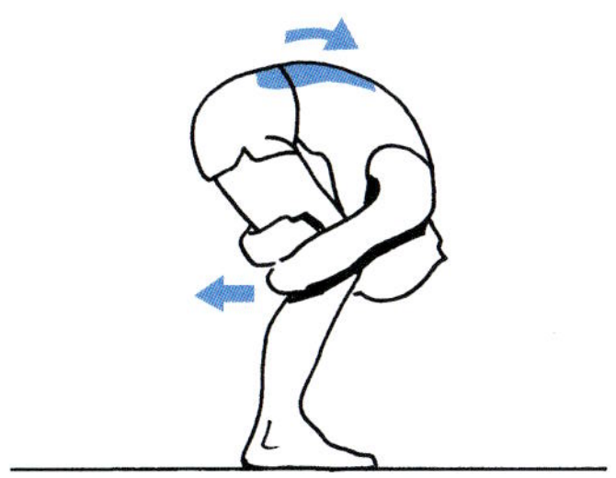

Knie strecken

Rundrücken verstärken

8 Seitliche Rumpfmuskulatur

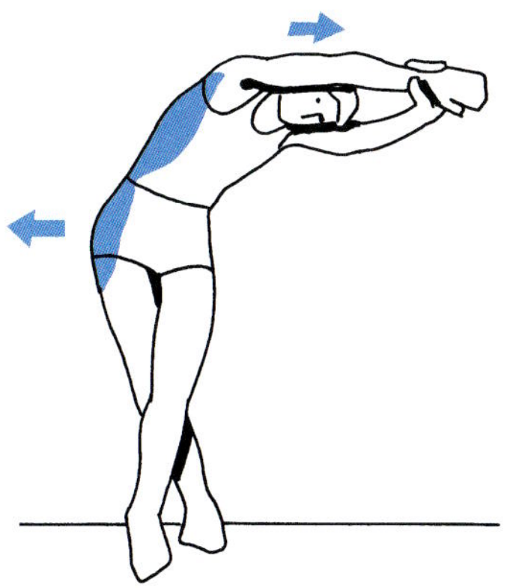

Hüfte seitwärts schieben

Rumpf zur Gegenseite ziehen

9 Brustmuskulatur

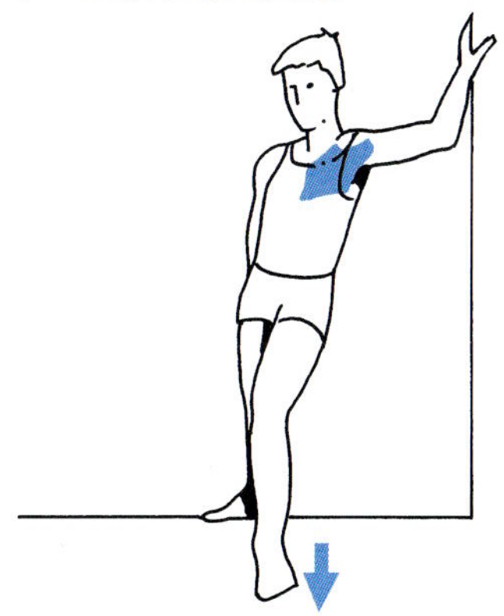

Mit gleichseitigem Bein Schritt nach vorne

Schulter nach vorne verlagern

10 Schultergürtelmuskulatur

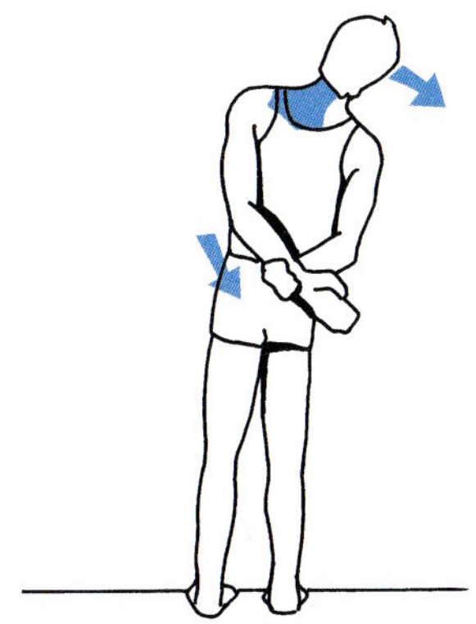

Kopf zur Gegenseite neigen

Arm nach unten ziehen

nach *Weineck*, 2010 – Die Top Ten (mod. nach *Spring* et al., 1986)

Ausdauertraining

11

Das Ausdauertraining hat für den Fitnesssport bzw. Gesundheitssport eine sehr große Bedeutung. Wer ein Skiwochenende oder eine Mountainbike-Tour richtig genießen möchte, kann dies nur, wenn er über ein Mindestmaß an Ausdauer verfügt. Wer möchte schon früher abschwingen müssen oder die Tour frühzeitig beenden, während die Freunde weiter fahren? Wer ausdauernd ist, wird nicht so schnell müde! Für viele Ballspielsportarten stellt die Ausdauer eine Grundlage dar, ohne die das Spiel nicht erfolgreich praktiziert werden kann. Schließlich gibt es noch Sportarten, bei denen die Ausdauer die entscheidende Komponente für die Leistungsfähigkeit darstellt. Als typische Ausdauersportarten gelten z. B. der Marathonlauf, der 10000-Meter-Lauf, lange Radetappen, Skilanglauf, Langstrecken-Schwimmen oder als extremste Form der Triathlon. Aber auch in Sportarten wie Fußball, Handball, Tennis und Tischtennis benötigt man Ausdauer.

Definition:

Unter **Ausdauer** wird allgemein die psycho-physische Ermüdungswiderstandsfähigkeit des Sportlers verstanden. Sie schließt die Erholungsfähigkeit mit ein (nach *Weineck*, 2010, S. 229).

Nach dieser Definition versteht man unter der psychischen Ausdauer die Fähigkeit des Sportlers, bei länger andauernden Belastungen der geistigen Aufforderung zu widerstehen, die Belastung abzubrechen. Von Marathonläufern und Triathleten ist bekannt, dass die psychische Komponente zum Erreichen des Ziels ganz wichtig ist. Unter physischer Ausdauer versteht man die Ermüdungswiderstandsfähigkeit des gesamten Organismus' bzw. einzelner Teilsysteme, z. B. der Skelettmuskulatur oder des Herz-Kreislauf-Systems.

Wer eine höhere Leistungsfähigkeit im Sport und Alltag erreichen will, Gesundheit und Wohlbefinden steigern oder eine schlanke und sportliche Figur möchte, der kann dies mit einem auf seine Verhältnisse abgestimmten Ausdauertraining erreichen.

Merke

Die Vorteile von Ausdauertraining

- Ausdauertraining führt über eine gesteigerte Fettverbrennung zu einer Gewichtsreduktion und kann so zur Figurformung beitragen.
- Ausdauertraining steigert das Wohlbefinden und die Stimmung, trägt zur Entspannung bei und erhöht die Toleranz gegenüber Stress.
- Ausdauertraining verbessert und erhält die Gesundheit, was dazu führt, dass Ausdauersportler gesünder alt werden.
- Ausdauertraining verbessert in den Ausdauersportarten die jeweilige Leistung und stellt darüber hinaus eine wichtige Basisfähigkeit für viele weitere Sportarten dar.

11.1 Welche positiven Effekte kann ich von Ausdauertraining erwarten?

Regelmäßig betriebenes Ausdauertraining bietet viele Vorteile bzw. positive Wirkungen, die im Folgenden beschrieben werden.

Macht Sport schlau?

Bis gegen Ende der 90er-Jahre des letzten Jahrtausends galt es als gesichert, dass das menschliche Gehirn auch bei sportlicher Belastung konstant durchblutet wird. Durch die neuen bildgebenden Verfahren (Magnetresonanztomografie) konnte jedoch gezeigt werden, dass aerobe dynamische sowie koordinative Muskelbeanspruchungen in den dafür zuständigen Gehirnregionen eine regional verstärkte Durchblutung sowie einen veränderten Stoffwechsel auslösen. Körperliche Aktivität wird so zu einem stimulierenden Faktor für eine Synapsenneubildung. Gleichzeitig wird die Bildung neuer Nervenzellen im Gehirn angeregt, ein bis 1998 für unmöglich gehaltener Befund! Sport - insbesondere Ausdauersport - wird daher für die Gehirnstrukturen, Gehirnleistungsfähigkeit sowie Gehirngesundheit (Prävention von Alzheimer, Demenz) ebenso empfohlen, wie er seit Jahrzehnten für das Herz-Kreislauf-System empfohlen wird (vgl. *Hollmann*, 2005).

Mit der Verbesserung der Ausdauerleistungsfähigkeit verbessert sich auch das Erholungsverhalten. Man kann also von einem verbesserten Erholungsverhalten auf eine erhöhte Ausdauerleistungsfähigkeit schließen. Ein weiteres bestimmendes Merkmal der Ausdauer ist ihre kontinuierliche Beanspruchung der Energiebereitstellung. Ohne Energie kann sich ein Muskel nicht bewegen.

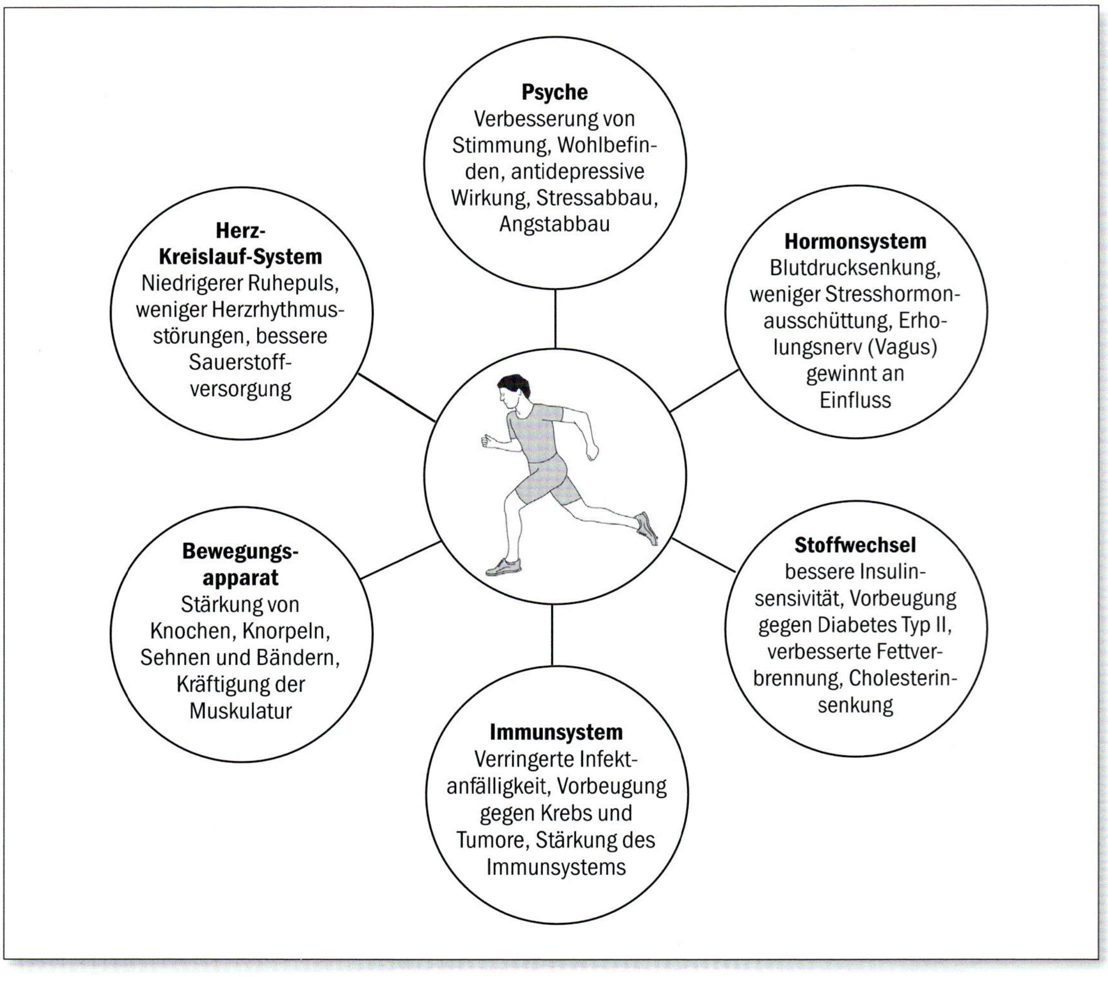

Abb. 11.1: Die positiven gesundheitlichen Effekte von Ausdauertraining auf den menschlichen Organismus

Ausdauertraining kann sehr vielseitig und abwechslungsreich gestaltet werden. Es geht nicht immer nur ums Joggen! Ein variantenreiches Training kann verschiedene Sportarten im Outdoor-Bereich sowie unterschiedliche Cardiogeräte im Indoor-Bereich umfassen. Dabei gibt es auch ganz unterschiedliche Trainingsmethoden.

Ein Ausdauertraining stellt nach allen bisherigen wissenschaftlichen Erkenntnissen und Erfahrungen die effektivste und wirkungsvollste Vorbeugung im Kampf gegen die Bewegungsmangelkrankheiten dar, da es fast alle Funktionssysteme des menschlichen Organismus' anspricht.

Praxisbeispiel

Damit die Ermüdung erst möglichst spät einsetzt und damit sie nicht zu starken Einfluss auf das Spiel hat, muss ein Fußballspieler ausdauertrainiert sein. Neben der weiter oben beschriebenen Belastbarkeit im Training benötigt der Fußballspieler Ausdauer zudem, um Turniere oder sog. Englische Wochen (= Spielrhythmus: Samstag / Mittwoch / Samstag) erfolgreich bestehen zu können. Hinzu kommen zum Teil mehrwöchige Vorbereitungslehrgänge der Landes- oder Bundeskader mit bis zu drei Trainingseinheiten am Tag. Die Effektivität solcher Lehrgangsmaßnahmen wird durch eine gute Grundlagenausdauer gewährleistet. Diese hilft, die Regenerationsfähigkeit entscheidend zu verbessern und die Effizienz des Trainings maßgeblich zu steigern.

11.2 Ausprägungsformen der Ausdauer

Entsprechend der Arbeitsweise der Muskulatur wird zwischen statischer und dynamischer Ausdauer unterschieden. Erstere benötigt man im Geräteturnen, beim Karate in der Kata, oder z. B. beim Freiklettern. Dynamische Ausdauer liegt dagegen bei den Ausdauersportarten wie Laufen sowie Radfahren vor.

Weiterhin wird nach dem Anteil der beanspruchten Muskulatur zwischen allgemeiner und lokaler Ausdauer unterschieden. Von allgemeiner Ausdauer spricht man, wenn mehr als 15 Prozent der Gesamtmuskulatur mitarbeiten. Diese Form wird bei allen Ausdauersportarten wie Laufen, Radfahren, Skilanglauf, Schwimmen oder Inline-Skating benötigt. Wird weniger Muskulatur beansprucht, liegt lokale Ausdauer vor.

Kurz-, Mittelzeit- und Langzeitausdauer

Eine weitere Unterscheidung der Ausdauer ist die in Kurzzeitausdauer (KZA), Mittelzeitausdauer (MZA) und Langzeitausdauer (LZA). Sie basiert auf einer zeitlichen Zuordnung.

Ausdauerart	Wettkampfzeiten	Stoffwechselanforderungen
Kurzzeitausdauer	20 sec–2 min	anaerob-alaktazid plus (dominierend) anaerob-laktazid (dominierend)
Mittelzeitausdauer	2 min–10 min	anaerob-laktazid sowie aerob
Langzeitausdauer	10 min–35 min und länger	überwiegend aerob

Tab. 11.1: Einteilung der Ausdauerarten unter Berücksichtigung der Wettkampfzeiten sowie der Anforderungen an die Energiegewinnung (nach *Friedrich*, 2007)

Bei der Langzeitausdauer existieren unterschiedliche Modelle, in welchen nach zeitlicher Dauer differenziert wird.

11.3 Der richtige Trainingsbereich im Ausdauertraining

Wie man seinen richtigen Trainingsbereich findet, ist eine wichtige Frage des Ausdauertrainings. Sportler können unterschiedlich schnell laufen – je nach Größe, Gewicht, Alter, Trainingszustand, Talent, Erfahrung und Technik (um nur einige Faktoren zu nennen, die die Lauf-Leistung beeinflussen). An der Laufgeschwindigkeit können Sporteinsteiger also nicht erkennen, in welchem Trainingsbereich sie sich gerade befinden. Um den richtigen, individuellen Bereich herauszufinden, gibt es verschiedene Hilfsmittel und Hilfsgrößen.

Wozu dient eine Pulsuhr?

Mittlerweile sind Pulsuhren sehr weit verbreitet, da sie zu erschwinglichen Preisen (20 bis 50 Euro) angeboten werden und dafür z. T. sogar EKG-Genauigkeit bieten. Diese Uhren registrieren mittels Brustgurt die elektrischen Signale der Herzerregung und übertragen die Daten per Funk auf die Uhr am Handgelenk. Für die Anzeige der Belastungsintensität beim Ausdauertraining ist der Puls ein sehr guter Parameter. Beim Relaxen auf dem Sofa schlägt das Herz ca. 60- bis 80-mal pro Minute. Wenn man seine Laufschuhe anzieht, liegt der Wert schon um die 90 bis 100 Schläge, und beim Loslaufen zeigt das Display immer höhere Werte an. Die Herzfrequenz kann dabei Werte von 180 oder sogar mehr als 200 Schläge pro Minute betragen. Zudem gibt es Sportler, die generell zu höheren Herzfrequenzen tendieren, diese aber problemlos tolerieren. Frauen haben generell höhere Herzfrequenzen als Männer. Gleichzeitig gibt es Sportler, die mehr zur Niedrigfrequenz neigen. Das Herz hat die Aufgabe über den Blutkreislauf, Sauerstoff und Nährstoffe für die Energiegewinnung in die Muskelzellen zu pumpen. Wenn wir schneller laufen, benötigen die Muskeln mehr davon und die Herzfrequenz steigt an.

Warum hat mein Klassenkamerad einen anderen Puls als ich?

Wenn man sich mit mit Klassenkameraden zum Laufen trifft, könnte es möglich sein, dass die Pulswerte ganz unterschiedlich ausfallen. Vielleicht haben Sie einen Puls von 135 und Ihre Klassenkameradin von 155. Trainiert einer von Ihnen nun falsch? Zu hohe oder zu niedrige Belastung?

Diese Frage lässt sich nicht so einfach beantworten, denn der Puls hängt neben der Belastung von mehreren Faktoren ab: vom Alter, der Statur und dem Gewicht, vom Trainingszustand, vom Geschlecht, von der ausgeübten Sportart, vom Ernährungszustand und von einer erblichen Komponente. So wie wir nämlich unterschiedliche Schuhgrößen haben, haben wir auch etwas unterschiedliche Herzfrequenzen beim Ausdauersport.

Soll ein Pulsfrequenzmesser sinnvoll eingesetzt werden, müssten die Pulswerte mit Laktatwerten abgeglichen sein. Dazu wäre ein Ausbelastungstest in einem Labor notwendig. Die Preise dafür liegen je nach Klinik und sportmedizinischem Institut zwischen 50 und 300 Euro. Diese Methode ist der sog. Goldstandard.

Maximale Herzfrequenz und Trainingsbereich

Eine Laktatleistungsdiagnostik kann man nicht von jedem verlangen, da der Aufwand dazu nicht unerheblich ist. Eine Möglichkeit, dies zu umgehen, besteht darin, die maximale Herzfrequenz (HFmax) selbst zu bestimmen. Voraussetzung für diesen Test ist allerdings, dass man keine Herz-Kreislauf-Erkrankungen hat!

Merke

Die maximale Herzfrequenz lässt sich in einem Selbsttest bestimmen: Er eignet sich für Schüler, die Geld sparen wollen und für den Cooper-Test oder den 30-Minuten-Lauf eine Bereichsfestlegung benötigen. Den Test darf nur machen, wer keine Herz-Kreislauf-Beschwerden hat!

Hier sind zwei Möglichkeiten, den Maximalpuls zu erfassen:

Test 1: Man benötigt dazu eine Strecke, die insgesamt stetig leicht ansteigt. Die gesamte Laufzeit sollte ca. 10 Minuten betragen. Die ersten 8 Minuten sollen zügig gelaufen werden, die letzten beiden - sofern es möglich ist - im vollen Sprint (*Friedrich*, 2007). Nach Beendigung des Laufes muss sofort der Puls gemessen werden. Wie das funktioniert, kann man unter 11.5.1 (Grundlagenausdauertraining) nachlesen.

Test 2: Man benötigt dazu ein Laufband. Fragen Sie z. B. bei einem Sportverein, welcher ein Sportstudio besitzt, nach. Auch bei einem kommerziellen Studio kann man diesen Selbsttest zusammen mit anderen Klassenkameraden durchführen. Man steigert dabei die Laufbandgeschwindigkeit in Stufen von 3 Minuten um jeweils 2 km/h, bis die absolute Erschöpfung erreicht ist und misst dann sofort den Puls.

Die Trainingsbereiche ergeben sich dann in Abhängigkeit von der HFmax wie folgt:

Trainingsbereich	Prozent von HFmax	Bezeichnung
Regenerationstraining	< 60 % d. HFmax	aktive Regeneration
GA 1	60–75 % d. HFmax	Grundlagenausdauertraining 1
GA 1/2	75–85 % d. HFmax	Grundlagenausdauertraining 1/2
GA 2	85–95 %	Grundlagenausdauertraining 2
WSA	> 95 %	Wettkampfspezifisches Ausdauertraining

Tab. 11.2: Die Trainingsbereiche in Prozent der maximalen Herzfrequenz

Nehmen wir an, ein Jugendlicher hat 190 Schläge / min als HFmax gemessen. Dann entspräche: Regenerationstraining = unter 114 Schläge / min; GA 1 = zwischen 114 und 143 Schläge / min; GA 1/2 = zwischen 143 und 162 Schläge / min; GA 2 = zwischen 162 und 181 Schläge / min; WSA = mehr als 181 Schläge / min.

Absolute Anfänger sollten im Pulsfrequenzbereich des Grundlagenausdauertrainings 1 (= GA 1) mit dem Training beginnen. Wer bereits seit einiger Zeit in einem Handball- oder Fußballverein trainiert, kann im Pulsbereich nach GA 1/2 einsteigen.

Training nach Gefühl – Trainieren nach der Borg-Skala

Manchmal ergeben Berechnungen und Tests Pulsfrequenz-Bereiche, in denen sich der Sportler überhaupt nicht wohl fühlt und daher in einem anderen Pulsbereich trainieren möchte. Man läuft also lieber etwas langsamer. Der Läufer spürt, bei welchem Tempo das Laufen gut für ihn ist: Er sollte sich dabei wohl fühlen.

Das eigene Körpergefühl ist ein guter Ratgeber und kann vor Überlastung schützen. Das Anstrengungsempfinden spiegelt die subjektive Antwort wider auf die Reizintensität einer körperlichen Belastung. Es wird mit einer numerischen Skala erfasst. Sportmedizinische Untersuchungen haben gezeigt, dass man jedem Trainingsbereich ein Anstrengungsempfinden zuordnen kann. Hierfür gibt es die Borg-Skala zum schnellen und unproblematischen Einsatz während der Belastung (Abb. 11.2). Man sollte sie beim Sport dabei haben und direkt angeben, wie anstrengend die Belastung empfunden wird. Man muss dazu eine Zahl nennen, wobei die vorgegebenen Beschreibungen zur Intensität als Orientierung für das Ausmaß der Anstrengung dienen.

Tipp:
Die Borg-Skala mit einem Trainingspartner ausfüllen: Man kann dies gut mit einem Klassenkameraden zusammen machen. Einer läuft, der andere schreibt auf.

Das Gefühl wird z. B. durch die Frequenz der Atmung bestimmt. Je schneller man läuft, umso schneller atmet man. Der Puls steigt an und die Beine werden mit zunehmender Geschwindigkeit schwerer. Je schneller man läuft, desto größer muss auch die Willenskraft werden, um in diesem Tempobereich weiterlaufen zu können. Auch das Schwitzen nimmt mit steigendem Lauftempo zu. Die Gefahr, dass man sich überlastet, ist beim Ausdauertraining nach der Borg-Skala reduziert. Der Trainierende wird für seinen Trainingsbereich sensibilisiert und lernt dabei, sich selbst besser einzuschätzen. Mit zunehmender Erfahrung ist ein Sportler immer besser in der Lage aus dem Gesamtbild seiner Körperfunktionen zu beurteilen, in welchem Belastungsbereich er sich gerade befindet (vgl. *Friedrich*, 2007).

6	
7	Sehr, sehr gering
8	
9	Sehr gering
10	
11	Gering
12	
13	Ziemlich stark
14	
15	Stark
16	
17	Sehr stark
18	
19	Sehr, sehr stark
20	Zu stark, geht nicht mehr

Abb. 11.2: Die Borg-Skala zur Erfassung des Anstrengungsempfindens bei Ausdauerbelastungen: Der markierte Bereich wäre für das Ausdauertraining anzustreben (nach *Löllgen*, 2004)

Ein Arbeitsblatt zur Borg-Skala (zum Selbstausfüllen) finden Sie am Ende des Kapitels 12 (Kraft).

Merke

Sehr interessant ist folgendes Merkmal bei der Borg-Skala: Wenn man den Zahlenwert mit dem Faktor 10 multipliziert, erhält man ungefähr die entsprechende Herzfrequenz!

Je weniger gut man ausdauertrainiert ist, desto mehr sollte der Bereich 13 / 14 angesteuert werden. Gut Trainierte sollten primär den 15 / 16er-Bereich anstreben, wobei auch Herzfrequenzen im 17er-Bereich toleriert werden können.

Höre auf deinen Körper, denn der Körper lügt nie!

Auch die Empfehlung „Laufen ohne zu schnaufen" hat ihren Ursprung in der Erkenntnis, dass Körperreaktionen wie die Atmung gut mit der Gesamtbelastung der Stoffwechsellage zusammenhängen. Zu diesem Zwecke hat man auch die Schrittregel entwickelt. Wie viele Schritte legen Sie während eines Einatem-Ausatem-Zyklus' zurück? Je mehr, umso niedriger ist Ihre Belastung!

Hilfreich ist es auch zu überprüfen, ob man sich beim Laufen noch gut unterhalten kann. Wenn man noch zwei Sätze mit dem Trainingspartner wechseln kann, ohne dabei kurzatmig zu werden, hat man für den Fitnessbereich genau das richtige Tempo gefunden. Wer aber mit Mühe und Not nur zwei Worte herausbekommt und nach Luft schnappt, dem zeigt dieses Körpersignal, dass er zu schnell unterwegs ist.

Marquardt beschreibt für die im Schulbereich relevanten GA 1- und GA 1/2-Trainingsbereiche das richtige Feeling folgendermaßen:

Intensitätsbereich	GA 1	GA 1/2
Subjektives Belastungsempfinden (Laufgefühl)	Bei diesem Lauftempo sind Pulsfrequenz und Atmung etwas beschleunigt. Sie empfinden dies aber nicht als unangenehm und könnten diese Belastung auch über sehr lange Zeit ohne größere Probleme beibehalten. Sie schwitzen ein wenig, fühlen sich aber wohl bei diesem Tempo. Sie können sich immer noch in kompletten Sätzen mit Ihrem Laufpartner verständigen, ohne dass Sie dabei kurzatmig werden. Bei langen Läufen in diesem Tempo atmen Sie auf 4 Schritte ein und auf 4 Schritte wieder aus. Es kostet Sie nur wenig Willenskraft, in diesem Geschwindigkeitsbereich zu trainieren.	Auch bei diesem Lauftempo spüren Sie eine beschleunigte Atmung und einen erhöhten Puls. Das Tempo liegt leicht über dem GA 1-Bereich. Der Unterschied besteht nun darin, dass Sie nur noch einen oder zwei längere Sätze problemlos sprechen können. Sie schwitzen immer mehr und müssen sich einigermaßen anstrengen, um das Tempo zu halten. Sie schaffen pro Atemzug gerade noch 4 Schritte. Bei geübten Läufern ist dieser Bereich sehr beliebt, da er ihnen das Gefühl vermittelt, hier am wirksamsten zu laufen. Aber Achtung: Von diesem Trainingsbereich geraten Sie leicht in den nächsten, den höheren GA 2-Bereich, der für den Fitnessbereich schon sehr ambitioniert ist.

Tab. 11.3: Beschreibung der GA 1- sowie GA 1/2-Trainingsbereiche für Fitnesssportler (mod. nach *Marquardt*, 2008)

Trainieren nach Faustformeln

Bei den meisten existierenden Formeln bleiben Sportart, Alter, Geschlecht, Leistungsfähigkeit und die Dauer der Belastung unberücksichtigt. Diese einzelnen Faktoren beeinflussen die Herzfrequenzregulation aber wesentlich. Das kleinere Herz einer Frau weist ein kleineres Schlagvolumen auf und führt damit zu einer höheren Ruhe- und submaximalen Herzfrequenz. Zudem zeigen die Belastungsherzfrequenzen von Kindern und Jugendlichen ein anderes Anstiegsverhalten als die von Erwachsenen. Aus einer Vielzahl von Untersuchungen haben *Hottenrott* und *Neumann* (2009) eine neue Herzfrequenzformel für das Ausdauertraining hergeleitet, die hier vorgestellt werden soll.

Trainingsherzfrequenz = HFmax x 0,7 x LF_i x TZ_i x GF_i x SP_i	
Erläuterung:	
Für Erwachsene:	**HFmax** = 208 – 0,7 x Lebensalter
Für Kinder und Jugendliche:	**HFmax** = 220 – Lebensalter
(Die Formeln sollten nur zur Anwendung kommen, wenn die maximale Herzfrequenz nicht durch einen sportartspezifischen Test bestimmt werden kann.)	
LF_i = Leistungsfaktoren	(i_1 = 1,0 Einsteiger; i_2 = 1,03 Fitnesssportler; i_3 = 1,06 Leistungssportler)
TZ_i = Trainingszielfaktoren	(i_1 = 1,0 = GA 1-Training; i_2 = 1,1 = GA 1/2-Training; i_3 = 1,2 = GA 2-Training)
GF_i = Geschlechtsfaktoren	(Frauen: i_1 = 1,10 niedrige; i_2 = 1,06 mittlere; i_3 = 1,03 hohe Intensität; Männer: i_4 = 1,0)
SP_i = Sportartfaktoren	(i_1 = 1 = Laufen)

Abb. 11.3: Herleitung der Herzfrequenzformel nach *Hottenrott / Neumann* (2009)

Nach dieser Formel ergibt sich die Trainingsherzfrequenz aus dem Produkt mehrerer Faktoren, die alle sehr plausibel und umfassend sind (und auch den Trainingslevel mit einbeziehen).

> Tipp:
> Für alle Interessierten hat *Prof. Hottenrott* eine kostenfreie Demoversion im Internet. Man erreicht sie unter dem Link: www.hottenrott.info.

Die Faustformeln haben nur einen Praxiswert, wenn man sie mit den Erfahrungen des Trainings nach dem subjektiven Belastungsgefühl kombiniert. Denn trotz Zahlenwert sollten Sie stets auf Ihren Körper hören und die Laufgeschwindigkeit entsprechend regulieren: Der Körper lügt nie!

11.4 Ausdauerarten

Das Joggen wird einem umso schwerer fallen, je länger und weiter man laufen muss. Aus Sicht der Energiebereitstellung ist es ein Unterschied, ob man 15 Minuten oder - wie manche Marathonläufer - mehrere Stunden joggt. In der Trainingslehre und Sportmedizin werden daher spezielle Ausdauerfähigkeiten unterschieden mit dem Ziel, übergreifende Ansatzpunkte zur Steuerung und Analyse des Ausdauertrainings zu gewinnen.

Praxisbeispiel

Das Ausdauertraining eines Profi-Radrennsportlers sieht z.B. hinsichtlich des Umfangs der Intensität anders aus als das eines Teilnehmers an einem wöchentlichen Vereinsradtreff. In den meisten Fällen kommt es nicht zu reinen oxidativen oder anoxidativen Formen der Energiebereitstellung, sondern zu einer belastungs- und intensitätsabhängigen Mischung beider Formen (Abb. 11.4).

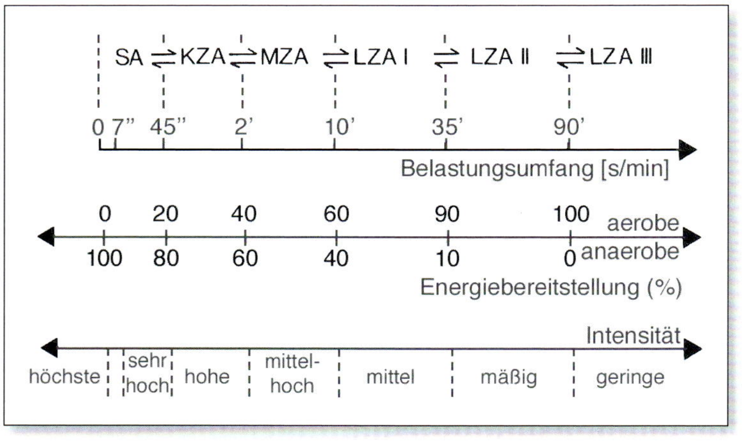

Abb. 11.4: Die verschiedenen Ausdauerfähigkeiten im Zusammenhang mit Energiebereitstellung, Belastungsumfang und Belastungsintensität (SA: Schnelligkeitsausdauer, KZA: Kurzzeitausdauer, MZA: Mittelzeitausdauer, LZA: Langzeitausdauer; nach *Weineck*, 2004 a)

Im Bereich der allgemeinen Ausdauer gibt es eine Einteilung in Kurzzeit-, Mittelzeit-, und Langzeitausdauer.

In der Kurzzeitausdauer werden aerobe und anaerobe Formen unterschieden. Die Energiebereitstellung erfolgt bei Ausdauerbelastungen zwischen 45 Sekunden und 2 Minuten überwiegend durch die anaerobe Energiebereitstellung. In der Leichathletik entspricht dies dem 400-m- und 800-m-Lauf. Die anaerobe Kurzzeitausdauer liegt zwischen 10 und 45 Sekunden. Sie wird häufig auch als Sprint- oder Schnelligkeitsausdauer bezeichnet.

Die Mittelzeitausdauer stellt den Abschnitt dar, bei dem die aerobe Energiebereitstellung immer mehr dominiert. In der Leichtathletik sind dies Läufe ab 1000 m bis hin zum 3000-m-Hindernislauf. Beim

1500-m-Lauf geht man davon aus, dass die Energiebereitstellung zu 50 % aerob und zu 50 % anaerob ist (Tab. 11.4).

Ausdauerart	Wettkampfzeiten
Sprint- und Schnelligkeitsausdauer	10–20 Sekunden
Kurzzeitausdauer	20 Sekunden bis 2 Minuten
Mittelzeitausdauer	2–10 Minuten
Langzeitausdauer (LZA) • LZA I • LZA II • LZA III • LZA IV	10 Minuten bis mehrere Stunden 10–35 Minuten 35–90 Minuten 90–360 Minuten über 360 Minuten

Tab. 11.4: Einteilung der Ausdauerarten unter Berücksichtigung der unterschiedlichen Wettkampfzeiten

Die Langzeitausdauer beinhaltet schließlich alle Belastungen, die länger als 10 Minuten dauern und deren Energiebereitstellung fast ausschließlich aerober Art ist. Die Langzeitausdauer wird aufgrund unterschiedlicher Stoffwechselanforderungen noch in die Bereiche LZA I, II, III und IV unterteilt. In Tab. 11.5 sind diese Anforderungen dargestellt.

Praxisbeispiele

Von den leichtathletischen Disziplinen fallen darunter 5000-m-, 10000-m- und Marathonlauf, im Schwimmsport die Strecken über 800 m und 1500 m. Im Radrennsport sind die Etappen der Tour de France sowie im Mountainbike die Cross-Country-Rennen dem Bereich der Langzeitausdauer zuzuordnen. Extreme Anforderungen stellt der Hawai-Ironman-Triathlon, bei dem die Besten zwischen 8 und 9 Stunden benötigen. Die meisten der Skilanglauf-Solorennen gehören ebenfalls zur Langzeitausdauer wie bestimmte Solorennen im Biathlon.

Langzeitausdauerart	Stoffwechselanforderungen
LZA I (10–35 Minuten)	• Überwiegend Kohlenhydratstoffwechsel, aber auch Fettstoffwechsel
LZA II (36–90 Minuten)	• Hier werden sowohl Kohlenhydrate als auch Fette in einem zeitabhängigen dynamischen Mischungsverhältnis zur Energiegewinnung herangezogen. • In der Regel dominiert noch der Glukosestoffwechsel.
LZA III (91–360 Minuten)	• Nach ca. 1,5 Stunden dominiert der Fettstoffwechsel in der Energiebereitstellung. • Es werden dabei immer weniger Kohlenhydrate verbrannt.
LZA IV (> 360 Minuten)	• Hier dominiert der Fettstoffwechsel in der Energiebereitstellung.

Tab. 11.5: Die unterschiedlichen Langzeitausdauerarten und ihre Anforderungen an den Stoffwechsel im Organismus

Zwischen den einzelnen Ausdauerfähigkeiten gibt es Wechselbeziehungen (Abb. 11.5).

Die bisher dargestellten Formen der Ausdauer zeigen, dass es *die* Ausdauer eigentlich nicht gibt. Vielmehr liegt aus Sicht des Stoffwechsels eine Vielzahl von fein abgestuften Mischformen aerob-anaerober Natur vor.

Aus Gründen einer übersichtlichen und sinnvollen Darstellung sollte bei der Einteilung der Ausdauerfähigkeiten darauf geachtet werden, dass der Begriff der Ausdauer vor allem für die aerob betonten Formen verwendet wird. Das bedeutet, dass Subkategorien der Ausdauer, bei denen andere motorische Hauptbeanspruchungsformen wie Kraft oder Schnelligkeit dominieren, diesen zugeordnet

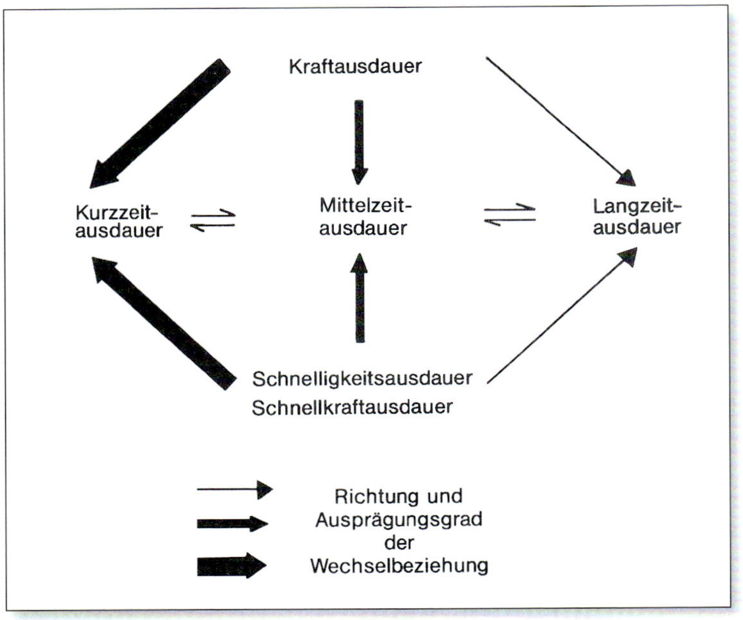

Abb. 11.5: Wechselbeziehungen zwischen den einzelnen Ausdauerfähigkeiten (*Weineck*, 2004 a)

werden sollten. Die Schnelligkeitsausdauer gehört somit zum Bereich der Schnelligkeit ebenso wie die Kraftausdauer zum Bereich der Kraft.

Weiterhin wird die Ausdauer in lokale und allgemeine Ausdauer unterteilt. Von lokaler Ausdauer spricht man, wenn weniger als 1/7 bis 1/6 der Muskelmasse in Bewegung ist. Bei allgemeiner Ausdauer ist mehr als 1/7 bis 1/6 der gesamten Skelettmuskulatur in die Belastung miteinbezogen. Die Unterscheidung wird hauptsächlich deshalb vorgenommen, weil unterhalb der Größenordnung von 1/7 bis 1/6 der gesamten Skelettmuskulatur das Herz-Kreislauf-System bei der Leistungsfähigkeit keine maßgebliche Rolle mehr spielt. Bei der Bewegung nur eines Armes oder eines Beines handelt es sich um lokale Muskelausdauer, bei beiden Beinen um allgemeine Ausdauer.

11.5 Grundlagenausdauer

Die Grundlagenausdauer wird aus systematischer Sicht auch als allgemeine aerobe, dynamische Ausdauer bezeichnet. Ihre Bedeutung ist in der Ausdauerpraxis von überragender Bedeutung. Sie ermöglicht es, möglichst hohe Belastungsintensitäten in aerober Stoffwechsellage (Laktat < 4 mmol/l) längere Zeit durchzustehen. Sie hängt von folgenden Faktoren ab:

- aerobe Leistungsfähigkeit
- Bewegungsökonomie
- effektive Substratnutzung
- den Willen betreffende Steuerungseigenschaften.

Bei höheren Belastungsintensitäten im anaerob-aeroben Bereich (Laktat > 4 mmol/l) trägt die Grundlagenausdauer dazu bei, den Anteil des aeroben Stoffwechsels zu erhöhen.

11.5.1 Bedeutung der Grundlagenausdauer

Eine gut bzw. ausreichend entwickelte Grundlagenausdauer als Basisvoraussetzung zur Leistungssteigerung vieler Sportarten kann Folgendes bewirken (vgl. *Weineck*, 2004 a):

- Erhöhung der körperlichen Leistungsfähigkeit
- Optimierung der Erholungsfähigkeit
- Minimierung von Verletzungen

- Steigerung der psychischen Belastbarkeit
- konstant hohe Reaktions- und Handlungsschnelligkeit
- Verringerung technischer Fehlleistungen
- Vermeidung ermüdungsbedingter taktischer Fehlverhaltensweisen
- stabilere Gesundheit, d.h. weniger banale Infekte
- präventive Wirkung auf das Herz-Kreislauf-System

Wichtig ist zu beachten, dass vor allem in vielen Spielsportarten die Ausdauer nicht maximal, sondern entsprechend der Anforderungen in der Sportart optimal entwickelt werden muss. Für Ballspieler (Fußball, Handball, Basketball) könnte eine leichtathletische Gestaltung des Ausdauertrainings dazu führen, dass die Schnelligkeits- und Schnellkraftfähigkeiten darunter leiden.

11.5.2 Azyklische Spielausdauer

Von den Sportarten mit azyklischen Bewegungen beeinflusst die Ausdauer vor allem in den Sportspielen die sportliche Leistung. Das Problem ist, dass man nicht die Wettkampfdauer z.B. von 90 Minuten eines Fußballspiels in den Grenzbereich zwischen Langzeitausdauer I und LZA II übertragen darf.

Praxisbeispiele

Man hat es im Fußball mit sehr unterschiedlichen Bewegungsanforderungen zu tun. Die Belastungsintensität variiert in einem Fußballspiel sehr stark. Gute Mittelfeldspieler laufen zwischen 10 und 14 km in einem Spiel. Die Wegstrecke der Kurzsprints zwischen 10 und 50 m addiert sich im Schnitt auf eine Länge von 3,5 km. Es werden dabei alle Energiebereitstellungsarten beansprucht. Die mittlere Laktatkonzentration liegt bei ca. 6–7 mmol/l. Fußballspieler können dabei eine VO_2max von ca. 70 ml/min/kg erreichen, was einen sehr guten Wert darstellt. Außerdem laufen Fußballspieler auf weichem Untergrund, was die Kraftkomponente beim Laufen noch verstärkt und gegenüber Handball- oder Basketballspielern eine Erschwernis darstellt.

Die azyklische Spielausdauer wird durch das Betreiben der Sportart selbst trainiert. Die azyklische Spielausdauer sichert die Belastung in der Sportart selbst ab, sodass der Spieler entsprechend häufig schnelle kraftvolle Aktionen durchführen kann. Sie wird ergänzt durch das Grundlagenausdauertraining (allgemeine Ausdauer), das bei Ballspielern in erster Linie in Form von Ausdauerläufen stattfindet. Diese Form der Ausdauer trägt ganz wesentlich zur Regenerationsfähigkeit der Spieler bei, und zwar bereits während des Spiels und nicht nur danach. Bei den Sportspielen besteht die Ausdauer demnach aus zwei Komponenten (Abb. 11.6).

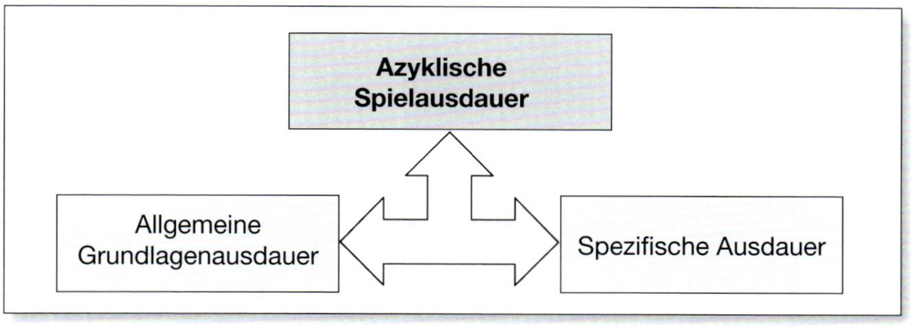

Abb. 11.6: Komponenten der azyklischen Spielausdauer

Ausdauer stellt vor allem für den großen Bereich der Ballspiele eine fundamentale Voraussetzung dar. Sie darf jedoch nicht ohne Bezug zu den Anforderungen der jeweiligen Sportart gesehen werden.

Eine sehr gute Möglichkeit die azyklische Spielausdauer zu trainieren ist das intensive Intervalltraining (siehe Kap. 13.4).

Messen und Zählen der Herzfrequenz

Die für Sportler beste Stelle zur eigenen Ermittlung der Herzfrequenz liegt am Unterarm in der Nähe des Handgelenks.

Eine bekannte Methode ist die „10-Sekunden-Zählmethode". Sie ist einfach und erfordert keinen Materialeinsatz, ist dafür aber weniger genau als das Messen mithilfe eines Pulsmessgerätes. Man zählt die Herzschläge während 10 Sekunden und multipliziert die Zahl mit 6, um die Herzfrequenz pro Minute zu erhalten. Werden nach 10 Sekunden 10 Herzschläge gezählt, dann ist die Herzfrequenz pro Minute demnach: 10 x 6 = 60 Schläge / min.

Wichtiger Hinweis:
Um die Herzfrequenz nach einer Belastung zu messen, muss man unmittelbar nach Belastungsende die Herzschläge zählen. Der Herzfrequenzabfall ist innerhalb der ersten Sekunde nach Belastungsende sehr stark, weshalb man unbedingt direkt nach dem Abbruch der Belastung zählen muss

11.6 Trainingsmethoden beim Ausdauertraining

Während das GA 1- sowie GA 1/2-Training die Intensität des Trainings festlegen, geht es bei den nun aufgeführten Trainingsmethoden um die Modalitäten. Das Ziel aller Ausdauertrainingsmethoden ist, die Ermüdungswiderstandsfähigkeit zu verbessern und die Erholungsfähigkeit zu steigern.

11.6.1 Die Dauermethode

Das GA 1-Training und das GA 1/2-Training stellen Unterformen der Dauermethode hinsichtlich der Trainingsintensität dar. Um eine effektive Steigerung der Ausdauerleistungsfähigkeit zu ermöglichen, müssen solche Trainingsmethoden und -inhalte eingesetzt werden, die den jeweiligen metabolischen (= den Stoffwechsel betreffenden) Anforderungen des Sportlers nahe kommen und sie entsprechend gezielt verbessern.

Charakteristisch für die Dauermethode ist die verhältnismäßig lange Belastung ohne Unterbrechung (Pause) mit dem Ziel der allmählichen Entleerung der Energiespeicher und damit die Ermüdungsaufstockung.

Merke

Die Dauermethode ist die klassische Trainingsmethode für die Verbesserung der aeroben Grundlagenausdauer.

Bei den Dauermethoden steht die Verbesserung der aeroben Kapazität, also die Verbesserung des Sauerstofftransportsystems, im Vordergrund. Die Dosierung der Dauermethoden - GA 1 oder GA 1/2 - ist auch für weniger gut trainierte Sportler eigentlich leicht zu erreichen.

Trainingstipp:
Um eine Verbesserung der Ausdauerleistungsfähigkeit zu erzielen, ist es wichtig zu wissen, dass zuerst die Dauer der Belastung (= Laufzeit) zu steigern ist (= extensive Dauermethode). Erst wenn man längere Zeit am Stück laufen kann, sollte die Intensität (= Tempo) erhöht werden (= intensive Dauermethode).

Die folgende Abbildung zeigt die Dauermethode:

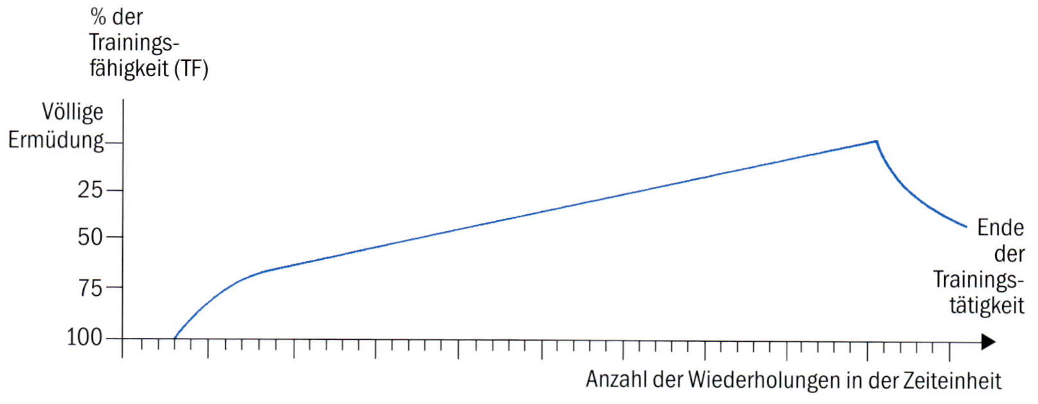

Abb. 11.7: Die Wirkung der Dauermethode (nach Autorenkollektiv, 1982)

	Geschwindigkeit (Intensität)	Belastungsdichte	Belastungsumfang	Belastungsdauer
Lauf	70–95 % der Bestleistung über 3 bis 50 km	üben ohne Pause	sehr groß	sehr lang

Physiologische Wirkung:	• Ökonomisierung des Stoffwechsels • Herz-Kreislauf-Regulation • verbesserte Kapillarisierung • besseres Sauerstoffaufnahmevermögen
Trainingseffekt:	• Grundlagenausdauer • Kraftausdauer
Pädagogisch-psychologische Wirkung:	• Willensspannkraft • gesteigertes Durchhaltevermögen • Härte gegen sich selbst

Folgende Vorteile hat das Grundlagenausdauertraining nach der Dauermethode:

- Je besser die Fettverbrennung entwickelt ist, desto besser erfolgt die Wiederherstellung der für kurzfristige, explosive Aktionen notwendigen energiereichen Phosphate (ATP/KP).
- Je besser die Regenerationsfähigkeit, desto schneller werden die im Muskel und im Zentralnervensystem anfallenden Stoffe wie Laktat oder Ammoniak wieder eliminiert.
- Je besser die aerobe Ausdauer ist, desto mehr können die Kohlenhydrate geschont werden, die für intensive Laufeinsätze nötig sind.

11.6.2 Die extensive Intervallmethode

Das extensive Intervalltraining ist gekennzeichnet durch einen hohen Umfang und relativ geringe Intensität. Das charakteristische Merkmal der Intervallmethode ist das Prinzip der lohnenden Pause. Von einer lohnenden Pause spricht man, wenn man nicht abwartet, bis die Pulsfrequenz wieder den Ausgangswert erreicht hat, sondern nur so lange wartet, bis eine Pulsfrequenz zwischen 120 und 130 Schlägen / min liegt. Beim Erreichen einer Pulsfrequenz von etwa 120 bis 130 Schlägen pro Minute wird deshalb schon wieder der nächste Belastungsreiz gesetzt.

Die Länge der lohnenden Pause schwankt je nach Länge der Strecke und dem Trainingszustand des Athleten zwischen 30 Sekunden und 5 Minuten - bei Trabpausen von 100 bis zu 300 Metern. Dabei gilt:

- Ohne Pulsmessung kann man nicht nach der Intervallmethode trainieren. Die bisherigen Ausführungen haben verdeutlicht, dass der Sportler entweder die Pulsfrequenzmessung beherrschen sollte oder dass Pulsuhren getragen werden müssen.

Merke

Die lohnende Pause ist bei der Intervallmethode umso kürzer, je besser der Trainingszustand und je kürzer die Laufstrecke ist.

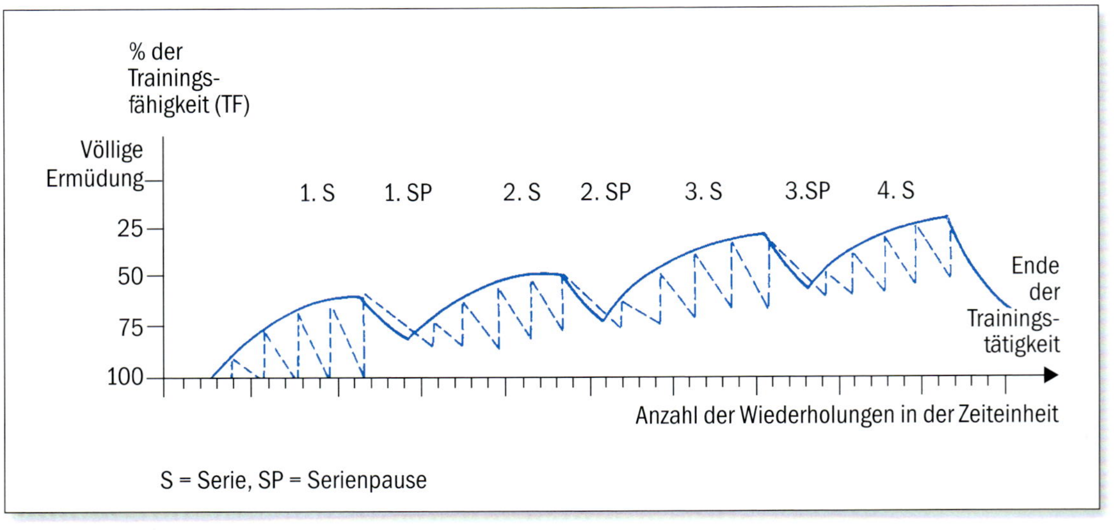

Abb. 11.8: Die Wirkung der extensiven Intervallmethode (mittlere Intensität) im Ausdauerbereich (mod. nach Autorenkollektiv, 1982)

	Belastungsintensität	Belastungsdichte	Belastungsumfang	Belastungsdauer
Lauf	60–80 %	„Lohnende Pause" Serienpause 3–10 min	hoch (12–40 Wiederholungen)	mittel

Physiologische Wirkung:	• Verbesserte Kapillarisierung • Erhöhung des Sauerstoffaufnahmevermögens • Ökonomisierung des Muskelstoffwechsels
Trainingseffekt:	• Grundlagenausdauer
Pädagogisch-psychologische Wirkung:	• Willensspannkraft • Steigerungsfähigkeit • Umschaltvermögen

Für die extensive Intervallmethode ist die starke Beanspruchung des Kohlenhydratstoffwechsels kennzeichnend, da im Vergleich zur Dauermethode noch ausreichend hohe Intensitäten erreicht werden.

Zur Pausengestaltung bleibt anzumerken, dass diese aktiv gestaltet werden sollte, also durch Gehen oder Traben (nicht stehen bleiben!). Dies ist darin begründet, dass die Muskelpumpe weiterhin ein entsprechendes Blutvolumen zum Herzen zurückpumpen muss und um zu verhindern, dass das Blut in den unteren Extremitäten „versackt".

11.7 Sportartencheck - Welche ist die richtige für mich?

Abwechslung ist angesagt. Wer nicht gerne läuft, dem bieten sich mehrere Möglichkeiten, seine Ausdauer dennoch gezielt und effektiv zu verbessern. Nicht alle Sportarten / Bewegungsformen haben die gleichen Herz-Kreislauf- und Stoffwechselreaktionen, da sie den menschlichen Organismus unterschiedlich belasten.

Jede der im Folgenden aufgeführten Sportarten bzw. Bewegungsformen bietet Vor- und Nachteile. Zum Fitnessfaktor: Optimal sind 👍👍👍👍-Zeichen.

11.7.1 Step-Aerobic und Aerobic

Besonders hingewiesen sei auf Step-Aerobic bzw. Aerobic, welches sich besonders (aber nicht nur!) für Mädchen eignet, die weniger gerne joggen. Man kann in Sportvereinen oder Sportstudios nachfragen, ob über das ganze Jahr Kurse angeboten werden. Regelmäßigkeit ist sehr wichtig! Gute Musik, abgestimmt auf die Bewegung, eine professionelle Tanzlehrkraft - so kann Ausdauertraining richtig Spaß machen! Die höchste Intensität besitzt das High Impact Step-Aerobic. Im Vergleich zu Aerobic geht Step-Aerobic mehr in den Kraftausdauerbereich.

In den folgenden Tabellen können Sie auf einen Blick sehen, welche Vor- und Nachteile verschiedene Sportarten haben (*Hottenrott / Neumann*, 2009; *Reim*, 2009; *Marquardt*, 2008).

Quickchecktabelle Step-Aerobic / Aerobic:

Vorteile	Nachteile
Gemeinschaftsgefühl	relativ hohe Belastung für den passiven Bewegungsapparat (insb. Fuß und Knie beim Step-Aerobic)
viel Abwechslung im Kursangebot; Musik motiviert	häufig ist die Mitgliedschaft in einem Sportverein oder Sportstudio dazu notwendig
gute Ausbildung der allgemeinen Fitness	Überforderung durch Gruppendynamik kann möglich sein
Fitnessfaktor: 👍👍👍	

11.7.2 Laufen

Die größten Effekte auf die aerobe Ausdauer, den Kalorienverbrauch und die Fettverbrennung hat jedoch das Laufen. Praktischer Vorteil: Laufen kann man immer und überall. Einsteiger erzielen bereits bei einer kurzen Trainingsdauer von 15 bis 20 Minuten gute Effekte. Für stärker Übergewichtige ist es jedoch wegen der relativ hohen Belastung des passiven Bewegungsapparates nicht ratsam.

Quickchecktabelle Laufen:

Vorteile	Nachteile
Technik muss nicht erlernt werden, laufen kann jeder!	relativ hohe Belastung für den passiven Bewegungsapparat (insb. Gelenke)
größte Effekte auf aerobe Ausdauer: Kalorienverbrauch und Fettverbrennung bei angenehmem Anstrengungsempfinden	für stark Übergewichtige und absolute Sport-Einsteiger nicht lange praktizierbar
immer und überall anwendbar; allein oder in der Gruppe möglich, keine bzw. kaum Kosten, keine Mitgliedschaft im Verein erforderlich	
Fitnessfaktor: 👍👍👍👍	

11.7.3 Radfahren und Radergometer

Zügiges Radfahren ist anstrengend, der Gesamtkalorienverbrauch ist allerdings niedriger als beim Laufen, da weniger Muskeln aktiv sind. Es ist ideal für Einsteiger und Übergewichtige und entlastet den passiven Bewegungsapparat. Als Grundregel kann man sich merken, dass man in etwa doppelt so lange Radfahren muss wie Laufen, wenn man denselben Effekt erzielen möchte. Eine Alternative zum Rennrad ist das Mountainbike. Das Rad sollte optimal auf den Fahrer eingestellt sein: Ein schlecht eingestelltes Rad kann zu fast 30 Prozent Energieverlust führen (vgl. *Greule / Friedrich*, 2007).

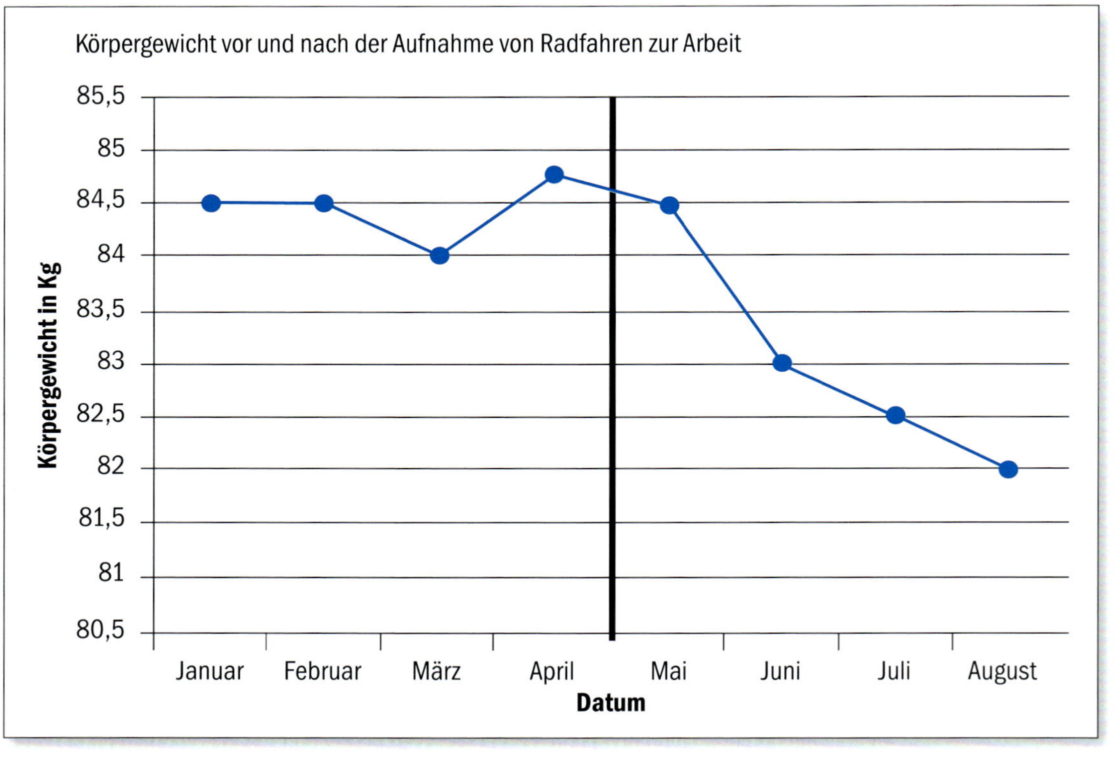

Abb. 11.9: Radfahren zur Arbeit – Mit dem Rad zur Schule?! (mod. nach *Hohmann* et al., 2007)

Diese Grafik verdeutlicht sehr schön, wie Ausdauertraining sich auf das Körpergewicht auswirkt. Der Proband fuhr von Januar bis April (24 Kilometer hin und zurück) mit dem Auto zur Arbeit und von Mai bis August mit dem Fahrrad. In dieser Zeit verlor er 2,5 Kilo seines Köpergewichts.

> Trainingstipp:
> Ein solches Ergebnis kann auch erzielen, wer anstelle des Busses mit dem Rad zur Schule fährt! Erledigen Sie auch sonstige Fahrten so oft wie möglich mit dem Rad. Gesäß- und Beinmuskulatur werden straffer: Ein knackiger Po in der Jeans ist der schöne Nebeneffekt!

Quickchecktabelle Radfahren:

Vorteile	Nachteile
Technik muss nicht erlernt werden	relativ hohe Material- und Unterhaltskosten
gutes Herz-Kreislauf-Training	witterungsabhängig
strafft Bein- und Gesäßmuskulatur	einseitiges, beinlastiges Training der Muskulatur
Fitnessfaktor: 👍👍👍	

11.7.4 Schwimmtraining

Wer das Wasser mag, für den ist Schwimmen ideal. Es hat großen Effekt auf den Kalorienverbrauch und ist sehr gelenkschonend. Damit eignet es sich sehr gut für Übergewichtige. Voraussetzung ist eine gute Kraultechnik.

Quickchecktabelle Kraulschwimmen:

Vorteile	Nachteile
Entlastung des passiven Bewegungsapparates, insb. Gelenke	technikabhängig (man muss die Kraultechnik beherrschen)
witterungsunabhängig (Hallenbad)	Trainingszeiten vorgegeben
gutes Herz-Kreislauf-Training	monotones Training („Kacheln zählen")
Fitnessfaktor: 👍👍👍	

11.7.5 Nordic Walking

Nordic Walking ist gut für Sportler, die nicht joggen können oder wollen. Das Laufen mit den Stöcken führt zu höheren Pulswerten als das Walking ohne Stöcke. Es ist ideal für Einsteiger und Übergewichtige. Der passive Bewegungsapparat wird entlastet und es kommt zu einer zusätzlichen Kräftigung des Oberkörpers.

Quickchecktabelle Nordic Walking:

Vorteile	Nachteile
ideal für Einsteiger und Übergewichtige	bei falscher Technik Überlastung möglich
bei aktivem Oberkörpereinsatz auch Kräftigung des Oberkörpers	deutlich geringerer Energieumsatz als beim Laufen bei vergleichbarer Anstrengung
Fitnessfaktor: 👍👍	

11.7.6 Fitnessstudio: Cross-Trainer und Stepper

Der Cross-Trainer liefert bei einer Bewegungsfrequenz von 60 bis 70 Aktionen pro Minute sehr gute Effekte auf aerobe Ausdauer und Fettverbrennung. Man kann mit ihm den gesamten Körper kräftigen. Außerdem ist das Training auf dem Cross-Trainer gelenkschonend.

Quickchecktabelle Cross-Trainer:

Vorteile	Nachteile
gutes Herz-Kreislauf-Training	koordinative Probleme bei hohen Frequenzen
gutes Ganzkörpertraining	geführte Bewegung ohne individuelle Spielräume
gelenkschonendes Training	
Fitnessfaktor: 👍👍👍	

Mit dem Stepper kann man als Einsteiger beginnen und sollte relativ zügig zu einer Bewegungsfrequenz von 90 bis 100 gelangen. Es ist ein gelenkschonender Einstieg, wobei der Energieumsatz relativ gering ist (vgl. *Reim*, 2009).

Quickchecktabelle Stepper:

Vorteile	Nachteile
gelenkschonendes Training durch sanftes Abfangen des Körpergewichts	relativ geringer Energieumsatz
gutes Ganzkörpertraining	überwiegend einseitige Belastung der Oberschenkelmuskulatur und Gesäßmuskulatur
Fitnessfaktor: 👍👍	

11.7.7 Inline-Skating

Inline-Skating ist sowohl mit Radfahren (Laktatverhalten) als auch mit Laufen (Herzfrequenzverhalten) vergleichbar. Es ist gelenkschonender als Laufen, setzt allerdings gutes Koordinationsvermögen voraus. Dabei Schutzkleidung zu tragen ist Pflicht!

Quickchecktabelle Inline-Skating:

Vorteile	Nachteile
ideales Herz-Kreislauf-Training	witterungsabhängig
gutes Training der Hüft- und Rückenmuskulatur	relativ hohes Sturz- und Verletzungsrisiko
orthopädisch gut verträglich	verkehrsruhige Straße erforderlich
Fitnessfaktor: 👍👍👍👍	

11.7.8 Run & Bike – das doppelte Vergnügen

Eine interessante und abwechslungsreiche Trainingsform ist das Run & Bike. Der Läufer gibt dabei das Tempo vor, nicht der Radfahrer! Man sollte Konkurrenzsituationen nach Möglichkeit vermeiden. Denn die Belastung ist für den Läufer wesentlich intensiver als für den Radfahrer, was an den höheren Pulszahlen zu erkennen ist. Diese Trainingsvariante entspricht in etwa der Intervallmethode. Sie kann die Dauermethode nicht ersetzen und ist daher eher als ein abwechslungsreiches Zusatztrainingsmittel anzusehen. Der Läufer regeneriert sich beim Radfahren wieder.

Schema der Durchführung von „Run & Bike":

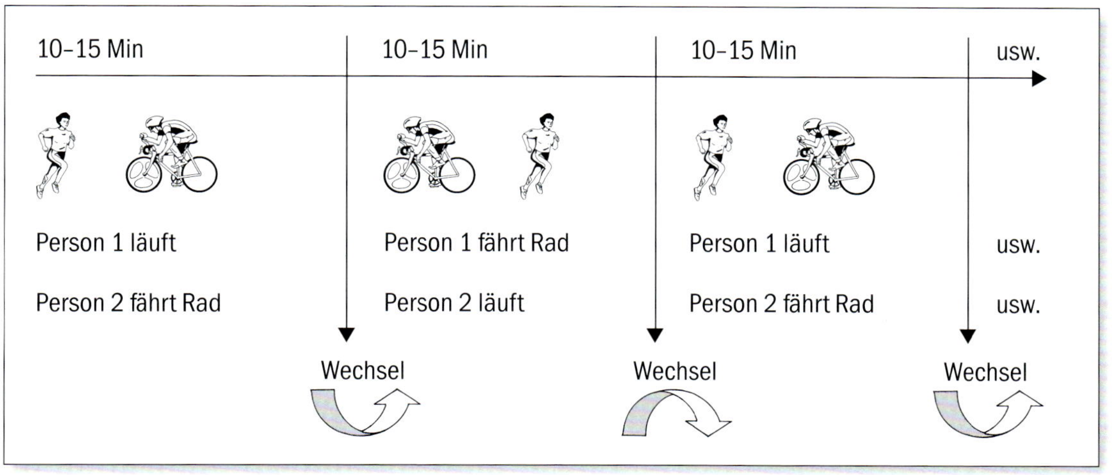

Abb. 11.10: Run & Bike-Schema (nach *Friedrich*, 2005)

11.8 Sportmedizinische Aspekte des Ausdauertrainings im Jugendalter

Während im frühen Schulkindalter noch keine nennenswerten geschlechtsspezifischen Unterschiede festzustellen sind, weisen die Jungen im Vergleich zu den Mädchen in der Pubertät und dem jungen Erwachsenenalter wesentlich höhere Werte des maximalen Sauerstoffaufnahmevermögens auf. Mädchen erreichen zu Beginn der Pubertät ihre höchsten Werte, während dies bei Jungen erst ab ca. 18 Jahren der Fall ist.

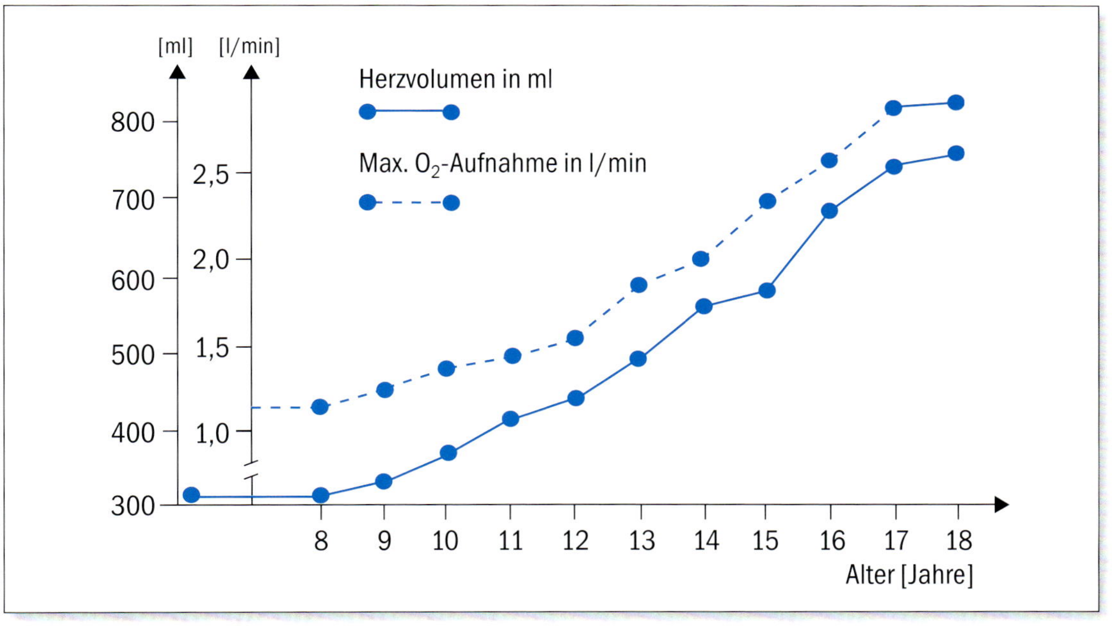

Abb. 11.11: Die Entwicklung der Ausdauerleistungsfähigkeit im Laufe des Kindes- und Jugendalters, ausgedrückt durch die eng miteinander korrelierten Parameter des Herzvolumens und der max. Sauerstoffaufnahme (nach *Hollmann / Bouchard*, 1970)

Hinsichtlich der Herzfrequenz gibt es deutliche Unterschiede im Vergleich zu den Erwachsenen. Schon die Ruhefrequenzen sind deutlich erhöht (Achtjährige ca. 90 Schläge/min, Zwölfjährige ca. 80

Schläge/min, Erwachsene ca. 60 bis 70 Schläge/min). Sehr stark ist der Unterschied während der Belastung. 200 Schläge pro Minute oder mehr sind weder bedenklich noch unphysiologisch oder gar krankhaft.

Merke

Jugendliche reagieren auf gleiche Belastungen wie Erwachsene mit einem wesentlich schnelleren Herzfrequenz-Anstieg und während der Belastung zudem mit höheren Frequenzen.

Aus rein energetischer Sicht sind Jugendliche genauso trainierbar wie Erwachsene. Sie zeigen im Herz-Kreislauf-System prinzipiell die gleichen Anpassungserscheinungen. Aber erst mit ca. 15 bis 16 Jahren erreichen sie die gleichen Schweißraten wie Erwachsene (vgl. Abb. 11.12). Erst ab diesem Alter wird im Ausdauerbereich eine Belastbarkeit wie bei Erwachsenen erreicht, da das Schwitzen ein zentraler Faktor für die Körperkühlung ist. Kann nicht ausreichend gekühlt werden, besteht die Gefahr einer Überhitzung durch Ausdauertraining. Auch Jugendliche erreichen - genau wie Erwachsene - eine bessere Regenerationsfähigkeit durch Ausdauertraining.

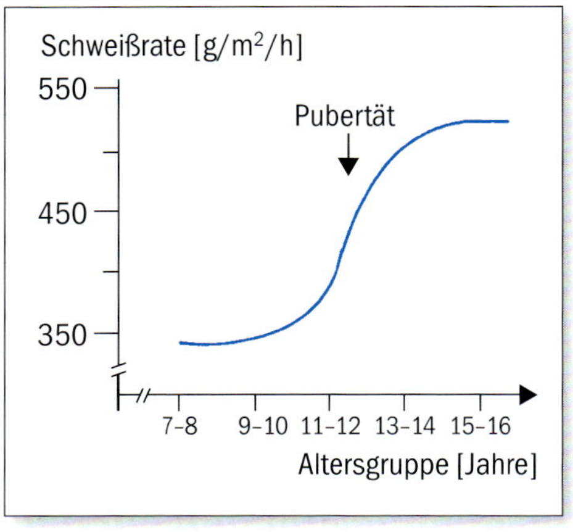

Abb. 11.12:
Die Entwicklung der Schweißrate im Kindes- und Jugendalter bei relativ gleicher Arbeitsleistung (nach *Bar-Or*, 1983)

Gerade im Ausdauerbereich ist abwechslungsreiches Training von besonderer Bedeutung. Beachtet werden muss zudem das Prinzip:

„Nicht die Dauer tötet, sondern das Tempo!"

Mit fortschreitendem Alter spielt der Spielcharakter eine immer geringere Rolle. Durch Ballspiele (wie etwa Fußball oder Basketball) kann das Lauftraining aber nicht gleichwertig ersetzt werden.

Was muss ich tun, um mich zu verbessern?

Häufig stehen Trainierende vor der verwirrenden Frage, ob sie zuerst länger oder intensiver, oder länger und gleichzeitig intensiver trainieren sollen, um ihre Ausdauer zu verbessern. Nach dem Gesetz der Trainingshäufigkeit ist es sinnvoll, zuerst einmal mehr Laufeinheiten (= Trainingseinheiten) durchzuführen. Erst danach sollte man die Dauer der Laufeinheiten sukzessive verlängern. In der höchsten Trainingsstufe kann man schließlich neben der Häufigkeit und Dauer auch die Intensität der Laufeinheit erhöhen.

Trainingstipp für den Cooper-Test:
Was die Laufzeit angeht, sollte man sich um 5 bis 10 Prozent pro Monat steigern, bis man in der Lage ist, zwischen 30 und 60 Minuten ohne Unterbrechung zu laufen.

Aufgaben und Fragen

1. Welche positiven Effekte ergeben sich durch Ausdauertraining?
2. Wie entsteht Muskelkater und was kann man dagegen tun?
3. Was versteht man unter Übersäuerung der Muskulatur und wie entsteht diese?
4. Welches ist die relevante Energiebereitstellungsform für den Cooper-Test und wie funktioniert diese?
5. Welche Methoden / Formeln gibt es, um die maximale Herzfrequenz herauszufinden?
6. Wie schnell muss man in etwa laufen, um optimal viel Fett zu verbrennen?
7. Wie funktioniert das Laufen nach der Borg-Skala? Welche Vorteile hat es?
8. Wozu dient im Ausdauertraining eine Pulsuhr?
9. Mit welchen Sportarten kann man noch ausdauernd und fit werden, außer mit Laufen?
10. Wie funktioniert die Haupttrainingsmethode des Ausdauertrainings, die Dauermethode?
11. Was muss man tun, um sich zu verbessern, länger, intensiver laufen zu können und eine Laufeinheit mehr zu schaffen?

Krafttraining

12

Während früher im Bereich der gesundheitlichen Wirkung von Sport hauptsächlich der Ausdauersport relevant war, gewinnt in den letzten Jahren das Krafttraining immer mehr an Bedeutung. Wenn man sich Fitnessstudios anschaut, so wird gerade dort sehr viel im Kraftbereich trainiert.

Kraft kennt sehr viele Erscheinungsformen: Ein Volleyballer und ein Basketballer benötigen Kraft, um hoch springen zu können. Fußballer benötigen sie, um zum Kopfball abspringen zu können. Ein Freikletterer braucht Kraft, um einen Überhang zu klettern, für den Gewichtheber ist sie ebenfalls wichtig – genauso wie für Kugelstoßer, Hammerwerfer und Diskuswerfer. Selbst zum ausdauernden Laufen benötigt man ein bestimmtes Quantum an Kraft! Alle Sportler brauchen spezifische Kraftformen. Je nach Zielgruppe – Erwachsene, Senioren, Jugendliche oder Leistungssportler – muss das Krafttraining an die jeweiligen Gegebenheiten, die individuelle Belastbarkeit und die unterschiedlichen Trainingszustände angepasst werden, um eine optimale Wirkung zu erreichen.

Krafttraining kann man mit den unterschiedlichsten Motiven und Zielen betreiben, wie die folgende Tabelle zeigt:

Erhalt / Steigerung der physischen Leistungsfähigkeit	Prävention von Abnutzungsschäden (Degeneration) der Wirbelsäule	Verbesserung des Zweikampfverhaltens (Sportspiele)
Sturzvorbeugung	Kompensation und Verzögerung von Gelenksarthrosen	Ausgleich muskulärer Dysbalancen (Ungleichmäßigkeiten) bei einseitig belastenden Sportarten
Osteoporoseprävention	Schutz und Stützfunktion für die Gelenke	Steigerung des Wohlbefindens
Gewichtsreduktion		
Haltungsprophylaxe		

Tab. 12.1: Die Zielsetzungen eines fitnessorientierten Krafttrainings.

12.1 Arten der Kraft

Kraft tritt in unterschiedlichen Sportarten selten in einer abstrakten Reinform auf, sondern ist meist eine mehr oder weniger starke Mischform der konditionellen Fähigkeiten.

Die folgende Abbildung 12.1 zeigt die 4 Haupterscheinungsarten der Kraft:

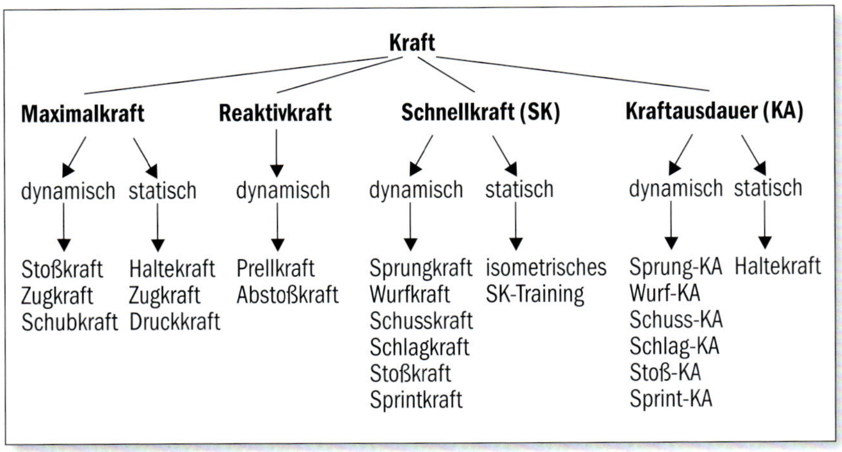

Abb. 12.1: Die Kraft mit ihren verschiedenen Kraftarten und Haupterscheinungsformen in der Sportpraxis (nach *Weineck*, 2010)

12.2 Arbeitsweise der Muskulatur

Für den Sport ist der Einsatz unterschiedlicher Kraftarten kennzeichnend. Der Einsatz ist abhängig von der ständig wechselnden Last sowie von der Geschwindigkeit, der Dauer und Dichte der Belastung.

Definition:

Kraft ist die Fähigkeit, Muskelkontraktionen mit mehr als 30 Prozent des spezifischen Kraftmaximums durchzuführen und dabei Widerstände zu überwinden, ihnen nachzugeben oder sie zu halten (mod. nach *Steinhöfer*, 2003).

Diese Definition beinhaltet die 3 grundsätzlichen Arbeitsweisen der Muskulatur und über das prozentuale Verhältnis zum Kraftmaximum eine Abgrenzung z. B. gegenüber der Ausdauerleistung der Muskulatur. Somit gilt, dass bei niedrigeren Kraftstößen als 30 Prozent des Maximums die Leistung stärker durch andere Faktoren als durch die Kraft bestimmt wird.

Die folgende Darstellung zeigt die Strukturierung der Kraft nach Kontraktionsformen:

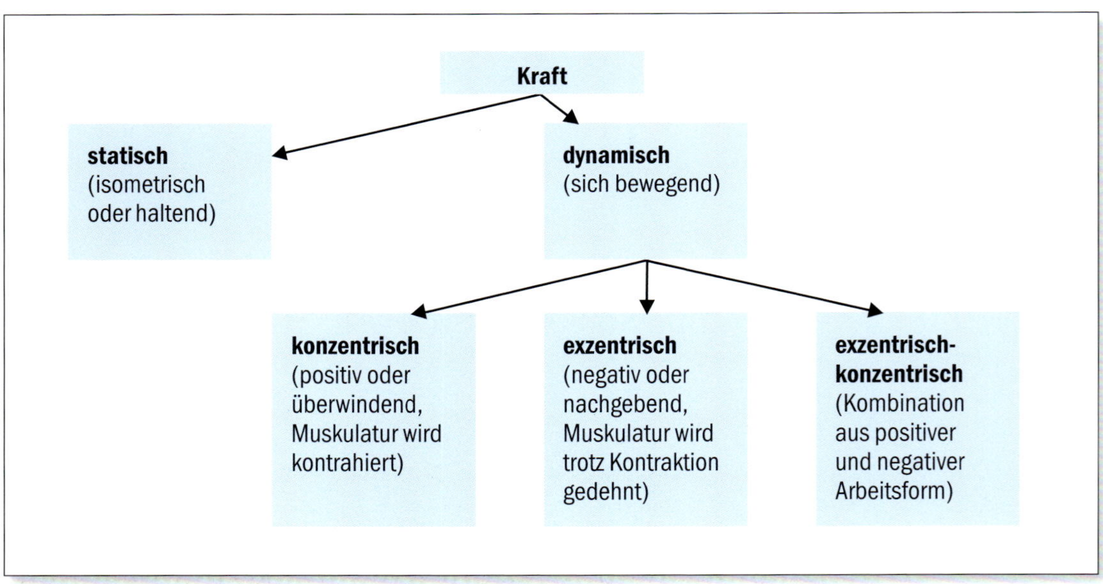

Abb. 12.2: Die Strukturierung der Kraft (nach *Steinhöfer*, 2003)

Die folgende Abbildung stellt die Arbeitsweisen der Muskulatur am Beispiel eines beidbeinigen Sprunges dar:

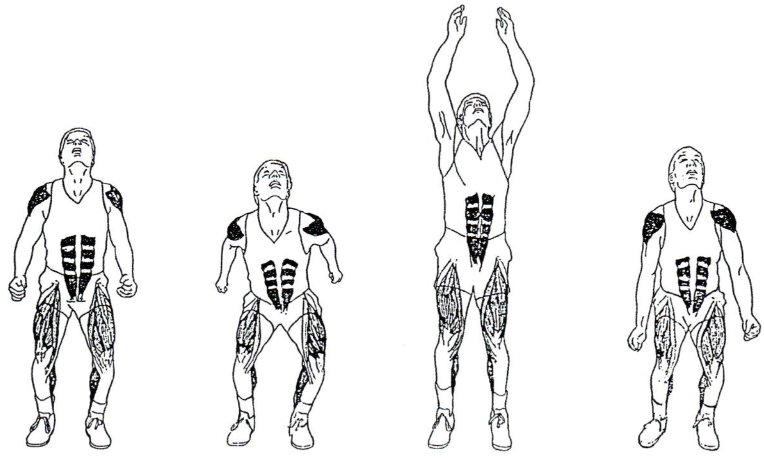

Abbildungsnummer	**1**	**2**	**3**	**4**
Aktion	Ausgangspositi-on	Abdrücken vom Boden	Sprung	Landung
Muskelarbeit	isometrisch (haltend)	exzentrisch-konzentrisch (nachgebend-überwindend)	isometrisch	exzentrisch (abbremsend)

Abb. 12.3: Muskeleinsatz beim beidbeinigen Absprung aus der Hocke (mod. nach *Weineck*, 1999)

Die Kraft der Muskulatur ist von folgenden Faktoren abhängig:

- dem Muskelfaserquerschnitt
- dem Muskelfaserspektrum
- Formen der Muskelarbeit (siehe Abb. 12.3)
- der Energiebereitstellung
- der intra- und intermuskulären Koordination
- Alter und Geschlecht
- Motivation

Entscheidend für das Training ist, dass man nicht auf alle Faktoren den gleichen Einfluss hat. Dominierend für die Kraftentwicklung ist der Muskelfaserquerschnitt.

Die Muskelfaserarten

Grundsätzlich unterscheidet man bei der quergestreiften Skelettmuskulatur 2 Arten, die langsamen und die schnellen Muskelfasern.

Die langsam zuckenden Typ-I-Fasern (Slow Twitch Fibres, ST-Fasern) ziehen sich mit deutlich geringerer Geschwindigkeit zusammen als die Typ-II-Fasern. Sie ermüden dafür nicht so rasch, sind also ermüdungsresistenter. Sie weisen einen hohen Gehalt an Enzymen des aeroben Stoffwechsels auf, über den sie primär ihre Energie produzieren. Sie verfügen in der Zelle über sehr viele Mitochondrien (= ein von einer Doppelmembran umschlossenes Organell mit eigener Erbsubstanz), in denen sich der aerobe Stoffwechsel abspielt. Seine Ausstattung prädestiniert diesen Muskelfasertyp für lang andauernde Ausdauerbelastungen. Sie sprechen zudem sehr gut auf Insulin an (vgl. *de Marées* 2003). Sie werden auch als „rote" Fasern bezeichnet, da sie durch die hohe Myoglobin-Konzentration eine dunkelrote Färbung besitzen.

Die schnell zuckenden Typ-II-Fasern (Fast Twitch Fibres, FT-Fasern) können sich mit sehr hoher Geschwindigkeit zusammenziehen. Kennzeichnend für sie ist die Eigenschaft, dass sie rascher ermüden als die langsamen Fasern. Die Energiebereitstellung für Schnelligkeits- und Schnellkraftleistungen im Sport erfolgt in diesen Fasern primär anaerob. Für diese Art der Energiebereitstellung sind die Typ-II-Fasern besonders gut ausgestattet. Durch ihren niedrigen Gehalt an rotem Blutfarbstoff (Myoglobin) sind sie farblich blass und werden daher als „weiße" Fasern bezeichnet. Sie sprechen schlecht auf das Hormon Insulin an, welches u. a. dafür sorgt, dass Zucker in die Muskelzelle gelangen kann.

Für Sportler und Trainer ist es natürlich von besonderem Interesse, ob man langsame in schnelle Muskelfasern umwandeln kann (und umgekehrt). Die Faserverteilung, also das Verhältnis von schnellen zu langsamen Fasern, liegt im Allgemeinen bei 50 zu 50 Prozent: Viele Menschen besitzen also ein ausgeglichenes Verhältnis an roten und weißen Fasern. Dies kann aber von Mensch zu Mensch dennoch sehr stark variieren. Durch sportliches Training im Sprint- oder Ausdauerbereich kann das Verhältnis gezielt modifiziert werden. Die dauerhafte Umwandlung von schnellen Typ-II-Fasern in langsame Typ-I-Fasern erreicht man durch entsprechend gestaltetes Ausdauertraining. Hingegen ist eine Umwandlung von langsamen Typ-I-Fasern in schnelle Typ-II-Fasern kaum möglich.

Merke

Ein gutes Beispiel sind Fußballer: Sie müssen sowohl sehr schnell sein - also über ein gutes Sprintvermögen verfügen - als auch ausdauernd! Die Faserverteilung ist beim Menschen jedoch grundsätzlich anlagebedingt. Ausdauersportler wie Radfahrer, Läufer und Triathleten haben oft einen sehr hohen Anteil von etwa 70 Prozent an langsam kontrahierenden Fasern, bei Elite-Marathonläufern liegen sogar noch höhere Konzentrationen von bis zu 90 Prozent an ST-Fasern vor.

Muskeln sind aber mehr als nur mechanisch arbeitende Eiweißfasern, welche uns Menschen bewegen. Sie sind das größte Stoffwechselorgan des Menschen und aus gesundheitssportlicher Sicht von immer größerem Interesse. Menschen, die nur über relativ wenige Typ-I-Fasern verfügen, können mit ihren Muskeln nicht so effektiv Fett verbrennen und sind deshalb stärker gefährdet, Fettdepots aufzubauen. Im Gegensatz dazu verbrennen Menschen, die über einen sehr hohen Anteil an Typ-I-Fasern verfügen - bei gleicher körperlicher Belastung - mehr Fette und bleiben daher eher schlank. Die Typ-I-Fasern helfen also aufgrund ihrer günstigen Stoffwechseleigenschaften maßgeblich, dass man rank und schlank bleibt.

Ein Muskel ist eine endokrine Drüse, die Botenstoffe (z. B. Hormone) produziert. Befunde weisen darauf hin, dass die Hormone aus den Muskeln die wesentliche Ursache für die gesundheitsfördernde Wirkung von (sportlicher) Bewegung sind.

Regelmäßiger, mit moderater Anstrengung betriebener Sport trainiert unsere Muskulatur und kann vor einer Reihe von Krebsarten schützen sowie die Heilungschance und Überlebenszeit von Patienten erhöhen. Er kann einigen chronischen Krankheiten vorbeugen oder sie lindern, wie z. B. Herz-Kreislauf-Leiden. Gut dosierte Bewegung kann krankhafte Blutfettwerte korrigieren und die blutzuckersenkende Wirkung des Hormons Insulin verbessern.

Bei einem untrainierten Menschen, der über relativ große Fettpolster an Hüfte und Bauch (sog. Stammfett) verfügt, produziert das Fettgewebe den sog. Tumornekrosefaktor (TNF), der neben anderen Faktoren für die Verstopfung der Herzkranzgefäße verantwortlich ist, was als Folge zu einem Herzinfarkt führen kann. Das menschliche Fettgewebe wird heute nicht mehr nur als eine träge und unnütze Masse, sondern ebenfalls als Drüse betrachtet. Das TNF kann durch das sog. Interleukin-6-Molekül (IL-6-Molekül) neutralisiert werden, welches wiederum in einem trainierten Muskel produziert wird. Untrainierte Menschen besitzen zu wenige IL-6 -Moleküle.

Bei trainierten Menschen produzieren die Muskeln die bis zu 100-fache Menge des schützenden IL-6-Moleküls. Zwar haben auch Sportler Stammfett, welches TNF produziert, aber die große Menge an IL-6 neutralisiert dessen entzündungsfördernde Wirkung. Auf diese Weise sinkt die Gefahr eines Herzinfarktes bei Trainierten deutlich (vgl. *Bahnsen*, 2007).

Praxisbeispiel

Die verschiedenen Kraftarten und Muskelfaserarten bei einem Tischtennisspieler

Tischtennisspieler benötigen je nach Spielsystem ein optimales Verhältnis von Muskelmasse und Körpergewicht (relative Kraft), d. h. der Muskelquerschnitt sollte im Arm-Schulter-Bereich nicht maximal ausgeprägt sein, Muskelberge wären hier eher hinderlich.

Je wichtiger z. B. die Beinarbeit für ihr eigenes Spielsystem ist, desto wichtiger ist auch der Muskelaufbau im Krafttraining der Spieler. In den Beinen brauchen sie Sprungkraft sowie Sprungkraftausdauer. Einzelne schnelle Beinarbeitsbewegungen sind reaktiver Art. Für einen Topspinschlag benötigt der Tischtennisspieler Schlagkraft (= Unterform der Schnellkraft). Außerdem benötigen Spitzenspieler im Tischtennis eine gut trainierte Rumpfmuskulatur zur dynamischen Unterstützung der Schläge. Die meiste Kraft benötigt ein Abwehrspieler, gefolgt von einem Halbdistanzspieler und den Angriffsspielern am Tisch. Tischtennisspieler haben - wie übrigens die meisten Sportspieler (auch Handballer, Fußballer, Volleyballer) primär Muskelfasern der Typ-II-A-Faser (= eine Unterform der Typ-II-Fasern), welche relativ gute Schnelligkeits- und Schnellkraftleistungen, aber daneben ebenso gute Ausdauerleistungen ermöglicht.

Zur Motivation im Krafttraining

Bei bestimmten Krafttrainingsformen kommt der Motivation eine bedeutende Funktion zu. Die Motivation der Trainierenden muss hoch sein. Krafttraining tut manchmal weh, aber diese „Schmerzen" muss ein Trainierender aushalten können. Wichtig ist außerdem die technisch einwandfreie Durchführung des Krafttrainings.

12.3 Erscheinungsformen der Kraft

In den letzten Jahren hat sich mit der Reaktivkraft eine weitere relativ eigenständige Kraftfähigkeit herausgebildet. Die folgende Tabelle verdeutlicht, dass die Erscheinungsformen Reaktivkraft, Schnellkraft und Kraftausdauer abhängig sind von Einfluss nehmenden Komponenten, wie sowohl der Kraftentfaltung als auch der Energiebereitstellung.

Strukturierung der Kraft			
Basisfähigkeit	**Maximalkraft**		
Subkategorien	**Schnellkraft** (statisch-konzentrisch)	**Reaktivkraft** (exzentrisch-konzentrisch)	**Kraftausdauer** (statisch-dynamisch)
Komponenten	• Maximalkraft • Explosivkraft • Startkraft	• Maximalkraft • Explosivkraft • Startkraft • reaktive Spannungsfähigkeit	• Maximalkraft • anaerob-alaktazider Stoffwechsel • anaerob-laktazider Stoffwechsel • aerob-glykolytischer Stoffwechsel

Tab. 12.2: Strukturierung der Kraft (mod. nach *Steinhöfer*, 2003)

Bevor nun auf die Krafttrainingsmethoden eingegangen wird, sollen zunächst die Erscheinungsformen der Kraft, die Maximalkraft mit den Subkategorien Schnellkraft, Reaktivkraft und Kraftausdauer (siehe Tabelle 12.2) genau erklärt sowie charakterisiert werden.

12.3.1 Maximalkraft

Definition:

Maximalkraft ist die höchstmögliche Kraft, die der Muskel bei maximaler willkürlicher Kontraktion auszuüben vermag (*Weineck*, 2010, S. 271).

Häufig wird das Maximalkrafttraining mit Bodybuildern oder gar Gewichthebern in Verbindung gebracht. Die Beschränkung auf diese beiden Sportarten erfasst jedoch nicht die Bedeutung, welche insgesamt der Maximalkraft als mitbestimmendem Kraftfaktor in anderen Kraftarten zukommt. Neben der Bedeutung, welche die Maximalkraft für die Sprungkraft, die Kraftausdauer, die Reaktivkraft bzw. die Schnelligkeit der Beine hat, spielt sie zudem eine wichtige Rolle in der Vorbeugung von Sportverletzungen und Sportschäden. Deshalb ist ein planmäßiges und zielgerichtetes Maximalkrafttraining für Sportspieler wie Handballer, Fußballer oder Basketballer unerlässlich.

Die folgende Abbildung zeigt, welchen Einfluss verschiedene Trainingsmethoden bei alleiniger Anwendung auf die Muskelhypertrophie haben:

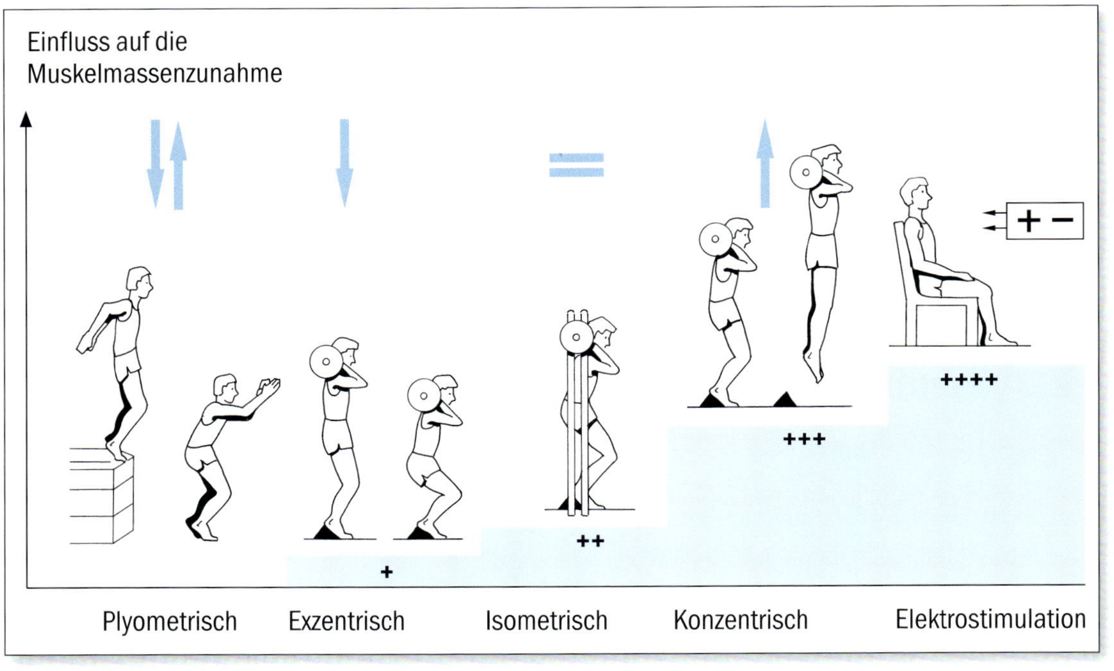

Abb. 12.4: Einfluss der verschiedenen Krafttrainingsmethoden auf die Muskelmassenzunahme (aus *Weineck*, 2010, mod. nach *Cometti*, 1988)

Wie Abbildung 12.4 zeigt, hat Niedersprungtraining (= plyometrisches Training) den geringsten Einfluss auf die Zunahme der Muskelmasse. Exzentrisches Training mit Gewichten bewirkt bereits eine im Vergleich dazu etwas gesteigerte Muskelmassenzunahme. Gehaltenes, isometrisches Krafttraining, stellt demgegenüber jedoch eine stärkere Steigerung dar. Wie in der Abbildung schön zu sehen ist, besitzt das konzentrische Krafttraining die stärkste Wirkung unter den natürlichen Trainingsmethoden. Die Muskel-Elektrostimulation hat allerdings die größte Wirkung: Sie wird insbesondere in der Rehabilitation eingesetzt. Durch sie kann beispielsweise bei einem ruhiggestellten Gelenk einer Muskelatrophie gezielt entgegengewirkt werden. Neben der Rehabilitation wird sie zum Teil im Hochleistungssport als zusätzlich unterstützende Methode angewandt.

Die Maximalkraft wird durch eine willkürliche Muskelkontraktion bis zur Grenze der maximalen Mobilisierung erreicht und bei einer maximalen konzentrischen oder isometrischen Kontraktion gemessen.

Die Maximalkraft wird durch folgende Faktoren bestimmt:

- den physiologischen Muskelquerschnitt der Muskelfaserzahl
- die Muskelfaserzusammensetzung
- die intra- und intermuskuläre Koordination
- die willkürliche Aktivierungsfähigkeit

Durch Training kann man auf die Faktoren mehr oder weniger starken Einfluss nehmen.

12.3.2 Schnellkraft

Definition:
Die **Schnellkraft** beschreibt die Fähigkeit des Muskels, den Körper, Teile des Körpers (z. B. Arme, Beine) oder Gegenstände (z. B. Bälle, Schläger) mit maximaler Geschwindigkeit zu bewegen.

Schnellkraft bzw. Unterformen der Schnellkraft benötigen Fußballer, Basketballer, Volleyballer oder Handballer. Wobei angemerkt werden muss, dass sich die Bedeutung der Maximalkraft als einen die Schnellkraft bestimmenden Faktor mit der Zunahme der Last erhöht, d. h. mit steigender zu bewältigender Last wird die Bedeutung der Maximalkraft wichtiger. Die Last ist bei den oben genannten Spielern ihr eigenes Körpergewicht, welches sie z. B. im Fußball bei einem Sprung zum Kopfball schnellkräftig nach oben bewegen müssen.

Die Schnellkraft unterteilt man noch in 2 Subkategorien:

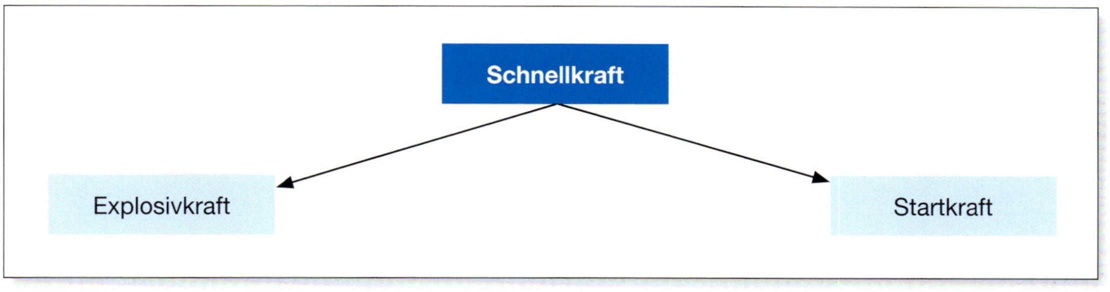

Abb. 12.5: Die Subkategorien der Schnellkraft

Die Startkraft ist demnach die Unterform der Schnellkraft, die es ermöglicht, einen hohen Kraftwert schon zu Beginn der Muskelkontraktion zu erreichen. So werden möglicht große Kraftwerte innerhalb kürzester Zeit (in einem Bruchteil einer Sekunde) erzielt. Die zweite Subkategorie der Schnellkraft, die Explosivkraft, beschreibt im Gegensatz dazu den Kraftanstieg innerhalb einer Kraft-Zeit-Kurve bei maximal schneller Kontraktion gegen einen statischen Widerstand.

Definition:
Unter Startkraft versteht man die Fähigkeit, einen möglichst hohen Kraftanstiegsverlauf zu Beginn der Bewegung realisieren zu können. Explosivkraft hingegen ist die Fähigkeit, einen möglichst steilen Kraftanstiegsverlauf realisieren zu können (vgl. *Weineck*, 2010, S. 376).

Praxisbeispiel

Spitzenfußballer haben pro Spiel ca. 900 Tempowechsel - vom gemütlichen Dauerlauf bis zum maximalen Sprinttempo - zu absolvieren. Dazu benötigt ein Fußballspieler die Explosivkraft in den Beinen sowie die Startkraft bei Sprints. Extreme Beschleunigungen, Sprünge sowie Stopps und Drehungen sind kraftabhängig, beschleunigende und abbremsende Bewegungen sind auf kleinstem Raum auszuführen: Dies alles erfordert sowohl Start- als auch Explosivkraft. Weitere gute Beispiel-Sportarten sind Fechten und Boxen oder Karate. Auch hier hat der Sportler nur wenig Zeit, um einen Impuls zu erzeugen, die Höhe der Startkraft und die Größe des Kraftanstieges (Explosivkraft) sind deshalb von großer Bedeutung.

12.3.3 Reaktivkraft

Reaktives Kraftverhalten ist charakterisiert durch hohe Kraftleistungen in der exzentrischen (abbremsenden) und konzentrischen (überwindenden) Phase der Kraftentfaltung. Wenn man z. B. von einem dreiteiligen Kasten herunter springt, so muss bei gebeugten Knien die Muskulatur die Abwärtsbewegung des Körpers zunächst abbremsen. Die Muskulatur arbeitet in diesem Fall exzentrisch. Wenn man nun sofort aus dieser abbremsenden Bewegung wieder nach oben springt, muss der Körper konzentrische Arbeit leisten. Wie aus Abbildung 12.4 zu ersehen ist, hat diese Krafttrainingsform keinen Einfluss auf den Muskelfaserquerschnitt. Diesen ganzen Prozess nennt man auch Reaktiv-Bewegungen. In seiner Reinform bleibt das Training der Reaktivkraft den Leistungssportlern vorbehalten, eine Form davon ist z. B. das Treppentraining der Leichtathleten.

12.3.4 Kraftausdauer

Definition:

Dynamische Kraftausdauer ist die Fähigkeit, Kraftstöße von über 30 Prozent der maximalen Kraftstoßhöhe innerhalb eines definierten Zeitraumes wiederholen zu können und dabei die Verringerung der Kraftstoßhöhe gering zu halten (modifiziert nach *Steinhöfer*, 2003).
Beispielsportarten: Radsport, Skilanglauf, Rudern, Kajak.

Statische Kraftausdauer ist die Fähigkeit, bei einer Muskelspannung von über 30 Prozent der statischen Kraft über eine definierte Zeit den Spannungsverlust gering zu halten (modifiziert nach *Steinhöfer*, 2003).
Beispielsportarten: Turnen, Klettern, Sportakrobatik.

Wenn man als Radfahrer eine mehrere Kilometer lange Steigung hinauffahren möchte, so benötigt man Kraftausdauer. Beim Rudern benötigt man sie ebenso wie beim alpinen Skilauf, dem Ringen oder dem Freiklettern. Das Turnen am Pferd oder an den Ringen erfordert ebenfalls Kraftausdauer. Auch Schwimmer benötigen Kraftausdauer, nicht umsonst haben vor allem Schwimmer extrem austrainierte Oberkörper im Bereich der Arm- und Schultermuskulatur. Die Beispiele zeigen, dass die Kraftausdauer je nach Sportart entweder mehr zur Ausdauer (Radsport, Rudern) oder zur Kraft (Turnen, Ringen) tendiert.

Bei Kraftausdauerleistungen geht es um Ermüdungswiderstandsfähigkeit gegenüber Belastungen, die ca. 30 Prozent der maximalen Kraftleistung ausmachen. Was bedeutet, dass hier weniger die Intensität als die Dauer der Belastung von Bedeutung ist. Radfahrer z. B. benötigen eine gute Ermüdungswiderstandfähigkeit, um eine Tour-de-France-Etappe zu bestreiten: Sie sitzen jeden Tag viele Stunden auf dem Rad, das ist eine sehr große Kraftausdauerleistung.

Trainingsmittel im Krafttraining	
Der Widerstand für die Übungen kann gebildet werden durch:	
das eigene Körpergewicht	Partner
Therabänder	Kraftmaschinen
Flexibar	Langhanteln
leichte Zusatzlasten (Medizinball, Hanteln)	

12.4 Belastungsnormative im Krafttraining

Ein effektives Krafttraining hängt von den 3 Faktoren Durchführungsart, Belastungsintensität (= Zahl der Wiederholungen) sowie der Belastungsdichte (= Länge der Pausen) ab. Diese 3 wesentlichen Größen des Krafttrainings nennt man auch Belastungsnormative. Im Folgenden werden diese beschrieben.

12.4.1 Belastungsintensität

Wie viel Gewicht bewegt wird, wird zunächst über einen einmaligen Maximalkrafttest ermittelt. Die Abstufung der Belastungsintensität erfolgt dann prozentual von diesem Wert aus gesehen, wie in dieser Tabelle dargestellt:

Durchführungsart / Krafteinsätze	Belastungsintensität	Krafttrainingsmethoden
Maximale Krafteinsätze (niedrige Kontraktionsgeschwindigkeit)	100 % (1 x) 90 % (3–4 x)	**Klassisches intermuskuläres Koordinations-Training (IK-Training)** (neuronale Aktivierung)
Submaximale Krafteinsätze (mittlere Kontraktionsgeschwindigkeit)	80 % (7–8 x)	**Querschnitttraining** (Q-Training, Hypertrophietraining)
Maximale Krafteinsätze (hohe Kontraktionsgeschwindigkeit)	70 % (10–12 x) 60 % (12–15 x)	**Schnellkraft-, Explosivkrafttraining** (Kontraktilitätstraining)
Submaximale Krafteinsätze (Kontraktionsgeschwindigkeit je nach Trainingsziel)	50 % (15–25 x) 30 % (25–50 x)	**Kraftausdauertraining**

Tab. 12.3: Krafteinsätze, Trainingsmethoden und Belastungsintensitäten sowie dazugehörige Wiederholungszahlen (mod. nach *Steinhöfer*, 2003)

12.4.2 Belastungsumfang

Der Umfang ergibt sich aus der Anzahl an Wiederholungen, die dann zu Serien zusammengefasst werden, wobei die dabei zu bewegende Last, also die Gewichte, mitberücksichtigt werden. Bei Übungen mit dem eigenen Körper bzw. mit leichten Geräten (z. B. Medizinball), wie sie vor allem im Nachwuchsbereich durchgeführt werden, ergibt sich der Belastungsumfang aus der Anzahl der Wiederholungen zusammengefasst in Serien. Es gilt also: Belastungsumfang = Serie x Wiederholungen.

12.4.3 Belastungsdichte

Die Belastungsdichte legt die Pausenlänge sowohl zwischen den einzelnen Wiederholungen als auch zwischen den einzelnen Serien fest. Die Pausen müssen aufgrund der Resynthese von ATP und KP sowie aus Konzentrationsgründen eingehalten werden.

12.5 Maximalkrafttraining

Merke

Zwei Faktoren beeinflussen die Maximalkraft entscheidend. Dies sind der Muskelfaserquerschnitt und die intramuskuläre Koordination. Für beide Faktoren gibt es zielgerichtete Trainingsmethoden.

Arbeitsblätter zur Trainingspraxis (Maximalkraft und Gesamtkörperkräftigung) finden sich am Ende dieses Kapitels.

12.5.1 Muskelhypertrophietraining (= Q-Training)

Dieses Training zielt darauf ab, die Muskelmasse des Sportlers zu vergrößern. Es kommt dabei zu einem Dickenwachstum (Hypertrophie) der einzelnen Muskelfasern. Das Dickenwachstum der Muskulatur läuft nicht bei allen Menschen gleich ab. Frauen können z. B. ihren Querschnitt deutlich weniger steigern als Männer. Bei Jugendlichen ist diese Art des Trainings erst ab der Pubertät ratsam, wobei bei den Jungen die Kraftsteigerung auf Hypertrophie und neuronale Faktoren zurückgeführt werden kann, während bei Mädchen in der Pubertät der Kraftgewinn in erster Linie durch neuronale Faktoren bedingt ist. Bei Kinder und Jugendlichen im Alter von ca. 6 bis 13 Jahren ist von Hypertrophietraining aus entwicklungsbedingten Gründen abzusehen. Zu einer feststellbaren Hypertrophie kommt es bei zwei- bis dreimaligem Training pro Woche nach ca. 7 bis 8 Wochen, wobei nach 2 Wochen bereits erste Tendenzen feststellbar sind. Man bezeichnet dieses Training auch als „Q-Training“ (Q = Querschnitt).

Wie das Q-Training für Anfänger gestaltet werden sollte, stellt die folgende Tabelle dar:

Muskelhypertrophietraining für Anfänger	
Arbeitsweise der Muskulatur:	konzentrisch-exzentrisch
Intensität:	Last: 40–50 % (der Maximalkraft)
Durchführungsgeschwindigkeit:	langsam bis zügig
Anzahl Wiederholungen:	6–20
Pause:	Serienpause: 2–4 Minuten
Umfang:	1–3 Serien zu je 3–4 Übungen

Tab. 12.4: Q-Training für Anfänger (mod. nach *Steinhöfer*, 2003). Beim Hypertrophietraining ist der Belastungsumfang relativ hoch. Man sollte 3 bis 4 unterschiedliche Übungen ausführen, mit 1 bis 3 Serien zu jeweils 6 bis 20 Wiederholungen.

Das Q-Training für Anfänger hat im Krafttraining eine fundamentale Funktion und sollte ca. 8 Wochen bei einem zwei bis dreimaligen, ca. 45-minütigen Training, stattfinden. Die muskuläre Basis wird verbessert, weil der Muskelquerschnitt und das Kraftpotential vergrößert werden. Man kann das Training an Hanteln oder Krafttrainingsgeräten durchführen. Aufgrund der besser geführten Bewegung empfiehlt es sich für Anfänger, an Kraftmaschinen zu trainieren. Für Anfänger genügt es, so viele Wiederholungen zu machen, bis sie spürbare Zeichen der Muskelermüdung verspüren.

Wie das Q-Training für Fortgeschrittene aussehen kann, zeigt Tabelle 12.5.

Muskelhypertrophietraining für Fortgeschrittene	
Arbeitsweise der Muskulatur:	konzentrisch-exzentrisch
Intensität:	Last: 70–80 % (der Maximalkraft)
Durchführungsgeschwindigkeit:	langsam bis zügig
Anzahl Wiederholungen:	6–10 Wiederholungen, je nach Kraft
Pause:	Serienpause: 2–4 Minuten
Umfang:	4-6 Serien zu je 3–4 Übungen

Tab. 12.5: Muskel-Querschnittstraining für Fortgeschrittene (mod. nach *Steinhöfer*, 2003). Durchführung analog Tabelle 12.4.

> Hinweis:
>
> Zu Beginn des Trainings sollte unbedingt behutsam vorgegangen werden!

Das Training orientiert sich am besten für die gewählten Trainingsstationen an jeweils 8 bis 12 Wiederholungen pro Serie, bei 3 bis 6 Serien und Pausen von 3 bis 4 Minuten zwischen den Serien. Die Bewegungsausführung ist je nach Zielsetzung langsam bis mittelschnell bei besonderer Betonung der langsam exzentrischen Phase auszuführen. Die folgende Abbildung zeigt, welchen Effekt zunehmende Wiederholungszahlen im Hinblick auf die Muskelhypertrophie haben.

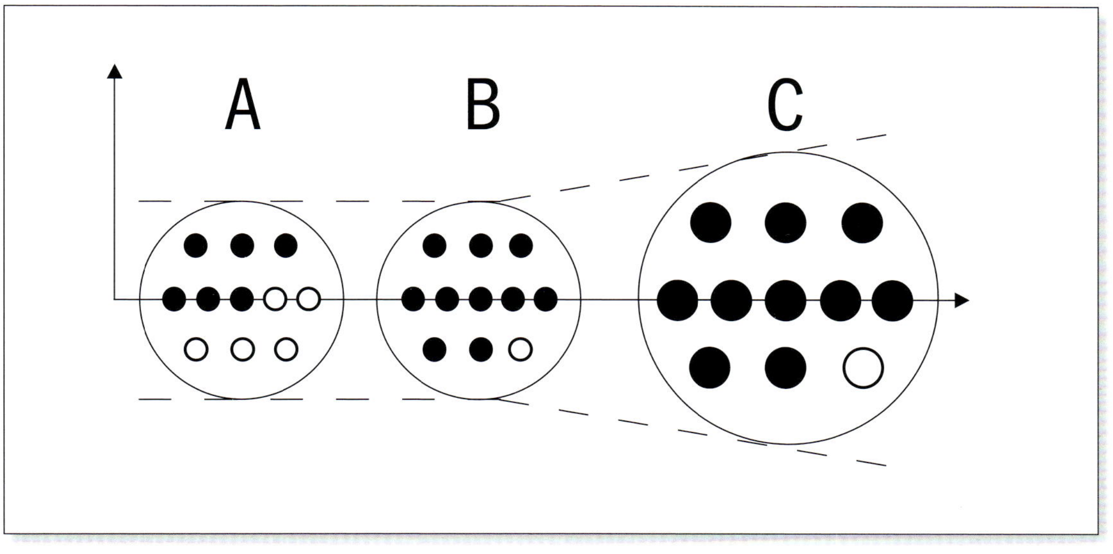

Abb. 12.6: Mechanismus des Krafttrainings: A und B stellen die neuronale Anpassung dar, C die Hypertrophie (mod. nach *Weineck*, 2010)

Zu Beginn eines Krafttrainings kommt es zu einer zusätzlichen Rekrutierung bisher nicht mitarbeitender Muskelfasern: Dies veranschaulichen A und B in Abbildung 12.6. Beim Hypertrophietraining wird jede einzelne Muskelfaser dicker, was C zeigt.

Aufwärmen und Cool Down

Auch vor einem Krafttraining sollte man sich aufwärmen. Dazu genügt ein ca. 10-minütiges Programm, was z. B. mit dynamischen Sprüngen beginnen könnte. Anschließend sollte für wenige Minuten ein spezifisches „Hineinarbeiten" an 2 bis 3 Krafttrainingsgeräten erfolgen, jeweils mit einer sehr geringen Last.

Nach Beendigung des Krafttrainings kann man z. B. mit aktiv dynamischen Dehn-Übungen oder Auslaufen bzw. Ausradeln auf dem Fahrradergometer für ca. 10 Minuten die Regeneration (Laktatelimination) unterstützen.

Hinweis:

Vor allem im Anschluss an die nachfolgend dargestellten Bodybuilding-Methoden ist Cool Down unbedingt Pflicht!

2 Arbeitsblätter mit praktischen Anleitungen zum Aufwärmen und Dehnen finden sich am Ende des 10. Kapitels „Aufwärmen im Sport".

12.5.2 Klassische amerikanische Bodybuilding-Methoden

Man muss schon mehrere Wochen Kraftaufbautraining absolviert haben, bevor man nach den folgenden Methoden trainiert, denn sie sind fast ausnahmslos fortgeschrittenen und trainierten Kraftsportlern vorbehalten! Dennoch sollen sie im Folgenden kurz vorgestellt werden, um einen Überblick zu geben.

Die Super-Serien

Die Antagonisten Super-Serie:

Bei dieser Methode wird zuerst der Agonist trainiert, sofort danach der Antagonist (Gegenspieler). Die Pause wird lediglich benötigt, um zwischen den Übungen zu wechseln.

Trainingsbeispiel:

Während man in der einen Übungsserie den M. triceps brachii (Trizeps an der Oberarmrückseite) durch Liegestütze trainiert, folgt darauf das Training des M. biceps brachii (Bizeps an der Oberarmvorderseite), z. B. durch Klimmzüge. Die eigentliche Pause macht man erst dann, wenn beide Serien z. B. zu jeweils 12 Wiederholungen abgeschlossen sind.

Die Agonisten Super-Serie:

Die Durchführung besteht darin, die gleiche Muskelgruppe durch zwei verschiedene Übungsserien zweimal hintereinander zu belasten.

Trainingsbeispiel 1:

Für die Brustmuskulatur führt man zuerst ein Bankdrücken durch, gefolgt von Butterflys (siehe Arbeitsblatt 2 zum Krafttraining im Anschluss an dieses Kapitel).

Trainingsbeispiel 2:

Nach 8–12 Wiederholungen an der Beinstreckmaschine folgt eine Serie Kniebeugen mit der Scheibenhantel, wodurch man die gleiche Muskelgruppe (Quadrizeps = M. quadriceps femoris) belastet.

Das Ziel dieser Trainingsmethode besteht in einer sehr starken Ermüdung der jeweiligen Muskelgruppen und einem damit verbundenen sehr stark ausgeprägten Hypertrophiereiz. Daher ist es für Einsteiger nicht geeignet!

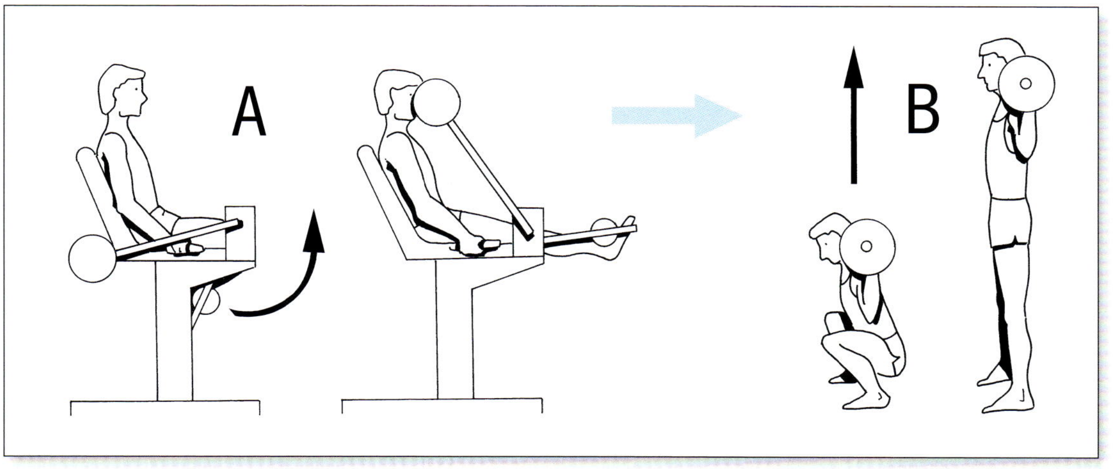

Abb. 12.7: „Agonisten" Super-Serie mit zweimaliger gleichgerichteter Belastung desselben Muskels durch 2 verschiedene Übungen: A Beinstrecken, B Kniestrecken aus der Kniebeuge (nach *Weineck*, 2010)

Intramuskuläres Koordinationstraining (IK-Training)

Das IK-Training hat zum Ziel, Kraftzuwachs ohne deutlichen Muskelzuwachs und somit ohne nennenswerte Gewichtszunahme zu gewährleisten. Aufgrund der hohen Verletzungsgefahr ist dieses Training für Anfänger nicht geeignet, selbst an Fortgeschrittene stellt es hohe Anforderungen. In seiner Reinform ist es aufgrund der enorm hohen Belastungen für den passiven Bewegungsapparat für Fitnesssportler nicht zu empfehlen. Beim IK-Training arbeitet man mit seinem Maximalgewicht, was für einen Freizeit- oder Gesundheitssportler nicht zu empfehlen ist, da dort enorme Blutdrucke auftreten sowie eine maximale Gelenkbelastung. Das IK-Training wird jedoch als eine Art Mischform eines kombinierten Maximalkrafttrainings folgend im sogenannten Pyramidentraining nochmals beschrieben.

Weitere Methoden zum Training der Maximalkraft sind zum einen das Pyramidentraining und zum anderen das Zirkeltraining.

Das Pyramidentraining

Das Pyramidentraining ist eine Mischung aus Querschnitts- und IK-Methode. Es dient primär der Variation. Es verdankt seinen Namen der pyramidenförmigen Zu- und Abnahme der Belastungshöhe.

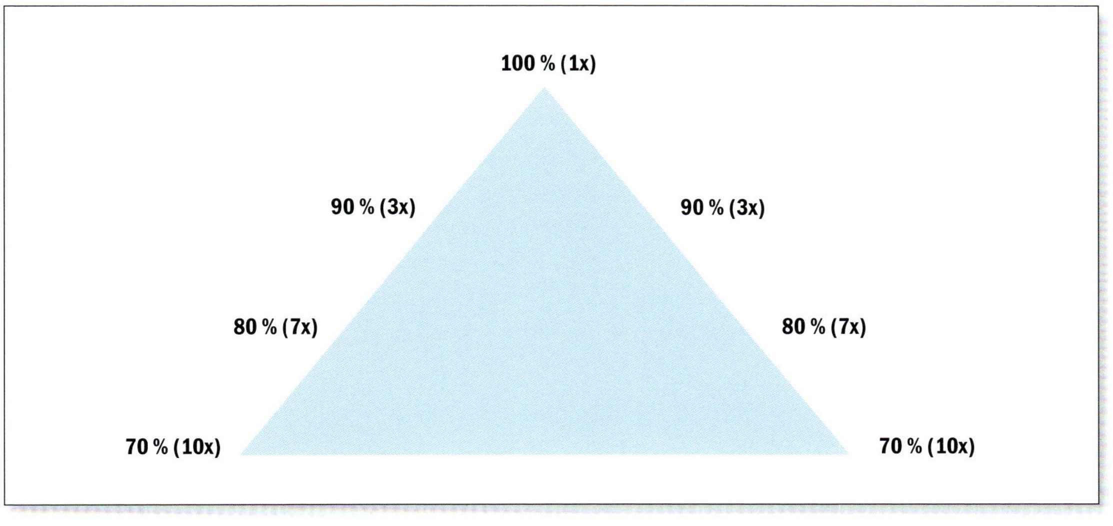

Abb. 12.8: Veränderung der Belastungshöhe und der Wiederholungszahl beim Pyramidentraining. Prozentzahlen im Verhältnis zu 1 RM, in Klammern die Wiederholungszahlen. 1 RM (One **R**epetition **M**aximum = maximales Gewicht, welches ein einziges Mal zur Hochstrecke gebracht werden kann).

Bei einem Training hauptsächlich im Bereich der Pyramidenbasis mit sehr hohen Wiederholungszahlen (15 bis 40) und geringer Intensität (unter 40 Prozent der Maximalkraft) dominiert die Entwicklung der Kraftausdauer.

Beim Pyramidentraining gibt es zwei Varianten: die stumpfe und die spitze Pyramide:

	Stumpfe Pyramide	Spitze Pyramide
Intensitätsbereich:	60–80 % der Maximalkraft	75–95 % der Maximalkraft
Wiederholungszahl:	bei 60 % 8 x bei 65 % 7 x bei 70 % 6 x bei 75 % 5 x bei 80 % 4 x	bei 75 % 5 x bei 80 % 4 x bei 85 % 3 x bei 90 % 2 x bei 95 % 1 x
Anzahl der Serien:	5-6	5-6
Pause zwischen den Serien:	2 Minuten	2 Minuten

Tab. 12.6: Belastungsnormative der stumpfen und spitzen Pyramide

Die stumpfe Pyramide wird in der Regel während der Vorbereitungsperiode eingesetzt, die spitze Pyramide gegen Ende der Vorbereitungsperiode und während der Wettkampfperiode. Für die Betonung der Maximalkraft kann auch die besondere Form der Doppelpyramide gewählt werden. Es gelten die Belastungsnormative der stumpfen oder spitzen Pyramide.

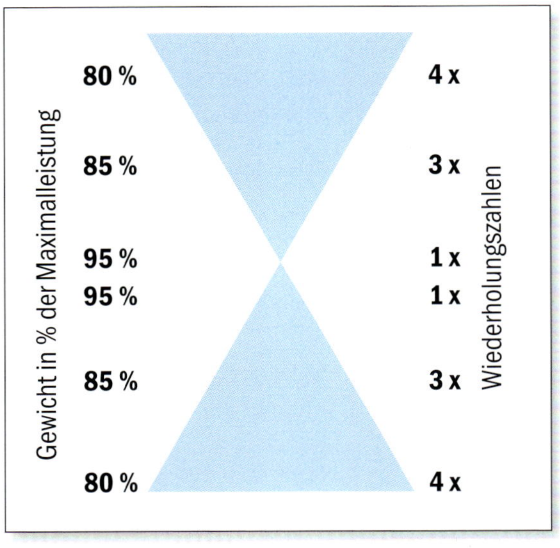

Abb. 12.9: Die Doppelpyramide

Werden alle Bereiche der Pyramide in das Training miteinbezogen, dann kommt es zu einer kombinierten Verbesserung der Kraft über Hypertrophie und intramuskuläre Koordination und damit zu einer optimierten Gesamtausnutzung des vorhandenen Muskelpotentials. Wenn wenig Zeit zur Verfügung steht, so bringt z. B. ein 4-wöchiges Pyramidentraining bessere Effekte als jeweils ein separates 2-wöchiges Querschnitts- und IK-Training. Hat der Sportler genügend Zeit, führen diese beiden Trainingsformen separat zu besseren Trainingsergebnissen als das Pyramidentraining.

Das Circuittraining = Zirkel- oder Stationstraining

Das Circuit- bzw. „Zirkeltraining" stellt eine weitere Möglichkeit des Krafttrainings dar. Je nach Zielsetzung, Alter und Leistungsvermögen werden 6 bis 12 Stationen im Kreis durchlaufen, in denen die für die Sportart wichtigsten Muskelgruppen in wechselnder Reihenfolge trainiert werden. Die Arbeitszeit beträgt im Durchschnitt je nach Zielsetzung zwischen 20 und 40 Sekunden.

12.5.3 Schnellkrafttraining

Im Zentrum des Schnellkrafttrainings steht der Kraft-Schnelligkeits-Zusammenhang. Mit dem Schnellkrafttraining möchte man möglichst hohe Kraftstöße (= hohe Impulse) erreichen. Das Training kann dabei an Krafttrainingsmaschinen, Kurz- oder Scheibenhanteln absolviert werden. Entscheidend ist dann das Umsetzungstraining in das sportartspezifische Training. Die Muskulatur muss „wissen", wozu sie diese Kraftform benötigt. Wichtig ist, dass bei Geschwindigkeitsabfall die Übung abgebrochen wird.

Praxisbeispiel

Ein Tischtennisspieler macht zu Beginn des Trainings ein Sprungkrafttraining. Im Anschluss an dieses Sprungkrafttraining sollten sogenannte Beinarbeitsübungen am Tisch durchgeführt werden, damit die Muskulatur „lernt", wozu sie dieses Krafttraining benötigt.

Merke

Schnellkrafttraining ist stets in ermüdungsfreiem Zustand zu trainieren: Bei einem idealen Trainingsaufbau sollte beispielsweise Sprungkrafttraining zu Beginn des Gesamttrainings absolviert werden.

Die Pausen zwischen den Serien sind so zu gestalten, dass die energiereichen Phosphate wieder resynthetisiert werden können: Manche Trainingswissenschaftler sprechen sich sogar für eine 15-sekündige Pause nach jedem einzelnen Kraftstoß aus, um die Resynthese noch gezielter zu unterstützen und somit einen geringeren Kraftstoßverlust während der Übungen zu haben.

Die folgende Tabelle stellt verschiedene Methoden aus der Sportpraxis vor:

Schnellkraftmethoden		
	Schnellkraftmethode 1	**Schnellkraftmethode 2**
Arbeitsweise der Muskulatur	konzentrisch	konzentrisch
Intensität (in Prozent vom One Repetition Maximum)	Last: 35-50 %	Last: 50–60 %
Durchführungs geschwindigkeit	so schnell wie möglich	so schnell wie möglich
Dauer der Übung	6–12 Wiederholungen; Abbruch bei Geschwindigkeitsabfall	6–8 Wiederholungen; Abbruch bei Geschwindigkeitsabfall
Pause	Serienpause: > 3 min	Serienpause: > 3 min
Umfang	4–5 Serien	4–5 Serien

Tab. 12.7: Zwei mögliche Schnellkraft-Trainingsmethoden (mod. nach *Steinhöfer*, 2003)

12.5.4 Kraftausdauertraining

Das übergeordnete Ziel von Kraftausdauertraining ist die Verbesserung der Energiebereitstellung bei mittleren Kraftbelastungen über längere Zeit. Durch die lange Dauer der Serien und die lohnende Pause der Intervallmethode wird eine stetig ansteigende Ermüdung im Muskel provoziert. Man sollte zuvor ausprobieren, welche Last sich pro Übung ca. 20- bis 30-mal zur Hochstrecke bringen lässt. Abgebrochen werden sollten die Serien aber bereits, wenn es zu anstrengend wird.

In der folgenden Tabelle ist eine Kraftausdauermethode dargestellt:

Kraftausdauermethode	
Arbeitsweise der Muskulatur	konzentrisch-exzentrisch
Intensität (in Prozent vom One Repetition Maximum)	Last: 35–65 %
Durchführungsgeschwindigkeit	langsam bis zügig
Anzahl Wiederholungen	25–50 Wiederholungen; bis zur Ermüdung
Pause	1–3 min bei höherer Last; 0,5-2 min bei niedriger Last
Umfang	5–10 Serien

Tab. 12.8: Kraftausdauer-Trainingsmethode (mod. nach *Steinhöfer*, 2003)

12.5.5 Propriozeptives Krafttraining

Immer häufiger wird nun auch eine Krafttrainingsform im „normalen" Krafttraining eingesetzt, welche bis vor kurzem in erster Linie im Krafttraining der Rehabilitation nach Sportverletzungen angewandt wurde: das propriozeptive Krafttraining. Propriozeption bedeutet Eigenwahrnehmung.

Unter Propriozeption versteht man die Fähigkeit des Körpers bzw. der Gelenke, ihre Stellung zueinander zu bestimmen. Das propriozeptive Training wird sowohl in der Vorbeugung von Verletzungen als auch in der Rehabilitation nach Verletzungen sowie im koordinativ-technischen Training eingesetzt.

Merke

Die Propriozeption ist mitentscheidend für die Feinkoordination bzw. Steuerung von Gelenkbewegungen. Sie ist für die Gleichgewichtsschulung von besonderer Wichtigkeit.

Durch den Einsatz instabiler Unterlagen wie Therapiekreisel (s. Abb. 12.10), Rollbretter, Pedalos, geeignete Schaumstoffmatten werden vor allem die Bein- und Fußgelenksmuskeln trainiert. Diese Übungen müssen barfuß ausgeführt werden. Ziel ist es, die Eigenschaften der Muskeln zu verbessern und damit die Gelenke muskulär zu unterstützen und zu stabilisieren.

Abb. 12.10:
Das propriozeptive Training mit dem Therapiekreisel zur Rehabilitation nach Gelenkverletzungen der unteren Extremitäten (nach *Weineck*, 1999)

Bei Handballerinnen konnte die Anzahl der Kreuzbandrupturen durch regelmäßiges Propriozeptionstraining in einer Spiel-Saison um 40 Prozent gesenkt werden. Bei 1400 Fußballerinnen aus den USA gab es in der Propriozeptionstrainingsgruppe nur 7 Kreuzbandrisse, in der Kontrollgruppe 19, also fast dreimal so viele (vgl. *Petersen*, 2005)! Da die Fußgelenke und deren Bandapparat ebenfalls stabilisiert werden, empfiehlt es sich für Sportler aller Disziplinen, in denen man leicht „umknickt". Diese sind: Handball, Fußball, Volleyball, Basketball, Tischtennis, Tennis, Badminton, Squash, Hockey, Crosslauf.

12.5.6 Krafttraining nach der Borg-Skala

Auch im Krafttraining kann man nach dem subjektiven Belastungsempfinden trainieren. Nach dem Reizschwellengesetz (siehe Kapitel 6.1 zum Ausdauertraining) ist es wichtig, keine unterschwelligen, also zu schwache oder überschwellige, zu starke Reize zu setzen, weil dadurch keine positiven Anpassungserscheinungen erzielt werden. Man sollte sich an den Krafttrainingsgeräten Gewichte auflegen, welche man mit einer Wiederholungszahl von 15-mal (plus / minus 3-mal) bewältigen kann. Bei deren Hebeleistung sollte man auf der Borg-Skala (= A-Skala) Werte zwischen 13 und 15 angeben können. Eine Borg-Skala zum Selbstausfüllen findet sich am Ende dieses Kapitels. Es sollten an jedem Krafttrainingsgerät 4 Serien möglich sein. Bei jeder Serie darf man 1 bis 2 Wiederholungen weniger als in der vorherigen Serie durchführen. Man kann sich also an jedem Gerät individuell belasten. Die Vorteile: Die Gefahr, dass man sich überlastet, ist beim Krafttraining nach der Borg-Skala gering, denn der Trainierende wird für seinen Trainingsbereich sensibilisiert und lernt dabei, sich selbst einzuschätzen. Zu empfehlen sind vorbereitete Tabellen, in die man seine Gewichte sowie Wiederholungszahlen eintragen kann (vgl. *Friedrich*, 2007), wie das bei der Borg-Skala des Arbeitsblattes dieses Kapitels der Falls ist.

Die folgende Tabelle gibt an, welche Erscheinungsarten der Kraft bei den aufgeführten Sportarten in Anspruch genommen werden.

Sportart	Maximalkraft	Schnellkraft / Sprungkraft	Kraftausdauer	Reaktivkraft
Basketball		X		X
Badminton		X		
Beach-Volleyball		X		X
Biathlon		X	X	
Diskuswurf		X		
Eisschnellauf		X	X	
Eishockey		X	X	
Fußball		X	X	
Gewichtheben	X			
Handball		X		X
Hochsprung		X		X
Judo		X	X	
Karate		X		X
Klettern	X		X	
Kugelstoßen	X	X		
Mountainbike			X	
Radsport			X	
Rudern	X		X	
Skirennen		X	X	X
Skispringen		X		
Schwimmen			X	
Tennis		X	(X)	X
Tischtennis		X		X
Volleyball		X		X

Tab. 12.9: Ausgewählte Sportarten / Disziplinen und die Gewichtung bzw. Dominanz einzelner Kraftfähigkeiten

Aufgaben und Fragen

1. Welche Zielsetzung kann man mit dem fitnessorientierten Krafttraining verfolgen?
2. Welche Formen der Kraft gibt es?
3. Welche Sportarten bzw. welche sportlichen Techniken kann man den einzelnen Kraftfähigkeiten zuordnen?
4. Welche 2 unterschiedlichen Typen von Muskelfasern gibt es und wie funktionieren sie?
5. Versuchen Sie anhand eines beidbeinigen Sprunges die unterschiedlichen Arbeitsweisen der Muskulatur zu erklären!
6. Wie funktioniert die Agonisten-Super-Serie? Geben Sie ein Beispiel!
7. Wie funktioniert das Krafttraining nach der Borg-Skala und welche Vorteile hat es?
8. Kann man vor dem Krafttraining auf das Aufwärmen verzichten? Wenn ja, warum? Wenn nein, warum nicht?

Arbeitsblatt Kraft 1: Die Borg-Skala

Name: .... Datum: ....

Hinweis:

Die **Skala A** ist für das Krafttraining nach dem subjektiven Belastungsempfinden.
Die **Skala B** ist für das Ausdauertraining (s. Kap. 11)

Skala A: Krafttraining

Subjektives Empfinden	Skalenwert
	6
sehr, sehr leicht	7
	8
sehr leicht	9
	10
recht leicht	11
	12
etwas anstrengender	13
	14
anstrengend	15
	16
sehr anstrengend	17
	18
sehr, sehr anstrengend	19
zu stark, geht nicht mehr	20

Skala B: Ausdauertraining

Subjektives Empfinden	Skalenwert
	6
sehr, sehr geringt	7
	8
sehr gering	9
	10
gering	11
	12
ziemlich stark	13
	14
stark	15
	16
sehr stark	17
	18
sehr, sehr stark	19
zu stark, geht nicht mehr	20

Quelle: modifiziert nach *Löllgen*, 2004

Anleitungen zum Ausdauer- bzw. Krafttraining mit der Borg-Skala sind in den Kapiteln 11 und 12 zu finden.

Arbeitsblatt Kraft 2: Trainingsbeispiel 1 mit Trainingstagebuch

Maximalkrafttraining zum Muskelaufbau

(aus *Weineck*, 2010, modifiziert nach *Egger*, 1988)

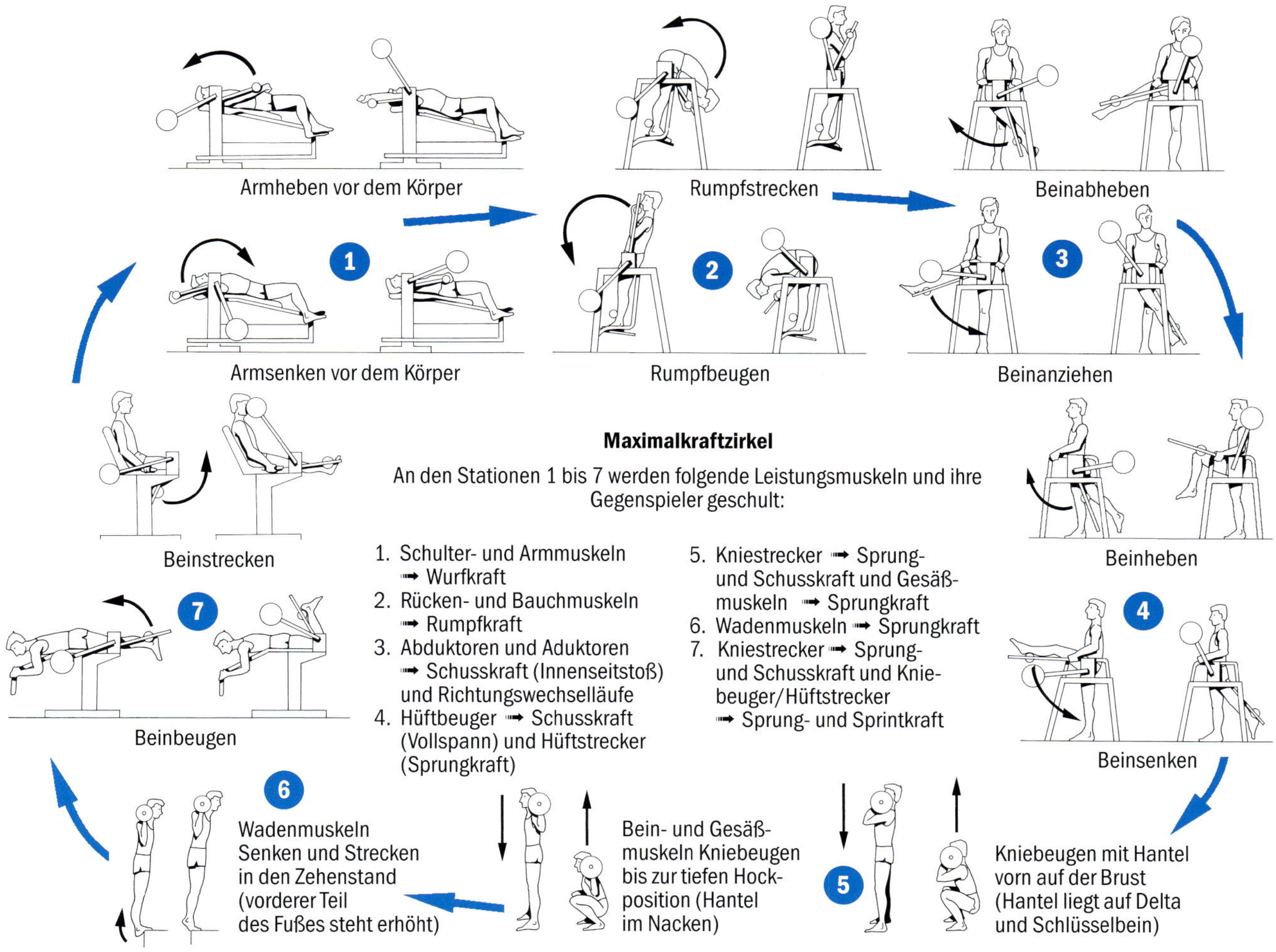

Trainingstagebuch:

Trainingsplan	**Trainingstagebuch** von .... Datum		
Übungen	Serien	Wiederholungen	Gewichte (in kg)

Anleitung: Wählen Sie ein Gewicht, das für Sie 15 plus / minus 3 Wiederholungen zulässt. Die Übungen trägt man (jeweils untereinander) in die linke Spalte ein, die Anzahl der Serien sowie die Anzahl der Wiederholungen und das Gewicht (in kg) jeweils in den weiteren Spalten.

Arbeitsblatt Kraft 3: Trainingsbeispiel 2 mit Trainingstagebuch

Allround Kräftigungsprogramm

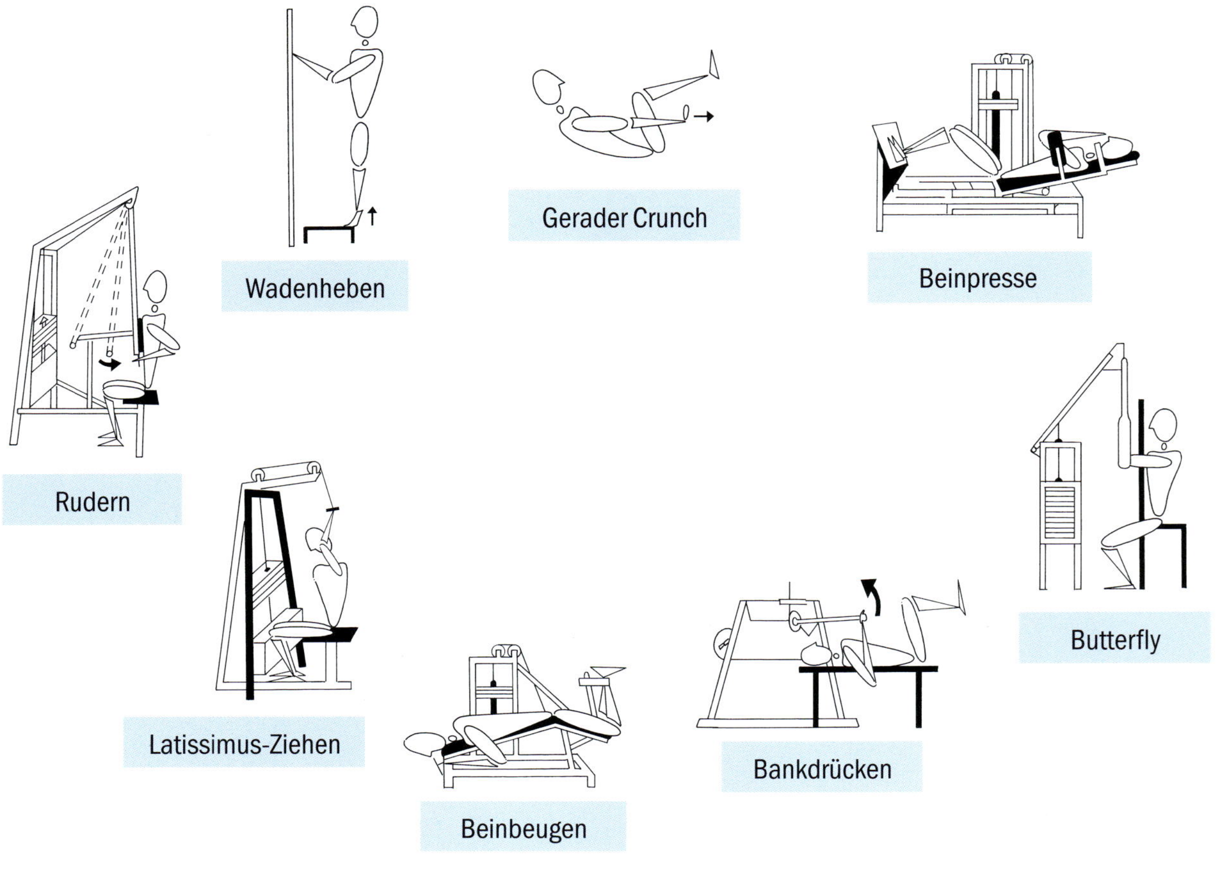

(aus *Friedrich*, 2007, modifiziert nach *Boeckh-Behrens / Buskies*, 1995)

Trainingstagebuch:

Trainingsplan	**Trainingstagebuch** von . . . . Datum		
Übungen	Serien	Wiederholungen	Gewichte (in kg)

Anleitung: Wählen Sie ein Gewicht, das für Sie 15 plus / minus 3 Wiederholungen zulässt. Die Übungen trägt man (jeweils untereinander) in die linke Spalte ein, die Anzahl der Serien sowie die Anzahl der Wiederholungen und das Gewicht (in kg) jeweils in den weiteren Spalten.

Arbeitsblatt Kraft 4: Trainingsbeispiel 3 mit Trainingstagebuch

Ganzkörperkräftigungs-Programm

(nach *Weineck*, 2010)

a

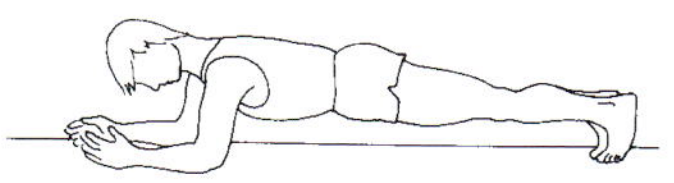

b

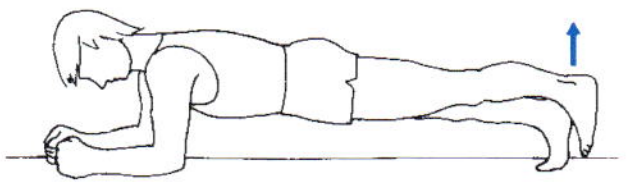

c

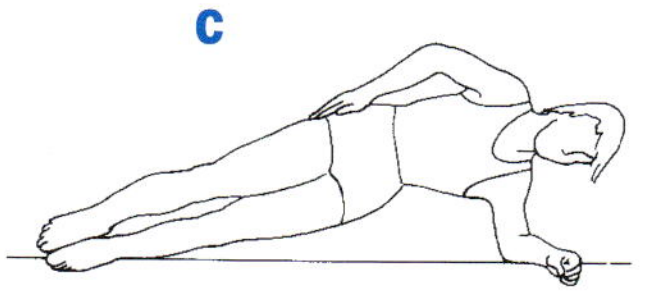

d

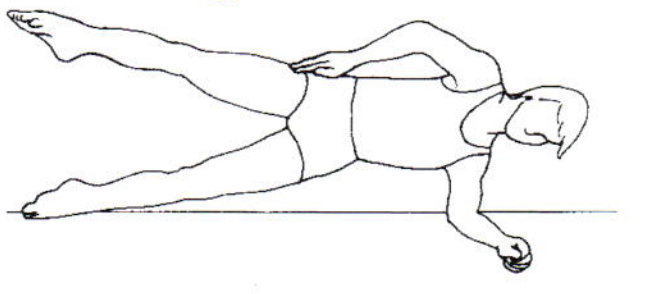

e

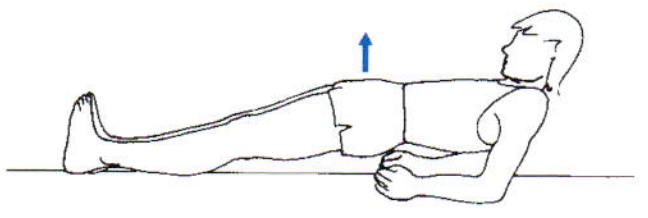

f

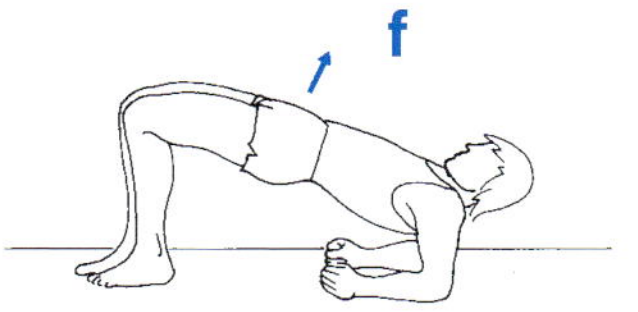

g

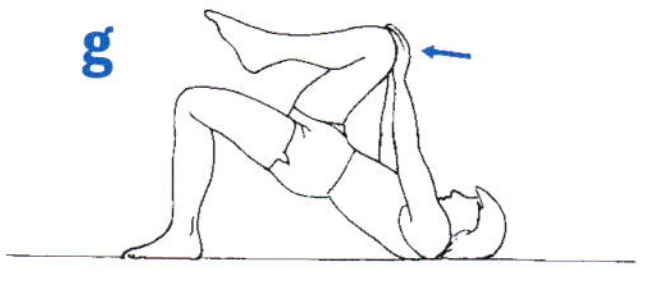

h

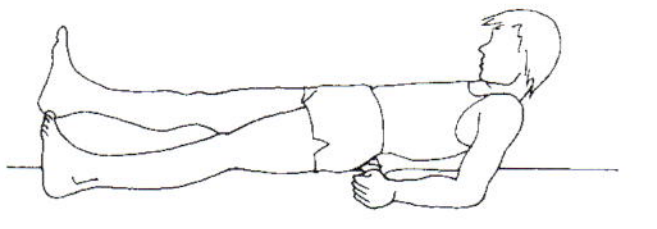

Übung	Hauptkräftigungswirkung
a	Schulter- Armmuskulatur, Beinvorder- und Rückseite. Bauchmuskulatur
b	Erschwerte Ausführungsform und etwas mehr Gesäßmuskulatur
c	Schulter- und Armmuskulatur, seitliche Rumpfmuskulatur
d	Erschwerte Ausführungsform und zusätzliche Abduktoren
e	Schulter- und Armmuskulatur, Rückenstrecker
f	Erleichterte Form, Schwerpunkt Rücken und Gesäß, Schulter-Armbereich
g	Gesäßmuskulatur, Rückenstrecker, Oberschenkelrückseite
h	Erschwerte Form, zusätzlich Arm- und Schulterbereich

Trainingstagebuch:

Trainingsplan	**Trainingstagebuch** von .... Datum	
Übungen	Serien	Wiederholungen

Hier trainieren Sie mit Ihrem eigenen Körpergewicht. Vorteil: Diese Übungen lassen sich überall ausführen, man benötigt kein Fitnessstudio bzw. Geräte.

Schnelligkeitstraining

13

Definition Schnelligkeit:

Als Schnelligkeit wird die Fähigkeit bezeichnet, unter ermüdungsfreien Bedingungen in maximal kurzer Zeit motorisch zu reagieren und/oder zu agieren bzw. handeln zu können.

Die Schnelligkeit wird heute nach dieser Definition nicht mehr nur als reine konditionelle Fähigkeit, sondern als koordinativ-konditionelle Fähigkeit gesehen (Abb. 13.1). Schnell sein bedeutet demnach mehr, als nur in kürzester Zeit von Punkt A nach Punkt B zu rennen. Vor allem in den Ballsportarten entscheidet eine frühzeitige und geschwindigkeitsbetonte Bewegungsausführung häufig über Sieg oder Niederlage.

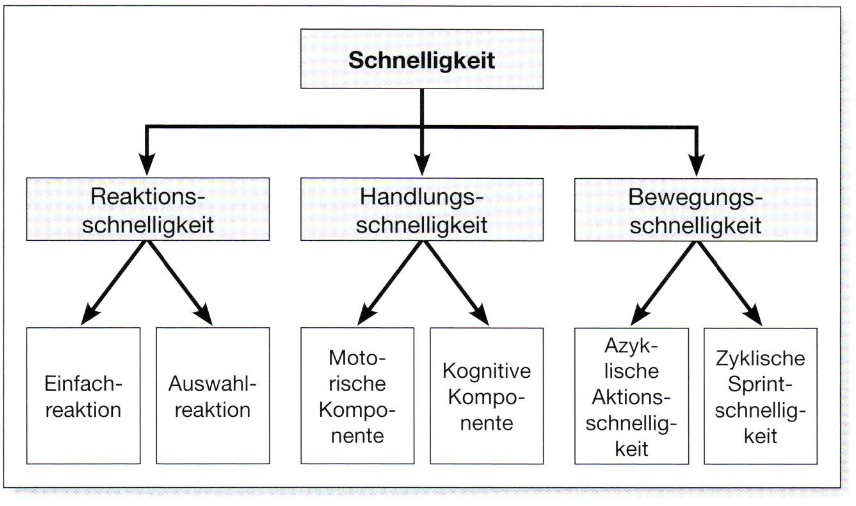

Abb. 13.1:
Allgemeine Fähigkeitsstruktur der Schnelligkeit

13.1 Sportbiologische Grundlagen der Schnelligkeit

Neben kraftabhängigen, koordinativen und volitiven (vom Willen geprägten) Komponenten spielen für die Schnelligkeit noch folgende Subfaktoren eine wichtige Rolle.

- Art der Muskulatur: Die Kontraktionsgeschwindigkeit eines Muskels hängt in hohem Maße davon ab, welchen Anteil sie an schnell zuckenden Muskelfasern aufweisen. Ein hoher Anteil an schnell zuckenden Muskelfasern (FT-Fasern) steht in positivem Zusammenhang mit der Schnelligkeit bzw. Schnellkraft der Athleten (vgl. *Weineck*, 2004 a). Kinder verfügen über einen Intermediärtyp (Mischtyp) der Muskelfasern.
- Kraft der Muskulatur: Zentral mitbeeinflusst wird die Schnelligkeit vom Maximalkraft- bzw. Schnellkraftniveau. Durch Krafttraining der Beinmuskulatur kann z. B. die Antrittsschnelligkeit verbessert werden.

- Biochemie der Muskulatur: Die Maximalgeschwindigkeit hängt in hohem Maße von der Höhe und der Art der Energievorräte in der Arbeitsmuskulatur sowie ihrer möglichen Mobilisationsgeschwindigkeit ab. Wie Tab. 13.1 veranschaulicht, nimmt die Energieflussrate (= Energiefreisetzung pro Zeiteinheit) mit zunehmender Belastungsdauer ab. Der ATP-Vorrat reicht nur ca. 2 Sekunden, während der KP-Vorrat (Kreatinphosphat) bei Untrainierten ca. 6 Sekunden und bei Hochtrainierten maximal etwa 10–12 Sekunden reicht (*Hohmann* et al., 2007).
- Koordination: durch das optimale Zusammenspiel der an der Bewegung beteiligten Muskeln auch für optimale Kraftentwicklung mitverantwortlich
- Technik: Schnelligkeitsleistungen werden zusätzlich durch die Effektivität und den Beherrschungsgrad der jeweiligen Technik beeinflusst.
- Viskosität des Muskels: der intramuskuläre Reibungswiderstand bei Bewegungen; je geringer dieser ist, umso schneller kann der Muskel kontrahieren.
- Anthropometrische Merkmale: Körperbau des Athleten
- Flexibilität: gilt für Agonisten und Antagonisten gleichermaßen; Antagonisten mit zu geringer Elastizität können Schwungbewegungen in der Endphase stark abbremsen und dadurch die Bewegung verlangsamen.
- Geschlecht: Die geringeren Kraftwerte der Frau sind maßgeblich für die geringere Schnelligkeitsleistung der Frauen verantwortlich.
- Alter: Mit zunehmendem Alter (vor allem ab dem 40. Lebensjahr) nimmt die Schnelligkeitsleistung beim Menschen immer mehr ab.
- Genetik: Ein untrainierter Erwachsener kann seine 100-m-Sprintzeit durch Training nur um 15–20 % verbessern, seine Laufzeit über 10000 m jedoch um über 90 %. Deshalb spricht man auch von einem „geborenen Sprinter".

Eine Erhöhung der Körperkerntemperatur um 2° Celsius führt zu einer Vergrößerung der maximalen Kontraktionsgeschwindigkeit von über 20 %, was für ein gutes Aufwärmen vor Schnelligkeitsbelastungen spricht. Hingegen führt ein Absinken des pH-Wertes im Blut zu einer Reduzierung der Kontraktionsgeschwindigkeit. Reines Schnelligkeitstraining muss demnach mit vollständigen Pausen ablaufen, damit die Milchsäure möglichst vollständig zwischen den Wiederholungen abgebaut werden kann. Die Verbesserung der kardiopulmonalen Leistungsfähigkeit führt nicht zu einer Verbesserung der Schnelligkeit (vgl. *Hollmann / Strüder*, 2009).

Energiebereitstellung	Substrat	Maximale Einsatzdauer	Maximale Flussrate pro Sekunde
Anaerob-alaktazid	ATP → KP → (= energiereiche Phosphate) insgesamt →	2–3 Sekunden 5–9 Sekunden ca. 10–12 Sekunden	1,6–3
Anaerob-laktazid	Glykogen (Glukose = Traubenzucker)	45–90 Sekunden	1
Aerob	Glykogen → Fette →	45 Sekunden–90 Minuten Mehrere Stunden	

Tab. 13.1: Energiebereitstellung in der Muskelzelle, einschließlich maximale Flussrate (mod. nach *Steinhöfer*, 2003)

Merke

Die Sofort-Resynthese von Kreatinphosphat wird durch die Verfügbarkeit von Sauerstoff limitiert. Eine gut trainierte Grundlagenausdauer über die aerobe Energiebereitstellung kann hier die schnelle Wiederauffüllung dieses Speichers optimieren.

Zwischen Schnelligkeits- und Schnellkraftsportlern sowie Sportlern aus anderen Sportarten liegen bezüglich der Nervenleitgeschwindigkeit gesicherte Unterschiede vor. Ebenfalls beeinflusst wird die Schnelligkeit von der Elastizität und Entspannungsfähigkeit der Muskulatur. Die Muskulatur sollte zuvor entsprechend aufgewärmt sein. Von entscheidender Bedeutung für die Durchführung von Schnelligkeitstraining ist eine maximale Willensanspannung. *Weineck* (2004 a) spricht in diesem Zusammenhang von der Willensstoßkraft.

Die Fähigkeit, maximale Bewegungsintensitäten gut koordiniert umzusetzen, wird bestimmt durch eine optimale Kombination neuronaler und muskulärer Faktoren sowie entsprechender biochemischer Prozesse.

13.2 Aktionsschnelligkeit (Bewegungsschnelligkeit)

13.2.1 Azyklische Aktionsschnelligkeit

Ballspieler benötigen für ihre Bewegungsausführung, z. B. bei Volleyballschlägen, die azyklische Aktionsschnelligkeit. Diese Schnelligkeit hängt bei fehlenden oder geringen äußeren Bewegungswiderständen (unter 30 % der Maximalkraft) nicht von der Maximalkraft ab.

Definition Azyklische Bewegungsschnelligkeit:
Azyklische Bewegungsschnelligkeit ist die Schnelligkeit von Einzelbewegungen des gesamten Körpers oder einzelner Teile (vgl. *Steinhöfer*, 2003).

Sie ist somit bei Tischtennis-, Tennis-, Badminton- oder Volleyballschlägen leistungsbestimmend. Um diese Schnelligkeit zu verbessern, werden die in Tab. 13.2 genannten Trainingsmethoden empfohlen. Es handelt sich um Wiederholungsmethoden.

Trainings-methoden	Belastung	Intensität (%)	Tempo	Wieder-holungen	Serien	Pause
Einzelwieder-holungen	Einfache sportartspezifische Bewegungen	100	Maximal	10–12	1	> 30 Sekunden
Serienmethode	Einfache sportartspezifische Bewegungen	100	Maximal	6–10	3–5	> 2 Minuten

Tab. 13.2: Trainingsmethoden zur Verbesserung der azyklischen Aktionsschnelligkeit (vgl. *Hohmann* et al., 2007)

13.2.2 Zyklische Aktionsschnelligkeit

Diese Art der Schnelligkeit kann als Sprintschnelligkeit definiert werden, bei der es darum geht, dass man eine bestimmte Wegstrecke zurücklegt. Sie ist besonders wichtig im Fußball, Basketball, Handball oder auch im Radsport. Tabelle 13.3 zeigt Trainingsmethoden für die Sprintschnelligkeit.

Trainingsmethoden	Belastung	Intensität (%)	Tempo	Wieder-holungen	Serien	Pause
Wiederholungsmethode (z. B. fliegende Sprints)	Sportartspezifische Bewegungen	100	Maximal	2–4	2–4	> 2 bzw. 10 Minuten
Wiederholungsmethode (z. B. Steigerungssprints, Ins-and-Outs)	Sportartspezifische Bewegungen	100	Maximal	6–10	3–5	> 2 Minuten

Tab. 13.3: Trainingsmethoden zur Verbesserung der zyklischen Sprintschnelligkeit (*Hohmann* et al., 2007)

Definition Zyklische Aktionsschnelligkeit:

Zyklische Aktionsschnelligkeit ist die Schnelligkeit hintereinander folgender gleicher Bewegungen des gesamten Körpers oder einzelner Körperteile (z. B. Sprinten oder Radfahren, vgl. *Steinhöfer*, 2003).

13.2.3 Antrittsschnelligkeit

Bei den meisten Spielsportarten wie Fußball, Basketball oder Handball geht es nicht darum, z. B. 100 Meter in einer minimalen Zeit zurückzulegen, wie es bei den leichathletischen Sprintern der Fall ist. Die Bedingungen des jeweiligen Spiels bestimmen in diesem Fall den Ausprägungsgrad der Schnelligkeit.

Biochemisch kommt der anaerob-alaktazide Stoffwechsel zum Einsatz, der über die energiereichen Phosphate ATP und KP abläuft. Dieser Speicher stellt nach neueren Erkenntnissen Energie für insgesamt ca. 6 bis maximal 10/12 Sekunden zur Verfügung.

13.3 Belastungsgefüge im Schnelligkeitstraining

Die exakte Einhaltung des Belastungsgefüges der Wiederholungsmethode ist für die Wirksamkeit eines Schnelligkeitstrainings von höchster Bedeutung.

- Reizintensität: Sie muss beim Schnelligkeitstraining stets maximal (d. h. 100 %) sein. Mit „angezogener Handbremse“ kann man keine Schnelligkeit trainieren. Entsprechend müssen die Sportler für das Schnelligkeitstraining hoch motiviert sein.
- Reizdichte: Das Schnelligkeitstraining macht nur in erholtem Zustand Sinn. Es müssen passive Pausen eingehalten werden. Grundsätzlich benötigen besser trainierte Sportler kürzere Pausen, schlechter trainierte dagegen längere Pausen.
- Reizdauer: Sie betrifft die Einwirkungsdauer eines einzelnen Reizes bzw. einer Reizserie und sollte der individuellen Leistungsfähigkeit entsprechend gewählt werden. Die Übungsdauer bzw. die Streckenlänge müssen so gewählt werden, dass die Geschwindigkeit gegen Ende der Übung nicht absinkt. Sie ist in der Regel sehr kurz, d. h. nur wenige Sekunden. Es sollten maximal 6–8 kurze Antritte gemacht werden. Bei einem Absinken der Geschwindigkeit sollte das Schnelligkeitstraining abgebrochen werden.
- Reizumfang: Er richtet sich beim Schnelligkeitstraining ebenfalls nach der Leistungsstärke der Sportler. Nach jedem Sprint erfolgt pro 10 Meter Sprintstrecke eine vollständige Erholungspause von mindestens 1–1,5 Minuten Dauer. Nach jeder Serie erfolgt eine ca. 5- bis 10-minütige Pause, da die Ermüdung sonst zu stark werden kann.

Merke

Daher gilt als methodische Forderung: Kein Schnelligkeitstraining in ermüdetem Zustand! Trainingsabbruch bei Ermüdungserscheinungen!

Abbildung 13.2 zeigt, dass sich die energiereichen Phosphate ATP und KP – entgegen früheren Auffassungen – beim Sprinttraining schneller regenerieren, wenn man eine passive Pause macht.

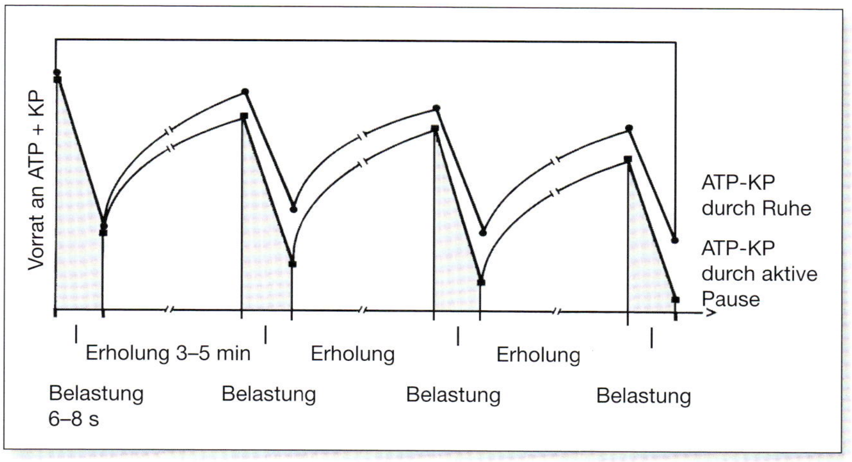

Abb. 13.2: Resyntheserate der energiereichen Phosphate ATP und KP (*Janssen*, 2003)

13.4 Schnelligkeitsausdauer

Bei einem 400-m-Lauf oder einem 400-m-Hürdenlauf in der Leichtathlet ist die Schnelligkeitsausdauer (auch: Stehvermögen) der leistungsbestimmende Faktor. Hierbei können Laktatwerte um 24 mmol/l und mehr im Blut gemessen werden. Die Läufer müssen trotz einer sich maximal entwickelnden Azidose versuchen, optimal schnell zu laufen.

Definition Azidose:
Eine Azidose liegt vor, wenn durch biochemische Vorgänge die Reaktion des Blutes sauer wird, wodurch der pH-Wert fällt. Der pH-Wert des Blutplasmas beträgt normalerweise 7,4. Bei einer Azidose fällt er z. B. auf 7,2 bzw. 7,1.

Bereits beim 200-m-Sprint spielt die Schnelligkeitsausdauer eine Rolle. Auch der Sprint über 500 Meter im Eisschnelllauf wird von dieser konditionellen Fähigkeit bestimmt. Bei den Ballspielen ist es vor allem das Fußballspiel, bei dem von den Spielern auch Schnelligkeitsausdauer abverlangt wird. So wird die Schnelligkeitsausdauer von Stoffwechselparametern des Organismus ganz wesentlich bestimmt. Schnelligkeitsausdauer kann durch die Wiederholungsmethode oder die intensive Intervallmethode trainiert werden (Tab. 13.4)

Trainingsmethoden	Belastung	Intensität (%)	Wiederholungen	Serien	Pause
Wiederholungsmethode	Läufe, Sprints	90–100	1–6	2–4	> 3 Minuten pro Lauf bzw. 10 Minuten Serienpause
Intensive Intervallmethode	Läufe, Sprints	ca. 80	Maximal 10–12	3–5	> lohnende Pause > 3 Minuten pro Lauf bzw. 5–10 Minuten Serienpause

Tab. 13.4: Methoden zum Training der Schnelligkeitsausdauer

Definition Schnelligkeitsausdauer:
Schnelligkeitsausdauer ist die Fähigkeit, die maximale Bewegungsschnelligkeit möglichst lange aufrechterhalten zu können.

Biochemisch wird die Schnelligkeitsausdauer von der Speichergröße der energiereichen Phosphate und des intramuskulären Glykogens sowie einer Zunahme der Enzymaktivität und der Muskelfaserart bestimmt. Dadurch kann der Sportler seine maximale Schnelligkeit über einen längeren Zeitraum aufrechterhalten.

13.5 Handlungsschnelligkeit

Im Sport hat man sich bisher wenig mit der Handlungsschnelligkeit beschäftigt (Abb. 13.3). Besonders in den Sportspielen kommt es darauf an, sporttechnische und taktische Handlungen situationsangemessen und erfolgreich auszuführen. Ausdruck des Niveaus der Handlungsschnelligkeit ist die Gesamtzeit, die für die kognitiven Prozesse (geistige Schnelligkeit) und die motorische Lösung der Handlungsaufgabe benötigt wird.

Von besonderem Interesse beim Training der Handlungsschnelligkeit ist die geistige Schnelligkeit, da sie etwa 70–80 % des Zeitbedarfs für die Lösung von technotaktischen Aufgaben ausmacht. Diese geistige Schnelligkeit kann dadurch geschult werden, dass man im Training vor allem Prozesse der Informationsaufnahme und -verarbeitung trainiert.

Um die Handlungsschnelligkeit zu trainieren, müssen folgende Faktoren geschult werden:
- Wahrnehmungsfähigkeit
- Antizipationsfähigkeit
- Entscheidungsfähigkeit
- Reaktionsfähigkeit

Die Qualität der Handlungsschnelligkeit wird auch wesentlich durch emotionale Zustände beeinflusst. Erfolgsdruck, Misserfolg und Angst führen zur Entscheidungsunsicherheit und somit zur Zunahme der Zeitdauer, vor allem für kognitive Entscheidungsprozesse (vgl. *Weineck*, 2004 a).

Praxisbeispiel

Wie sich Misserfolg auswirken kann, soll ein Beispiel aus dem Fußball zeigen. Wenn eine Fußball-Bundesligamannschaft im Abstiegskampf steckt, kann sie durch die psychisch belastende Situation in ihren taktischen Möglichkeiten eingeschränkt sein. Andererseits kann der Erfolg eine schwächere Mannschaft z. B. im UEFA-Pokalwettbewerb im Hinblick auf das taktische Verhalten geradezu „beflügeln". Der Erfolg setzt ungeahnte körperliche und geistige Kräfte frei!

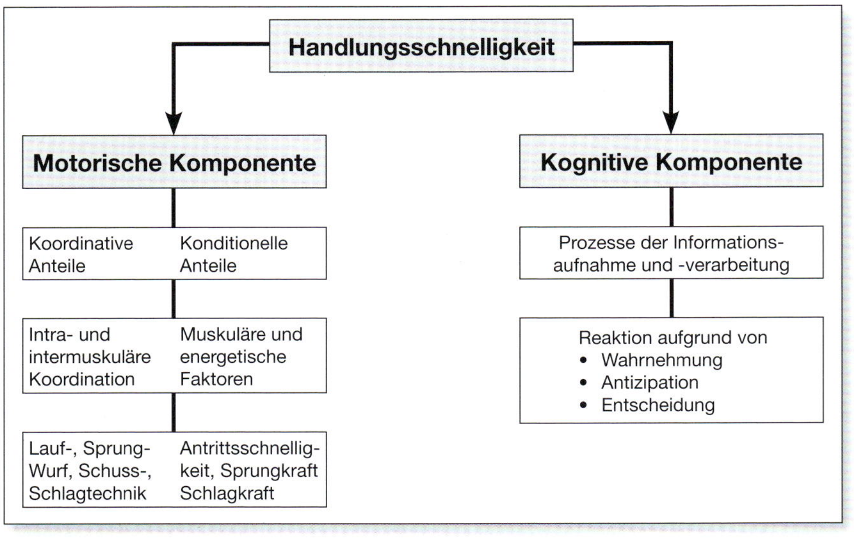

Abb. 13.3: Komponenten der Handlungsschnelligkeit (mod. nach *Steinhöfer*, 2003)

13.6 Reaktionsschnelligkeit

Definition Reaktionsschnelligkeit:
Unter Reaktionsschnelligkeit versteht man die Fähigkeit, in kürzester Zeit auf ein Signal akustischer, optischer oder taktiler Art reagieren zu können.

Der Bereich, der im Gehirn für die Bewegungen des Körpers zuständig ist (= motorischer Aktionsbereich), ist viel kleiner als der Bereich, der Informationen übermittelt (= sensorischer Wahrnehmungsbereich). Aus diesem Grund kann die Reaktionsleistung kaum über die Verbesserung des Informationsflusses, sondern nur über die Optimierung der motorischen Programme erreicht werden. Das heißt, dass durch die Perfektionierung der sportlichen Techniken die Geschwindigkeit der Abrufbarkeit verbessert wird. Der Sportler lässt optische und akustische Informationen in seine Reaktion einfließen. Für viele Spitzenspieler sind auch die akustischen Informationen, die sie erhalten, wichtig. Für die Auswahlreaktion benötigt ein Sportler mehr Zeit als für eine Einfachreaktion (Abb. 13.4).

- Eine Einfachreaktion liegt z. B. beim leichtathletischen Start oder beim Schwimm-Start vor, es wird mehr oder weniger immer nur eine Reaktionsantwort vom Athleten verlangt.
- Bei einer Auswahlreaktion, wie sie z. B. ein Tischtennisspieler benötigt, geht es darum, eine der Spielsituation angepasste Reaktion zu zeigen. Dem Tischtennisspieler stehen mehr oder weniger viele Schlagtechniken zur Auswahl, von denen er dann - auch unter Einbezug taktischer Überlegungen - in eben diesen minimalen Zeitabschnitten die richtige auswählt und anwendet. Hier spielt für eine optimal kurze Reaktionszeit auch die Antizipation eine bestimmende Rolle.
- Die Einfachreaktion kann nur wenig verbessert werden, die Auswahlreaktion dafür sehr stark.

Es ist wichtig zu wissen, dass die Reaktion auf optische Reize langsamer als die auf akustische Reize ist. Dies ist vor allem bei Sportspielen wie Hockey, Basketball, Fußball und Handball interessant, da es folglich besser ist, seinem Mannschaftskollegen etwas zuzurufen (z. B. „Hintermann!“ im Fußball), statt dies durch Zeichen zu übermitteln. Ferner konnte in einer Untersuchung gezeigt werden, dass sich mit fortschreitender Ermüdung die Reaktionszeiten auf akustische Zeichen verschlechtern (vgl. *Hollmann / Strüder*, 2009).

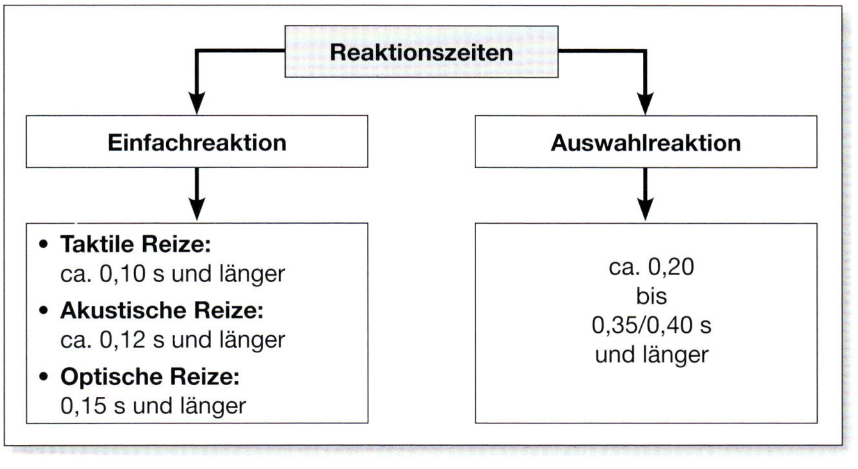

Abb. 13.4: Reaktionszeiten bei motorischen Handlungen (mod. nach *Steinhöfer*, 2003)

13.7 Training der Schnelligkeit

13.7.1 Wiederholungsmethode

Für die konkrete methodische Umsetzung in der Praxis gibt es eine dominierende Trainingsmethode für das Schnelligkeitstraining, die Wiederholungsmethode. Diese Trainingsmethode gewährleistet die Bedingungen, um das Schnelligkeitstraining optimal ausführen zu können. Nach kurzen, hochexplosiven Sprintbelastungen z. B. über 5–10 Sekunden ist eine passive Pause von 1–1,5 Minuten einzulegen. Durch die Art der Durchführung kommt es zu einer Zunahme der Beinkraft sowie einer Zunahme der schnelligkeitsbestimmenden muskulären Energiespeicher ATP und KP. Es ist auf eine der jeweiligen Sportart angemessene Streckenlänge zu achten.

Merke

Die trainingsmethodische Grundforderung des Schnelligkeitstrainings lautet: Zur Sicherung der neurophysiologischen Anpassungen sind sowohl Reaktionen als auch Aktionen mit maximaler Geschwindigkeit auszuführen (vgl. *Hohmann* et al., 2007).

13.7.2 Motorische Hauptbeanspruchungsformen und Schnelligkeit

Bereits im Kapitel über Kraft wurde der positive Zusammenhang zwischen Kraft und Schnelligkeit aufgezeigt. Für den Bereich der azyklischen Aktionsschnelligkeit ist die Kraft jedoch von untergeordneter Bedeutung. Schnelligkeit lässt sich als spezifische Fähigkeit der Schnellkraft auffassen, die sich bei geringen oder fehlenden Widerständen im Sinne der Startkraft manifestiert. Im Zusammenhang mit der Koordination lässt sich erkennen, dass sie bei der Koordination unter Zeitdruck eine Rolle spielt. Für Schnelligkeit und Ausdauer gilt das Gleiche wie für Ausdauer und Kraft. Man kann beides nicht gleichzeitig maximal entwickeln. „Langsam“ wird ein Fußballer nur, wenn er leichtathletisches Ausdauertraining betreibt.

13.8 Schnelligkeitstraining im Kindes- und Jugendalter

Unter Praktikern ist noch immer die Auffassung weit verbreitet, die Schnelligkeit im frühen und späten Schulkindalter (6/7–12/13 Jahre) ausschließlich durch Spielsportarten zu trainieren. Aber gerade für Kinder ist es wichtig, vielfältige Trainingsreize nicht nur im Sportspiel und durch spezifische Übungen zu setzen, sondern diese durch genau auf die Bedürfnisse abgestimmte Trainingsmaßnahmen zu ergänzen.

Das Wissen um die Belastbarkeit und Trainierbarkeit von Kindern und Jugendlichen hat sich in den letzten Jahren stark erweitert. Dabei erweist sich die Schnelligkeit als koordinations- und kraftabhängig. Die kontinuierliche Verbesserung der Schnelligkeit verläuft bereits vom 3. Lebensjahr an bei Jungen und Mädchen parallel bis zur Pubertät. Unstrittig ist zudem, dass vielseitiges Schnelligkeitstraining positive neuromuskuläre Anpassungen bewirkt. Diese frühe Lebensphase scheint für die Ausbildung der „schnellen Zeitprogramme“ für zyklische und azyklische Bewegungen besonders gut geeignet zu sein (vgl. *Steinhöfer*, 2003).

Ein gezieltes Schnelligkeitstraining setzt ein gut ausgebildetes Muskelkorsett voraus, da dadurch die zu erwartenden Belastungsspitzen muskulär abgefangen werden können. Unter dieser Voraussetzung können Kinder und Jugendliche Schnelligkeitsfähigkeiten in Staffeln, komplexen Spiel- und Übungsformen spielerisch schulen, wenn die Belastungsnormative richtig gewählt wurde.

Merke

Schnelligkeitstraining bei Kindern und Jugendlichen setzt stets eine ausgewogene Kraftbasis voraus. Voraussetzung für Schnelligkeitsleistung ist vor allem die koordinativ beherrschte Zielübung. Die Koordination ist ein grundlegender Bestandteil der Schnelligkeit (vgl. *Steinhöfer*, 2003).

Aufgaben und Fragen

1. In welche Arten unterteilt sich die Schnelligkeit? Welche Arten der Schnelligkeit benötigt ein Tischtennisspieler, welche ein 100-m-Sprinter?
2. Nennen Sie die schnelligkeitsbestimmenden Faktoren. Welche davon kann ich durch Training beeinflussen?
3. Könnte ein 100-m-Sprinter sein Schnelligkeitstraining nach der HIT-Methode durchführen? Was spräche dafür, was dagegen?
4. In der Talentsichtung hört man häufig Aussagen wie „Zum Sprinter wird man geboren. Aus einem Esel macht man kein Rennpferd." Nehmen Sie dazu Stellung.
5. Ein Trainer eines Erstligaklubs in einer Mannschaftssportart lässt ein Schnelligkeitstraining mit 75 %iger Intensität durchführen. Wie beurteilen Sie diese Trainingsmethodik?

Beweglichkeitstraining und Dehnung

14

In vielen Sportarten bzw. Disziplinen ist die Beweglichkeit eine eigenständige Leistungsvoraussetzung, die mehr oder weniger stark die sportliche Leistung der Athleten beeinflusst. Leistungsdeterminierend ist die Beweglichkeit beispielsweise im Ballett, Geräteturnen, in der rhythmischen Sportgymnastik, in der Sportakrobatik oder beim Hürdenlauf in der Leichtathletik. Hier hat die Beweglichkeit einen sehr hohen Stellenwert. In den letzten Jahren kamen Zweifel an der Wirksamkeit des Dehnens auf, was mitunter zu der Meinung führte, man könne gänzlich darauf verzichten. Hintergrund für diese Forderung waren Studien, bei denen sehr intensiv (20–60 Minuten) gedehnt wurde, also in einer Art, wie sie in der Praxis eher unüblich ist (*Klee*, 2013). Um es gleich von vorneherein klarzustellen: Die positiven Auswirkungen von Muskeldehnungen auf die Beweglichkeit sind unstrittig (*Wottschel* et al., 2012/2013).

Definition:
Die Beweglichkeit stellt die maximal mögliche Amplitude in einem Gelenk dar (*Freiwald*, 2009).

Es stellt sich die Frage, welcher Sportler in seiner Sportart / Disziplin wie viel Beweglichkeit benötigt. Generell stellt der Sport im Vergleich zum Alltag höhere Anforderungen an die Beweglichkeit. Während beispielsweise eine eingeschränkte Beweglichkeit der Beine im Alltag nicht unbedingt als hinderlich empfunden wird, so wäre dies z. B. für einen Hürdensprinter stark leistungseinschränkend.

Merke
Im Sport sollte die Beweglichkeit so gut ausgeprägt sein, dass alle sportlichen Techniken unter Berücksichtigung individueller Voraussetzungen ohne Probleme ausgeführt werden können.

Auch von Sportart zu Sportart gibt es große Unterschiede. Die Hüftbeugefähigkeit von Fußballspielern liegt nach *Freiwald* (2013) durchschnittlich bei ca. 75–105 Grad, bei Balletttänzern durchschnittlich bei ca. 125–155 Grad.

14.1 Was ist eine „normale" Beweglichkeit?

Die Antwort auf diese Frage ist von sehr vielen Faktoren abhängig. Einflussfaktoren, die für die Einschätzung einer „normalen" Beweglichkeit eine Bedeutung haben, sind folgende:

- Alter des Menschen
- Geschlecht
- allgemeiner Leistungsstand (Leistungssportler / Breitensportler / Nichtsportler)
- Auf welchem Leistungsniveau wird die Sportart / Disziplin betrieben?
- Sportart (Bedeutung der Beweglichkeit als Leistungsfaktor in der Sportart bzw. Disziplin)

- Ist es eine einseitige Sportart? (Schlagarmseite im Tischtennis oder Badminton, Wurfarmseite im Handball oder Speerwurf usw.)
- Umgebungstemperatur sowie Körper- und Muskeltemperatur
- psychische Beanspruchung (Stress, Entspannung usw.)
- Tageszeit und Biorhythmus
- Erkrankung bzw. Vorerkrankung / Verletzung (nach *Freiwald* und *Klee / Wiemann*, 2013 bzw. 2005)

Sportler können davon ausgehen, dass Übungen, bzw. bestimmte Elemente, die eine hohe Beweglichkeit voraussetzen, im Wettkampf besser gelingen als im Training. Im Hinblick auf die Beweglichkeit besteht also im Wettkampf eine höhere Leistungsfähigkeit als im Training (*Wottschel*, 2012).

Bei der Beurteilung, welche Werte der Beweglichkeit als „normal" für den jeweiligen Sportler angesehen werden können, hat *Freiwald* (2013) 4 Normbereiche für das Hüftgelenk definiert (Tab. 14.1).

Die Minimalnorm ist in ihren Beweglichkeitsmaßen zu gering für die allgemeine Norm eines jungen, gesunden Menschen. Auch für den Bereich Gesundheits- oder Fitnesssport ist diese Beweglichkeitsnorm nicht ausreichend.

Die Majoritätsnorm wird entsprechend dem mittleren Bereich einer Normalverteilung definiert. Sie bildet ca. 70 % der Menschen ab. In diesem Bereich sollten sich z. B. gesunde Sportler im leistungssportlichen Bereich befinden, die keinen besonderen Anforderungen der Beweglichkeit ausgesetzt sind. Beispiele: Tischtennisspieler, Tennisspieler, Volleyballer, Handballer, Fußballspieler, Basketballer, Judoka, Leichtathleten; auch Fitness- und Gesundheitssportler sind hier einzustufen.

Die Optimalnorm repräsentiert ca. 8 % der Bevölkerung. Turner oder Schwimmer beispielsweise sollten für eine gute Leistungsfähigkeit Beweglichkeitswerte der Extremitätengelenke haben, die in diesem Normbereich anzusiedeln sind. Die Entwicklung von turn- oder schwimmspezifischer Technik wird dadurch erleichtert.

Für eine gute Leistungsfähigkeit sind sowohl die Balletttänzer als auch die rhythmische Sportgymnastin oder Sportakrobaten auf Beweglichkeitswerte im Bereich der Spezialnorm angewiesen. Diese Art der Beweglichkeit benötigen nur sehr wenige Sportler, man geht von ca. 2 % aus.

Je höher die Qualifikation eines Sportlers (Leistungsniveau) ist, desto mehr muss sich seine Beweglichkeit im Übergangsbereich von der Majoritätsnorm zur Optimalnorm bewegen. Dies trifft auf Top-Volleyballer, Handballtorwarte oder Tischtennisspieler, Speerwerfer oder auch Schwimmer für die Schultergelenke allgemein oder die Schultergelenke des Wurf- bzw. Schlagarmes bzw. beim Handballtorwart für seine Beine zu. Für eine optimale Ausholbewegung kommt es auch auf die Torsionsmöglichkeit der Wirbelsäule an.

Ebenso wie eine zu geringe Beweglichkeit kann auch eine zu große Beweglichkeit negative Auswirkungen haben. Wenn die Freiheitsgrade des betreffenden Gelenks koordinativ und / oder wegen

schlechte Beweglichkeit ↑	**Minimalnorm**	wichtige alltägliche Verrichtungen ohne wesentliche Einschränkungen erledigen können, wie z. B. Treppenlaufen, vom Stuhl aufstehen, Schuhe binden, Verkehrsmittel benutzen
	Majoritätsnorm	alle alltäglichen Verrichtungen ohne Einschränkungen erledigen können • Breitensportler
	Optimalnorm	• leistungssportliche Techniken ohne Einschränkungen erledigen können • erhöhte Beweglichkeit ohne Instabilitätskennzeichen
↓ **sehr gute Beweglichkeit**	**Spezialnorm**	hochgradige Ausprägung der Beweglichkeit in einzelnen oder allen Gelenksystemen Beweglichkeit ohne / mit Instabilitätskennzeichen

Tab. 14.1: Einteilung der Beweglichkeit im Hüftgelenk in Orientierungsnormen (*Freiwald*, 2013)

mangelnder Kraftfähigkeit der das Gelenk umgebenden Muskeln nicht oder nur ungenügend kontrolliert werden können, besteht ein erhöhtes Verletzungsrisiko. Wann das optimale Maß erreicht ist, kann vom Trainer bei der Technikausführung festgestellt werden. Jede Sportart stellt eigene Anforderungen an die Beweglichkeit ihrer Sportler. Häufig orientiert man sich bei dem Maß an den jeweiligen Spitzenathleten der betreffenden Sportart / Disziplin.

14.2 Wirkungen von Dehnmethoden

Der aktuelle Forschungsstand zeigt, dass es keine absolut negativen Wirkungen einer bestimmten Dehnmethode gibt. Genauso wenig gibt es eine einzige wahre Dehnmethode. Daher ist es wichtig, bei der Anwendung der Dehnmethode zu differenzieren zwischen (vgl. *Gärtner*, 2016):

- der Zielsetzung,
- dem Sportler,
- der Sportart,
- dem Leistungsstand.

Bei den Wirkungen muss unterschieden werden zwischen jenen, die durch Kurzzeitdehnen (Dehndauer zwischen 10 und 15 Sekunden) und jenen, die durch Langzeitdehnen (Dehndauer > 30 Sekunden) ihr gewünschtes Dehnziel erreichen. Zunächst gilt es festzuhalten, dass beide Arten des Dehnens die Beweglichkeit verbessern. Diese Wirkung bleibt beim Kurzzeitdehnen mehrere Minuten bis zu einer Stunde bestehen. Kurzzeitige Dehntreatments verbessern die Beweglichkeit im Aufwärmen kurzzeitig. Dies ist wichtig für das Training oder das Aufwärmen vor dem Wettkampf.

Das Dehnen vor dem Sport ist grundsätzlich eine sinnvolle Maßnahme, welche die Rezeptoren sensibilisiert und das Körpergefühl verbessert.

Nach einem regelmäßigen Langzeitdehnprogramm, welches täglich oder mehrmals wöchentlich durchgeführt wird, hält die Verbesserung der Beweglichkeit sogar wochen- bis monatelang an. Dadurch kann man z. B. im Badminton oder Tischtennis einen größeren Beschleunigungsweg ausnutzen, um eine Erhöhung der Schlaggeschwindigkeit zu erzielen.

14.2.1 Ruhespannung und Muskellänge

Im Verlauf einer Dehnung nehmen die Dehnungsreflexe zu, das heißt der Muskel kontrahiert. Zu erkennen ist dies daran, dass die Muskeln zu zittern beginnen. Es hat sich beim Kurzzeitdehnen (Gesamtdauer des Dehnprogramms ca. 10–20 Minuten) gezeigt, dass die Ruhespannung im Verlauf der ersten 5 Dehnungen absinkt. Nach ca. 60 Minuten ist dieser Effekt völlig abgeklungen. Wird die Ruhespannung nach einem mehrwöchigen Dehnungstraining nach einer entsprechenden Pause gemessen, ist sie nicht reduziert und kann sogar ansteigen (vgl. *Klee / Wiemann*, 2012).

Kennwerte	Kurzfristige Effekte nach Kurzzeitdehnen (10–20 Minuten)	Langfristige Effekte nach mehrwöchigem Dehnen
1. Bewegungsreichweite	+ 8 %	+ 15 %
2. Max. Dehnungsspannung	+ 23 %	+ 30 %
3. Ruhespannung	- 20 %	keine Veränderungen, bzw. + 13 %
4. Muskellänge	keine Veränderungen	keine Veränderungen
5. Maximalkraft	- 7 %	keine Veränderungen, bzw. + 13 %
6. Schnellkraftleistung	- 5 % bei intensivem statischem Dehnen; keine Veränderung beim dynamischen Dehnen	Zunahme
7. Verletzungsvorbeugung	Alle Verletzungen: -5 %, Muskelverletzungen: Abnahme um -20 bis -50 %, auf 5–9 Jahre gesehen	Es liegen keine Erkenntnisse dazu aus Studien vor.
8. Muskelkater	Keine Veränderungen, Zunahme	Es liegen keine Erkenntnisse dazu aus Studien vor.

Tab. 14.2: Kurzfristige und langfristige Effekte von unterschiedlichen Dehnmaßnahmen (mod. nach *Klee* 2013)

14.2.2 Maximalkraft und Schnellkraft

Durch intensives statisches Langzeitdehnen mit über 30 Sekunden Dehndauer können Leistungseinbußen bei der Maximalkraft von bis zu 7 % und bei Sprungtests von bis zu 5 % auftreten. Diese Ergebnisse führten dazu, dass in den letzten Jahren vom Dehnen abgeraten wurde. Neuere Studien zeigten jedoch, dass sich weder ein kurzes Dehnen mit 4 x 15 Sekunden noch ein dynamisches Dehnen leistungsmindernd auswirken und dass Pausen und tonisierende Übungen diese Negativeffekte wieder ausgleichen. Auch führt Langzeitdehnen nicht zu einer Abnahme der Maximalkraft. Im Gegenteil: Es ist langfristig sogar förderlich für Schnellkraftleistungen, was sich in schnelleren Sprints oder einer besseren Sprungkraftleistung zeigen kann.

Bei 63 männlichen Handballspielern wurde der Einfluss von statischem Dehnen auf die Wurfgeschwindigkeit beim Schlagwurf untersucht. Die Probanden durchliefen ein Aufwärmprogramm mit Laufformen und Armkreisen sowie 20 Pässen über 9 Meter und absolvierten danach vier statische Dehnübungen mit jeweils 30 Sekunden Dauer. Dann wurde der Schlagwurf durchgeführt. Das Ergebnis: Es konnte kein negativer Effekt des statischen Dehnens auf die Wurfgeschwindigkeit festgestellt werden. Die Autoren berichten, dass auch bei Studien zum Bankdrücken, der Kraft der Schultermuskulatur, der Wurfleistung beim Baseball und der Leistung beim Aufschlag im Tennis kein negativer Effekt von statischem Dehnen auf die Leistungsfähigkeit der oberen Extremitäten festgestellt werden konnte. Bei diesen Untersuchungen lag die Dehndauer pro Muskel zwischen 15 und 20 Sekunden (vgl. *Strauß / Wydra*, 2010).

Cohen (1994) konnte zeigen, dass Dehnprogramme, die innerhalb des Aufwärmens gemacht werden sowie Langzeitdehnen über mehrere Wochen hinweg, über einen vergrößerten Beschleunigungsweg zu einer Erhöhung der Schlaggeschwindigkeit beim Tennis führten. Diese Erkenntnisse sind auch für Tischtennis, Badminton, Squash oder Volleyball bzw. den leichtathletischen Speerwurf relevant.

In der Praxis ist es nicht üblich, unmittelbar nach Dehnungsübungen sofort sportliche Leistungen zu absolvieren. Kein Hochspringer dehnt sich intensiv passiv und geht danach sofort zum Anlauf über. Auch Speerwerfer dehnen sich unmittelbar vor ihrem Wurf nicht lange und intensiv. Meist erfolgt nach dem Dehnen noch eine Aktivierungsphase, in der sportartspezifische Bewegungen, wie z. B. kurze Antritte, Sprünge, Schläge oder Würfe ausgeführt werden. Diese Aktivierungsmaßnamen, durch die man die Muskeln wieder auf Spannung bringen kann, werden auch Movement Preparation oder tonisierende Übungen genannt. Sie gleichen eventuelle kurzfristige Negativeffekte des Dehnens sofort wieder aus. Untersuchungen zeigten nicht nur bezüglich des passiven Dehnens, sondern auch bezüglich des dynamischen Dehnens eine Leistungsminderung, die durch Pausen und tonisierende Übungen wieder ausgeglichen wurden (*Klee / Wiemann*, 2012). Langfristiges Dehnen, welches über Wochen oder Monate ausgeführt wurde, führte auch nicht dazu, dass die Muskeln „ausleierten" oder die Maximalkraft abnahm.

14.2.3 Dehnen und Muskeltonus

Die Skelettmuskeln kann man mehr oder weniger stark anspannen, manche verfügen über eine bestimmte Ruhespannung, beispielsweise die Bauch- und Rückenmuskulatur für die aufrechte Haltung. Durch Steigerung des Muskeltonus ohne Bewegung kommt es beispielsweise zur verstärkten Wärmebildung. Sportler sprechen häufig von verspannter Muskulatur. Zwischen dem Muskeltonus und der Beweglichkeit im Sinne der maximalen Gelenkbeweglichkeit besteht kein direkter Zusammenhang (*Freiwald*, 2013).

Definition Muskeltonus:

Der Muskeltonus beschreibt den Spannungszustand des Muskels.
Er besteht aus 2 Komponenten:

1. viskös-elastische Komponente
2. kontraktile Komponente

In einem ruhenden Muskel liegt grundsätzlich ein viskoelastischer Muskeltonus vor, der durch folgende Eigenschaften des Muskelgewebes beeinflusst wird:

1. Flüssigkeiten
2. Fetteinlagerungen
3. Bindegewebsspannungen

Von einem kontraktilen Muskeltonus spricht man, wenn eine elektrische Aktivierung der Muskulatur vorliegt. Ist diese höher, zieht sich der Muskel zusammen und die Härte der Muskulatur nimmt zu.

Einflussfaktoren auf den Muskeltonus (MT) sind folgende:

1. Blockierte Gelenke: führen zu einer reflektorischen Anspannung
2. Erkrankungen und Störungen der inneren Organe: MT steigt an
3. Stress (psychische Belastungen): MT steigt an
4. Entzündungen: z. B. Rheuma, MT steigt an

Wichtig ist festzuhalten, dass durch Dehnung kurzfristig der kontraktile Muskeltonus beeinflusst werden kann. Ebenso kann durch Dehnung auch kurz-, mittel- und langfristig der viskoelastische Muskeltonus beeinflusst werden.

Wie kann Dehnung zur Reduzierung des MT bei den obigen Beispielen beitragen?

1. Indem die Blockade aufgehoben wird, dies führt in der Regel sofort zu einer Entspannung der verspannten Muskulatur.
2. Bei Erkrankungen ist Dehnung wirkungslos.

3. Bei Stress und psychischer Anspannung kann Dehnung einen wichtigen Beitrag zur Entspannung leisten.

Für den Sport ist noch interessant: Nach Verletzungen wird durch Dehnung die übermäßige Einlagerung von Bindegewebe in die Muskulatur verhindert, Narben vorgebeugt und die Beweglichkeit erhalten (vgl. *Freiwald*, 2013).

14.2.4 Verletzungsvorbeugung

Eines der gewichtigsten Argumente für das Dehnen war früher die verletzungsvorbeugende Wirkung. Dann ergab eine Untersuchung an 2630 australischen Soldaten, dass ein Mensch sich 23 Jahre lang dehnen müsste, um eine Verletzung zu verhindern (vgl. *Herbert / Gabriel*, 2002). Neuere Studien lassen hingegen den Schluss zu, dass Muskel- und Sehnenzerrungen durch Dehnen reduziert werden können. *Cross* und *Worrell* (1999) fanden heraus, dass Muskelverletzungen durch Dehnen halbiert werden konnten, bei anderen gingen die Muskelverletzungen bei der Dehngruppe um ca. ein Viertel zurück. Nach momentanem Forschungsstand ist es daher nicht ganz korrekt zu schlussfolgern, dass Dehnen im Zusammenhang mit der Verletzungsvorbeugung keinerlei Bedeutung hätte.

Anders sieht es beim Muskelkater aus. Hier ist eindeutig bewiesen, dass dieser weder durch Dehnen vor noch nach der Belastung verhindert werden kann (vgl. *Klee*, 2013).

14.3 Dehnmethoden

Welche Dehnmethode angesagt ist, hängt von der jeweiligen Zielsetzung ab. Es können sich auch mehrere Dehnmethoden dazu eignen, ein bestimmtes Ziel zu erreichen.

Die Orientierung erfolgt grundsätzlich an folgendem Raster:

Zeitpunkt der Trainingseinheit	Zielsetzung durch Dehnung
Stundenbeginn: Aufwärmen	Beweglichkeitssteigerung, Beweglichkeitserhalt, Vorbereitung, Körperwahrnehmung, Körpergefühl, Durchblutungssteigerung, muskuläre Verletzungsprophylaxe
Hauptteil	Verbesserung der Beweglichkeit, evtl. bis zur Spezialnorm
Stundenabschluss: Cool Down	Regeneration, Durchblutungsförderung, Senkung des Muskeltonus

Tab. 14.3: Unterschiedliche Zielsetzungen von Dehnungsübungen im Stundenverlauf

Die folgende Systematik orientiert sich an *Freiwald* (2013). Es wird auf 5 Dehnmethoden eingegangen, die von praktischer Bedeutung sind:

Statisches Dehnen (Static Stretching = SS)

Für die praktische Anwendung im Sport wird das statische Dehnen mit kurzer Dauer (10–15 Sekunden) vom statischen Dehnen mit verlängerten Dehnzeiten (bis zu 60 Sekunden) unterschieden. Die Muskulatur und das Bindegewebe werden durch das Einnehmen einer endgradigen Gelenkstellung auf maximale Länge gebracht. Bei dem verlängerten Dehnen werden auch strukturelle Anpassungen der gedehnten Gewebe angestrebt (*Freiwald*, 2013). Bei dieser Methode kann die Dehnung sehr gut kontrolliert werden. Außerdem kann es zu einer ausgeprägten psychischen Entspannung kommen.

Dynamisches Dehnen (Dynamic Stretching = DS)

Dynamische Dehnmethoden eignen sich zur Vorbereitung auf sportliche Belastungen. Durch dynamische Dehnungen beim Aufwärmen kann z. B. die Ausholbewegung eines Handballers zum Torwurf, eines Volleyballers zum Schmetterschlag, eines Leichtathleten zum Speerwurf oder eines Tischtennisspielers zum Vorhand-Topspin sehr gut vorbereitet werden.

Im Gegensatz zum statischen Dehnen wird hier die Endposition nicht gehalten, sondern durch leichtes Federn ständig erweitert. Da die meisten Sportarten dynamischer Natur sind, sollte bei diesen zur Vorbereitung auch dynamisch gedehnt werden. Verletzungen durch diese Dehnungsmethode bzw. das Auslösen von Reflexen sind nicht bekannt.

In der Praxis werden beim dynamischen Dehnen 3–15 federnde Bewegungen im endgradigen Bereich individuell durchgeführt. Die Bewegungen sollen kontrolliert rhythmisch-federnd sein. Die Bewegungsgeschwindigkeit ist gering. Die Intensität innerhalb einer Serie ist zunehmend (Erweiterung der Dehnposition).

Anspannen – Entspannen – Dehnen (Contract-Relax = CR)

Das charakteristische Kennzeichen dieser Methode besteht darin, dass die Muskulatur, die nachfolgend gedehnt werden soll, zunächst isometrisch (= gehalten) kontrahiert wird. Diese Anspannung sollte submaximal bis maximal sein und ca. 2–10 Sekunden gehalten werden. Nach der Kontraktion wird die Muskulatur entspannt, die Dehnposition eingenommen und die zuvor isometrisch angespannte Muskulatur gedehnt. Dies ist eine Variation des statisch-passiven Dehnens.

Durch die vorherige Anspannung findet eine Mehrdurchblutung sowie Kräftigung der darauffolgend gedehnten Muskulatur statt. Durch die vorherige Anspannung des zu dehnenden Muskels steigert der Übende seine Aufmerksamkeit und sein Körpergefühl.

Agonistische Kontraktion und Dehnen (Agonist Contract = AC)

Der Sportler nimmt aktiv unter Kontraktion des Agonisten die Dehnposition ein, um die antagonistische Muskulatur zu dehnen. Die Position wird weniger als 10 Sekunden gehalten. Diese Dehnmethode wird auch als aktives Dehnen bezeichnet.

Diese Dehnmethode (AC) hat sich zur Beweglichkeitsverbesserung, insbesondere der aktiven Beweglichkeit als besonders erfolgreich erwiesen. Der zu dehnende Muskel wird verstärkt durchblutet und der Agonist gekräftigt. Dies kann vor Trainings- und Wettkampfbelastungen von Vorteil sein. Die aktive Beweglichkeit erfordert mehr Aufmerksamkeit vom Sportler und kommt der Wettkampfleistung sehr nahe.

Anspannen – Entspannen – Agonistische Kontraktion und Dehnen (CR-AC)

Diese Dehnmethode ist mit der zuvor beschriebenen AC-Methode identisch, jedoch wird der Dehnung eine Kontraktion der zu dehnenden Muskulatur vorgeschaltet. Sie kann auch als aktiv-dynamische Dehnung bezeichnet werden.

Der Sportler spannt zuerst die zu dehnende Muskulatur an. Die Intensität soll dabei stark sein und zwischen 2 und 10 Sekunden andauern. Darauf folgt ein kurzes Entspannen. Anschließend wird die Dehnposition eingenommen und durch Unterstützung des Agonisten der Antagonist gedehnt. Diese Methode ist zur Beweglichkeitsverbesserung sehr gut geeignet.

Empfehlungen für die Praxis

Merke

Als sehr gut geeignet zum Dehnen vor dem Sporttreiben (im Aufwärmen) hat sich das aktiv-dynamische Dehnen erwiesen.

Als sehr gut geeignet zum Dehnen im Cool Down (Ende des Trainings oder Wettkampfes) hat sich das passiv-statische Dehnen mit ca. 10–15 Sekunden Dauer erwiesen.

Ob und nach welcher Methode man dehnt, hängt von folgenden Faktoren ab:

1. Wirkung, die erzielt werden soll
2. Sportart bzw. Disziplin
3. persönliche Ziele

Nach *Klee* (2013) können folgende praktische Empfehlungen ausgesprochen werden:

1. Intensives Dehnen zum Aufwärmen ist bei Sportarten bzw. Disziplinen, die eine maximale Beweglichkeit erfordern, unabdingbar. Dazu zählen beispielsweise Turnen, Hürdenlauf, Schwimmen, rhythmische Sportgymnastik oder Sportakrobatik.

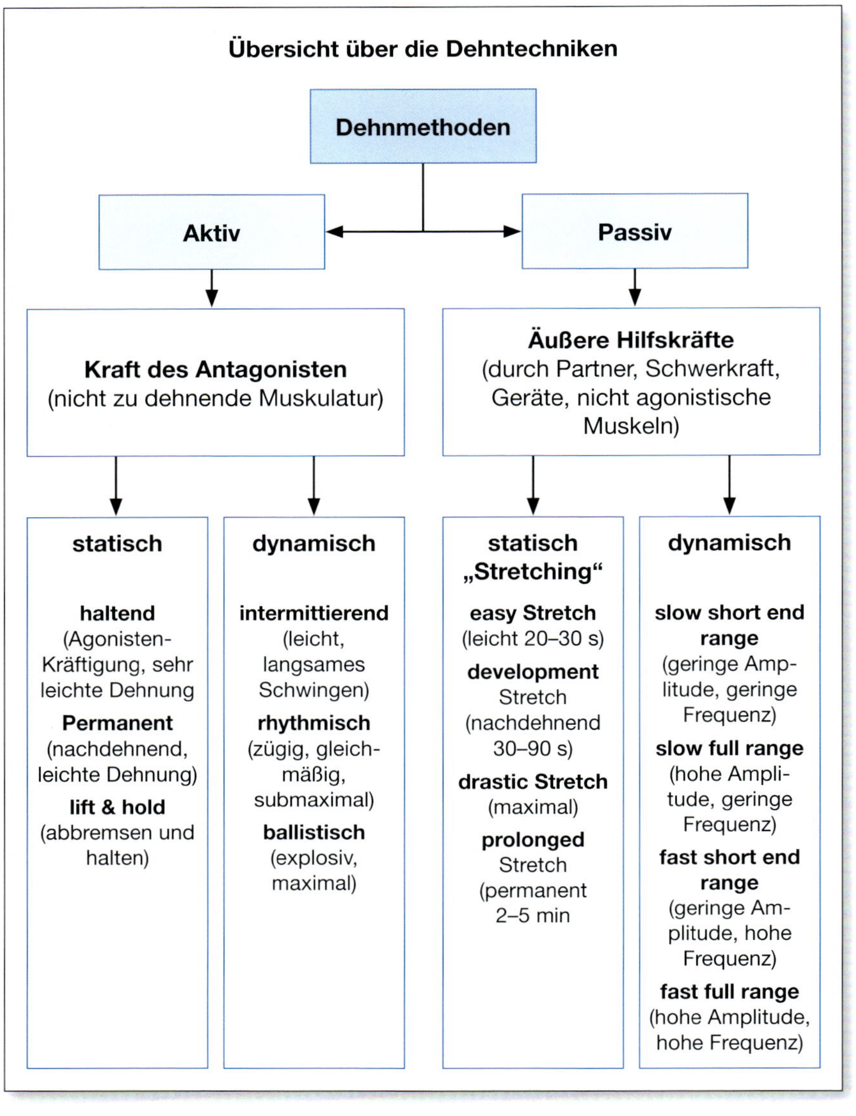

Abb. 14.1: Dehnmethoden (mod. nach *Gärtner*, 2016)

2. Bei Sportarten, in denen es zu schnellkräftigen Bewegungen oder zu großen Gelenkausschlägen kommt, ist wegen der Leistungssteigerung (z. B. durch Vergrößerung des Beschleunigungswegs) und wegen der Verletzungsvorbeugung (Muskelzerrungen) ein submaximales Dehnen zu empfehlen. Geeignet wären z. B. 10 rhythmisch-federnde Wiederholungen. Zu befürchtende Leistungseinbußen werden durch tonisierende Übungen und durch eine Pause verhindert. Beispielsportarten: Handball, Tischtennis, Volleyball, Badminton, Fußball, Tennis, Judo, Karate und Basketball. Sollen die Muskeln, die am häufigsten zu Zerrungen neigen, gedehnt werden, so wären dies beim Aufwärmen nur 6 Übungen: hintere und vordere Oberschenkelmuskulatur, Adduktoren, Waden, Hüftbeuger und Brustmuskel.
3. Für Bewegungsformen, bei denen es zu keinen maximalen Gelenkausschlägen und zu keinen schnellkräftigen Bewegungen kommt, wie z. B. beim Radfahren, Joggen oder Nordic Walking, ist Dehnen von geringerer Bedeutung.
4. Nach einer Belastung ist ein Auslaufen zu empfehlen, eine Lockerung und ein kurzes submaximal statisches Dehnen (SS).
5. Das Langzeitdehnen zur Verbesserung der Beweglichkeit sollte wenn möglich in einer eigenen Trainingseinheit absolviert werden. Hierbei sollten auch die Methoden des Anspannungs-Entspannungs-Dehnens und des Agonisten-Anspannungs-Dehnens eingesetzt werden, da diese effektiver sind als die anderen Methoden
6. In einseitig belastenden Sportarten, wie z. B. Tischtennis oder Badminton, ist zur Vermeidung muskulärer Dysbalancen ein ausgewogenes Krafttraining für die Antagonisten wichtiger als ein Dehnungstraining.
7. Von einem zeitlich umfangreichen Dehnen mit maximaler Intensität ist beim Aufwärmen abzuraten. Es könnte hierdurch zu einer Leistungsminderung kommen und das Verletzungsrisiko könnte sogar ansteigen.

Tabelle 14.4 zeigt einen Überblick über die praktische Anwendung und Eignung der in diesem Kapitel beschriebenen Dehnungsmethoden.

Ziel / Dehnmethode	Aufwärmen / Vorbereitung	Hauptteil / langfristiges Beweglichkeitstraining	Stundenausklang Cool Down / Regeneration / Tonusregulation
Statisches Dehnen (SS)	lange Dauer (60 s), nur geeignet bei Sportlern, die höchste Bewegungsamplituden benötigen	zur Beweglichkeitssteigerung geeignet	kurze Dauer (10–15 s), geeignet, um Muskeltonus zu senken
Dynamisches Dehnen (DS)	besonders zur Vorbereitung auf sportliche Leistung geeignet, da erhöhte Muskeldurchblutung	sehr gute Wirksamkeit zur langfristigen Steigerung der Beweglichkeit	sehr gut geeignet zur Regeneration, da durchblutungsfördernd
Anspannen – Entspannen – Dehnen (CR)	besonders zur Vorbereitung auf sportliche Leistung geeignet, da erhöhte Muskeldurchblutung	zur Beweglichkeitssteigerung geeignet	sehr gut geeignet zur Regeneration, da durchblutungsfördernd
Agonistische Kontraktion und Dehnen (AC)	sehr gut zur Vorbereitung auf Training und Wettkampf geeignet, da erhöhte Muskeldurchblutung	sehr gute Wirksamkeit zur langfristigen Steigerung der Beweglichkeit	bei dynamischer Ausführung: sehr gut geeignet zur Regeneration, da durchblutungsfördernd
Anspannen – Entspannen – Agonistische Kontraktion und Dehnen (CR-AC)	sehr gut zur Vorbereitung auf Training und Wettkampf geeignet, da erhöhte Muskeldurchblutung	sehr gute Wirksamkeit zur langfristigen Steigerung der Beweglichkeit	sehr gut geeignet zur Regeneration, da durchblutungsfördernd

Tab. 14.4: Eignung verschiedener Dehnungsmethoden für unterschiedliche Ziele (mod. nach *Freiwald / Klee*, 2013); SS = Static Stetching; DS = Dynamic Stretching; CR = Contract Relax; AC = Agonist Contract; CR-AC = Contract Relax – Agonist Contract)

In einer umfangreichen Übersichtsarbeit hat Wiemann die Wirksamkeit der unterschiedlichen Dehnmethoden folgendermaßen zusammengefasst:

- Alle Dehnungsmethoden führen zu einer verbesserten Gelenkbeweglichkeit.
- 5 Dehnmethoden haben sich in der sportlichen Praxis bewährt: Statisches Dehnen (SS), Dynamisches Dehnen (DS), Anspannen - Entspannen - Dehnen (CR), Agonistische Kontraktion und Dehnen (AC) sowie Anspannen - Entspannen - Agonistische Kontraktion und Dehnen (CR-AC).
- Die effektivste Methode, um die Gelenkamplitude zu erweitern, ist die CR-AC, gefolgt von AC, DS und CR sowie SS.

14.4 Faszientraining

In den letzten Jahren ist neben der Muskulatur das Fasziengewebe immer stärker in den Fokus gerückt. Dazu haben in erster Linie die Anwendungen z. B. mit den BlackRolls® beigetragen, mit denen die Faszien trainiert werden können.

Anatomisch gesehen macht dieses Bindegewebe ca. 30 % des gesamten menschlichen Gewebes aus. In den letzten Jahren hat man herausgefunden, dass das Fasziengewebe kein totes Gewebe ist, sondern dass die Faszien reichlich innerviert sind. Sie enthalten verschiedene Typen von sensorischen Nervenendigungen. Dies erklärt, weshalb offensichtlich die Faszienhüllen des Muskels ebenfalls am Schmerzempfinden beim Muskelkater beteiligt sind. Das Fasziengewebe durchzieht den gesamten menschlichen Körper und besteht primär aus:

- Kollagen
- Elastin
- Bindegewebszellen
- Flüssigkeit (68 %)

Die Faszien reagieren auf Reize und passen sich an Belastungen an. Das Fasziengewebe degeneriert, wenn es nicht gefordert wird. Bei körperlicher Passivität und bei älteren Menschen verfilzen und verkleben die Faszien und verlieren ihre natürliche Wellenstruktur. Dadurch wird die Muskelarbeit beeinträchtigt, denn die Muskelfaserbündel können dann nicht mehr richtig gegeneinander gleiten und

1. die Kraftübertragung von Muskel zu Muskel funktioniert nicht mehr reibungslos und
2. die Koordination leidet.

Für Sportler sind sie auch deshalb so wichtig, weil z. B. die Sehnen Bewegungsenergie aufnehmen und abgeben können. Sie bilden damit die Grundlage für die Sprungkraft- und Schnellkraft.

Ziele und Wirkungen des BlackRoll®-Trainings

Sportlich aktive Erwachsene und junge Menschen haben eine regelmäßige Netzstruktur und die Faszien sind sehr elastisch. Durch Training z. B. mit einer BlackRoll® kann man die negativen Symptome stark beeinflussen und verlangsamen.

Ziele des Faszientrainings sind:

- elastische Dehnfähigkeit und Spannkraft der Faszien herstellen
- das reibungslose Funktionieren der langen Faszienbahnen gewährleisten
- eine intakte und natürliche Netz- und Wellenstruktur herstellen
- eine schnelle Regeneration der Muskel-Faszien-Einheit nach dem Sport erreichen

Was kann Faszientraining bewirken?

- Erhöhung der Belastbarkeit von Sehnen und Bändern
- schützt Muskulatur vor Verletzungen
- vermeidet schmerzhaftes Reiben in Hüftgelenken und Bandscheiben
- strafft den Körper

Die Zellen werden dadurch zur Produktion von neuem Kollagen angeregt. Das Fasziengewebe reagiert auf Training anders als die Muskeln. Die Anpassung dauert bei den Faszien etwas länger, sie können dadurch jedoch ihre natürliche Wellenstruktur wieder zurückgewinnen.

BlackRoll®-Übungen (Self myofascial Release)

Die BlackRoll®-Übungen sind eine Möglichkeit, die Fasern durch Training in ihre ursprüngliche Form zurückzuverwandeln. Mithilfe dieser Rollen aus Hartschaumstoff werden die mehr oder weniger schmerzhaften Regionen „massiert" und „durchgerollt", um die Verfilzungen in den Fasern aufzulösen. Im Prinzip wird dadurch auch Flüssigkeit aus den Faszien herausgepresst und das Fasziengewebe kann danach wieder umso besser mit Flüssigkeit aufgefüllt werden. Dadurch gewinnt das Fasziengewebe seine Elastizität zurück.

Außerdem konnte in Studien belegt werden, dass sich durch BlackRoll®-Training die Regenerationszeit nach einer sportlichen Belastung erheblich verkürzen lässt. Ein guter Faszienzustand bietet zusätzlich Schutz vor Verletzungen (vgl. *Schleip*, 2015).

Abb. 14.2 und 14.3: Das obere Bild zeigt eine Regenerationsübung mit der BlackRoll®, das untere Bild eine stabilisierende Übung; Quelle ©*BLACKROLL / Sebastian Schöffel*

Aufgaben und Fragen

1. Welche Faktoren, die Einfluss auf die normale Beweglichkeit haben, sind Ihnen bekannt?
2. Welche Unterschiede zwischen kurzfristigem und mehrwöchigem Training durch Dehnen sind Ihnen bekannt?
3. Man kann zum Stundenbeginn, im Hauptteil oder im Schlussteil dehnen. Welche Ziele werden jeweils damit verfolgt?
4. Welche praktischen Empfehlungen sind Ihnen im Zusammenhang mit dem Dehnen bekannt?
5. Welche Dehnungsmethoden kennen Sie? Wozu eignen sich diese im Besonderen?
6. Welche Ziele verfolgt das Faszientraining?
7. Welche Wirkungen kann man durch das Ausrollen mit einer BlackRoll® erreichen?

Zum Anforderungsprofil von Sportarten

15

Von Sportart zu Sportart und von Sportdisziplin zu Sportdisziplin kann man beobachten, dass im Training sehr unterschiedliche Schwerpunkte gesetzt werden. Diese Schwerpunkte sind das Ergebnis von Analysen des jeweiligen Anforderungsprofils der Sportart. Die Frage, um die es geht, ist: Was genau muss ich in welchem Verhältnis trainieren, um in dieser Sportart / Disziplin gut zu werden?

Wenn man das Training und die Leistungsentwicklung optimal steuern möchte, bedeutet dies, dass man Informationen und Kenntnisse

1. über biomechanische und physiologische Bedingungen (z. B. Herz-Kreislauf-System, Energiebereitstellung),
2. über funktionell-anatomische Bedingungen (z. B. Gelenkbelastung) sowie
3. des konditionellen, kognitiven, psychischen, körperbaulichen, sozialen und materialen Anforderungsprofils benötigt.

Die hier aufgezählten Faktoren darf man nicht isoliert nebeneinander betrachten, es gibt vielfältige Beziehungen untereinander. Wer nur im Training, aber nie im Wettkampf, wenn es gilt, eine stabile Psyche hat, wird kaum erfolgreich Spitzensport betreiben können. Mit der Körpergröße von 1,60 Meter wird man es im Basketball sehr schwer haben, ein erfolgreicher Spitzensportler in dieser Sportart zu werden. Wer umgekehrt 2,21 Meter groß ist, wird sich im Geräteturnen schwertun.

Nur auf der Basis einer Analyse der Leistungsstruktur lassen sich richtige Empfehlungen für das Training einer Sportart / Disziplin ableiten (Abb. 15.1).

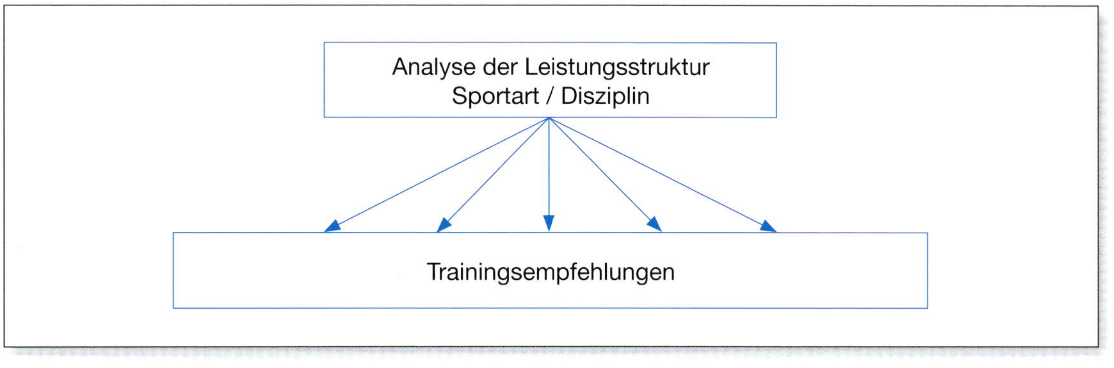

Abb. 15.1: Ableitung der Trainingsempfehlungen aus der Analyse der Leistungsstruktur

Für die Darstellung des Leistungssystems ist es wichtig, dass nicht nur Kriterien aufgezählt werden, sondern auch deren Einflüsse und Beziehungen zueinander dargestellt werden. Orientiert hat man sich zu Beginn solcher Anforderungsprofilanalysen überwiegend an den sportlichen Meistern einer Sportart bzw. Disziplin, man sprach von sog. „Meisterlehrern“. Was haben sie trainiert und wie haben sie trainiert? Dies hat man dann kopiert, ähnlich wie bei den Techniken im Sport.

Später hat man dann durch sportwissenschaftliche und sportmedizinische Analysen versucht, die einzelnen Komponenten exakt zu erfassen. Je komplexer jedoch die Sportart, umso schwieriger hat sich dies dargestellt. Wie wichtig einzelne Faktoren bzw. Komponenten des Anforderungsprofils im

Hinblick auf die Leistung in einer Sportart sind, bereitet häufig sehr große Probleme und selbst Experten streiten sich um die exakte Bedeutung einzelner Komponenten. Die Analyse ist jedoch zwingend notwendig, denn man kann schlichtweg nicht alle konditionellen noch alle koordinativen Fähigkeiten trainieren. Dafür fehlt einfach die Zeit. Außerdem wäre das Training, da es nicht zielgerichtet ist, weniger effektiv. Gleichwohl gibt es relativ komplexe Sportarten, die ein sehr umfassendes Training hinsichtlich der Koordination und Kondition benötigen. Vor allem die Sportspiele wie Handball, Fußball, Basketball, Volleyball sowie Tennis, Tischtennis und Badminton zählen dazu.

Die Abbildung 15.2 zeigt das Ergebnis einer Studie, in der bestimmt wurde, welche Merkmale den entscheidenden Einfluss auf die Leistung zum Jahreshöhepunkt (Weltmeisterschaft oder Olympische Spiele) im Judo haben.

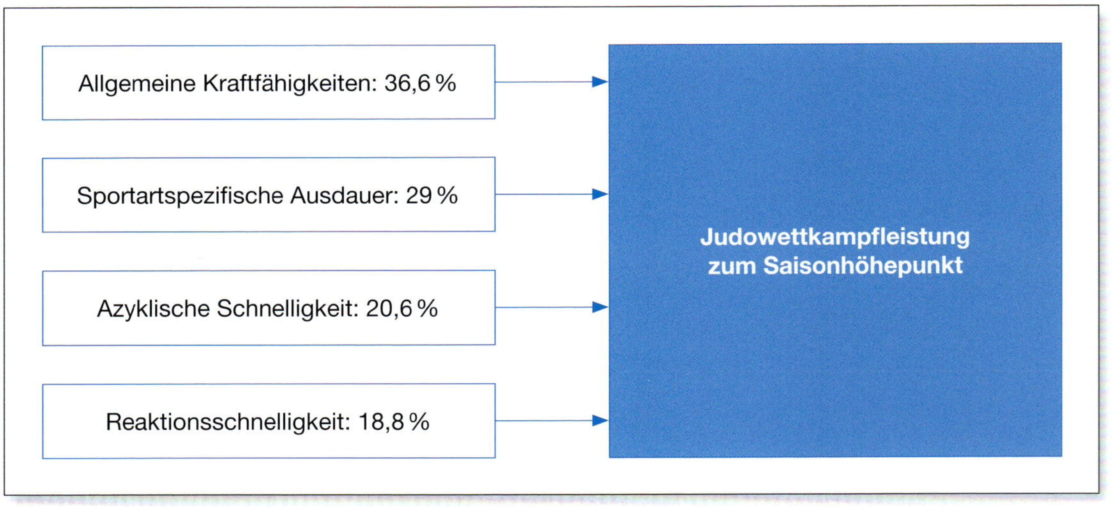

Abb. 15.2: Verteilung judospezifischer Merkmalskomplexe, welche Einfluss auf die Judoleistung zum Leistungshöhepunkt hatten (mod. nach *Hottenrott / Neumann*, 2016). Anm.: Das Ergebnis ergibt keine 100 %, da es durch besondere statistische Verfahren zustande kam.

Wie aus der Abbildung hervorgeht, handelt es sich um

1. drei konditionelle Fähigkeiten (allgemeine Kraftfähigkeiten, sportartspezifische Ausdauer, azyklische Schnelligkeit) und
2. eine koordinative Fähigkeit (Reaktionsschnelligkeit).

Hier sind jetzt nur koordinative und konditionelle Fähigkeiten aufgeführt, psychische oder kognitive Fähigkeiten werden überhaupt nicht erwähnt, spielen aber selbstverständlich auch eine wichtige Rolle. Judo stellt noch weit mehr Anforderungen an Kondition oder Koordination. Im Judo gewinnt selten eine nach den obigen Kriterien „gezüchtete Kampfmaschine“. Wer z. B. über keine optimale Kampftechnik oder Kampftaktik (= kognitive Fähigkeit) verfügt, wird sich im Wettkampf schwertun.

Differenzierte Beschreibung des koordinativen und konditionellen Anforderungsprofils im Tischtennis

Wenn man im Tischtennistraining bestimmte koordinative und konditionelle Fähigkeiten trainieren möchte, so muss es eine Begründung dafür geben, wozu diese Fähigkeit im Spiel benötigt wird.

Koordinatives Anforderungsprofil im Tischtennis

- Reaktionsfähigkeit:
  - Tischtennis ist das schnellste Partnerrückschlagspiel
  - Bälle erreichen 170–180 km/h
  - sehr kurze Distanz zum Gegner
  - sie wird bei jedem Ballwechsel mehr oder weniger stark gefordert

- Kopplungsfähigkeit:
  - komplexe Schlagbewegungen
  - Ganzkörperbewegungen (Beine, Füße, Hüfte, Oberkörper, Schultern)
  - Schlagarmbewegung mit Oberarm-, Unterarm- und Handgelenksbewegung
  - vom Timing her genau aufeinander abgestimmt
- Differenzierungsfähigkeit:
  - Ballgefühl
  - Bestimmung von Geschwindigkeit
  - Rotation
  - Richtung und Flughöhe des Balles
  - Ballgewicht ca. 3 g
  - bis zu 8000–10000 Umdrehungen/min bei sog. Topspinschlägen
- Orientierungsfähigkeit:
  - das Spiel um die bessere Spielposition
  - Wo steht mein Gegner?
  - Wo steht mein Partner?
  - ausspielen
  - gegnerische Schwachpunkte anspielen
- Gleichgewichtsfähigkeit:
  - dynamisches Gleichgewicht,
  - für präzisen Rückschlag notwendig
- Umstellungsfähigkeit:
  - bei Netz- und Kantenbällen in Zusammenarbeit mit der Reaktionsfähigkeit
  - bei falscher Antizipation
- Rhythmisierungsfähigkeit:
  - spielt im Tischtennis eine unbedeutende Rolle

Zusätzlich benötigt der Tischtennisspieler eine sehr gute Antizipationsfähigkeit, also ein frühzeitiges Erkennen, eine gedankliche Vorwegnahme, welchen Schlag der gegnerische Spieler als nächsten Ball wohin auf dem Tisch platzieren möchte.

Konditionelles Anforderungsprofil

- Schnelligkeit: Die wichtigste konditionelle Fähigkeit ist die Schnelligkeit; man benötigt schnelle Beine für die Beinarbeit, schnelle Bewegungen des Rumpfes für die Schläge sowie letztlich eine schnelle Schlagarmbewegung.
- Kraft: Die zweitwichtigste konditionelle Fähigkeit ist die Kraft; für die Schlagarmbewegung benötigt man Schnellkraft (Schlagkraft), die Beine müssen ebenfalls schnellkräftig sein. Zusätzlich benötigt der Tischtennisspieler wegen der tiefen Grundstellung Kraftausdauer in den Beinen. Auch die Rumpfmuskulatur muss kräftig sein, da sie den Schlag z.B. durch schnelle Rumpfdrehungen unterstützt.
- Ausdauer: Sie wird gebraucht, um längere Turniere, zweimaliges Training und Ranglistenturniere erfolgreich gestalten zu können, sie sichert also die Belastbarkeit im Training und Wettkampf ab. Außerdem verbessert Ausdauer die Fähigkeit, sich länger konzentrieren zu können; die Regeneration hängt davon ab.
- Beweglichkeit: Ein Tischtennisspieler benötigt die sog. Optimalnorm, damit die Schlagtechniken ohne Einschränkungen gespielt werden können.

Zudem ist es so, dass man Sportarten schwerpunktmäßig der einen oder anderen konditionellen Fähigkeit mehr oder weniger stark zuordnen kann. Dies ist in der folgenden Grafik dargestellt (Abb. 15.3).

Die Abbildung 15.3 zeigt die Position ausgewählter Sportarten im Konditionsdreieck:

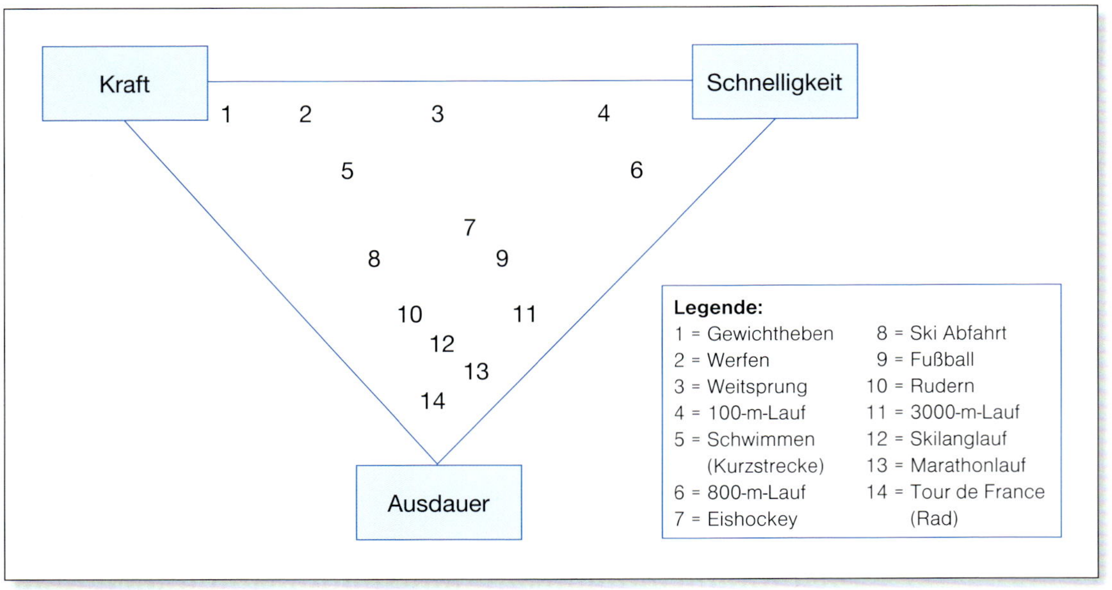

Abb. 15.3: Positionen ausgewählter Sportarten im Konditionsdreieck „Kraft - Schnelligkeit - Ausdauer" (mod. nach *Hegner* et al., 2000, S. 59)

Zwischen konditionellen und koordinativen Fähigkeiten bestehen Zusammenhänge, über die man sich im Training bewusst sein sollte. Wer Koordination trainiert, dem muss klar sein, dass dies auch konditionelle Anforderungen an den Sportler stellen kann und umgekehrt (Abb. 15.4).

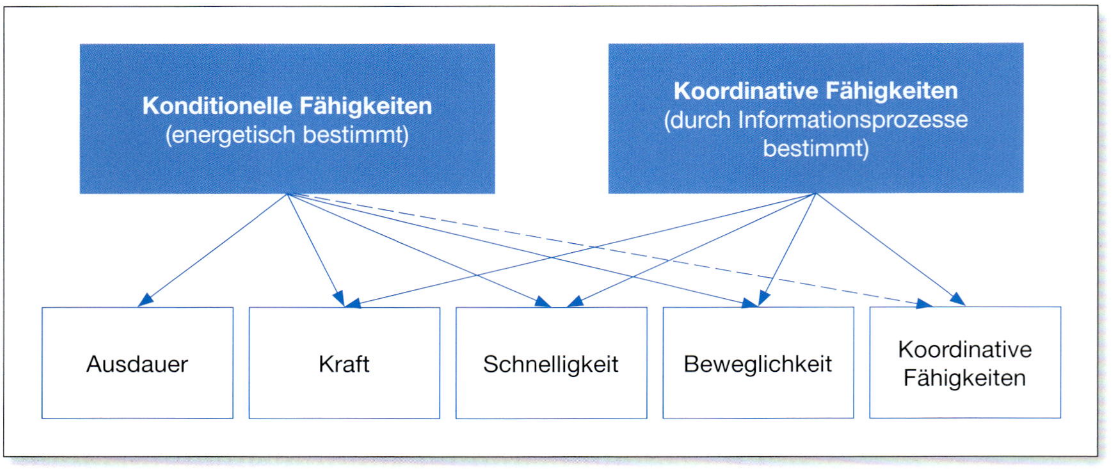

Abb. 15.4: Systematik der Kondition und Koordination unter besonderer Berücksichtigung der Wechselbezüge bei Kraft, Schnelligkeit, Beweglichkeit und (bedingt) koordinativen Fähigkeiten (mod. nach *Hohmann* et al., 2007, S. 49)

Aufgaben und Fragen

1. Weshalb ist es wichtig, differenzierte Sportartenanalysen vorzunehmen?
2. Versuchen Sie bei einer Ihnen sehr gut bekannten Sportart / Disziplin eine ähnliche Wertung vorzunehmen wie beim Judobeispiel.

Leistung und Leistungsbeurteilung im Sport

16

Sportgeschichtlich betrachtet war eine der zentralen Sinnrichtungen des Sports die Leistung, welche die Sportler erbrachten. Man denke hierbei an die Entstehung der Olympischen Spiele. Die Leistung und etwas leisten sind Kennzeichen des welt-, kultur- und gesellschaftsgestaltenden Handelns der Menschen. Man spricht heutzutage von einer Erfolgs- und Leistungsgesellschaft, in der die Leistung des Einzelnen diesen besonders qualifiziert und gesellschaftlich dafür mehr oder weniger „belohnt“. Der Sport wird als spezieller Ausdruck des menschlichen Leistungswillens und seiner Leistungsmöglichkeiten in unserer Gesellschaft relativ hoch angesehen.

Aber nicht nur der Einzelne, sondern auch Gruppen können sich durch ihr Leistungsergebnis auszeichnen. Bei Sportmannschaften handelt es sich genau genommen um solche Gruppen. Für diese ist es ein besonders wichtiges Merkmal, sich im Wettkampf mit anderen Mannschaften zu messen.

> Sport und Leistung bzw. Leisten sind untrennbar miteinander verbunden.

Nicht ohne Grund ziehen die Veranstaltungen, bei denen sich die besten Sportler der Welt miteinander vergleichen, wie z.B. Olympische Spiele oder Weltmeisterschaften, enorme Zuschauermassen an. Nicht nur Profisportler, auch Hobbymannschaften wie „Thekenfußballer“ erleben den Leistungsvergleich untereinander als etwas Besonderes.

> Der Leistungsvergleich ist ein wesentliches Merkmal des modernen Sports.

Leistung und Leisten sind kultur- und gesellschaftstragende Prinzipien, welche Weiterentwicklung und Fortschritt ermöglichen. In diesem Zusammenhang ist es wichtig zu erkennen, dass die individuelle Leistungsmotivation jedes einzelnen Menschen, also der persönliche Antrieb, ein entscheidender Faktor dafür ist. Schon die Kleinen im Kindergartenalter freuen sich, wenn sie etwas geleistet haben, wenn ihnen etwas gelungen ist. Psychologisch wird davon ausgegangen, dass etwas leisten zu wollen im Menschen angelegt ist.

Hier spielt auch das Wettkampfphänomen eine Rolle. Es geht hierbei um den Vergleich mit anderen Leistungen, es weckt und fördert die eigenen Antriebe des Strebens und Wollens nach besseren und höheren Leistungsergebnissen. Durch den Wetteifer wird in der Konkurrenzsituation mit anderen Sportlern die dafür notwendige Willensanstrengung geweckt und der Sportler zum Abruf aller Fähigkeiten und seines ganzen Könnens motiviert.

> Im Sport spielen der Wetteifer und die Leistung eine zentrale Rolle.

Um an einem Wettkampf erfolgreich teilnehmen zu können, ist es notwendig, gezielt und geplant zu üben und zu trainieren. Dies erfordert Anstrengungsbereitschaft, eine entsprechende Lebensweise und so manchen Verzicht, um den optimalen Startzustand als Ausgangslage zum Leistungsvergleich zu erreichen. Im Wettkampf selbst müssen dann häufig die Grenzen der eigenen Leistungsfähigkeit direkt erfahren und auch akzeptiert werden. Damit sind persönliche Einstellungen wie Bescheidenheit im Sieg, Anerkennung der Leistung des Gegners, Selbstkritik in der Niederlage und eine neue Motivation zur erneuten Anstrengung für den nächsten Wettkampf verbunden.

Insofern wird eine von sportpädagogischen Gesichtspunkten und Erkenntnissen geleitete Leistungserziehung sowohl für die Zukunft des Sports, aber auch der Gesellschaft, eine wichtige Rolle spielen (*Schmitz*, 1979).

16.1 Leistungsmessung

Von Sportart zu Sportart und von Sportdisziplin zu Sportdisziplin erfolgt die Leistungsmessung zum Teil auf sehr unterschiedliche Art und Weise. Man kann hier die Gliederung nach *Göhner* (1979) zugrunde legen. Es ist einsichtig, dass die Leistung einer trefferorientierten Sportart wie dem Tennis einfacher zu beurteilen ist wie z. B. eine Bodenkür in der verlaufsorientierten Sportart Geräteturnen. Die Bewegungsziele spielen hierbei eine besondere Rolle. Die folgende Tabelle gibt hierzu einen Überblick:

	Trefferorientierung	Schwierigkeitsoptimierung	Zeitoptimierung	Distanzoptimierung	Verlaufsoptimierung
Leichtathletik					
100-m-Lauf			X		
Weit-, Dreisprung				X	
Hoch-, Stabhochsprung		X			
Wurf und Stoß				X	
Spiele					
Fußball, Tischtennis	X				
Turnen					X
Schwimmen					
Zeitschwimmen			X		
Turmspringen					X
Fechten	X				
Judo	X				
Karate					
Kata					X
Kumite	X				
Gewichtheben		X			
Rudern			X		
Segeln				X	
Radsport				X	
Tanzsport					
Standard / Latein					X
Rock'n Roll					X
Skilauf					
Abfahrt / Slalom			X		
Skilanglauf			X		

Tab. 16.1: Bewegungsziele von unterschiedlichen Sportarten (mod. nach *Göhner*, 1979)

Je weniger Treffer, also Tore, Punkte, Körbe sowie Zentimeter, Meter und Kilogramm und die Zeit gemessen werden können, umso schwieriger gestaltet sich die Leistungsmessung. Die Sprungweite im Weitsprung oder Hochsprung, das Gewicht im Gewichtheben oder die Zeit bei einem 100-m-Lauf sind leicht zu messen. Genauso verhält es sich bei Treffern, Toren und Punkten bei den Sportspielen. Da im Profisport aber diese Treffer manchmal über das Schicksal (Aufstieg, Abstieg, Meisterschaft) ganzer Mannschaften oder auch einzelner Sportler entscheiden, haben sich zur exakteren Messung in den letzten Jahren immer mehr technische Hilfsmittel etabliert. Man denke an die „Hawk-Eye-Technik" (im Deutschen: Habicht-Auge) im Tennis oder mittlerweile auch im Fußball, bei dem es sich um ein computergestütztes System handelt, welches sehr präzise feststellt, ob ein Ball noch im Spielfeld war (Tennis) oder ein Fußball die Torlinie überschritten hat (www.hawkeyeinnovations.com).

Wesentlich schwieriger ist die Leistungsbeurteilung im Tanzsport, dem Geräteturnen oder der rhythmischen Sportgymnastik, generell bei den verlaufsorientierten Sportarten. Im Tanzsport gibt es zur Leistungsbeurteilung sogenannte Wertungsrichter, welche eine besondere Ausbildung durchlaufen haben. Sonderfälle gibt es natürlich auch, bei denen es zu Mischungen kommt, wie etwa beim Biathlon und dem Springreiten.

16.2 Praxisbeispiel: Leistungsmessung in der Sportmedizin

Die sportliche Leistungsfähigkeit beim Menschen ist fast immer psychophysisch angelegt. Bei einem 10000-m-Lauf dominiert mehr die physische Komponente, bei einem Handballspiel kommt noch sehr stark die kognitive Komponente (Taktik) hinzu. In der sportmedizinischen Betrachtung geht es vor allem um die körperliche Leistungsfähigkeit.

Die motorischen Hauptbeanspruchungsformen Koordination, Kraft, Schnelligkeit und Ausdauer stellen den qualitativen Aspekt dar, die Intensität, Dauer und Häufigkeit den quantitativen Aspekt der körperlichen Leistungsfähigkeit.

Dabei ist festzustellen, dass es eine körperliche Universalleistungsfähigkeit nicht gibt. Folglich gibt es kein einheitliches Maß für die körperliche Leistungsfähigkeit des Menschen. Die Leistungsfähigkeit eines Kugelstoßers hat nichts mit der eines Langstreckenläufers gemeinsam. Erst bei gleichen Umweltbedingungen und gleichen Aufgaben (z. B. Hochsprung im Freien / Hochsprung in der Halle) ist die Leistungsfähigkeit verschiedener Personen quantitativ vergleichbar.

> Unter körperlicher Leistungsfähigkeit versteht man die Summe der möglichen Bewegungsaktionen, welche unter bestimmten Bedingungen (psychische Situation, Umwelt etc.) willentlich zu erbringen sind.

16.3 Die sportmedizinische Messung der körperlichen Leistungsfähigkeit

Aus den bisherigen Ausführungen geht hervor, dass es kein Testverfahren gibt, das die körperliche Leistungsfähigkeit in ihrer Gesamtheit erfassen kann.

> Die sportmedizinische Leistungsdiagnostik basiert auf der Messung physiologischer Größen während einer definierten muskulären Belastung.

Bei der Bestimmung der Leistungsfähigkeit muss man die Belastung (Anforderung) und die Beanspruchung unterscheiden. Am Anfang steht zum Beispiel die Anforderung, eine festgelegte Belastung zu bewältigen, beispielsweise mit einer bestimmten Geschwindigkeit auf einem Laufband zu laufen. In Abhängigkeit von der Leistungsfähigkeit des jeweiligen Läufers kommt es zu einer unterschiedlichen Beanspruchung des Organismus bzw. von Teilsystemen. Praxisbeispiel: Ein ausdauerleistungsfähiger Sportler wird bei der gleichen Laufgeschwindigkeit bzw. der gleichen Belastung auf dem Laufband in der Regel eine niedrigere Herzfrequenz aufweisen als ein weniger ausdauertrainierter Sportler, er beansprucht sein Herz-Kreislauf-System dabei weniger stark (*de Marées / Heck*, 2003)

> Ergometrie dient zur Beurteilung der körperlichen Leistungsfähigkeit und Belastbarkeit. Am häufigsten werden dabei in Deutschland Fahrradergometrien durchgeführt. Die Leistung wird dabei in Watt gemessen.

Unter Ergometrien (ergon, griech. = Arbeit; metron, griech. = Messung) versteht man Verfahren, die Beobachtungen und Analysen physiologischer Parameter während körperlicher Belastungen zum Ziel haben. Die wichtigsten Messgrößen sind: erreichte Leistung (in Watt), Herzfrequenz, Blutdruck, Belastungsempfinden, Elektrokardiogramm (EKG).

Weiterhin lassen sich feststellen: Herzminutenvolumen, Atemfrequenz, Laktat, Sauerstoffaufnahme, CO_2-Abgabe.

Als ergometrische Verfahren gibt es dosierte und undosierte Verfahren. Undosierte werden heutzutage nicht mehr eingesetzt. Die dosierten lassen sich folgendermaßen unterscheiden:

Belastungsverfahren	
Sportartunspezifisch	
Labortests	Kletterstufentests Fahrradergometrie Laufbandergometrie
Sportartspezifisch	
Labortests	Fahrradergometrie Laufbandergometrie Drehkurbelergometrie Ruderergometrie
Feldtests	Belastungstests beim • Laufen • Schwimmen • Radrennfahren • Rudern • Tennisspielen • Fußball etc.

Tab. 16.2: Belastungsverfahren in der Sportmedizin (mod. nach de *Marées*, 2003)

Wie die Tabelle zeigt, unterscheidet man Labortests und Feldtests. Dabei werden Labortests unter standardisierten Bedingungen in geschlossenen Räumen (eben einem „Labor“) auf einem Laufband oder einem Fahrradergometer durchgeführt. Feldtests werden quasi in der Sportart selbst, also im Fußball z. B. während eines Spiels, möglichst sportartnah durchgeführt. Um eine möglichst umfassende Beurteilung abgeben zu können, sollten neben Feldtests auch Labortests durchgeführt werden. Wer seine Sportart auf den Beinen ausübt, sollte weiterhin auf einem Laufband getestet werden, Radfahrer eher auf einem Fahrradergometer.

Fahrradergometrie

Sie ist heute die gebräuchlichste Methode zur Gesundheitsbeurteilung oder Leistungsbeurteilung bei Freizeit- und Breitensportlern. Das Ergometer muss dazu zwingend bestimmte Voraussetzungen und Bedingungen erfüllen.

Laufbandergometrie

Bei einem Laufbandtest kann das Ergebnis z. B. durch die Erfahrung mit dem Laufen auf dem Testgerät beeinflusst werde. Beim Belastungsschema wird der zeitliche Verlauf zugrunde gelegt. Er wird bestimmt durch:

- Belastungsmodus
- Belastungssteigerung
- Anfangsbelastung
- Belastungsabstufung
- Stufendauer
- Pausendauer

Über eine Maske, welche der Sportler über der Nase und dem Mund trägt, kann zusätzlich noch über die Spiroergometrie, also die Messung der Atemgase, eine Aussage über die Ausdauerleistungsfähigkeit, den Trainingszustand und den Muskelstoffwechsel getroffen werden. Aus dem Ohrläppchen kann Kapillarblut entnommen werden, um das Stoffwechselprodukt Laktat zu bestimmen. In einem Laufband- oder Fahrradergometertest zeigt es z. B. seinen typischen hyperbelförmigen Anstieg.

Aufgaben und Fragen

1. Welche Bedeutung kommt Ihrer Meinung nach der Leistung im Sport allgemein zu?
2. Nach Göhner gibt es unterschiedliche Optimierungsarten bei den unterschiedlichen Sportarten / Disziplinen. Welche sind dies? Geben Sie jeweils Praxisbeispiele dazu.
3. Informieren Sie sich im Internet über das Hawk-Eye-System genauer.
4. Versuchen Sie Argumente zu finden, welche für einen Videobeweis im Fußball sprechen würden und welche Argumente dagegen sprechen würden
5. Was versteht man unter Ergometrie in der Sportmedizin?
6. Welche Belastungsverfahren kennen Sie?
7. Was muss man bei der Fahrradergometrie / Laufbandergometrie beachten?

17 Lernen und Bewegung

Wenn wir Sport treiben, so hat dies unterschiedliche positive Auswirkungen auf unseren Körper. Wir profitieren von einem leistungsfähigeren Herz-Kreislauf-System, der Blutdruck sinkt, das Körpergewicht wird reguliert und die Gefahr einer Erkrankung des Herzens nimmt ab. Viele Jahre war man der Meinung, Sport und Bewegung würden sich nicht positiv auf das Gehirn und seine Funktionen ausüben können. Doch in den letzten Jahren gab es vermehrt Hinweise, dass Sport sich sehr wohl positiv auf Gehirnfunktionen auswirken kann.

In einer Studie der Universität Illinois wurde bei Dritt- und Viertklässlern festgestellt, dass ein niedrigeres Körpergewicht und die höhere aerobe Leistungsfähigkeit (Grundlagenausdauer) mit guten Schulnoten zusammenhingen. An der Universität Glasgow ergab eine Studie, dass sportliche Belastungen bei Kindern von besseren Schulnoten begleitet waren, wenn sie ab dem Alter von 11 Jahren sich die nächsten 5 Jahre mehr und intensiver sportlich betätigten (vgl. *Beck*, 2014).

Das Sehen ist eine stark vom Gehirn abhängige Leistung und man konnte hier beispielsweise zeigen, dass Sehleistungen sich verbessern, wenn man sich aktiv durch Laufen vor einem Sehtest aufgewärmt hatte. Dies ist im Sport vor allem für Schiedsrichter sehr wichtig.

Der Mensch kommt mit mehr als 100 Milliarden Nervenzellen auf die Welt und man dachte lange Zeit, dass es von der Geburt an dann nur noch einen Zellabbau gäbe. Heute weiß man darüber besser Bescheid. Durch Sport können neue Nervenzellen des Gehirns gebildet werden. Vor allem allgemeines Koordinationstraining sowie aerobes Grundlagenausdauertraining führen zur Zunahme von Stoffen, welche dies bewirken. Der entscheidende Grund und die Voraussetzung dafür ist, dass durch Sport das Gehirn besser durchblutet werden kann. Bereits ab einer Belastung von 25 Watt auf einem Fahrradergometer steigt die Durchblutung des Gehirns um 20 % an. Das Lernvermögen kann dadurch verbessert werden. Es gilt demnach:

> Sport hat positive Auswirkungen auf die geistigen Fähigkeiten. Er ist sogar Voraussetzung dafür, dass das Gehirn sein Potenzial voll ausschöpfen kann.

Sport und die damit zwangsläufig verbundene Muskelaktivität haben einen maßgeblichen Einfluss auf die Gehirnstrukturen und die Gehirnfunktion.

Insbesondere in den Vorschuljahren begünstigen koordinative Beanspruchungen den Erhalt von Gehirnneuronen und fördern die Vernetzung der Nervenzellen im Gehirn miteinander. Sport führt demnach nicht nur zu positiven Anpassungserscheinungen im Herz-Kreislauf-System, sondern auch im Gehirn. Dazu sind nur sportliche Belastungen von mittlerer Intensität notwendig, um die Gehirndurchblutung zu fördern. Zudem entstehen durch Sporttreiben Stoffe im Körper, welche die Stimmung des Sportlers verbessern können. In einer Studie konnte gezeigt werden, dass Sport die Konzentrationsfähigkeit verbessern kann. Dies ist auch im Zusammenhang mit dem Ausdauertraining bekannt.

> Sport verbessert das Konzentrationsvermögen.

Sport und exekutive Funktionen

Sich länger auf etwas konzentrieren zu können, etwas im Gedächtnis behalten und darüber nachdenken zu können, kurzfristigen Versuchungen widerstehen zu können, um langfristige Ziele zu verfolgen, impulsives Verhalten wie z. B. Herumschreien zu vermeiden, um der Situation angemessen reagieren zu können, dies alles sind Leistungen, die für den positiven schulischen und beruflichen Werdegang von entscheidender Bedeutung sind. Es geht also um eine Art Selbstregulation, um eine bewusste Steuerung von Aufmerksamkeit, eigenem Verhalten und eigener Emotionen. Diese hierzu notwendigen Gehirnfunktionen bezeichnet man als exekutive Funktionen. *Spitzer* konnte zeigen, dass körperliche Fitness in einem positiven Zusammenhang mit den exekutiven Funktionen steht, sowohl bei jungen Erwachsenen als auch bei Kindern (vgl. *Beck*, 2014)

Die exekutiven Funktionen können genauso trainiert werden wie die Muskeln oder Bewegungstechniken im Sport.

Sport hat demnach nicht nur positive gesundheitliche Anpassungserscheinungen zur Folge, sondern wirkt sich auch positiv auf die Gehirnleistung aus. Es lohnt sich also, früh mit dem Sporttreiben zu beginnen und es möglichst ein Leben lang beizubehalten.

Aufgaben und Fragen

1. Durch welche Art von Bewegung lässt sich die Sehfähigkeit verbessern?
2. Welche Sportarten / Disziplinen könnten zu einer Verbesserung der Gehirnleistung beitragen?
3. Wie wirkt sich Sporttreiben auf die Gehirnfunktion aus?
4. Was versteht man unter exekutiven Funktionen?

18 Bewegungslehre

In der Sportwissenschaft ist die Bewegungslehre diejenige Disziplin, welche sich mit den wissenschaftlichen Erkenntnissen über die Bewegungen im Sport befasst. Im Zentrum steht die Bewegung des Menschen im Sport.

18.1 Was ist Bewegung?

Bei *Aristoteles* (384–322 v. Chr.) bedeutete Bewegung so etwas wie Veränderung, worauf heutige Begriffe wie Friedensbewegung, Studentenbewegung oder Frauenbewegung vom Verständnis her hinweisen. Für den Forscher *Isaac Newton* (1643–1727) bezog sich die Bewegung ausschließlich auf die Ortsveränderung von Objekten.

> Mechanisch betrachtet, ist die Bewegung die Ortsveränderung von Masse.

In einer Bewegung sind jedoch sensorische Prozesse und motorische Prozesse untrennbar miteinander verbunden. Bei einem Freistoß im Fußball muss der Schütze

- den Ball sehen (die Augen sind dabei die Sensoren),
- seinen Abstand zur Mauer einschätzen,
- die Gesamtentfernung zum Tor einschätzen,
- und die Position des Torwartes wahrnehmen.

Diese Wahrnehmungsergebnisse muss er in seine Bewegungsausführung, den Schuss, einfließen lassen. Durch diese sensorischen Prozesse bestimmt der Freistoßschütze die Geschwindigkeit, die Rotation und die Platzierung des Balles. Diese Wahrnehmungsprozesse sind eine sensorische Leistung. Die fein koordinierte Abstimmung von angespannten zu entspannten Muskeln beim Schuss, die Ausholbewegung des Beines, die Kraft des Schusses durch die Dynamik der Schussbeinbewegung sowie die notwendige Rotation selbst sind motorische Prozesse. Zur Motorik zählen neben den sensorischen und kognitiven auch motivationale und emotionale Teilsysteme und Prozesse (vgl. *Olivier* et al., 2013).

> Eine Bewegung im Sport ist eine Orts- und Positionsveränderung des menschlichen Körpers oder von Teilen des Körpers in seiner Umgebung. Eine Bewegung im Sport ist aus Sicht der Handlungstheorie ein zielgerichteter komplexer Prozess.

Zielgerichtet: Mit jeder Bewegung verfolgt man ein bestimmtes Ziel, versucht damit eine Bewegungsaufgabe zu lösen.

Komplexität: Es spielen physikalische, körperlich-energetische und psychisch-kognitive Steuerungs- und Regelungsvorgänge eine Rolle.

Es handelt sich bei einer sportlichen Bewegung auch um einen Prozess mit einem Phasencharakter und ständigen Rückmeldungen der jeweiligen Abschnitte und Resultate (vgl. *Grosser* et al., 1987).

Bewegungen im Sport sind sehr vielfältig, was insbesondere durch Fernsehübertragungen von Großereignissen wie Olympischen Spielen oder Weltmeisterschaften deutlich wird. Als Zuschauer wird man seit mehreren Jahren z. B. über Abflugwinkel im Diskuswurf, Reaktionszeiten von 100-m-Sprintern, Aufschlaggeschwindigkeiten im Tennis, Startzeiten und Geschwindigkeiten im Bobfahren, Pulsfrequenzen von Radfahrern oder im Fußball über zurückgelegte Laufstrecken des Teams und einzelner Spieler, Ballbesitz, Entfernungen des Schützen beim Freistoß zum Tor oder Schussgeschwindigkeiten informiert. Die sehr eigenwillige Form der Fahrerhelme im Zeitfahren im Radsport oder die Sitzposition der Fahrer sowie die Lenkerform wurden u. a. in einem Windkanal entwickelt. Über sehr viel technisches Know-how verfügt in Deutschland das *Institut für Forschung und Entwicklung von Sportgeräten* (FES) in Berlin (www.fes-sport.de). Folgende Sportarten werden dort technisch unterstützt: Kanu, Radsport, Rudern, Bob, Leichtathletik, Triathlon, Schützen, Segeln, Schwimmen, Rodeln, Skeleton, Eisschnelllauf, Ski und der Deutsche Behinderten Sportverband (DBS). Es wird also in der Bewegungslehre u. a. sehr viel gemessen, vermessen, konstruiert und gestoppt. Die Ergebnisse versucht man in die Praxis einfließen zu lassen. Ein Forschungszweig der Bewegungslehre befasst sich mit der exakten Analyse von Bewegungen.

Praxisbeispiel

Biomechanik im Fußball

Manche Fußballer sind in der Lage, den Ball bei einem Schuss so anzuschneiden, dass er eine relativ starke Kurve fliegt. In Deutschland wurde diese Schussart durch den ehemaligen Nationalspieler *Manfred Kaltz* unter dem Begriff „Bananenflanke" bekannt, da die Flugbahn des Balles der Krümmung einer Banane ähnelte. Der Spieler trifft den Fußball mit seinem Fuß seitlich von dessen Mittellinie. Der Drall, den dieser schräg angesetzte Schuss annimmt, führt zu dieser charakteristischen Krümmung der Flugbahn, und zwar in dieselbe Richtung wie der Drall des Balles.

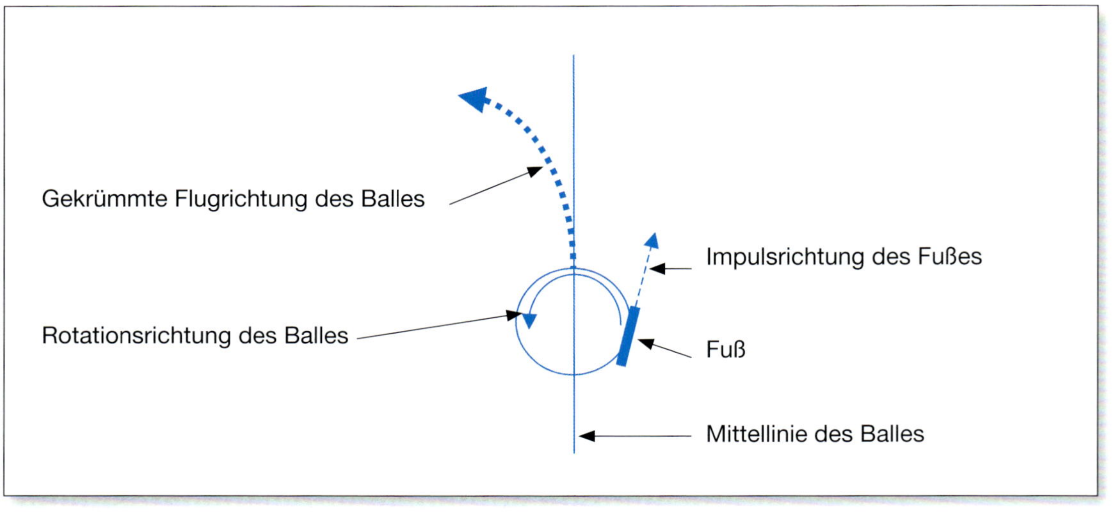

Abb. 18.1: Entstehung des Dralles bei einem Schuss im Fußball (eigene Grafik)

Im Internet findet man dazu viele praktische Beispiele, wie z. B. den Freistoß des Brasilianers *Roberto Carlos* aus dem Jahr 1997 im Länderspiel gegen Frankreich. Zu sehen bei: www.youtube.com/watch?v=3ECoR__tJNQ, Zugriff 19.01.2017.

Der ehemalige englische Fußballstar *David Beckham* konnte einen Freistoß aus ca. 23 Meter Entfernung durch Effet um ca. 3,2 Meter von der geraden Schussbahn abweichen lassen (vgl. *Bray*, 2006).

Bei Freistößen im Fußball liegt die Rotation des Balles bei 5 bis 10 Umdrehungen pro Sekunde, also zwischen 300 und 600 Umdrehungen pro Minute.

Diese Rotationsart kommt auch bei Sidespinschlägen von Tischtennisspielern vor (zu sehen bei: www.youtube.com/watch?v=yReKhXsMFMo, Zugriff 19.01.2917).

18.2 Der Magnus-Effekt

Den oben beschriebenen Drall (s. Abb. 18.1) erzeugt der sogenannte Magnus-Effekt, benannt nach dem deutschen Physiker *Heinrich Magnus* (1802–1870). Er stellte fest, dass ein senkrechter Zylinder, der um seine Achse rotiert, eine seitlich wirkende Kraft erfährt, wenn er einem waagrechten Luftstrom ausgesetzt ist. Bei einem Tischtennistopspin, bei dem der Ball oberhalb seiner Mittellinie getroffen wird, treten ca. 8000–10000 Umdrehung pro Minute auf, im Tennis ca. 3500 pro Minute. Bei einem Topspin wird der Ball quasi durch den Magnus-Effekt durch den Luftstrom nach unten „gesaugt", er springt früher auf der gegnerischen Tischhälfte auf als ein Ball ohne Effet. Bei einem Abschlag eines Torwartes im Fußball mit Rückwärtsrotation tritt der umgekehrte Effekt ein, der Ball bleibt dadurch länger in der Luft und fliegt weiter. Einen Freistoß über eine Mauer ins Tor schießen, sollte man deshalb stets mit Topspintechnik und nicht mit Rückwärtsrotation, da der Ball sonst leicht übers Tor segelt. Der Freistoßschütze muss bei einer Mauerüberwindung im Fußball:

1. mit Topspintechnik schießen (Rotation),
2. dem Ball die richtige Dynamik (= Geschwindigkeit, Tempo) mitgeben,
3. genau zielen (Präzision).

Hier ein Beispiel zum Magnus-Effekt:

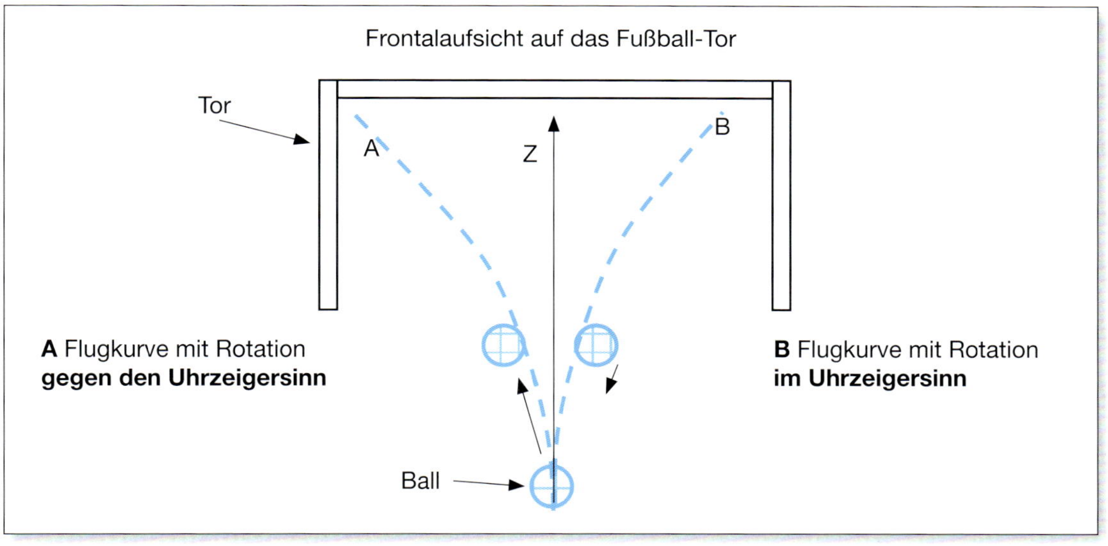

Abb. 18.2: Frontalaufsicht auf das Fußballtor. Zentraler Schuss (Z), Ball fliegt geradeaus. Flugkurve A, mit Rotation gegen den Uhrzeigersinn, Ball fliegt eine Kurve nach links. Flugkurve (B) mit Rotation mit dem Uhrzeigersinn, Ball fliegt eine Kurve nach rechts (eigene Grafik).

Wenn bei einem angeschnittenen Schuss der rotierende Ball von Luft umströmt wird, weist der Impuls der abgelenkten Luftströmung auch einen seitlichen Anteil auf, im Gegensatz zur ankommenden Strömung. Der Ball erhält einen Impuls in die entgegengesetzte Richtung.

Übrigens setzen nicht nur Fußballer, sondern auch Volleyballer den Magnus-Effekt ein. Bei Aufschlag kann man den Ball „flattern" lassen, indem man ihn ohne Rotation übers Netz schlägt, beim Smash-Aufschlag verleiht der Spieler dem Ball eine Vorwärtsrotation.

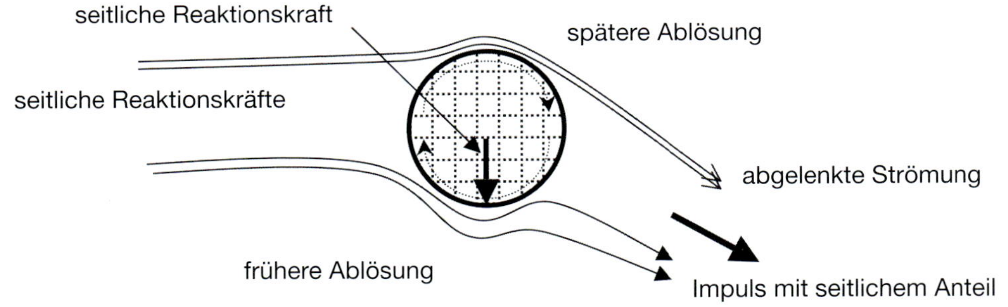

Abb. 18.3: Der Magnus Effekt. Verhalten der Luftströmung bei einem Ball mit Rotation (mod. nach *Wesson*, 2006).

An derjenigen Seite des Balles, die sich mit der Strömung dreht, zieht die Luft weiter um den Ball herum und die Strömung löst sich später ab. An der anderen Seite laufen die Oberfläche des Balles und die Strömung gegeneinander, sodass die Luft schneller abgebremst wird und die Ablösung früher eintritt. Dadurch wird die den Ball passierende Luft letztlich seitlich abgelenkt (vgl. *Wesson*, 2006).

18.3 Zur Analyse sportlicher Bewegungen

Bewegungen im Sport stehen in vielen Sportarten und Disziplinen im Mittelpunkt von Sportlern und Trainern. Und dies umso mehr, je größer die Bedeutung der Bewegungstechnik als leistungsbestimmender Faktor ist und damit entscheidend für Sieg oder Niederlage ist. Vorbild oder Vorgabe für Trainer und Sportler ist meistens die Technik von Olympiasiegern oder Weltmeistern in ihrer jeweiligen Sportart bzw. Sportdisziplin. Auch Lehrer, welche in der Schule den Schülern bestimmte Bewegungstechniken beibringen wollen, greifen in ihrer Methodik dazu auf Wissen aus der Bewegungslehre zurück.

In der Bewegungsanalyse werden sportliche Bewegungen in ihre Bestandteile zerlegt und ihre Beziehungen zueinander untersucht (vgl. *Olivier*, 2013).

Man kann sich bei den Bewegungsanalysen z. B. mit der Aufgabenstellung bei der Bewegung beschäftigen oder in der Technikanalyse mit dem Auffinden von „Fehlern“ in der Bewegung. Diese Abweichungen von der Idealtechnik versucht man dann in der Fehlerkorrektur zu beheben.

18.4 Die biomechanische Bewegungsanalyse

Der Begriff der Biomechanik setzt sich zusammen aus „Bios“ (griechisch für Leben) und der „Mechanik“ als einem Teilbereich der Physik (vgl. *Wick*, 2009).

Definition:

Die Biomechanik des Sports ist die wissenschaftliche Disziplin, welche die sportliche Bewegung unter Verwendung von Begriffen, Methoden und Gesetzmäßigkeiten der Mechanik beschreibt und erklärt (vgl. *Olivier*, 2013).

Die Mechanik unterteilt man in die Kinematik und die Dynamik und diese wiederum in die Statik und die Kinetik. Die Kinematik beschreibt Bewegungsformen. Die Dynamik befasst sich z. B. mit der Wirkung von Kräften auf Körper. Wenn dabei Beschleunigungsaspekte der Kräfte auftreten, spricht man von der Kinetik, beispielsweise bei einem Spannstoß im Fußball oder Topspin im Tischtennis. Wenn Kräfte sich bei einer Bewegung im Gleichgewicht befinden, so spricht man von der Statik, beispielsweise wenn zwei Judoka sich beide am Judokittel greifen und keiner den anderen bewegen kann.

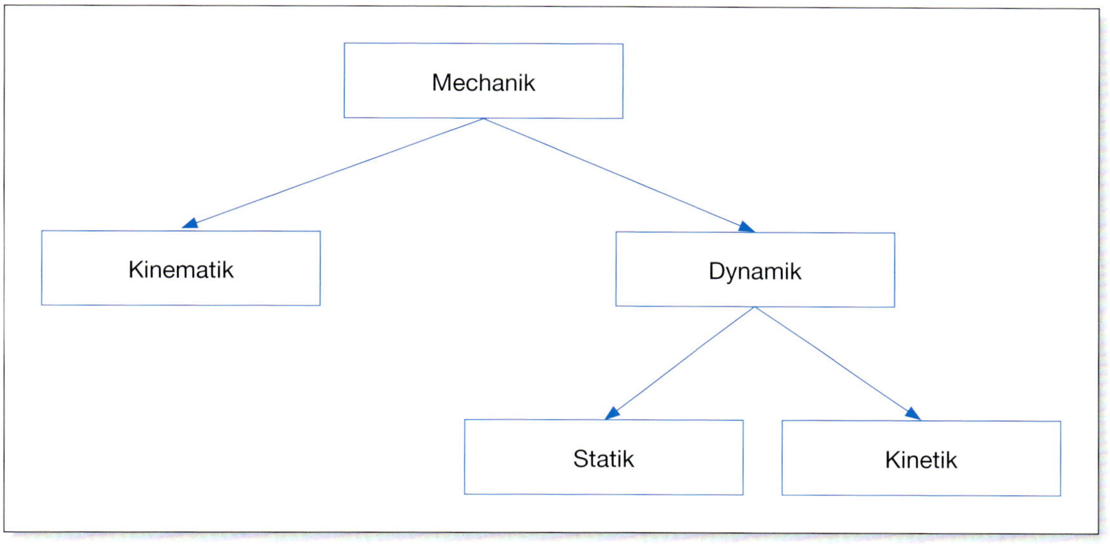

Abb. 18.4: Die Unterteilung der Mechanik (vgl. *Olivier*, 2013)

Die Dynamik erklärt die sportlichen Bewegungen aus den auftretenden Massen und den auf sie wirkenden Kräften. Die Kinematik erfasst die sportlichen Bewegungen beschreibend, indem sie ihren Verlauf als geometrische Bewegung formuliert. Die Statik ist die Lehre vom Gleichgewicht der Kräfte, die an einem *ruhenden Körper* angreifen. Die Kinetik ist die Lehre von den durch die Kräfte hervorgerufenen Bewegungen der Körper (vgl. *Bäumler / Schneider*, 1981).

Als Vorläufer der heutigen Biomechanik gelten die Betrachtungen von *Aristoteles* (384–322 v. Chr.) sowie die Überlegungen des Genies *Leonardo da Vinci* (1452–1519). *Da Vinci* wandte als erster Wissenschaftler die Regeln der Mechanik auf das Laufen, Gehen und Schwimmen an und betrieb Studien zum Körperschwerpunkt. Durch die Anatomie, die Aktivität und die Funktion der Organe, Knochen und Nerven erfasste er die menschliche Bewegung systematisch. Weitere wichtige Arbeiten lieferten *Giovanni Alfonso Borelli* (1608–1697) sowie die bahnbrechenden Erkenntnisse von *Sir Isaac Newton* (1643–1727) (vgl. *Wick*, 2006, S. 17).

18.4.1 Ziele der Biomechanik im Sport

- Optimierung der Bewegungstechniken der Sportarten / Sportdisziplinen zur Leistungsverbesserung
- Entwicklung und Objektivierung von Leistungskomponenten der motorischen Fähigkeiten (Kraft, Schnelligkeit, Ausdauer, Beweglichkeit)
- Entwicklung von Messverfahren zur objektiven Erfassung und Bewertung von Bewegungstechniken und motorischen Fähigkeiten

Die Untersuchungsziele der Biomechanik zeigt die Abbildung 18.5.

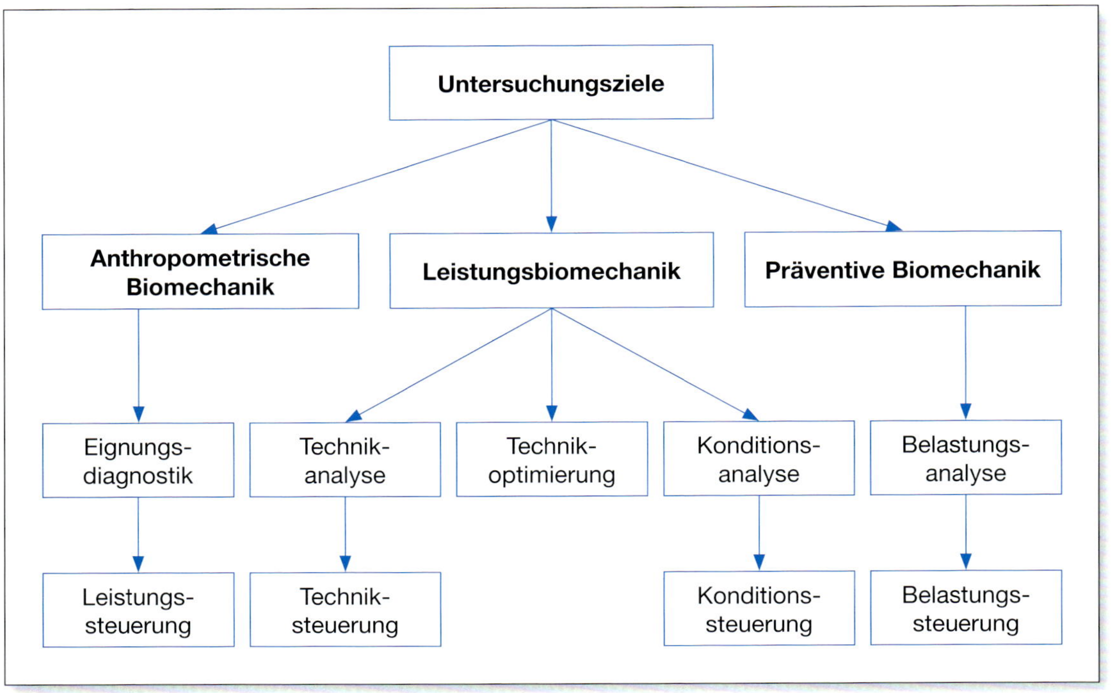

Abb. 18.5: Die Untersuchungsziele der Sportbiomechanik (mod. nach *Wick*, 2009, S. 18)

Präventive Biomechanik: dient der Verbesserung und Ökonomisierung von Bewegungen sowie Wiederherstellung mit dem Ziel, langfristig beschwerdefrei und beschwerdearme Formen anzuwenden.

18.4.2 Biomechanische Aspekte sportlicher Techniken und die biomechanischen Prinzipien

Die sportlichen Techniken bilden einen sehr wichtigen Forschungsgegenstand der Biomechanik. Die dort gewonnenen Erkenntnisse sollen zu einer Optimierung der Technik beitragen. Unbestritten ist, dass in vielen Sportarten / Sportdisziplinen die Technik einen zentralen leistungsbestimmenden Faktor darstellt.

Wenn es Sportlern beispielsweise mit einer weiterentwickelten Technik gelingt, kontinuierlich bessere Leistungen zu erbringen, wird diese sehr schnell von anderen Sportlern kopiert. In manchen Sportarten existieren unterschiedliche Techniken auch nebeneinander, sofern das Regelwerk dies erlaubt. Hierzu ein paar Beispiele:

- Die V-Technik im Skispringen hat die „alte“ parallele Skihaltung abgelöst.
- Der echte Rückhandschlag der asiatischen Penholderspieler im Tischtennis (neue Bewegungstechnik).
- *Grab-* oder *Trackstart* im Schwimmen existieren nebeneinander.
- Angleittechnik nach *O`Brian* oder Drehstoßtechnik nach *Baryschnikow* im Kugelstoßen existieren nebeneinander.
- Der *Fosbury-Flop* im Hochsprung hat die *Straddle-Technik* abgelöst.

18.4.3 Merkmale der sportlichen Technik

- Die sportliche Technik ist ein äußeres (also sichtbares) Leitbild. Sie ist ein Modell mit bestimmten Kriterien und Merkmalen.
- Die sportliche Technik setzt sich aus einem System von Teilbewegungen zusammen.

- Allgemeine Bewegungsgesetze bilden die Grundlage für sportliche Techniken (z. B. Newton'sche Axiome).
- Sportliche Techniken zielen auf maximale sportliche Leistungen.
- Sportliche Techniken sind Ausdruck von Individualität.
- Sportliche Techniken entwickeln sich ständig weiter und können in Kennlinien dargestellt und durch Parameter charakterisiert werden. (vgl. *Wick*, 2009, S. 127).

18.5 Die biomechanischen Prinzipien

Ob eine sportliche Technik wie wir sie bei Spitzensportlern sehen, aus biomechanischer Sicht zweckmäßig ist, kann durch die sportartspezifischen Erkenntnisse der von *Hochmuth* veröffentlichten „biomechanischen Prinzipien" begründet werden. Wesentliche Zielstellungen für die Anwendung und Nutzung dieser biomechanischen Prinzipien sind:

- Maximierung der Endgeschwindgkeit (z. B. Absprung im Weitsprung, Schüsse im Fußball, Würfe im Handball etc.)
- Minimierung der Zeitdauer (100-m-Sprint, Reaktionszeiten)
- Optimierung der zeitlichen Veränderung
- Optimale Energiezuführung (z. B. für Stöße, Würfe)
- Maximaler Wirkungsgrad der Vortriebsleistung (Rudern, Kajak) (vgl. *Wick*, 2009, S. 127)

Hochmuth formuliert 6 biomechanische Prinzipien:

1. Prinzip der Anfangskraft
2. Prinzip des optimalen Beschleunigungswegs
3. Prinzip der optimalen Tendenz im Beschleunigungsverlauf
4. Prinzip der zeitlichen und räumlichen Koordination von Einzelimpulsen
5. Prinzip der Impulserhaltung
6. Prinzip der Gegenwirkung

Praktisches Anwendungsbeispiel der biomechanischen Prinzipien beim Strecksprung

Vier Ausführungsvarianten des Strecksprungs mit dem Ziel der maximalen Sprunghöhe wurden von den Versuchsteilnehmern ausgeführt:

1. „Normaler" Strecksprung mit Ausholbewegung von Beinen und Armen
2. Strecksprung aus ruhiger Beugestellung, aber ohne Auftaktbewegung
3. Strecksprung ohne Armeinsatz, aber mit Auftaktbewegung der Beine
4. Strecksprung aus maximal tiefer Beugestellung

Ergebnisse:

1. Die größte Sprunghöhe ergab sich bei Armeinsatz und Auftaktbewegung der Beine (Variante 1).
2. Obwohl der Beschleunigungsweg bis zur 4. Variante verlängert wurde, verbessert sich die Sprunghöhe nicht.
3. Fehlender Armeinsatz und fehlende Auftaktbewegung der Beine reduzieren die Sprunghöhe.
4. Ein maximaler Beschleunigungsweg garantiert keine maximale Sprunghöhe (Variante 4).

In Variante 2 wird gegen zwei Prinzipien verstoßen. Es ist keine Anfangskraft vorhanden, da es keine Ausholbewegung gibt, die abgebremst werden muss. Zweitens wurde der optimale Beschleunigungsweg nicht erzielt.

In Variante 3 werden weder der optimale Beschleunigungsweg noch die zeitliche und räumliche Koordination von Teilimpulsen berücksichtigt. Der Strecksprung wird ausschließlich aus den Beinen gesprungen, ohne Armeinsatz. Durch die Blockierung der Armschwungbewegung konnte nur der Beschleunigungsimpuls durch die Streckung der Beine genutzt werden.

Für die schlechten Sprungleistungen in Variante 4 kann der maximale Beschleunigungsweg verantwortlich gemacht werden. Durch die spitzen Winkel im Knie-, Hüft- und in den Sprunggelenken werden die Lastmomente so hoch, dass sie entsprechend große Muskelkraftmomente binden, die nicht für die Beschleunigung genutzt werden können (vgl. *Wick*, 2009, S. 128/129).

18.6 Die morphologische Bewegungsanalyse

Die morphologische Betrachtungsweise beschäftigt sich mit den von außen für den Beobachter sichtbaren und wahrnehmbaren Elementen einer sportlichen Bewegung und untersucht deren Beziehungen zueinander.

Für das Techniktraining von Trainern, Sportlern und Lehrern ist sie von großer Bedeutung. In Lehrbüchern von Sportarten sind häufig Techniken in mehreren Einzelaufnahmen zu sehen, welche das sogenannte Technikleitbild für die Fehleranalyse und die Fehlerkorrektur darstellen.

Die morphologischen Bewegungsmerkmale sind nach Schnabel:

- Die Struktur der sportlichen Bewegungen
- Die Bewegungsrhythmik
- Die Bewegungskopplung
- Der Bewegungsfluss
- Die Bewegungspräzision
- Die Bewegungskonstanz
- Die Bewegungsstärke
- Das Bewegungstempo
- Der Bewegungsumfang

18.6.1 Zur Struktur sportlicher Bewegungen

Die Struktur einer sportlichen Bewegung stellt das Ergebnis ihrer Analyse dar. Die Elemente der morphologischen Grundstruktur einer sportlichen Bewegung sind:

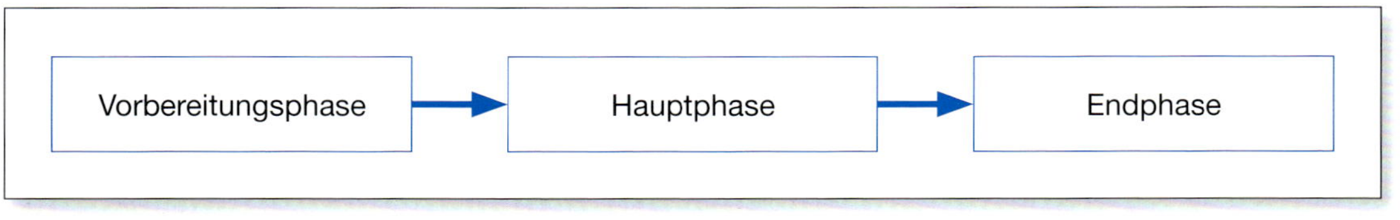

Abb. 18.6: Die morphologische Grundstruktur einer Bewegung

Die Vorbereitungsphase hat die Aufgabe, die Hauptphase optimal vorzubereiten. In der Hauptphase wird die Bewegungsaufgabe direkt gelöst. In der Endphase soll das am Schluss der Hauptphase oft labile Gleichgewicht stabilisiert werden (vgl. *Olivier* et al., 2013).

Man kann sich diese Phasenstruktur z. B. an einem TT-Schlag, dem Rückhand-Topspin, klarmachen:

Vorbereitungsphase	Hauptphase	Endphase
Ausholphase	**Treffphase**	**Ausschwungphase**
• Beine gebeugt • linkes Bein leicht nach hinten versetzt • dadurch kommt die Schlagarmschulter leicht nach vorne • Schläger wird nach unten hinten geführt, wobei die Schlägerspitze zum Boden zeigt • das Handgelenk wird stark gebeugt und vorgespannt	• der Schläger – Balltreffpunkt liegt vorne zentral vor dem Körper • tangentiales Treffen des Balles im höchsten Punkt	• Abbremsen der Schlagschulterbewegung • Abbremsen der Oberarm- und Unterarmbewegung • Schlägerspitze befindet sich dabei auf Stirnhöhe deutlich vor dem Kopf • zurück in neutrale Ausgangsposition
Schlagphase		
• leichter Bewegungsimpuls nach oben aus den Beinen • leichte Schulterdrehung nach rechts • der Ellbogen ist die zentrale Drehachse • kurz vor dem Balltreffpunkt erfolgt ein dynamisch-explosiver Handgelenkseinsatz		

Tab. 18.1: Dreiphasige Struktur eines TT-Topspinschlages

Abb. 18.7: Dreiphasige Darstellung des Rückhand-Topspins vom Bronzemedaillengewinner der Olympischen Spiele London 2012 und mehrfachen Europameisters und Deutschen Meisters Dimitri Ovtcharov (mit freundlicher Genehmigung der Firma DONIC)

Man unterscheidet weiterhin zyklische von azyklischen Bewegungen. Bei zyklischen Bewegungen wiederholt sich der Ablauf der Phasen mehrfach hintereinander und es kommt dabei zu einer Phasenverschmelzung.

Sportliche Bewegungen mit zyklischem Ablauf sind: Radfahren, Rudern, Schwimmen, Laufen. Die Endphase der Bewegung fällt quasi mit der Vorbereitungsphase der nachfolgenden Bewegung zusammen. Es handelt sich von der Grundstruktur her um eine zweiphasige Bewegung: Hauptphase – Zwischenphase.

Bei den azyklischen Bewegungen wird nach einer einmaligen Ausführung das Bewegungsziel erreicht. Beispiele hierfür sind: Speerwurf, Tischtennisschlag, Tennisschlag, Spannstoß im Fußball,

Schlagwurf im Handball, Schmetterschlag im Volleyball oder Wurf im Basketball, Weitsprung, Hochsprung.

18.6.2 Funktionale Bewegungsanalyse

Bei der funktionalen Bewegungsanalyse nach *Göhner* (1979) wird davon ausgegangen, dass sportliche Bewegungen Lösungsmöglichkeiten von zielgerichteten Aktivitäten sind. Diese sportlichen Bewegungen werden v.a. durch bestimmte Rahmenbedingungen beeinflusst.

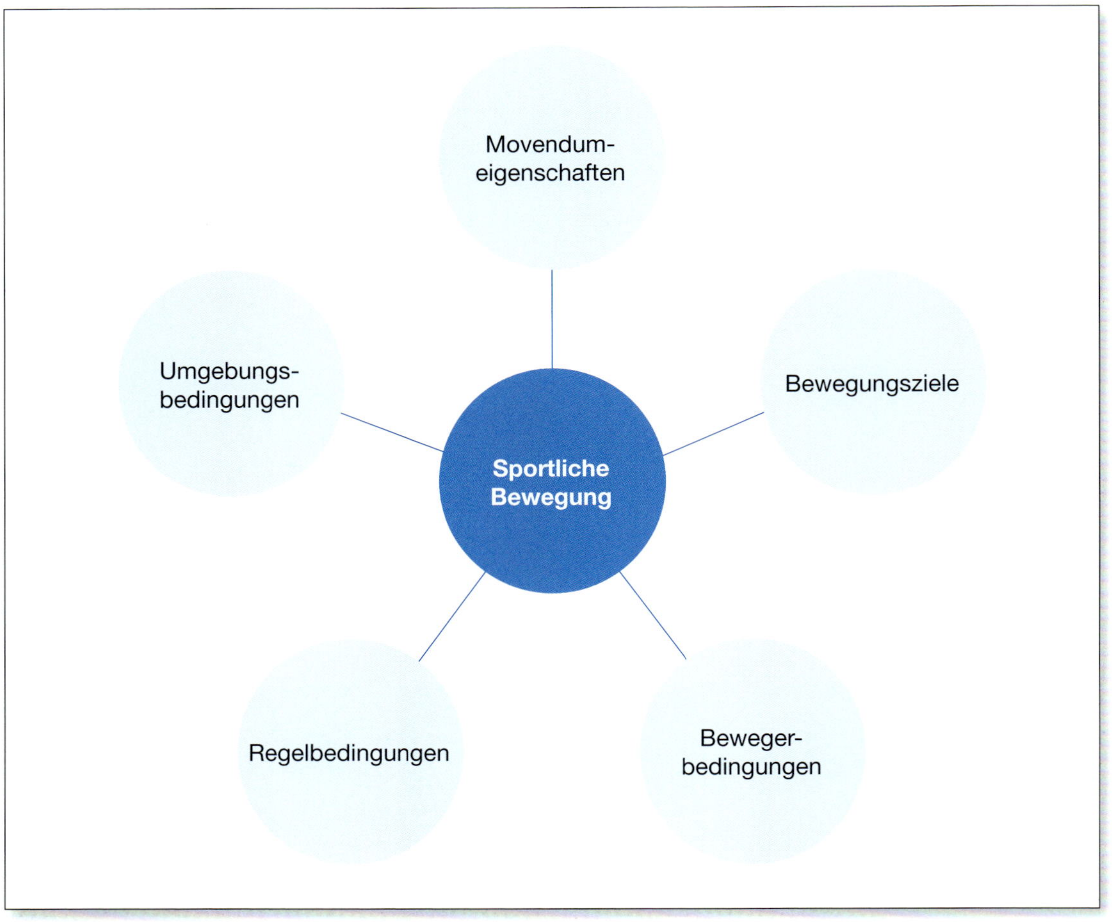

Abb. 18.8: Die ablaufrelevanten Bezugsgrundlagen nach *Göhner* (1979)

Bewegerbedingungen

Als Bewegerbedingungen bezeichnet man die Eigenschaften des Bewegers, beim Sport in den meisten Fällen der Mensch oder ein Sportgerät. Sportgeräte wären Tennis- oder Tischtennisschläger, der Mensch ist im Sport entweder Partner (Doppel im Tischtennis, Tanzsportpaar) oder Gegner (Judo, Karate).

Umgebungsbedingungen

Beim Bob- und Schlittenfahren, Segeln oder Wellenreiten steuert der Sportler die Bewegung des Movendums. Die Umgebung ist im Sport stets als eine verlaufsbeeinflussende Rahmenbedingung anzusehen.

Movendumbedingungen

Das Movendum ist im Sport das Objekt, Gerät oder Körperteil, welches zu bewegen ist. In Ballspielen ist das Movendum der Ball, beim Kugelstoßen die Kugel, beim Speerwurf der Speer, beim Turnen ist es der Ausführende selbst (vgl. *Göhner*, 1979).

Regelbedingungen

Nicht alle Bewegungen sind nach den Regelwerken des Sports in ihren Sportarten bzw. Disziplinen erlaubt. Der Diskuswerfer darf den Ring mit den Füßen nicht verlassen, der Speer nicht mit Rotationstechnik geworfen werden. Diese Vorschriften in den Wettkampfregeln besagen sehr genau, wie die Bewegungen zu erfolgen haben. Wer eine Bewegung verändern möchte, muss den Spielraum herausfinden, den er dabei hat.

Bewegungsziele

Die Ziele, welche man mit der sportlichen Bewegung verfolgt, bestimmen maßgeblich die Bewegungsausführung.

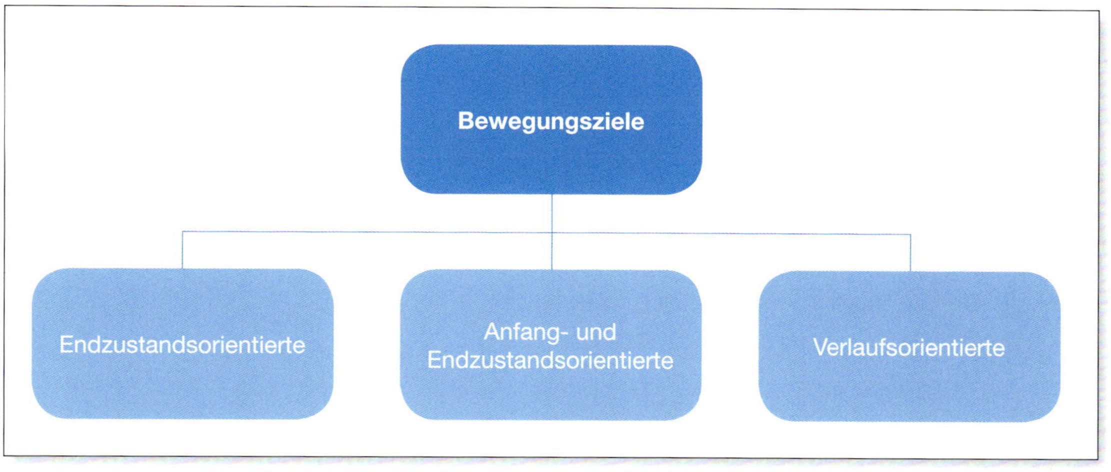

Abb. 18.9: Bewegungsziele im Sport (mod. nach *Göhner*, 1979)

Erläuterungen:

Endzustandsorientierte Bewegungsziele

1. Trefferoptimierung im Handball, Fußball, Basketball, Volleyball, Tennis, auch trefferorientierte Bewegungen genannt
2. Erhaltung eines Bewegungszustandes: Halteübungen im Geräteturnen wie z. B. Handstand, Kreuzhang, Wellenreiten (Surfen)
3. Schwierigkeitsoptimierung: Hochsprung, Gewichtheben, Stabhochsprung. Immer wenn der Sportler die Endsituation einmal erreicht hat, legt man die Latte höher oder erhöht das Gewicht.

Anfangs- und Endzustandsorientierte Ziele

1. Zeitoptimierung: 100-m-Sprint, 5000-m-Lauf, Zeitfahren im Radsport
2. Distanzoptimierung: Speerwurf, Diskus, Hammerwurf, Kugelstoßen

Verlaufsorientierte Ziele

1. Fehlerminimierung: Beim Trampolinturnen, Geräteturnen, Eiskunstlauf oder beim Tanzsport müssen bestimmte Bewegungsfolgen eingehalten bzw. erreicht werden. Als charakteristisch kann

hier ein möglichst optimales Annähern an eine vorgegebene Verlaufsbeschreibung bzw. ein minimales Abweichen vom idealen Leitbild angesehen werden.

Praxisbeispiel

Wenn ein Kind einen Tischtennisschlag lernt, so weicht man in der Methodik zunächst von der Trefferoptimierung ab und wechselt zur Verlaufsorientierung, also Fehlerminimierung.

Göhner geht davon aus, dass nicht alle sportlichen Bewegungen die gleiche Phasenstruktur aufweisen. Um den Zusammenhang der einzelnen Phasen im Hinblick auf das Bewegungsziel erkennen zu können, führt Göhner sogenannte Funktionsphasenanalysen durch.

Eine Funktionsphase ist der Abschnitt einer Bewegung, für den sich zeigen lässt, dass das, was während dieser Bewegung vom Sportler ausgeführt wird, eine bestimmte Funktion hat, im Hinblick auf die mit der Bewegung zu erreichenden Ziele und die dabei einzuhaltenden Bedingungen.

Göhner unterscheidet Bewegungen grundsätzlich in 2 Phasen:

1. Hauptfunktionsphasen
2. Hilfsfunktionsphasen

Die Hauptfunktionsphase ist die wichtigste Phase einer Bewegung. Beispiele:

- Schläger-Balltreffpunkt im Tischtennis, Tennis, Squash oder Badminton
- Fuß-Ballkontakt beim Spannstoß im Fußball
- Hand-Ballkontakt beim Schmetterschlag im Volleyball
- Schläger-Balltreffpunkt im Golf

Sie kommt als wichtigste Phase in einer Bewegung mindestens einmal vor. Ohne die Hauptfunktionsphase fehlt einer Bewegung das entscheidende Element.

Zur Funktionsbeschreibung der sogenannten Hilfsfunktionsphasen müssen andere Phasen hinzugezogen werden. Beispiele:

- Abfangen des TT-Schlägers nach dem Balltreffpunkt in der Ausschwungphase
- Ausholbewegung beim Golfschlag
- Flugphase und Landung nach dem Stabhochsprung
- Ausschwingen des Fußes nach dem Spannstoß im Fußball

Weiterhin unterscheidet Göhner bei den Hilfsfunktionsphasen in:

- Vorbereitende
- Unterstützende
- Überleitende (vgl. *Göhner*, 1979)

Praxisbeispiel

Funktionsphasenbeschreibung bei einem Rückhand-Topspinschlag im Tischtennis

Eine vorbereitende Hilfsunktionsphase bei einem TT-Topspinschlag ist die Ausholbewegung durch das stark gebeugte und vorgespannte Handgelenk vor dem Körper, um eine möglichst optimale Beschleunigung zu erreichen. Eine unterstützende Hilfsfunktionsphase besteht in dem aktiven und schnellkräftigen Drehen der Schlagarmschulter sowie in der Beschleunigung der Oberarm- und Unterarmbewegung, um die Ausführungsbedingungen des Schlages zu verbessern. Der Schläger - Ballkontakt ist die Hauptfunktionsphase. Eine überleitende Hilfsfunktionsphase ist bei dem Rückhand-Topspinschlag das Abfangen der Schlagarmbewegung nach dem Balltreffpunkt. Diese Ausschwungbewegung muss so gestaltet werden, dass danach der Spieler sich wieder mit seinem gesamten Körper in einer optimalen Position befindet, um sofort weiterspielen zu können, wenn der Schlag vom Gegner retourniert werden kann.

Bewegungen werden also bei *Göhner* in ihre einzelnen Elemente zerlegt, um möglichst umfassend all diejenigen zu erfassen, die bei der Bewegung im Hinblick auf die zu lösende Bewegungsaufgabe von Bedeutung sind (vgl. *Schönborn*, 2005).

Praxisbeispiel

Der Dreher im Handball

Die Rotation des Balles nutzen auch die Handballer beim sogenannten „Dreher". Dabei wirft der Spieler - meistens von einer Außenposition - den Ball seitlich am Torhüter vorbei. Beim Aufkommen auf dem Boden ändert der Ball durch die Rotation, die ihm vom Spieler durch Handgelenkeinsatz mitgegeben wird, jedoch seine Richtung und fliegt ins Tor. Diesen Effekt bewirkt die Reibungskraft. Reibungskraft entsteht immer dann, wenn zwei Körper sich berühren, eine gemeinsame Kontaktfläche haben und dabei Bewegung entsteht. In unserem Fall wird dies durch den Handball und den Hallenboden gewährleistet.

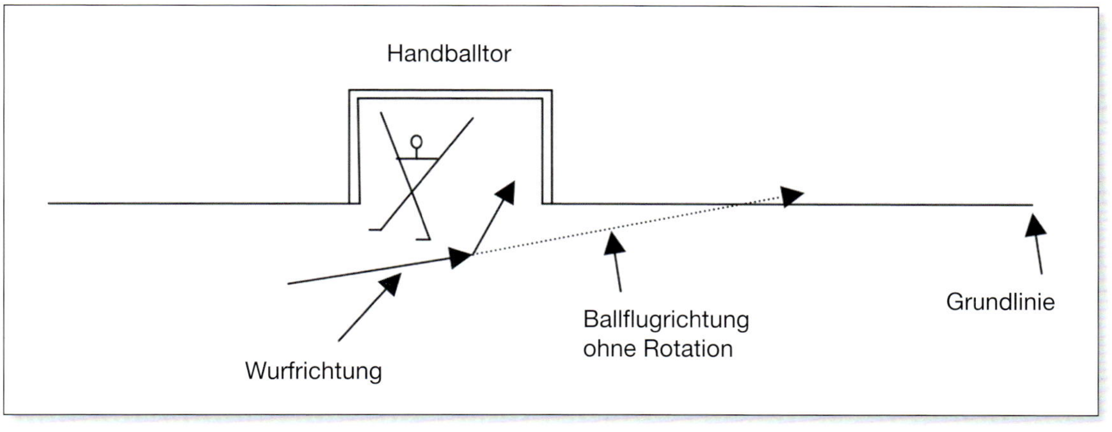

Abb. 18.10: Der Dreher im Handball (eigene Skizze)

Der Dreher erfordert vom Werfer ein außerordentliches Ballgefühl. Enthält der Ball zu wenig Rotation, wird er seine Richtung nicht entscheidend ändern und am Tor vorbeigehen. Wird der Ball zu stark geworfen, übertrifft die Kraft des horizontalen Wurfimpulses die Reibungskraft von Ball und Boden und die Rotation wirkt sich nicht oder so schwach auf die Ballrichtung aus, dass der Ball dann ebenfalls neben dem Tor landet.

18.7 Einwurf im Fußball und Biomechanik

Eine grundlegende Technik im Fußball ist der Einwurf. Die meisten Fußballer laufen kurz an und lassen den Ball in dem Moment los, wenn beide Füße fest nebeneinander auf dem Boden stehen. Man spricht auch vom Parallel-Einwurf. Wirft man hingegen den Ball in einer Schrittposition der Füße ab, so wird der Einwurf länger, denn dann überträgt sich ein größerer Teil des Impulses, der durch den Anlauf entsteht, auf den fliegenden Ball. Verleiht man dem Ball beim Loslassen zusätzlich noch eine Rückwärtsrotation, so kann der Einwurf ca. 3–5 Meter weiter fliegen (vgl. *Bray*, 2006).

Bei der U-20-WM der Frauen in Chile 2008 warf die Brasilianerin Lena Gabriela Fortune durch einen „Salto"-Überschlag-Einwurf den Ball zwischen Elfmeterpunkt und Fünf-Meter-Raum, woraufhin nach einem eimaligen Zuspiel in der Folge ein Tor fiel. Dieses kuriose Tor erzeugte nicht nur mediales, sondern auch wissenschaftliches Interesse. Hatte diese Einwurftechnik Vorteile oder war es nur ein Show-Element? Eine Überprüfung ergab, dass diese Einwurftechnik den Regeln der Fifa entsprach.

Maximale Weiten bei Standard-Einwurftechniken erreichen ca. 35 Meter, ein Salto-Einwurf liegt hingegen bei etwa 50 Metern!

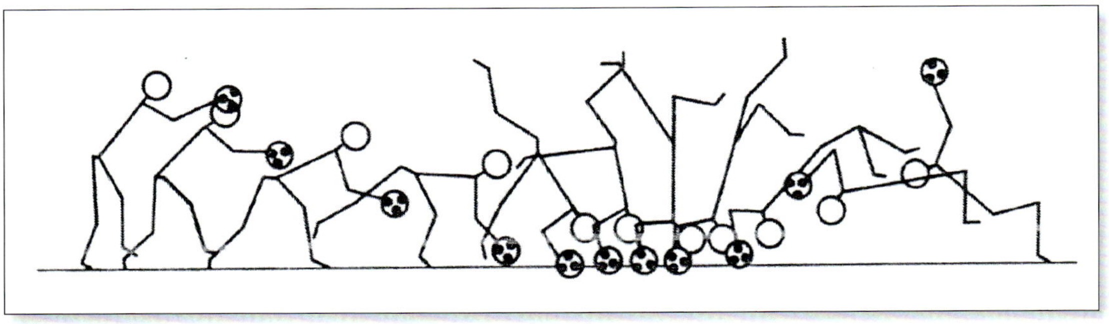

Abb. 18.11: Der Verlauf eines Überschlag-Einwurfes (*Urban*, 2014)

In einer Studie verglich *Urban* (2014) den Parallel-Einwurf, den Schritt-Einwurf und den Überschlag-Einwurf miteinander. Alle Probanden mussten die gleichen Einwürfe ausführen. Die Ergebnisse finden sich in Tabelle 18.2.

	Parallel	Schritt	Überschlag
Mittelwert in Metern	20,94	22,20	30,36

Tab. 18.2: Durchschnittliche Wurfweite bei verschiedenen Ausführungsvarianten (nach *Urban*, 2014)

Wie aus der Tabelle zu ersehen ist, liegt der Weitenunterschied des Überschlag-Einwurfes zu den beiden anderen Varianten zwischen 40 und 50 %!

Taktische Bedeutung des Überschlageinwurfes

Das Beispiel macht deutlich, welchen Beitrag die Biomechanik zur Sportpraxis beitragen kann. Beide Varianten, also Schritt- und Überschlag-Einwurf sind absolut regelkonform. Es sind alternative Bewegungsausführungen.

Urban schlägt vor, sogenannte Einwurfspezialisten in Fußballteams auszubilden, welche weite Einwürfe ausführen können. Denn der weite Einwurf eröffnet taktische Alternativen. Er ist bedeutsam in seiner Wirkung als Spielbeschleuniger im Konterspiel. Beim Einwurf gilt bekanntlich die Abseitsregel nicht. Da kaum ein Spieler weite Einwürfe beherrscht, schiebt der Gegner den Raum zu und organisiert möglicherweise ein hohes Pressing. Weite Einwürfe wären in einem solchen Fall ein Überraschungsmoment, denn man könnte den Gegner damit überwerfen. Wenn dem Gegner bekannt ist, dass das andere Team über weite Einwerfer verfügt, wird er ein solches Pressing nicht aufbauen können. Man kann den Ball nämlich über aufgerückte Abwehrreihen in den freien Raum werfen.

Auch gegen Ende eines Spieles, wenn das zurückliegende Team versucht, seine 4er-Abwehrkette in Richtung Mittellinie zu verschieben, um bei einem Ballgewinn einen schnellen Gegenangriff zu erzielen, kann der Überschlag-Einwurf z. B. über eine 4er-Kette hinweg zu einem Stürmer in den freien Raum geworfen werden.

Ein weiterer Vorteil ist darin zu sehen, dass der Überschlag-Einwurf in die Gefahrenzone des Strafraums geworfen werden kann. Parallel- und Schritt-Einwurf kommen auf eine Abwurfgeschwindigkeit von ca. 18,1 Meter / Sekunde und sind hier gegenüber dem Überschlag-Einwurf klar im Nachteil, der es auf 23 Meter / Sekunde bringt. Damit gleicht diese Einwurfvariante mehr einem Eckball als einem Einwurf.

Zur Umsetzbarkeit

1. Bei Nässe ist der Überschlag-Einwurf wegen des Abrutschens der Hände nicht ratsam (Verletzungsgefahr).
2. Die Breite des Platzes mit den Seitenrändern hat erheblichen Einfluss auf den Überschlag-Einwurf. Die Anlauflänge beträgt nämlich zwischen 4,5 und 6 Metern, weshalb z. B. orthogonal angelaufen werden sollte. Ist der Seitenrand nur 2–3 Meter breit, funktioniert das nicht.
3. Der Überschlag-Einwurf sollte vor dem Spiel Teil des spezifischen Warm-Ups sein.

Da der Einwurf die zweithäufigste Standardsituation im Fußball darstellt, sollten die Teams diese Überschlag-Variante in Erwägung ziehen. Dafür würden sich besonders gut Außenspieler eignen, da sie bei erwünschten schnellen Einwurfausführungen schnell am Ball sein könnten (vgl. *Urban*, 2014).

Aufgaben und Fragen

1. Gehen Sie auf die Homepage des Institutes für Forschung und Entwicklung von Sportgeräten (FES) und informieren Sie sich dort über dessen Funktion.
2. Schauen Sie gemeinsam mit Mitschülern ein Fußballspiel entweder im Fernsehen oder „live“ an und versuchen Sie Beispiele für Bananenflanken oder Freistöße / Schüsse mit Magnus-Effekt zu entdecken.
3. In welche Bereiche wird die Mechanik unterteilt? Was versteht man unter den einzelnen Teilen?
4. Welches sind die Ziele der Biomechanik?
5. Nennen Sie unterschiedliche Techniken, welche in Sportarten / Disziplinen parallel erlaubt sind. Versuchen Sie die Beispiele im Internet zu finden.
6. Welche biomechanischen Prinzipien sind Ihnen bekannt?
7. Machen Sie anhand eines Technik- oder Bewegungsbeispieles deutlich, wo diese zur Wirkung kommen.
8. Wählen Sie ein Technikbeispiel einer Ihnen gut bekannten Sportart und unterteilen Sie die einzelnen Bewegungsabschnitte nach der morphologischen Grundstruktur.
9. Welches sind die 5 ablaufrelevanten Bezugsgrundlagen? Was versteht man im Einzelnen darunter?
10. Welche Bewegungsziele kennen Sie?
11. Versuchen Sie eine Bewegungsanalyse einer Ihnen sehr gut bekannten sportlichen Technik vorzunehmen.
12. Erklären Sie den „Dreher“ im Handball. Was kann man dabei „falsch“ machen? Wie hängen Einwurftechnik und Taktik im Fußball zusammen?

19 Wahrnehmung und Sport

Gerade der Sport bietet durch seine große Vielfalt an Sportarten und Disziplinen den Menschen sehr viele Möglichkeiten der Wahrnehmung. Einzelne Sportarten, wie z. B. die Leichtathletik, ermöglichen es den Sporttreibenden in den einzelnen Disziplinen wie dem Hochsprung, dem Sprint, dem Kugelstoßen oder dem 10000-m-Lauf ganz eigene und einzigartige Körpererfahrungen zu machen. Zudem bieten manche Sportarten über die äußeren Bedingungen wie dem Wasser, dem Schnee oder der Bergwelt sehr kontrastreiche Chancen der Wahrnehmung.

19.1 Sinnesphysiologie und Sport

Während des Sporttreibens werden die Sinnesorgane des menschlichen Organismus mit riesigen Informationsmengen konfrontiert. Diese Informationsmenge ist allerdings so groß, dass nur ein sehr kleiner Teil in das Bewusstsein gelangt.

Ein Praxisbeispiel für diese Reizvielfalt:

Ein TT-Doppel steht im Finale einer großen internationalen Meisterschaft. In der Halle ist es sehr kühl, obwohl im Freien sehr hohe Temperaturen herrschen. Die Klimaanlage macht die Luft sehr trocken, sodass die Spieler, auch weil sie zusätzlich über den Schweiß Flüssigkeit verlieren, durstig sind. Der Schweiß auf der Haut fühlt sich durch die Klimaanlage kühl an. Da es spät am Abend ist, ist die Hallenbeleuchtung eingeschaltet, sie ist allerdings etwas zu schwach, sodass die Augen, welche im TT besonders wichtig für die Wahrnehmung der Rotation, der Geschwindigkeit und Platzierung des Balles sind, angestrengt sind. Die Beine der beiden Spieler fühlen sich nach dem langen Turniertag bereits müde an, insgesamt fällt beiden Spielern die Konzentration schwer. Durch den Zuschauerlärm ist der Ballaufsprung auf dem Schläger oder Tisch schwer zu hören, auf den Tribünen und im Innenraum umherlaufende Menschen lenken die Spieler zusätzlich ab.

Die Tabelle 19.1 gibt eine Übersicht über die Sinnessysteme und Sensoren, welche an dem obigen Beispiel mitbeteiligt sind (vgl. *de Marées*, 2003).

> Das Gehirn ist das zentrale Sinnesorgan des Menschen.

19.2 Sehen und Sport

Aus den verschiedenen Systemen der Sinneswahrnehmung, welche für den Sport interessant sind, sollen exemplarisch das visuelle System und das Gleichgewichtssystem vorgestellt werden.

In sehr vielen Sportarten ist gerade das Sehen ein sehr wichtiger Faktor, um die Sportart erfolgreich ausführen zu können.

Sinnessystem bzw. Sinnesmodalität	Sensoren (Sinnesrezeptoren)
Gesichtssinn (visuelles System)	Photosensoren der Netzhaut
Hörsinn (auditives System)	Haarzellen in der Schnecke im Innenohr
Geschmackssinn	Schmeckzellen in den Geschmacksknospen der Zunge
Tastsinn (Mechanorezeption)	Mechanosensoren der Haut
Temperatursinn (Themorezeption)	Thermosensoren der Haut (Warm-, Kaltsensoren)
Tiefensensibilität (Propriozeption)	Gelenksensoren, Muskelsensoren, Sehnenorgane
Viszerale Sensibilität	Viszerosensoren der inneren Organe (z. B. Lunge, Magen-Darm-Trakt, Nieren)
Gleichgewichtssinn (vestibuläres System)	Haarzellen in den Bogengangs- und Makulaorganen des Innenohrs
Schmerz (Nozizeption)	Nozisensoren der Haut, Muskeln, Sehnen, Gelenken, inneren Organe
Geruchssinn (olfaktorisches System)	Riechzellen in den Nasenhöhlen

Tab. 19.1: Sinnessysteme und dazugehörige Sensoren im menschlichen Organismus (mod. nach *de Marées / Heck*, 2003, S. 116)

Circa 90 % aller Umwelteindrücke werden über die Augen aufgenommen.

Der menschliche Augapfel wiegt ca. 7,5 Gramm und liegt in der knöchernen Augenhöhle. Der Hohlraum des Auges ist mit einer wasserähnlichen, gelartigen, klaren Substanz gefüllt. Für die Aufnahme von optischen Reizen sind für das Augen wichtig:

- Iris – sie steuert den Lichteinfall,
- Netzhaut – sie dient der Bildaufnahme,
- Linse – sie dient dem Scharfstellen,
- Fovea centralis – der Punkt des schärfsten Sehens auf der Netzhaut.

Das Bild der Umwelt trifft auf dem Kopf stehend und sehr stark verkleinert auf der Netzhaut auf. Auf der Netzhaut befinden sich ca. 120 Millionen sog. Stäbchen für das Sehen in Dunkelheit und ca. 6 Millionen Zapfen für das Sehen in Helligkeit und die Farbwahrnehmung. Vom Sehnerv werden die Informationen ans Gehirn weitergeleitet, welches das Bild in die richtige Position „dreht". Die Scharfstellung erfolgt über die Linse (durch Akkommodation). Auslösender Reiz für die Scharfstellung ist ein unscharfes Bild auf der Fovea centralis. Will man einen Gegenstand scharf sehen, muss man ihn auf die Fovea centralis projizieren. Für die ganzen Vorgänge wird z.T. vom visuellen System so viel Zeit benötigt, dass in sehr schnellen Sportarten wie dem Tennis, Tischtennis oder Badminton der Akkommodationsmechanismus überfordert ist. Das menschliche Auge besitzt auch die Fähigkeit, sich unterschiedlichen Beleuchtungssituationen anzupassen. Dies geschieht über die Pupillenreaktion. Vom Hellen ins Dunkle braucht der Mensch wesentlich länger in der Anpassung als vom Dunklen ins Helle. Der Sehnerv überträgt die von der Netzhaut aufgenommenen Signale an das Gehirn. Letztlich entsteht das Bild im Gehirn des Menschen (vgl. *de Mareés*, 2003).

Der Mensch sieht nicht nur mit den Augen, sondern mit seinem Gehirn.

Peripheres Sehen

Das TT-Beispiel zeigt, dass beide Spieler nicht nur Ball, Tisch und die Schlagaktionen des gegnerischen Doppels beobachten müssen, sondern gleichzeitig auch ihren eigenen Doppelpartner durch das periphere Sehen wahrnehmen müssen. Zentral sieht der Mensch mit der Fovea centralis, was nur einem Sehwinkel von 2 Grad entspricht. Der übrige Teil der Netzhaut entspricht dem Bereich, der für das periphere Sehen verantwortlich ist. Wichtig ist vor allem auch für den Sport, dass die Peripherie gegenüber der Fovea centralis bei der Informationsverarbeitung bevorzugt behandelt wird.

In dem TT-Beispiel taucht der eigene Doppelpartner sowie der des Gegners immer wieder in der Peripherie auf, wodurch die zentrale Wahrnehmung zugunsten der Informationen aus der Peripherie unterdrückt und die Aufmerksamkeit auf den Doppelpartner gelenkt wird. Das Beispiel zeigt aber auch, dass umherlaufende Zuschauer oder auch Funktionäre, Helfer und Fotografen die konzentrierte Wahrnehmung der Spieler stören können.

Der Sportler bedient sich quasi ständig der in seiner Gesichtsperipherie aufgenommenen Informationen, um sich im Raum zu orientieren und durch Aufmerksamkeitslenkung etwas neu zu fixieren. Die schnellsten Augen im Sport haben Tennisspieler, gefolgt von Tischtennisspielern und Badmintonspielern. Diese Sportarten schulen bzw. trainieren offensichtlich das „schnelle Auge". Durch aktive Augenbewegung lässt sich das Wahrnehmungsfeld (Gesichtsfeld) für das periphere Sehen deutlich erweitern.

19.3 Gleichgewichtsregulation und Sport

In sehr vielen Sportarten spielt die Gleichgewichtsfähigkeit eine dominierende Rolle. Dies ist der Fall im Eiskunstlauf oder auf dem Schwebebalken, im Kunstradfahren oder auf den Skiern. Aber auch in Spielsportarten wie im Fußball, Handball oder Basketball spielt es eine wichtige Rolle. Im Judo, in der Kataform des Karate und im Ringen ist es zudem von größter Bedeutung, sein Gleichgewicht halten zu können bzw. das Gleichgewicht nicht zu verlieren oder das des Gegners zu brechen.

> Die Orientierung im Raum sowie die Kontrolle und Korrektur der Körperhaltung und der Bewegung werden auch durch das Gleichgewichtssystem wesentlich beeinflusst.

Zum Gleichgewichtsystem zählen:
- das Gleichgewichtsorgan,
- der Gleichgewichtsnerv,
- zentrale vestibuläre Strukturen im Gehirn.

Das Gleichgewichtsorgan befindet sich jeweils im rechten und linken Innenohr. Es handelt sich dabei um ein mit einer besonderen Flüssigkeit mit kleinsten Kristallen gefülltes Hohlraumsystem, welches man als Labyrinth bezeichnet. Dabei ist eine der wichtigsten Verschaltungen die Verbindung zu den Augen im Gehirn. Der entscheidende Reiz für die Sensoren des Gleichgewichtsorgans ist die Beschleunigung in einer Translations- oder Rotationsbeschleunigung.

19.3.1 Gleichgewichtssinn und Training

Aus Untersuchungen bei Sportlern des Geräteturnens und der rhythmischen Sportgymnastik weiß man, dass das Gleichgewichtssystem häufige und regelmäßige Trainingsreize benötigt, um sich zu verbessern und diesen Trainingszustand auch längerfristig beibehalten zu können. Dies kann in jeder Sportart / Disziplin durch Training des sportartspezifischen Gleichgewichts erreicht werden.

Die Gleichgewichtsfähigkeit kann schon bei Kindern als wichtige Alltagskompetenz erworben werden. Auch bei Senioren ist sie von großer Bedeutung, da entsprechende Trainingsprogramme zur Sturzvorbeugung beitragen können (vgl. *de Marées*, 2003).

19.3.2 Interpretation des Tischtennisbeispiels

Die Spieler erfassen mit ihren Augen (visuelles System) das Verhalten ihrer beiden Gegner sowie die Position ihres eigenen Doppelpartners. Sie erfassen mit den Augen die Flugrichtung, Fluggeschwindigkeit, Ballrotationsart und Platzierung des TT-Balles auf ihrer eigenen und der Tischhälfte des Gegners. Dies ist für die eigene Ballkontrolle und taktische Entscheidungen sehr wichtig. Das vestibuläre System (Gleichgewichtsorgan) ist dafür verantwortlich, dass ein sicheres Einnehmen der Grundstellung und ein sicherer Stand beim Schlagen des Balles gewährleistet sind.

Die beiden Sinnessysteme wirken ergänzend zusammen, verschaltet über das übergeordnete sensorische Informationszentrum im Gehirn.

Möchte man in der Praxis die Gleichgewichtsfähigkeit gezielt verbessern, so sind methodisch
1. Drehbewegungen des Körpers um verschiedene Drehachsen sowie
2. Sichteinschränkung (ein oder beide Augen geschlossen) und
3. flexible Standfläche variabel einzusetzen.

19.4 Wahrnehmung und Lernen

Die Wahrnehmung ist unter anderen Faktoren eine sehr wichtige Voraussetzung für das Erlernen eines Bewegungsablaufes. Wenn Bewegungen im Sport erlernt werden sollen, so sind zu Beginn des Lernprozesses visuelle und verbale (akustische) Anteile besonders wichtig. Die am meisten angewandte Methode beim Erlernen von Bewegungen ist folgende:

Man zeigt die Bewegung (durch eine Bewegungsdemonstration) und erklärt (verbal durch Bewegungsbeschreibung), wie sie ablaufen soll.

Das Modell (Abb. 19.1) veranschaulicht den Behaltensvorgang als Voraussetzung für motorisches Lernen.

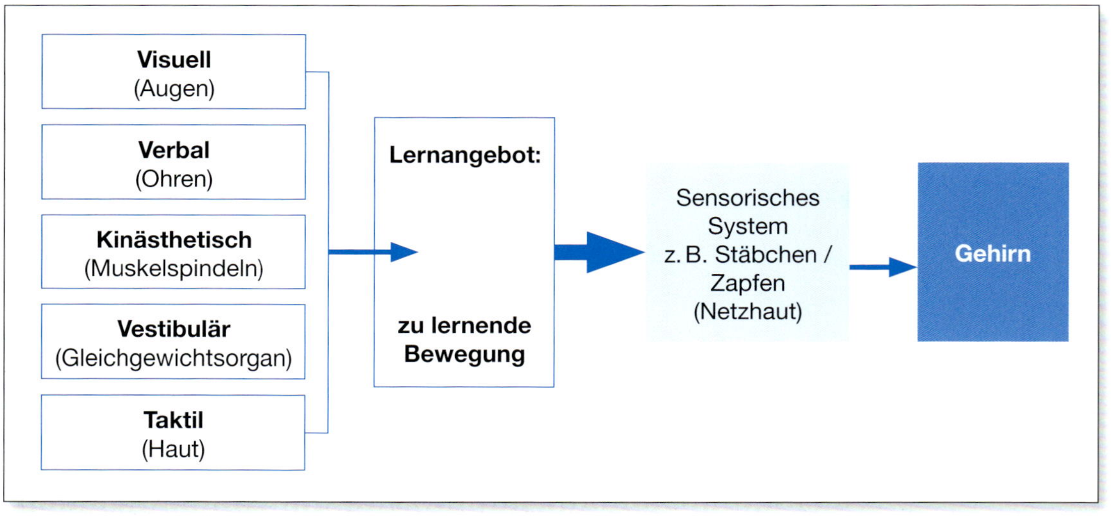

Abb. 19.1: Vereinfachtes Schema des Behaltensvorganges als Voraussetzung für das Lernen einer Bewegung im Sport (motorisches Lernen) (mod. nach *de Marées*, 2003, S. 85)

Aufgaben und Fragen

1. Beschreiben Sie den Aufbau des menschlichen Auges.
2. Was versteht man unter peripherem Sehen? Wozu ist es im Sport notwendig? Versuchen Sie praktische Beispiele aus dem Sport dafür zu finden.
3. Wie hängen Augen, Gehirn und Gleichgewichtssinn zusammen? Versuchen Sie Beispiele aus der Praxis dafür zu finden.

20 Ernährung im Sport

Die Ernährung ist im Sport notwendig zur Erhaltung oder Steigerung der Leistung und darf daher nicht vernachlässigt werden. Sportler haben generell gegenüber Nicht-Sportlern einen erhöhten Energiebedarf, wenn sie größere körperliche Leistungen im Wettkampf oder bei einem zweimaligen Training am Tag erbringen müssen. Die Ernährung zählt zu den drei wichtigsten Faktoren, welche die Leistungsfähigkeit eines Sportlers beeinflussen.

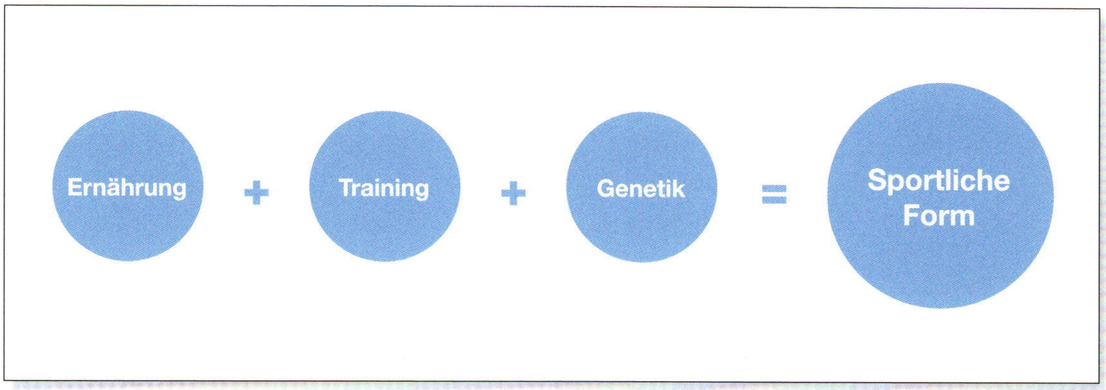

Abb. 20.1: Die drei wichtigsten Faktoren, welche die sportliche Form beeinflussen

Je höher das sportliche Leistungsniveau ist und je intensiver das Training ist, desto mehr Bedeutung kommt dem Faktor Ernährung zu. Die Folgen der Missachtung der Zusammenhänge von Ernährung und sportlicher Leistung können sein:

- schnellere Ermüdung / Erschöpfung
- Leistungsabfall
- verzögerte und verschlechterte Regeneration
- verzögerte und verschlechterte Anpassungserscheinungen
- erhöhtes Verletzungsrisiko

Das Wissen über optimale Sporternährung ist bei Sportlern - auch bei Leistungssportlern - z. T. erheblich defizitär, wie *Braun* und *Carlsohn* (2015, S. 2) feststellen: „Für uns ist es teilweise erschreckend, was die Athleten an Fast Food und ungünstig zusammengesetzten Fertiggerichten konsumieren."

Der normale Breitensportler treibt maximal eine Stunde Sport am Tag und verbraucht dabei höchstens 1000 kcal. Hier genügt i.d.R. eine abwechslungsreiche, vollwertige Kost nach den Richtlinien der Deutschen Gesellschaft für Ernährung (DGE, siehe auch https://www.dge.de/). Eine zusätzliche Einnahme von angeblich leistungssteigernden Mitteln ist hier absolut unnötig. Hier genügt es normalerweise, den Flüssigkeitshaushalt auszugleichen und die verbrauchte Energie zu ersetzen.

Unter den Breitensportlern gibt es auch eine Subgruppe im mittleren Alter (35-60 Jahre), welche maximal engagiert und z.T. vom Umfang her beinahe professionell trainiert und an Wettkämpfen teilnimmt. Diese Sportler unternehmen sehr viel, um auch durch ihr Ernährungsverhalten ihre Form zu optimieren. Hier haben Nahrungsergänzungsmittel ihren größten Markt. Man muss letztendlich erkennen, dass es für die Hersteller von Nahrungsergänzungsmitteln um sehr viel Geld geht, insbesondere eben im Breiten- und Freizeitsport.

Leistungssportler trainieren im Durchschnitt 1-3 Stunden täglich und verbrauchen dabei zusätzlich 1000-3000 kcal pro Tag. Hochleistungssportler sind Profis, welche 2-mal am Tag trainieren und 3000 bis über 5000 kcal zusätzlich pro Tag verbrauchen (vgl. Tab. 20.1, *Schek*, 2008).

Sportart	Energieverbrauch
Kanu, Tennis, Tischtennis, Badminton	4-7 kcal/kg/h
Krafttraining, Aerobic, Fußball, Handball, Basketball	8-9 kcal/kg/h
Tanzen, Schwimmen, Radrennen, Judo	10-11 kcal/kg/h
Squash, Skilanglauf, Joggen (< 6 min/km)	12-13 kcal/kg/h

Tab. 20.1: Energieverbrauch pro Kilogramm Körpergewicht pro Stunde bei verschiedenen Sportarten (vgl. *Schek*, 2008)

Es besteht in erster Linie im Hochleistungssport das Risiko einer unzureichenden Versorgung, was Energie, Spurenelemente, Elektrolyte oder Vitamine anbelangt. Gefährdet sind ebenfalls Sportler in Gewichtsklassen (z. B. Judo, Ringen) oder ästhetischen Sportarten (z. B. Tanzen, Turnen, Skispringer, rhythmische Sportgymnastik) mit sehr niedriger Nahrungsaufnahme (< 1200 kcal/Tag).

Es ist entscheidend, in der Ernährungsberatung zu erkennen, dass die Beratung sportartgerichtet bzw. sportartspezifisch zu erfolgen hat. Einem Tischtennisspieler bringt es wenig, etwas über die Ernährung eines Superschwergewichtlers im Gewichtheben zu erfahren und für diesen wiederum gelten zu allgemein gehaltene Ernährungsvorschläge nur bedingt.

Die Kalorienzahl und die Nahrungszusammensetzung der Ernährung richten sich beim Sportler nach seiner Sportart / Disziplin und den dazugehörigen Trainingsbelastungen.

Schließlich gehört zum Erfolgsfaktor der Sporternährung noch die Gesundheit des Sportlers selbst. Bei einer Überbetonung der Ernährung bzw. zu starken gedanklichen Fixierung auf den Faktor Ernährung, auch von außerhalb durch Trainer, Betreuer oder Sportkameraden, kann dies im Extremfall auch zu krankhaftem Essverhalten führen. Dies gilt es unbedingt zu verhindern.

20.1 Zum Energiebedarf im Sport

Wer Sport treibt, der benötigt mehr Energie als eine passive Person. Um zu verstehen, wie die Energiebilanz eines Menschen bzw. Sportlers aussieht, sind ein paar Grundkenntnisse notwendig.

Grundumsatz: Darunter versteht man den Energieumsatz des Organismus zur Aufrechterhaltung seiner Stoffwechselfunktionen, gemessen 12-24 Stunden nach Nahrungsaufnahme bei einer Temperatur von 20 Grad sowie körperlicher und geistiger Ruhe. Er ist abhängig von:

Körpergewicht	je höher das Gewicht, umso höher der Grundumsatz (GU)
Alter	je älter, umso geringer der GU
Geschlecht	Frauen haben ca. 10 % weniger GU als Männer
hormonelle Einflüsse	bei gesteigerter Hormonproduktion (z. B. Adrenalin) erhöhter GU
Tageszeit	Minimum des GU nachts, Maximum nachmittags
zentralnervöse Einflüsse	bei erhöhtem Muskeltonus Anstieg des GU

Gesamtumsatz: Jede körperliche Aktivität neben dem Sport, also z. B. auch Gartenarbeit oder Spaziergänge, bedingen einen höheren Umsatz als den Grundumsatz. Er wird als Leistungszuwachs oder Leistungsumsatz bezeichnet. Häufig wird der Gesamtumsatz in Ruheumsatz und Arbeitsumsatz aufgeteilt. Dabei wird der Ruheumsatz bei völliger Körperruhe gemessen. Er liegt ca. 10–15 % über dem Grundumsatz:

> Faustregel des Grundumsatzes:
>
> 1 kg Körpermasse benötigt pro Stunde eine Energiemenge von ca. 4 kJ.
> Grundumsatz = 4 kJ (h x kg)
> (1 kcal = 4,18 kJ)

Rechenbeispiel für einen 60 kg schweren Menschen: 60 kg x 24 (Std.) x 1 kcal (4,2 kj) = 1440 kcal (6048kj)

Durch die größere Muskelmasse bei Sportlern weisen diese einen um ca. 5 % erhöhten Grundumsatz auf. Auch am Tag nach einem Wettkampf misst man noch einen erhöhten Grundumsatz (vgl. *de Marées / Heck*, 2003).

Unter dem Arbeitsumsatz versteht man die Differenz zwischen dem Gesamtumsatz bei der Arbeit und dem Ruheumsatz (vgl. *de Marées*, 2003, S. 378)

> Gesamtumsatz = Ruheumsatz + Arbeitsumsatz

Beispiele aus dem Sport

Langstreckenläufer laufen pro Tag zwischen 15 und 40 Kilometer, mit einem durchschnittlichen Energieaufwand von ca. 55–65 kcal pro Kilometer. Der Energieaufwand beim Radfahren bezogen auf eine Distanz von 160 km bei durchschnittlicher Geschwindigkeit von 40 km/h liegt bei 28,6 kcal/km und einem Gesamtverbrauch von 4680 kcal. Straßenradrennfahrer verbrauchen täglich mehr als 6000 kcal, wobei die oberen Extremwerte bei Tour de France-Etappen bis zu 12000 kcal betragen können. Hochleistungsschwimmer mit 5 bis 15 km pro Tag benötigen zusätzlich 1250–3750 kcal. Hohe Werte können um 3000–5500 kcal liegen. Superschwergewichtler im Gewichtheben können auf Werte um 9000 kcal täglich kommen. Die täglich mögliche Kalorienaufnahme bei einer Alpenetappe der Tour de France liegt bei 10000 kcal (vgl. *Hollmann / Strüder*, 2009).

20.2 Nährstoffe

Die Nährstoffe Kohlenhydrate, Proteine und Fette sind die stoffliche und energetische Basis für den sportlichen Erfolg. Der Hauptunterschied der Ernährungserfordernisse von körperlich weniger Aktiven, Breiten- und Freizeitsportlern bis hin zu Leistungs- und Hochleistungssportlern ergibt sich aus dem jeweiligen leistungsabhängigen zusätzlichen Energiebedarf. Die Nährstoffe liefern unterschiedlich viel Energie (Tab. 20.2).

Energiequelle	Energiegehalt pro Gramm	
	kJ	kcal
Kohlenhydrate	17	4
Proteine	17	4
Fette	38	9

Tab. 20.2: Energiegehalt der Hauptnährstoffe

Die prozentuale Aufteilung der unterschiedlichen Nährstoffe bei Nichtsportlern sieht wie in Abbildung 20.2 dargestellt aus:

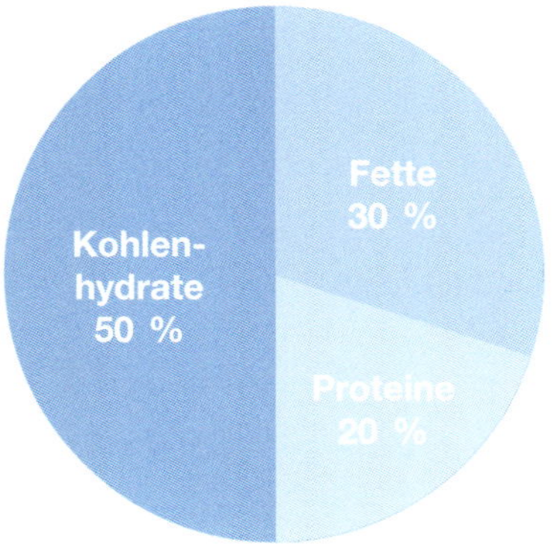

Abb. 20.2:
Die prozentuale Verteilung der Nährstoffe in der täglichen Ernährung bei Nichtsportlern

20.2.1 Kohlenhydrate

Kohlenhydrate (KH) sind Zuckerformen und stellen für den Sportler die wichtigste Energiequelle dar. Das menschliche Gehirn sowie die Erythrozyten (rote Blutkörperchen) sind von der Zufuhr von Glukose abhängig und ohne eine genügende Zufuhrmenge an KH kann auch die Fettoxidation nicht vollständig ablaufen. Man sagt: „Fette verbrennen im Feuer der Kohlenhydrate". Sie besitzen eine hohe Effizienz als ökonomischer Energielieferant für geistige *und* muskuläre Leistungen gleichermaßen (vgl. *Jeker* et al., 2004).

20.2.1.1 Empfohlene Zufuhr und Aufbau von Kohlenhydraten

Kohlenhydrate sind eine große Familie an natürlichen Substanzen und bestehen alle aus den drei Atomen Kohlenstoff, Wasserstoff und Sauerstoff. Die Zufuhrempfehlungen im Hinblick auf die Gesamtkalorienzufuhr stellen sich wie folgt dar:

1. Geringe körperliche Aktivität: 50%
2. Sportler: 55–70%

Kohlenhydrate liefern bei der Oxidation in der Energiebereitstellung ca. 15% mehr Adenosintriphosphat (ATP) pro Liter Sauerstoff als die Fettoxidation. Pro Gramm Kohlenhydrate werden ca. 2,7 Gramm Wasser mit aufgenommen, welches dann dem Organismus zu Verfügung steht. Dies ist wichtig für Sportler, die in Gewichtsklassen wie z. B. Judo oder Karate antreten. Der unterschiedliche Aufbau, vor allem im Hinblick auf die Größe, macht die chemische Qualität der Kohlenhydrate aus. Anhand ihrer Größe können sie in verschiedene Kategorien aufgeteilt werden (vgl. Tab. 20.3, *Jeker* et al., 2004).

Die Kohlenhydrate können lediglich in Form von Monosacchariden im Dünndarm aufgenommen werden. Aus diesem Grund müssen zuvor alle größeren Kohlenhydratkomplexe in diese drei Monosaccharide aufgeschlossen werden. Eine Besonderheit besteht darin, dass die Speicherfähigkeit der Kohlenhydrate begrenzt ist, nämlich ca. 300 Gramm in den Muskeln und 100 Gramm in der Leber. Durch Training können die Speicher annähernd verdoppelt werden, bei dann 500 Gramm in den Muskeln und ca. 150 Gramm in der Leber.

Kohlenhydrate sind im Sport bei Belastungen bis zu zwei Stunden Dauer von sehr wichtiger Bedeutung.

Kohlenhydrate	Vorkommen
Monosaccharide	
Glukose = Traubenzucker **Fruktose** = Fruchtzucker **Galaktose** = Schleimzucker	• Früchte, Honig, Spuren in den meisten Pflanzen • Früchte, Honig, Spuren in den meisten Pflanzen • Komponente von Laktose, wird bei der Verdauung freigesetzt
Disaccharide	
Saccharose = Haushaltszucker **Laktose** = Milchzucker **Maltose** = Malzzucker	• Zuckerrüben, Zuckerrohr, Früchte, Ahornzucker • Milch, Milchprodukte • Keime, entsteht bei der Stärkeverdauung
Polysaccharide	
Amylose + Amylopektin = Reserveform in Pflanzen, beides aus Glucose **Glykogen** = Reserveform aus Glucose	• Getreide, Kartoffeln • Leber, Muskeln

Tab. 20.3: Klassifikation und Vorkommen der Kohlenhydrate (vgl. *Jeker* et al., 2004)

Kohlenhydrate benötigen Sportler

1. zur Energiegewinnung,
2. zur Wiederauffüllung der Glykogenspeicher in der Regeneration,
3. zur Aufrechterhaltung der Blutglukosehomöostase (ausgeglichener Blutzuckergehalt) während der Belastung,
4. zur besseren Durchblutung der Muskulatur (über Insulin),
5. zur Förderung der Proteinsynthese (über Insulin) und
6. für die Gehirnfunktion (z. B. Konzentration).

Dies gilt auch für intervallartige Belastungen mit einem ständigen Intensitätswechsel, gleichzeitig hohen mentalen Beanspruchungen sowie technischen und taktischen Fertigkeiten wie z. B. in den Sportspielen Handball, Fußball oder Basketball, aber auch im Tennis oder Tischtennis. Studien belegen deutlich den Zusammenhang zwischen Belastungsdauer und Größe des Glykogenspeichers in der Muskulatur. Sinkt der Blutzuckerspiegel während einer körperlichen Belastung zu stark ab, nimmt die Belastungsintensität ab und es kommt zu dem von Sportlern gefürchteten Hungerast. Diese Form der Unterzuckerung geht neben dem Leistungsverlust körperlich mit Heißhunger, Schwitzen, Herzklopfen, Schwindelgefühl und Koordinationsstörungen einher (vgl. *Schek*, 2013).

20.2.1.2 Kohlenhydrate vor und während der Belastung

Der KH-Speicher kann durch Training und spezielle Ernährungsmaßnahmen über enzymatische und organspezifische Strukturanpassung annähernd verdoppelt werden. Durch Training der Grundlagenausdauer tritt bei Belastungen von ca. 50–55 % der VO_2max (maximale Sauerstoffaufnahme) ein Glykogenspareffekt auf, wodurch die besonders effizienten Kohlenhydrate, quasi das „Superbenzin", für einen Zwischen- oder den Endspurt geschont werden können. Wenn man mehrere Tage vor einem Wettkampf die Glykogenspeicher durch ein hartes Training gezielt entleert, können diese über das vorherige Maß hinaus angehoben werden, indem man sich drei Tage vor dem Wettkampf kohlenhydratbetont (bei ca. 70 % der Gesamtenergiezufuhr über KH) ernährt. Genau diesen Vorgang hat *Jakovlew* ursprünglich als Superkompensation bezeichnet, heute spricht man auch vom Carboloading (von engl. *carbohydrates*). Aus energetischer Sicht und zur besseren Muskeldurchblutung während der Belastung wäre es sinnvoll, ca. 20 Minuten vor einem Sportspiel 100–150 ml eines kohlenhydrathaltigen Sportgetränks zu trinken. Während einer Sportspielbelastung wie z. B. im Fußball, Handball oder Basketball ist es ratsam, neben einem hochmineralisierten Mineralwasser immer wieder kleine Portionen eines kohlenhydrathaltigen Getränks zu konsumieren, welches Glukose, Saccharose und / oder Maltodextrin sowie lösliche Stärke enthalten kann.

20.2.1.3 Kohlenhydratzufuhr nach ermüdenden oder erschöpfenden Belastungen

Nach einer sportlichen Belastung hat der Sportler ein relativ enges Zeitfenster, das er zur Nahrungsaufnahme für die Regeneration nutzen sollte. Innerhalb der ersten 45 Minuten nach der Belastung sollte im Leistungs- oder Hochleistungssport ein kohlenhydrathaltiges Sportgetränk zu sich genommen werden. Zum einen gewährleistet dies eine optimal schnelle Wiederauffüllung der Glykogenspeicher und zum anderen stimulieren die Kohlenhydrate die Ausschüttung des Hormons Insulin, welches auch für die Proteinsynthese von wichtiger Bedeutung ist!

20.2.2 Fette

Fette liefern die etwa 2,5-fache Menge an Energie pro Masseeinheit verglichen mit Kohlenhydraten und Proteinen. Bei vielen übergewichtigen Personen ist nicht nur die Energieaufnahme höher als der Energieverbrauch, sondern es liegt meist parallel dazu eine positive Fettbilanz vor. Dies leistet der Entstehung von Adipositas Vorschub. Für Sportler ist allerdings eine Reduktion der Fetternährung unter 30 % der Gesamtenergiemenge nicht ratsam, denn dies kann sich nach *Schek* (2008) u. a. auch negativ auf die sportliche Ausdauerleistung auswirken.

Aufbau und Zufuhrempfehlungen

Der Fachbegriff für alle Fette und fettähnlichen Substanzen ist „Lipide". Hierzu zählen auch Nahrungsfette und -öle. Die mengenmäßig wichtigsten Nahrungsfette, die Triglyzeride, sind aus drei Fettsäuren und einem Glycerol aufgebaut. Auch im Muskel werden Triglyzeride gespeichert. Fettsäuren werden meist aufgrund ihrer Kettenlänge und ihres Sättigungsgrades unterteilt. Gesättigte Fettsäuren gelten als *ungesunde*, ungesättigte (einfach oder mehrfach) gelten als *gesunde* Fettsäuren. Von der Aufnahme her gilt eine Faustformel an Fett von ca. 1 Gramm Fett pro Kilogramm Körpergewicht am Tag. Das Cholesterin ist ein wichtiger Baustoff von Zellwänden, im Nervensystem und von Hormonen. Von der Negativbewertung dieses Stoffes ist man in den letzten Jahren abgerückt. Der Grund dafür ist, dass es keinen direkten Beweis dafür gab, dass Nahrungscholesterin sich nachteilig auf die Entwicklung von Krankheiten auswirkt.

20.2.3 Proteine

Kaum ein Nährstoff stand und steht so sehr im Interesse von Sportlern wie das Eiweiß. Es wurde lange Zeit nur im Kraftsport besonders berücksichtigt, wobei seit längerem klar ist, dass den Proteinen auch im Ausdauersport und in der Regeneration eine sehr wichtige Bedeutung zukommt.

Aufbau und Zufuhrempfehlungen

Proteine (Eiweiße) bestehen aus kettenartig miteinander verknüpften Aminosäuren. Zwanzig dieser Aminosäuren sind für den Menschen von Bedeutung. Der Bedarf ist auch vom Alter und dem Körpergewicht abhängig. Kinder und junge Erwachsene haben einen leicht erhöhten Bedarf. Wer sportlich bzw. körperlich aktiv ist, hat ebenfalls einen erhöhten Bedarf. Proteine sollte man nicht nach dem Motto: „Viel hilft viel!" zu sich nehmen, denn die Resorptionskapazität des menschlichen Organismus ist begrenzt. Im breiten- und freizeitsportlichen Bereich sind z. B. keine Proteinshakes notwendig, wenn man sich abwechslungsreich und vollwertig ernährt. Die Tabelle 20.4 gibt einen Überblick über die empfohlenen Zufuhrmengen.

	Durchschnittliche Angaben in Gramm pro Tag und kg Körpergewicht mehrerer Autoren
Ausdauersportler	1,2–2,0
Kraftsportler	1,5–3,2
Schnellkraftsportler	1,5–3,0
Gesundheitssportler	1,0

Tab. 20.4: Durchschnittliche empfohlene Zufuhrmengen an Protein pro Tag und kg Körpergewicht für unterschiedliche Sportarten / Disziplinen (vgl. *Friedrich*, 2015)

Eine gezielte proteinreiche Ernährung erfüllt folgende Funktionen:

1. Erhalt und Aufbau der Muskelmasse,
2. Optimierung der Muskelkraft und Körperkomposition,
3. Vermeidung eines katabolen Stoffwechsels und
4. Sicherstellung einer optimalen Regeneration in der Nachbelastungsphase zusammen mit Kohlenhydraten in den Regenerations-Drinks[1].

Ähnlich wie bei den Kohlenhydraten ist auch das Zeitfenster von 45 Minuten für die Proteinzufuhr wichtig für die Anpassungsprozesse und den Muskelaufbau. Hierbei haben Aminosäuregaben direkt vor und direkt nach dem Training einen positiven Einfluss auf die Muskelproteinsynthese. Einen noch günstigeren Einfluss haben die oben erwähnten Regenerations-Drinks.

Bei Ausdauerbelastungen ist die Aminosäureoxidation in der Energiebereitstellung ebenfalls erhöht. Im Kraftsport ist der Proteinumsatz durch häufige Ab- und Wiederaufbauvorgänge in der Muskulatur gesteigert. Wenn man mehr als 2 Gramm pro Kilogramm Körpergewicht Eiweiß pro Tag zu sich nimmt, muss man wissen, dass

- mehr Kalzium im Urin ausgeschieden wird und
- andere Lebensmittel / Nährstoffe u.U. aus der Kost verdrängt werden können (vgl *Schek*, 2008).

Empfehlenswert scheint in der Eiweißernährung eine Mischung aus 50 % tierischem und 50 % pflanzlichem Eiweiß. Vorsicht ist bei Proteinpulvern geboten, denn ausländische Produkte können nach einer Studie u.U. mit Steroidhormonen kontaminiert sein. Wenn das der Fall ist, besteht Dopinggefahr! Außerdem gibt es Hinweise, dass Proteinshakes den Muskeltonus auf unnatürliche Art und Weise ansteigen lassen können, wodurch das Verletzungsrisiko ansteigen kann.

20.3 Flüssigkeits- und Elektrolythaushalt

Der Wassergehalt des Menschen liegt bei ca. 60 %, was bei einem 60 Kilogramm schweren Menschen ca. 36 Litern entspricht. Leistungssportler können einen Wassergehalt von 70 % erreichen. Dies lässt sich hauptsächlich über eine größere Blutmenge (Wassergehalt 83 %), mehr Muskeln (Wassergehalt 74 %) und weniger Fett (Wassergehalt 10 %) erklären. Das Wasser hat im menschlichen Organismus mehrere wichtige Funktionen zu erfüllen:

- Thermoregulation (z. B. über das Schwitzen)
- Lösungsmittel
- Transportmittel
- Baustein

1 *Ivy* und *Portman* (2004) stellten fest, dass ein Getränk, welches 70 % Kohlenhydrate und 30 % Aminosäuren enthält, die Glykogenspeicher der Muskulatur um 38 % schneller wiederauffüllen konnte als ein herkömmliches zuckerhaltiges Sportgetränk.

Wasser ist der wichtigste Nährstoff des Menschen und ist gleichzeitig der wichtigste leistungsbegrenzende Faktor bei einer physischen Aktivität. Bereits bei einem Wasserverlust von 2% bezogen auf das Körpergewicht kann es zu Beeinträchtigungen in der Ausdauerleistungsfähigkeit kommen. Auf das obige Beispiel eines 60 Kilogramm schweren Sportlers bezogen, würde das ca. 1,2 Kilogramm Gewichtsverlust durch Schwitzen entsprechen.

Da nur etwa 20–25% der chemischen Energie in mechanische Energie umgewandelt werden können, entsteht aus den restlichen 75–80% Wärme. Ohne wirksame Kühlung könnte eine Stunde Joggen die Körpertemperatur um ca. 10 bis 15 Grad anheben. Schwitzen ist die effektivste Form der Wärmeabgabe (neben Abstrahlung, Leitung und Konvektion) und die durchschnittliche Schweißrate pro Stunde beträgt ca. 1 Liter (vgl. *Mettler / Colombani*, 2010). Kühlung durch Schwitzen ist v. a. für die Ausdauerleistung wichtig, da ab einer Bluttemperatur von mehr als 39,5 Grad die Sauerstoffbindungsfähigkeit des Blutes sinkt. Darunter würden die aerobe Energiebereitstellung und damit die sportliche Leistung leiden.

Die modernen bildgebenden Verfahren haben aufgezeigt, dass auch das menschliche Gehirn unter einer Dehydratation leidet. In einer Studie konnte gezeigt werden, dass kognitive Leistungen durch einen Wasserverlust beeinträchtigt werden können (vgl. *Schröder / Wagner*, 2001, S. 80).

Der tägliche Wasserumsatz eines erwachsenen Menschen beträgt im Durchschnitt ca. 0,6% seines Körperwassergehaltes. Das entspricht bei einer erwachsenen Frau knapp 2 Liter, bei einem erwachsene Mann rund 2,5 Liter und einem Leistungssportler ca. 3–3,5 Liter. (vgl. *Schek*, 2008).

Wie viel Schweiß ein Sportler tatsächlich verliert, hängt u. a. von folgenden Faktoren ab:

- von der Intensität der Belastung,
- von der Dauer der Belastung,
- vom Trainiertheitsgrad (Trainierte haben mehr Schweißzellen als Untrainierte),
- vom Geschlecht (Männer schwitzen mehr als Frauen),
- von klimatischen Bedingungen,
- vom Hydratationszustand (nur wer genügend trinkt, kann auch genügend schwitzen).

Verliert der Mensch zu viel Flüssigkeit, spricht man ab ca. 3% Verlust von einer leistungsbeeinträchtigenden Dehydratation. Bei Belastungen, welche länger als 60 Minuten dauern, sollte bereits vor und natürlich auch während der Belastung getrunken werden. Dies trifft z. B. auf Fußball, Handball, Basketball, Hockey, Eishockey oder Tennis (v. a. Freiluftsaison) zu. Wichtig ist, dass der Sportler lernt, bei der Trinkmenge auf seinen Durst zu hören. Auch zu viel trinken kann schwerwiegende gesundheitliche Folgen bis hin zum Tod durch eine Wasservergiftung nach sich ziehen.

Generell kann man feststellen, dass der menschliche Organismus pro Stunde im Sport nicht mehr als ca. 0,75 Liter aufnehmen kann. Geringe Verluste werden ohne Leistungseinbußen toleriert.

20.4 Getränke im Sport

Das am meisten konsumierte Getränk im Sport ist das Mineralwasser. Es ist für Breiten- und Freizeitsportler für Training und Wettkampf bei Kindern / Jugendlichen sowie Erwachsenen vollkommen ausreichend. Auch bei Leistungs- und Hochleistungssportlern kann es je nach Belastungsintensität und -dauer, insbesondere im Training, ausreichend sein. Im Training oder Wettkampf sollten immer kleine Portionen (100–150 ml) alle 15–20 Minuten getrunken werden.

Ein für Sportler geeignetes Mineralwasser sollte

- insgesamt einen hohen Gehalt an Mineralstoffen aufweisen (> 1500 mg/l, Etikett beachten),
- die Elektrolyte Magnesium (80–100 mg), Kalzium (160–250 mg), Kalium sowie Natrium und Chlorid enthalten.

Sportgetränke, welche zwischen 40 und 60 Gramm Kohlenhydrate pro Liter enthalten sollten (Etikett), sind nachweislich in der Lage, die sportliche Leistung v. a. im Ausdauerbereich zu stabilisieren oder zu verbessern.

Wer zwei- bis dreimal pro Woche eine halbe bis Dreiviertelstunde joggen geht oder ein Fitnesstraining absolviert, benötigt keine teuren Sportgetränke. Insbesondere wer durch Sport abnehmen will, sollte darauf verzichten, ebenso wie Kinder / Jugendliche, die zwei- bis dreimal pro Woche trainieren. Auch im Schulsport sind diese Getränke unnötig. Hingegen sind die Sportgetränke für Leistungs- und Hochleistungssportler unverzichtbar. Sie ersetzen die Elektrolytverluste und sorgen für optimale Anpassungsprozesse und einen besseren Regenerationsverlauf durch den Zuckergehalt.

Colaartige Getränke eignen sich prinzipiell nicht als Sportgetränke. Durch ihren hohen Zuckergehalt können sie während des Sporttreibens nicht schnell genug absorbiert werden und nach dem Sport konsumiert fördern sie die Ausscheidung von Natriumchlorid, Kalzium und Magnesium im Urin. Zudem sind sie extrem mineralstoffarm und fördern durch Koffein die Diurese (Urinausscheidung) und damit den Elektrolytverlust. Ebenfalls ungeeignet sind moderne Designerdrinks, die durch die Werbung vorgaukeln, den Konsumenten zu „beflügeln". In Litauen ist der Verkauf an Minderjährige seit 2015 untersagt und auch in Amerika und Deutschland denkt man über solche Maßnahmen nach. Als besonders problematisch gilt der z.T. sehr hohe Koffeingehalt, der neben einer erhöhten Diurese u. a. Herz-Kreislauf-Probleme verursachen kann.

Nach dem Sport getrunken wirkt sich Alkohol negativ auf die Wasserbilanz aus, spült vermehrt Mineralien aus dem Körper, er behindert die Wiederauffüllung der Glykogenspeicher in der Muskulatur und behindert bzw. verzögert die Regeneration. Auch Anpassungsprozesse werden durch Alkohol negativ beeinflusst.

Merke

Alkohol und optimale sportliche Leistung sind nicht miteinander vereinbar.

20.5 Zur Ernährung vor, während und nach einer sportlichen Belastung

Um ein Training oder einen Wettkampf optimal absolvieren zu können, muss man sich bezüglich der Nahrungsaufnahme an ein paar Faktoren orientieren:

- Belastungsintensität
- Belastungsdauer
- Witterungsverhältnisse
- Sportart im Freien oder in der Halle
- die Sportart / Sportdisziplin
- Regelwerk: Wann erlaubt das Regelwerk Trinken / Essen?

20.5.1 Ernährung vor dem Sporttreiben

Man sollte nicht nüchtern mit dem Training oder Wettkampf beginnen. Die Leberglykogenspeicher könnten fast entleert sein. Ungefähr 60 Minuten vor der Trainingseinheit bzw. dem Wettkampf sollte man daher noch einen kleinen Snack essen, wie z. B. eine halbe / ganze Banane, einen Sportriegel, eine Fruchtschnitte, einen Apfel etc. Größere Portionen sollten vermieden werden. Die letzte große Mahlzeit sollte ca. 3,5–4 Stunden. vor dem Training bzw. der Wettkampf liegen. Große Nahrungsmengen leiten in der Folge Blut aus den Muskeln – wo man es dringend benötigen würde – in den Verdauungsapparat.

Außerdem sollte man nicht durstig in einen Wettkampf oder ein Training gehen. Je nach Witterung sollte man ca. 0,25–0,5 Liter eines Mineralwassers oder eines Sportgetränkes in der letzten halben Stunde zuvor zu sich nehmen. Mehr macht keinen Sinn, da der Körper überflüssiges Wasser relativ schnell wieder ausscheidet. Dadurch verliert man dann gleichzeitig über den Urin wieder viele Elektrolyte. Wichtig ist noch zu wissen, dass die Flüssigkeitsaufnahme während einer sportlichen Belastung schneller geht, wenn man zuvor schon etwas getrunken hat.

20.5.2 Ernährung während des Sportreibens

Bei einem „normalen" breitensportlichen Training von ca. 1,5 Stunden Dauer ist es nicht zwingend notwendig, etwas zu essen oder zu trinken. Bei heißer Witterung wäre ein Mineralwasser ratsam. Während eines Wettkampfes hat es sich als sinnvoll erwiesen, z. B. bei den Sportspielen wie Fußball, Handball, Basketball oder Hockey im Wechsel ein kohlenhydrathaltiges Sportgetränk und Mineralwasser zu trinken. Zu bedenken ist dabei, dass der Mensch während sportlicher Betätigung nur ca. 0,5 bis 0,75 Liter Flüssigkeit pro Stunde überhaupt aufnehmen kann.

Steht die Ausdauer im Vordergrund, wie z. B. beim Marathon, Halbmarathon oder einem Triathlon, gilt es primär kohlenhydrathaltige Sportgetränke zu trinken, welche die Durchblutung der Muskeln verbessern und Energie nachliefern.

20.5.3 Ernährung nach dem Sporttreiben

In der Regenerationsphase nach dem Training oder Wettkampf stehen folgende Punkte im Vordergrund:

- der Ausgleich des Flüssigkeitsverlustes,
- der Ausgleich des Mineralstoffverlustes sowie
- der Ausgleich der (teilweise) entleerten Glykogenreserven.

Sehr gut geeignet, alle drei Aufgaben zu erfüllen, sind kohlenhydrathaltige Sportgetränke. Das Nachtrinken sollte sich dabei nach dem Durstgefühl richten. Wenn der Wettkampf oder das Training in den Abendstunden ist und sehr intensiv bzw. von längerer Dauer war, sollte man danach unbedingt noch eine Kleinigkeit essen, um eine bessere Wiederauffüllung der Glykogenvorräte zu gewährleisten.

Beispiele:

- großer Joghurt
- Müsli mit Joghurt
- große Schale Haferflocken mit Milch und Honig
- ein Vollkornbrot mit Truthahn- oder Hähnchenschinken

20.6 Vegetarische, vegane und glutenfreie Ernährung

In den letzten Jahren hat sich die Anzahl der Sportler erhöht, welche sich besonderen Kostformen zugewandt haben. Häufig liegen ethisch-moralische Bedenken einer Ernährungsumstellung zugrunde. Man geht in Deutschland (2015) von ca. 5 Millionen Vegetariern aus. In den Spielsportarten und im Bereich des Ausdauersports kann die vegetarische Ernährung problemlos empfohlen werden. Sportler aus verschiedenen Sportarten / Disziplinen können z. B. ihren Fleischkonsum etwas einschränken, ohne mit Leistungseinbußen rechnen zu müssen. Lediglich Sportler, die sehr große Muskelmassen aufbauen müssen, wie Gewichtheber, Diskuswerfer, Hammerwerfer oder Linebacker im American Football, können sich nicht vegetarisch ernähren. Vegetarier sollten nicht einfach spontan damit beginnen und auf Fleisch verzichten, sondern sich zuvor unbedingt informieren, was es zu beachten gilt, um keine Mangelerscheinungen zu erleiden.

Veganer verzichten bei ihrer Ernährung auf jegliche Form tierischer Proteine. Es kommt hier zu erheblichen Einschränkungen in der Lebensmittelauswahl. Im Kinder- und Jugendbereich wird von dieser Ernährungsform abgeraten. Veganer müssen *sehr genau* über diese Ernährungsweise Bescheid wissen, da hier Mangelerscheinungen wesentlich wahrscheinlicher sind als beim Vegetarismus.

Glutenfreie Kost ist primär für Menschen vorgesehen, welche unter Zöliakie leiden, einer chronischen und bisher nicht heilbaren Darmentzündung. Es gibt keinerlei Beweise, dass Sportler von glutenfreier Kost profitieren können. Der aktuelle Weltranglistenerste im Tennis, *Novak Djokovic*, leidet beispielsweise unter Zöliakie und *muss* sich aus diesem Grund glutenfrei ernähren. Er ist nicht wegen, sondern *trotz* seiner Ernährung der beste Tennisspieler der Welt geworden.

20.7 Vitamine und Mineralstoffe

Studien haben gezeigt, dass ein sehr großer Prozentsatz von Sportlern Vitamine und / oder Mineralstoffe zu sich nimmt. Häufig besteht dazu jedoch kein Grund. Für die Nahrungsergänzungsmittel stellen Vitaminpräparate bzw. Mineralstoffpräparate einen sehr großen und daher finanziell lukrativen Markt dar. In den letzten Jahren sind Studien veröffentlicht worden, welche z. B. für Antioxidantien (Vitamin C, Vitamin E, ß-Carotin) aufgezeigt haben, dass diese sogar prooxidative Wirkungen haben können und den Anpassungserscheinungen im Sport damit entgegenwirken können. Im Hinblick auf die Vitamin- und Mineralstoffversorgung genügt es i.d.R. für Sportler völlig, sich abwechslungsreich und vollwertig zu ernähren. Obst- und / oder gemüsereiche Ernährung ist hier sehr zu empfehlen. Gut mineralisierte Mineralwässer (> 1500 mg/l gelöste Ionen) können gezielt dabei helfen, Defizite bei den Mineralstoffen auszugleichen oder zu verhindern. Die Tabelle 20.5 gibt einen Überblick über die Funktionen unterschiedlicher Vitamine.

	Energiestoffwechsel	Funktion des Nervensystems	Hämoglobinsynthese	Funktion des Immunsystems	Antioxidans
Wasserlösliche Vitamine					
Thiamin B_1	X	X			
Riboflavin B_2	X	X			
Niacin B_3	X	X			
Pantothensäure B_5	X	X			
Pyridoxin B_6	X	X	X	X	
Cobalamin B_{12}		X	X		
Folsäure		X	X		
Biotin	X				
Vitamin C				X	X
Fettlösliche Vitamine					
Vitamin A				X	X
Vitamin E				X	X

Tab. 20.5: Übersicht der Funktionen der wasserlöslichen und fettlöslichen Vitamine (vgl. *Friedrich*, 2015)

Tabelle 20.6 liefert einen Überblick über die diversen Funktionen von Elektrolyten und Spurenelementen und ihre Bedeutung im Sport.

Elektrolyt / Spurenelement	Energiebereitstellung / Stoffwechsel	Reizleitung / Erregungsleitung	Hinweis
Kalzium	X	X	bei Mangel: erhöhte Krampfneigung; hilft bei der Umwandlung zu Ausdauermuskelfasern
Magnesium	X	X	bei Mangel: erhöhte Krampfneigung
Kalium	X	X	bei Mangel: erhöhte Krampfneigung
Natrium		X	bei Mangel: erhöhte Krampfneigung
Chlorid		X	bei Mangel: erhöhte Krampfneigung
Phosphor	X		
Eisen	X		Sauerstofftransport im Blut
Kupfer	X		Antioxidans (Immunsystem)
Jod	X		
Selen			Antioxidans (Immunsystem)
Zink			Antioxidans (Immunsystem)
Chrom	X		Insulinverstärker

Tab. 20.6: Bedeutung verschiedener Elektrolyte und Spurenelemente in der Erregungsleitung sowie in der Energiebereitstellung (vgl. *Friedrich*, 2015)

Probleme im Hinblick auf eine Unterversorgung bei den Mikronährstoffen können bei Sportlern in ästhetischen Sportarten wie z. B. im Tanzsport oder Turnen auftreten oder in Sportarten wie dem leichtathletischen Mittel- und Langstreckenlauf sowie in Sportarten mit Gewichtsklassen. Sie sollten zur Absicherung besonders auf eine vollwertige und ausgewogene Ernährung achten.

20.8 Sport und Essstörungen

Gefährdet sind vor allem Sportler aus Sportarten, bei denen eine Gewichtsreduktion eine vorübergehende Leistungsverbesserung zur Folge hat. Dazu zählen u. a. Skispringen, Turnen, rhythmische Sportgymnastik, Tanzsport, Judo, Ringen oder die leichtathletischen Ausdauerdisziplinen. Man kann bei vielen Sportlern ein sog. gestörtes Essverhalten feststellen, welches jedoch steuerbar ist.

Anders verhält es sich bei Anorexie (Magersucht) oder Bulimie (Ess-Brech-Sucht), die langfristig zu Leistungsbeeinträchtigungen führen und gravierende gesundheitliche Störungen bis hin zum Tod nach sich ziehen können. Anorexie und Bulimie sind echte Essstörungen und bedürfen einer professionellen Behandlung. Sehr häufig spielen auch psychische Faktoren eine nicht zu unterschätzende Rolle. Besonders gefährdet sind junge Frauen, die an Wettkämpfen teilnehmen, welche figurbetont sind oder ein bestimmtes niedriges Gewicht voraussetzen. Aber auch Männer sind zunehmend davon betroffen. Die Früherkennung hat hier höchste Priorität, damit das Fortschreiten der Krankheit eingedämmt und die Dauer verkürzt werden kann. Hier sind Trainer, Sportkameraden und auch Familienmitglieder zu größter Aufmerksamkeit aufgefordert (vgl. *Schek*, 2013).

Aufgaben und Fragen

1. Nennen Sie mögliche Folgen bei der Missachtung des Zusammenhangs von Ernährung und Leistung im Sport.
2. Was versteht man unter dem Grundumsatz? Von welchen Faktoren ist er abhängig?
3. Welche Funktionen kommen dem Wasser im menschlichen Organismus zu?

Emotionen im Sport

21

Sportliche Bewegungen sind nicht als isolierte mechanische Bewegungen zu verstehen. Sie sind auch Ausdruck individueller Bedürfnisse, Gefühle und Zielvorstellungen. Bewegungen im Sport werden auch durch emotionale Befindlichkeiten des Sportlers, seinen Motiven und Einstellungen, seinen kognitiven Voraussetzungen und intellektuellen Fähigkeiten mitbestimmt.

21.1 Freude, Vergnügen und Zufriedenheit

Viele Spitzensportler hatten in der Stunde ihres größten Erfolges eines gemeinsam, sie alle drückten sich nämlich sinngemäß so aus: „Es hat mir riesigen Spaß gemacht ...", „Ich habe mich auf den Wettkampf gefreut ...", oder wie der Fußball-WM-Siegtorschütze 2014, Mario Götze: „Es ist ein schönes Gefühl ...!".

In den allermeisten Fällen ist es so, dass Bestleistungen von Sportlern in der Regel dann erbracht werden, wenn sie sich wohlfühlen, wenn sie mit Freude, guter Laune, Spaß und Zufriedenheit erfüllt sind. Das menschliche Gehirn kann nicht gleichzeitig zwei völlig verschiedenartige Erregungsimpulse verarbeiten. Wer sich freut, kann nämlich nicht gleichzeitig nervös oder aggressiv sein (vgl. *Baumann*, 2006).

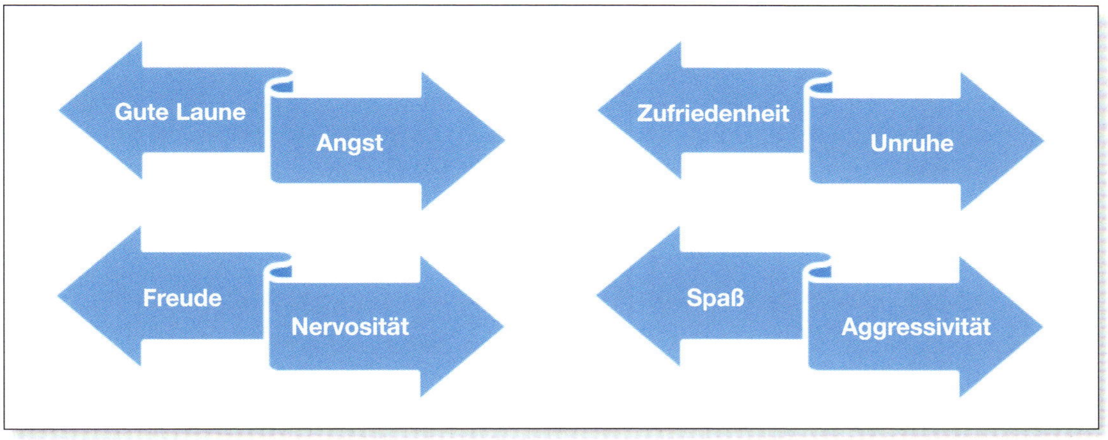

Abb. 21.1: Positive gegenüber negativen Gefühlslagen (mod. nach *Baumann*, 2006)

Freude und Spaß sind für Menschen regelrechte Energiespender, die für einen Sportler wichtig sind, damit er optimale Leistungen erbringen kann.

> Ein ideales Training ist gekennzeichnet durch eine freudvolle, positive Grundstimmung und gleichzeitig ernsthafte Leistungsbereitschaft.

Gute Laune und Freude sind für die Bereitschaft zu schwierigem und hartem Training förderlich. *Baumann* (2006) nennt als Beispiele für freudvolle mentale Übungen:

- „Ich freue mich auf den Wettkampf / das Training!"
- „Der Wettkampf / das Training macht mir Spaß!"
- „Es macht mir Spaß, mein Können zu zeigen!"
- „Es macht mir Spaß, offensiv zu sein!"
- „Ich genieße es, mich zu freuen!"

21.2 Angst, Nervosität und Stress

Unter diesen drei Begriffen werden negative emotionale Zustände verstanden, die durch Unlust, übergroße Spannung, Überforderung, starke Erregung oder Bedrohung gekennzeichnet sind. Man erlebt dies als unangenehm und die sportliche Leistung kann darunter leiden.

Im Sport ist die Angst in verschiedenen Erscheinungsformen ein zentraler Bestandteil von sehr vielen negativen Erregungszuständen.

21.2.1 Angstauslöser

Im Sport treten Angstauslöser auf, die exemplarisch kurz genannt werden sollen:

- Sturzgefahr
- Unbekanntes
- Orientierungsprobleme
- lautes Geräusch
- Schmerz
- plötzlicher Entzug der Unterlage
- Gleichgewichtsverlust

Die Gefährdung des Gleichgewichts stellt eine Bedrohung des Menschen im Umgang mit seiner Umwelt dar. Wenn der Verlust des Gleichgewichts droht, entsteht Angst, u.U. sogar Panik. Diese Angst tritt im Sport häufig bei Anfängern im Skilauf, Snowboard oder Schlittschuhlaufen auf, aber auch beim Erlernen von Inline-Skating oder Radfahren und anderen Sportarten, welche für den Menschen Sturzgefahr bedeuten können. Der Mensch verliert beim Sturz die Kontrolle über seinen Körper.

21.2.2 Folgeängste des Gleichgewichtsverlustes bei einem Skifahrer

Bei einem Fahranfänger im Skisport ist es keineswegs so, dass er nur Angst vor einem Sturz haben wird, sondern zusätzlich weitere Ängste einen Beitrag zu der Gesamtsituation leisten können. Diese können sein:

- steiles Gelände
- Richtungsänderung
- unkontrollierbare Geschwindigkeit
- Gleiten
- Blamage
- Enttäuschung

Die Angst vor dem Gleichgewichtsverlust kann vermindert bzw. ausgeschaltet werden, wenn der Sportler über Mittel verfügt, um die Sturzgefahr zu kontrollieren. Ein Skifahrer kann zum Beispiel mit einem Sturz rechnen und plant verschiedene Handlungsstrategien zur Vermeidung ein. In sozialer Hinsicht möchte der Sportler die Gewissheit haben, dass der Verlust des Gleichgewichts nicht zu Gelächter, Hohn und Spott durch andere oder zu minderem Ansehen führt.

21.2.3 Symptome der Angst

Die Angst erlebt ein Mensch immer als Bedrohung. Es ist nicht immer leicht, solche Symptome zu erkennen. Wie es in einem Menschen im Hinblick auf seine Angst aussieht, kann man nicht erkennen. Äußere Anzeichen der Angst können in drei Bereichen festgestellt bzw. interpretiert werden:

1. Körperliche Symptome:

Pupillenerweiterung, Pulsbeschleunigung, Gesichtsblässe, Zittern, Atemnot, Atembeschleunigung oder Atmungsverlangsamung, Appetitmangel, Magenbeschwerden

2. Motorische Kennzeichen:

Auch die Bewegungen werden durch die Angst beeinflusst. Symptome, die auf Angst schließen lassen, sind gehemmte, unkoordinierte Bewegungen, Fehlanpassung und Fehlleistungen, Verkrampfung, Abnahme des Bewegungsumfanges, Störungen des Bewegungsrhythmus und Bewegungsflusses.

3. Verhaltensmerkmale:

Die Interpretation von Angstsymptomen, die sich im Verhalten zeigen können, muss mit Bedacht vorgenommen werden. „Dies betrifft die Drückebergerei, aggressives Handeln, Passivität, Übereifer, Zögern, Großsprechertum und Angeberei" (vgl. *Baumann*, 2006, S. 216).

21.2.4 Angstabbau

Die Änderung von negativen psychischen Befindlichkeiten, die z. B. durch Ängste bedingt sind, kann durch Regulationsmaßnahmen erreicht werden. Unter Fremdregulation versteht man Maßnahmen des Coaches oder Sportpsychologen. Zur Selbstregulation gehören Maßnahmen, die der Sportler selbst durchführt.

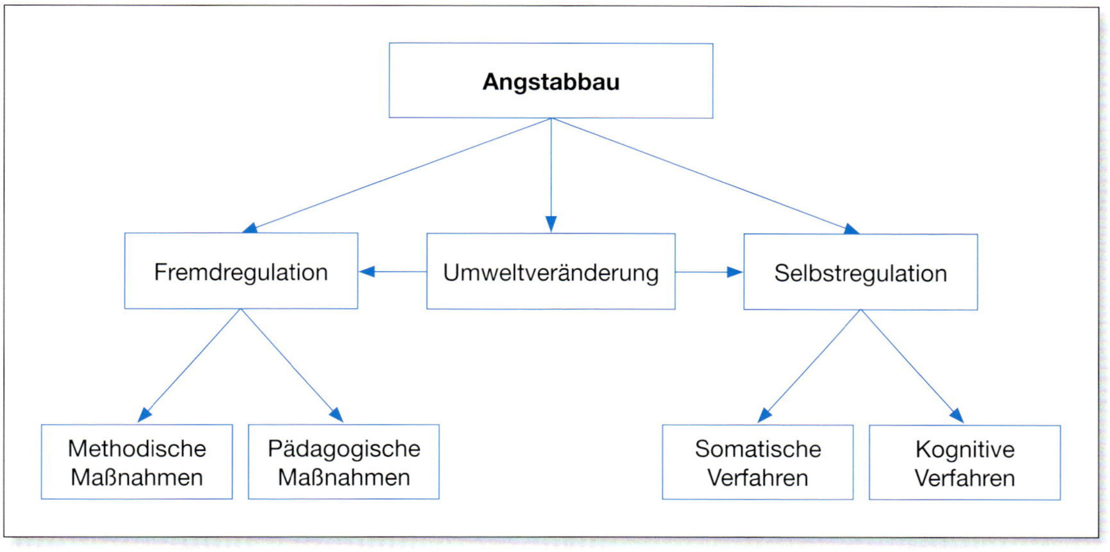

Abb. 21.2: Grobeinteilung der Verfahren zum Angstabbau (mod. nach *Baumann*, 2006)

21.2.4.1 Methodische Maßnahmen

Dabei geht es um die Vermittlung von Lerninhalten, mit denen dem Auftreten von Ängsten, z. B. bei Sturz oder Schmerz, entgegengewirkt werden kann.

- Vom Bekannten zum Unbekannten: Neues mit Bekanntem zu verknüpfen, schafft Selbstvertrauen und eine stabile Lerngrundlage.
- Vom Einfachen zum Schwierigen: Aufgaben sollten stets so gestellt werden, dass die Lösung dem Sportler noch möglich erscheint.
- Innere Differenzierung: Dies bedeutet, dass eine Sportgruppe bei einer Trainingseinheit z. B. in zwei Gruppen, wie beispielsweise Leistungssportler und Freizeitsportler, getrennt wird.

21.2.4.2 Pädagogisch-psychologische Maßnahmen zum Angstabbau

Diese Maßnahmen zielen darauf ab, die bei Kindern oder Jugendlichen auftretenden Ängste zu berücksichtigen, sie zu vermeiden oder sie zu vermindern. Im Folgenden einige Vorschläge, die je nach Einzelfall, wie ihn der Betreuer einschätzt, angewendet werden können:

1. Verzicht auf persönliche Kritik
2. Transparenz der Trainings- bzw. Übungseinheit
3. Versagen muss erlaubt sein
4. Angst darf eingestanden werden
5. mit anderen zusammen sein
6. Körperkontakt
7. Vertrauen schenken
8. Informationen geben
9. emotionale Wärme ausstrahlen
10. Ängstliche beobachten Nicht-Ängstliche
11. klare Aufgaben stellen
12. demonstrieren lernen

(vgl. *Baumann*, 2006)

21.3 Aggression

Aggressive Menschen haben sich nach Ansicht unserer Gesellschaft nicht im Griff, man verbindet damit Zorn, Ärger und Wut. Aber gerade für den Wettkampf im Sport lässt sich aus dieser auf den ersten Blick schlechten Charaktereigenschaft sogar etwas Positives ziehen.

Die Definitionen von aggressivem Verhalten gehen meist in folgende Richtung: Es muss für aggressives Verhalten eine Schädigungsabsicht zugrunde liegen.

Praxisbeispiel

Vor einem Tischtennis-Bundesligaspiel saß eine Mannschaft zusammen, um über die Aufstellung der eigenen und gegnerischen Mannschaft und die Einstellungen zum Spiel zu beraten. Als der beste Spieler, ehemaliger Deutscher Meister und ehemaliger Nationalspieler, sich zum Aufwärmen verabschiedete, steckten die restlichen 5 Spieler die Köpfe zusammen und berieten, wie man ihn gezielt vor dem Spiel ärgern und provozieren könnte. Auf meine entsetzte Frage, wozu das denn gut sein sollte, erhielt ich folgende Antwort: „Wenn er mit Wut im Bauch an den Tisch geht, spielt er sofort eine Klasse besser!“

21.3.1 Aggressionsbereitschaft bei Sportlern

Wie das obige Beispiel zeigt, sind Aggressionen offensichtlich gerade unmittelbar vor einem Wettkampf nicht unbedingt negativ zu bewerten. Man möchte seinen Gegner nicht absichtlich und vorsätzlich verletzen, sondern ihn besiegen, ihm eine Niederlage beibringen.

Das Wort Aggression stammt aus dem Lateinischen, es wird von „aggressio" oder „aggredi" abgeleitet, was so viel bedeutet wie „heranschreiten" oder „angreifen". Das ist zunächst einmal von der Wortherkunft nichts Schlechtes. Aggression steht mehr für Tatendrang und Energie, etwas anzupacken.

Mancher sieht in ihr eine Art Lebenskraft, welche man in eine erhöhte Leistungsbereitschaft umwandeln müsste.

21.3.2 Auslöser aggressiven Verhaltens

Aggressives Verhalten liegt von der Evolution her gesehen in der Natur des Menschen. Seit frühester Entstehungsgeschichte konnten Menschen mit gewissen Aggressionsneigungen einen Fortpflanzungsvorteil erzielen, da sie sich durch Schädigungen von Konkurrenten im Kampf um Nahrung oder einen Partner bevorzugt durchgesetzt haben. Deshalb spricht man auch von der „Energiequelle Aggression".

21.3.3 Was bringt einen Menschen „auf 180"?

Auslöser von Aggressionen sind negative Gefühle. Diese können auf verschiedene Arten erzeugt werden:

1. Situation: Angriffe gegen die eigene Person

Wenn Menschen Provokationen oder Zurückweisungen erfahren, löst dies in ihnen Wut und Ärger aus, und dies wiederum kann Aggressionen freisetzen oder fördern.

2. Situation: Bedrohungen oder Blockierungen eigener Ziele

Wenn man die Erreichung seiner Ziele in Gefahr sieht, entsteht Frust, der Menschen aggressiv werden lassen kann.

3. Situation: Umwelteinflüsse

Auch Kälte, Hitze oder Lärm können Stress bedeuten, welcher Aggressionen freisetzt oder verstärkt.

21.3.4 Aggressionen vor einem Wettkampf

Die entscheidende Frage unseres Tischtennisbeispieles ist, wie wir die Energie in die richtige Bahn lenken können. Es geht also um Strategien, die Aggression in nützliche Energie, z. B. Kampfgeist oder Anstrengungsbereitschaft, umwandeln zu können. Für jeden Sportler muss eine individuelle Strategie gefunden werden, wie ihm dies gelingen kann. Aggression muss kontrolliert werden, sonst könnte z. B. im Fußball ein wildes aggressives Anrennen des Gegners zu dessen Ungunsten ausgenutzt werden, Verletzungen bei Zweikämpfen könnten zunehmen.

21.3.5 Wie kann man seine Gefühle unter Kontrolle bringen?

Es bieten sich hierzu mehrere Regulationsmöglichkeiten an:

1. Selbstgesprächsregulation: „Ich beruhige mich selbst."

Es besteht die Möglichkeit, durch in Worte gefasste Selbstanweisungen unsere negativen Gedanken zu überlisten und an etwas Positivem festzuhalten. Die Gedanken werden positiv beeinflusst.

Beispiele:

- „Ich lasse mich nicht aus der Ruhe bringen, ich bereite mich jetzt auf meinen Wettkampf vor, ärgern kann ich mich später."
- „Ich konzentriere mich auf das bevorstehende Spiel, er meint es sicherlich gar nicht so."
- „Das lässt mich alles kalt, der will mich sowieso nur provozieren."

2. Aktivationsregulation

Um angemessen handeln zu können, benötigt der Mensch ein angemessenes psychisches und körperliches Erregungsniveau. Man darf im Sport in vielen Situationen weder zu nervös noch zu entspannt sein. Häufig benötigt man v.a. in Sportspielen den nötigen Kampfgeist und ein relativ hohes Aktivitätsniveau. Ziel ist es, ein hohes Erregungsniveau (Aggression) zu senken.

Die Aktivitionsregulation zielt darauf ab, dass die sportliche Handlung effektiv und mit dem richtigen Erregungspotential ausgeführt wird.

Dazu bieten sich z.B. die folgenden Entspannungstechniken an:

1. Autogenes Training (AT)
2. Progressive Muskelentspannung nach *Jacobson* (PMR)

Autogenes Training (nach *J.H. Schultz*, 1884–1970) ist eine sehr effektive Entspannungsmethode. Das AT basiert auf der sog. „Autosuggestion", d.h., der Übende spricht sich im Geiste immer wieder die formelhaften Sätze vor: „Ich bin ganz ruhig und entspannt", „Mein Herz schlägt ganz ruhig", „Meine Atmung ist ruhig und gleichmäßig". Entscheidend für das AT ist, dass mit Schwere- und Wärmewahrnehmung gearbeitet wird. Untersuchungen haben gezeigt, dass der Blutdruck dabei absinkt und die Herzfrequenz ebenfalls. Man muss das AT mehrere Male üben, damit es seine Wirkung entfalten kann. Es empfehlen sich Kurse zum Erlernen dieser Entspannungsmethode.

Progressive Muskelentspannung (nach *Edmund Jacobson*) kennzeichnet sich durch die bewusste und willentliche Anspannung und Entspannung von einzelnen Muskelgruppen. Das Prinzip ist relativ einfach. Man spannt seine Muskeln ein paar Sekunden lang an und entspannt sie dann wieder. Durch das Anspannen entsteht Wärme, welche mit zur Entspannung beiträgt. Die Progressive Muskelentspannung (auch PMR, Progressive Muskelrelaxation) ist sehr leicht erlernbar und effektiv in ihrer Wirkung. Sie bietet sich für den täglichen Gebrauch an. Ein Beispiel: „Konzentrieren Sie sich auf ihre rechte Hand. Spüren Sie, wie sie sich anfühlt. Spannen Sie nun Ihre Hand ganz leicht an und bilden Sie eine Faust. Entspannen Sie Ihre Hand wieder und spüren Sie diese Entspannung der ganzen Hand."

21.3.6 Wie kann man seine aggressive Energie positiv umwandeln?

Wie gezeigt wurde, kann man sich ein hohes Aggressionspotential im Sport positiv zunutze machen. Man sollte aber mit der richtigen Energie die Dinge im Sport anpacken. Man sollte dabei beachten:

1. Wenn man seine Aggressionen unter Kontrolle hat, ist man Herr seiner Handlungen, was sich leistungsfördernd auf die sportliche Leistung auswirken kann.
2. Wenn man seine Aggressionen dagegen nicht unter Kontrolle hat, bestimmt sie das menschliche Tun oder Handeln. Dies wirkt sich leistungsmindernd auf den Sport aus, da man abgelenkt ist und die Konzentration leidet.

3. Wer seine Aggressionen unter Kontrolle hat, fängt also keine Prügelei an oder lässt sich auch durch gegnerische Provokationen nicht aus der Ruhe bringen.

Praxisbeispiel

1. Die Halle ist relativ schlecht beleuchtet und die Tischtennistische sind zu langsam, was negativ für einen Angriffsspieler ist und Abwehrspieler leicht bevorteilt.
2. Mein Gegner läuft an mir vorbei und sagt: „Dich mach ich heute platt!"

Problemlösung:

1. Aufbau: Mit Panik oder Wut kommt man hier nicht weit. Man muss das Ziel im Auge behalten und die Probleme konstruktiv angehen und lösen. Eine gute Eigenwahrnehmung ist der erste Schritt, um mit der entstehenden Aggression umzugehen. Man versteht sein eigenes Handeln, weiß, woher die aggressiven Gefühle kommen, und weiß, wie man damit umgeht.
2. Mobilisation und Kontrolle: Es baut sich Wut auf und man ist sehr stark mobilisiert. Man hat sich aber im Griff, man konzentriert sich auf den kommenden Wettkampf. Man konzentriert sich auf seine Stärken.
3. Kontrolle, Umlenkung und Aufbruch: Die überschüssige Energie kann man auf den Wettkampf, den Gegner projizieren. Es ist eine positive Energie, die in den Wettkampf mitgenommen werden kann. Die Aggression wird in Aufbruchsstimmung umgewandelt. Hierzu können wieder formelhafte Sätze, die man immer wiederholt, weiterhelfen: „Ich schaffe das, heute bin ich stark!" Dies macht natürlich nur Sinn, wenn ein Sieg gegen den Gegner im Rahmen der Möglichkeiten liegt und sich nicht außerhalb des eigenen Spielvermögens befindet (vgl. *Sauerland*, 2013).

Aufgaben und Fragen

1. In der Fußballbundesliga werden immer wieder unmittelbar nach dem Spiel die Trainer bzw. Spieler im Fernsehen interviewt. Versuchen Sie zu analysieren, welche Unterschiede / Gemeinsamkeiten es zwischen Verlieren / Gewinnern unter den Trainer und / oder Spielern gibt.
2. Nennen Sie ihnen bekannte „Angstauslöser". Versuchen Sie sich bewusst zu machen, ob Sie einzelne davon auch schon erlebt haben.
3. Welche Symptome der Angst kennen Sie? Wie machen sich diese bemerkbar?
4. Welche Möglichkeiten des Angstabbaus kennen Sie?
5. Was versteht man unter Aggression? Ist Aggression im Sport immer nur negativ zu bewerten? Begründen Sie Ihre Entscheidung.
6. Was versteht man unter „Jacobson-Entspannung" was unter „Autogenem Training?" Wozu sind sie hilfreich?

22 Sport und Naturerlebnis

Wer an Sommerwochenenden einmal durch Parks und Grünanlagen von größeren Städten geht, kann dabei erkennen, dass der Sport im Freien offensichtlich eine ganz besondere Anziehungskraft auf Menschen ausübt. Man kann Volleyballer sehen, Jogger, Freizeitkicker, Walker mit und ohne Stöcke oder Frisbeespieler. Manchmal kann man sehen, wie Sportler auf dünnen Bändern, welche sie zwischen zwei Bäumen gespannt haben, beim sog. *Slackline* balancieren. Wenn man dann abends, wenn die Parksportler und die anderen Besucher wieder gegangen sind, durch den Park geht, kann man die Kehrseite der Medaille erkennen. Die meisten haben ihren Müll achtlos zurückgelassen, die Mülltonnen quellen über. Skifahrer benötigen z. B. immer mehr planierte Pisten, im Sommer kann man dann die hässlichen Narben an den Bergen erkennen. Kletterer im Fels bekommen Probleme mit den Naturschützern, weil seltene Vogelarten im Fels brüten, Mountainbiker pflügen mit ihren Bikes die Waldböden um.

Nun ist es aber natürlich nicht zwangsläufig so, dass Sport im Freien generell mit Zerstörung gleichgesetzt werden darf. Es ist jedoch Aufgabe und Pflicht der Sportvereine und Sportverbände sowie zunehmend auch von kommerziellen Unternehmen, ihren Beitrag zum Schutz der Umwelt zu leisten. Es geht um ein verantwortungsvolles und rücksichtsvolles Verhalten beim Sporttreiben in der Natur.

Welche Sportarten stehen dabei besonders im Fokus?

im Schnee / auf dem Eis	Skilanglauf, Rodeln, Ski alpin, Skitouren, Snowboard, Schneeschuhwandern, Eisfallklettern, Fatbike (Mountainbike, MTB, mit besonders dicken Reifen), Schlittschuhlaufen, Eishockeyspielen etc.
auf dem / im Wasser	Rudern, Kanu fahren, Surfen, Segeln, Windsurfen, Tauchen, Stand Up Paddling etc.
im Wald / auf dem Feld	Joggen, Wandern, Walken, Klettern, Mountainbike fahren, Höhlenwanderungen etc.
in der Luft	Gleitschirmfliegen, Segelfliegen, Base-Jumping, Fallschirmspringen etc.

Tab. 22.1: Sportarten in der Natur (mod. nach *Bruckmann / Recktenwald*, 2010)

Diese Freiluftsportarten ermöglichen ganz besonders intensive Naturerlebnisse. Manche sind mit einem nicht unerheblichen - auch finanziellen - Aufwand verbunden. Wenn man Sport in der Natur betreiben möchte, so hat man eine besondere Verantwortung für deren Schutz und sollte sich an zwei Grundregeln halten:

1. Verhalte dich so, als wärst du ein Teil der Natur.
2. Benutze die Natur nicht, sondern fühle dich für sie verantwortlich.

Verhaltensbeispiele:

- Beim Klettern am Fels informiert man sich z. B. zuvor beim DAV, ob und wo dies auch erlaubt ist.

- Beim Tauchen informiert man sich zuvor, an welcher Stelle eines Gewässers man tauchen darf und wie man die Ausrüstung dort am besten zum Ufer bringt.
- Beim alpinen Skilaufen fährt man nicht abseits der Pisten durch den Wald.

Diese Vorinformationen sind wichtig, denn unerfahrenen Natursportlern ist es oft nicht bewusst, was sie im Hinblick auf den Naturschutz zu beachten hätten. Denn es ist wichtig, dass

- Umweltregeln bekannt sind,
- Wettereinflüsse verstanden werden,
- besondere Gefahrenquellen zu erkennen sind und
- Sicherheitsmaßnahmen gewissenhaft zu beachten sind.

22.1 Zum Umweltbewusstsein in Deutschland

In einer repräsentativen Umfrage hielten 55 % der deutschen Bevölkerung den Umweltschutz für sehr wichtig. Die Folgen des globalen Klimawandels zeigen demnach Wirkung. Maßnahmen zum Klima- und Umweltschutz stoßen auf eine breite Zustimmung. Fast 90 % der Befragten befürworten den Ausbau der Solarenergie, 70 % Projekte im Bereich Offshore- und Windenergie (Windparks im Meer). Auch die Elektroautos sind seit ein paar Jahren verstärkt in den Blickpunkt geraten.

Über 90 % der Befragten sehen im Verlust der Artenvielfalt ein sehr großes Problem. Unangefochten an der Spitze der persönlichen Beiträge zum aktiven Umweltschutz steht mit 65 % der Umgang mit Müll, mit 26 % der sparsame Umgang mit Energie.

> In Bezug auf Langzeitwirkungen konnte gezeigt werden, dass Naturerfahrungen bei Kindern und Jugendlichen mit der Neigung zu umweltfreundlichem Handeln im Alltag einhergehen.

Jugendliche lassen sich z. B. für den Naturschutz gewinnen, wenn ihnen klargemacht werden kann, dass praktizierter Naturschutz dazu beitragen kann, ihren Körper fit und gesund zu halten – beispielsweise in Form von naturverträglich erzeugten Nahrungsmitteln.

> Das Naturerleben bildet das emotionale Zentrum für die Entwicklung des Umweltbewusstseins und der Handlungsbereitschaft.

22.2 Staatliche Förderung

Die staatliche Förderung sieht so aus, dass die DBU (Deutsche Bundesstiftung Umwelt) für die Kooperation und Projekte des DOSB fast 2,3 Millionen Euro zur Verfügung stellt. Hier eine Themenauswahl an Projekten, welche mit dem Geld gefördert werden:

- klimafreundliche Sportanlagen
- Klimaschutz und Ressourcenschonung von Sportstätten
- Umweltbildung durch Sport
- Mobilität und Sport
- Umweltinformationssysteme im Natursport

Zielgruppe des Förderprogramms von DBU und DOSB sind die Mitgliedsorganisationen des DOSB. Hierbei spielen insbesondere im Hinblick auf die Multiplikatorenschulung die 16 Landessportbünde

(z. B. WLSB) sowie die Spitzenverbände mit ihren Fachverbänden in den Bundesländern eine besondere Rolle. Wichtig sind in erster Linie natürlich Verbände von Sportarten, die einen starken Naturbezug haben: Deutscher Skiverband, Verband Deutscher Sporttaucher, Deutscher Kanu-Verband, Deutscher Alpenverein.

Diese hier aufgeführten Sportverbände haben eigene Programme und z.T. sogar professionelles Personal, welches sich speziell um das Thema Umwelt kümmert bzw. sich damit in eigenen Studien befasst. So ist das Thema Umwelt auch in den Lehrplänen der Trainer- und Übungsleiterausbildungen der Fachverbände zu finden. Die Übungsleiter und Trainer sollen bei ihren Vereinsmitgliedern für ein verantwortungsvolles Umweltbewusstsein sorgen.

22.3 Umweltschutz und Umweltbewusstsein am Beispiel Tauchsport

Auf folgenden Homepages kann man sich exemplarisch über das Umweltengagement des Tauchsportverbandes informieren:

- Verband Deutscher Sporttaucher: www.vdst.de → Umwelt
- Württembergischer Landesverband für Tauchsport: www.wlt-ev.de → Umwelt & Wissenschaft

Das Team des WLT hat im Zusammenhang mit Umwelt und Wissenschaft folgende Aufgabenbereiche:

1. Spezialkurse: z. B. Gewässeruntersuchung, Süßwasserbiologie, denkmalgerechtes Tauchen
2. Seminare
3. Aufklärungsarbeit, Informationsmaterialien, Beratung
4. Forschung: Erforschung des besuchten Ökosystems und der darauf einwirkenden Faktoren

Am Beispiel des Tauchsports kann idealtypisch aufgezeigt werden, dass sich Sportler aus Sportarten, welche in der Natur stattfinden, ihrer Verantwortung gegenüber dem Umweltschutz sehr wohl bewusst sind und sich aktiv engagieren.

Weitere interessante Links:

- www.alpenverein.de → Umwelt
- www.kanu.de → Freizeitsport → Umwelt
- www.deutscherskiverband.de → über uns → Umwelt

Studien zum Umweltbewusstsein betonen immer wieder die Wichtigkeit und Bedeutung häufiger Naturkontakte sowie von (Problem-)Bezügen im Alltag im Rahmen der Umweltbildung.

Nur durch eigenes Erleben und somit durch eigenes Erfahren ist Erkenntnis möglich. Für die Umweltbildung im Sport sind folgende Punkte von Bedeutung:

- eigene Erfahrung im Kontakt mit der Natur,
- intensives Erleben der Natur,
- Erfahrung von Wechselwirkungen zwischen Mensch und Natur,
- das Entdecken der Natur als wertvoller Ort durch eigene emotionale Erlebnisse.

Aufgaben und Fragen

1. Welche Sportarten stehen bei dem Thema besonders im Fokus? Warum ist dies so? Erläutern Sie.
2. Wie sieht die staatliche Unterstützung im Zusammenhang mit Naturschutz im Sport aus?
3. Schauen Sie im Internet bei den aufgeführten links nach, wie diese Sportarten sich im Hinblick auf den Umweltschutz aufgestellt haben.

Sport und Medien

23

Der Sport ist im Verlauf der letzten 4 Jahrzehnte eine immer engere Verbindung mit den Medien eingegangen. Hierbei ist insbesondere das Fernsehen für den Sport zu einem unverzichtbaren und wichtigen Programmbestandteil geworden. Das Fernsehen ist das wichtigste und meistgenutzte Medium, um Sport zu konsumieren, gefolgt von Tageszeitungen und dem Hörfunk. Immer wieder wird über das Wettbieten für Übertragungsrechte mit hohen Summen berichtet, was ein Beweis für den herausgehobenen Stellenwert des Fernsehens für den Sport ist. Analysen zeigen jedoch, dass der Anteil des Sports am Gesamtprogramm im Fernsehen bei insgesamt unter 10 % liegt.

Die folgende Tabelle zeigt die TV-Gelder der Fußballbundesligavereine der Saison 2015/2016 und im Vergleich dazu die Beträge aus der Vorsaison:

		National	International	Gesamt	2014/ 2015	Differenz	Prozentual
1	Bayern München	40,4	31,5	71,9	50,6	21,3	42
2	Schalke 04	37,2	22,8	60	41,9	18,1	43
3	Borussia Dortmund	39,3	20,2	59,5	42,6	16,9	39
4	Bayer Leverkusen	38,3	18,1	56,4	41	15,4	37
5	Bor.Mönchengladbach	36,2	6,8	43	36,1	6,9	19
6	Hannover 96	33,6	9	42,6	36	6,6	18
7	VFL Wolfsburg	35,2	5,8	41	35,2	5,8	16
8	FC Augsburg	33,6	2,5	36	24	12	50
9	VfB Stuttgart	27,2	7,6	34,8	33	1,8	5
10	FSV Mainz 05	32	2,9	34,9	31,8	3,1	9
11	Eintracht Frankfurt	28,5	5,4	33,9	26	7,9	30
12	TSG Hoffenheim	31	2,5	33,4	27,6	5,8	21
13	Werder Bremen	29,7	3,4	33	30,7	2,3	7
14	Hamburger SV	25,8	2,5	28,3	27,8	0,5	2
15	Hertha BSC	24,4	2,5	26,8	23,1	3,7	16
16	1. FC Köln	23	2,5	25,5	21,2	4,3	20
17	FC Ingolstadt	21,6	2,5	24,1	6,2	17,9	290
18	SV Darmstadt	20,2	2,5	22,7	5	17,7	354
	Gesamt	**557,2**	**151**	**707,8**	**539,8**	**168**	**1018**
	Schnitt	**30,9**	**8,3**	**39,3**	**29,9**	**9,3**	**56,5**

Tab. 23.1: TV-Gelder der Fußballbundesligavereine der Saison 2015/2016 im Vergleich zur Saison 2014/2015
Quelle: www.fussball-geld.de (Zugriff 16.02.2017)

Der Sender DSF (Deutsches Sportfernsehen), der als Sportsender gilt, benötigte z. B. dennoch längere Zeit, um einen Gewinn zu erzielen.

Jahr	Umsatz	Gewinn / Verlust
1998	166 Mio. DM	88 Mio. DM Verlust
1999	222 Mio. DM	57 Mio. DM Verlust
2000	325 Mio. DM	30 Mio. DM Verlust
2004	100 Mio. €	10 Mio. € Gewinn

Tab. 23.2: Die Entwicklung des DSF

Regelmäßig befinden sich unter den Top Ten der meist gesehenen Fernsehsendungen der letzten Jahre Berichte über große Sportveranstaltungen wie Olympische Spiele oder Fußballweltmeisterschaften. So sahen beispielsweise den Super Bowl 1999, das Endspiel um die amerikanische Footballmeisterschaft, 30 Millionen Zuschauer (weltweit über 100 Millionen), die 16 Formel-1-Rennen 1999 verfolgten 57,8 Millionen Menschen weltweit und die Fußball-WM 1998 lockte 33,4 Millionen Zuschauer vor den Fernsehapparat. Die Olympischen Spiele in Sydney 2000 sahen 25 Millionen Menschen, für die Spiele in Atlanta 1996 interessierten sich 19,6 Millionen Zuschauer.

Häufig wird auch von einer Dreiecksgemeinschaft oder Interessengemeinschaft von Sport, Medien und Wirtschaft gesprochen:

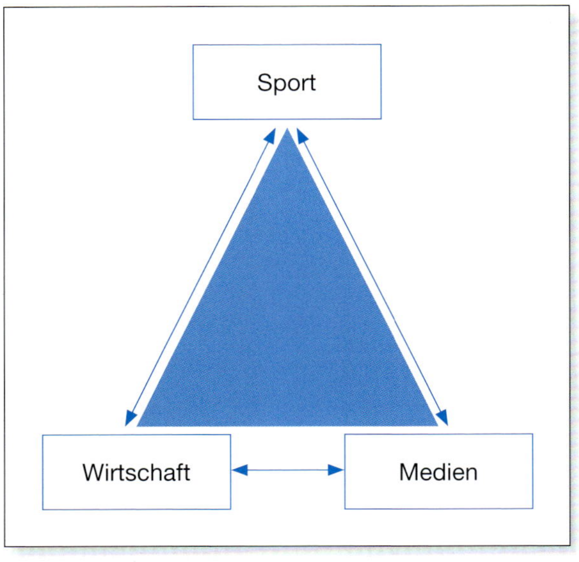

Abb. 23.1:
Die Interessengemeinschaft Sport, Medien und Wirtschaft

Die drei Systeme bilden eine Interessengemeinschaft, die von gegenseitigen Einflussnahmen und Abhängigkeiten gekennzeichnet ist. Die Medien, insbesondere das Fernsehen, stehen dabei in dem Kampf um Zuschauer und Einschaltquoten vor der Aufgabe, attraktive und damit lukrative Berichterstattungen über den Sport zu präsentieren. Es hat sich eine Berichterstattung entwickelt, die von besonderen Merkmalen gekennzeichnet ist (vgl. *Gleich*, 2000).

23.1 Merkmale der Berichterstattung

Bei der Berichterstattung des Fernsehens, und hier vor allem bei den Privatsendern, kann man feststellen, dass sie sich vor allem ein paar wenigen populären Sportarten widmen. Diese sind nach einer Studie der Deutschen Sporthochschule Köln:

- Fußball (29%),
- Leichtathletik (18%),
- Motorsport (13%),
- Tennis (12%),
- Handball (8%) und
- Basketball (6%).

Alle übrigen Sportarten kamen auf maximal 3%.

Auch in Zeitschriften und Journalen dominierte der Fußball deutlich mit 40% und Leichtathletik mit 12%.

Zu erkennen ist außerdem die überwiegende Orientierung am Spitzen- und Leistungssport auf nationaler (z.B. Deutsche Meisterschaften) und internationaler Ebene (Weltmeisterschaften, Europameisterschaften, Champions League, Grand-Slam-Turniere). Randsportarten und Breitensport werden mehr oder weniger vernachlässigt.

Die Aktiven, welche den Sport ausüben, stehen dabei zu über 80% im Vordergrund der Berichterstattung. Kritische Fragen zum Sport, also Fragen über Kommerzialisierung oder etwa Doping, finden eher selten statt. Man versucht primär, den „Sport als eine heile Welt“ darzustellen. Nicht immer können z.B. randalierende Fans oder Doping aus einem Bericht herausgelassen werden. Eine Ausnahme bildet in letzter Zeit (2016/2017) das Vorgehen beim Vorwurf des gezielten Staatsdopings in Russland. Bei Trainerentlassungen in der Fußballbundesliga spielen die Medien eine mitentscheidende Rolle. Bei Skandalen oder negativer Berichterstattung ist häufig ein Herunterspielen durch die Medien zu beobachten. Dies ist wahrscheinlich auf die Abhängigkeit zurückzuführen. Wird zu negativ berichtet, könnten die Vereine / Sportler die Berichterstattung boykottieren bzw. Interviews verweigern. Der Startrainer von Manchester United, Sir Alex Ferguson, verweigerte z.B. der BBC in England sieben Jahre lang Interviews, nachdem dieser Vorwürfe gegenüber Fergusons Sohn vorgebracht hatte.

23.2 Kommerzialisierung des Sports

Die Milliardenbeträge, welche mittlerweile die TV-Sender für Übertragungsrechte z.B. im Fußball zu bezahlen haben, müssen durch entsprechende Werbeeinnahmen wieder refinanziert werden. Dazu müssen die Sender möglichst hohe Einschaltquoten erzielen. Dies bedeutet leider, dass nur publikumswirksame Sportarten eine Chance haben, im Fernsehen gezeigt zu werden.

23.3 Einflussnahme von Medien auf den Sport

Während z.B. Fußball und Formel-1 Hochkonjunktur im Fernsehen haben, werden weniger gut übertragbare Sportarten wie Tischtennis kaum noch im Fernsehen gezeigt. Und dies, obwohl es sich gerade beim Tischtennis um eine der erfolgreichsten Sportarten der letzten 15 Jahre mit zahllosen Europameistertiteln sowie etlichen Medaillen bei Weltmeisterschaften und Olympischen Spielen handelt. Die Medien haben einen größeren Ball sowie einen kontrastreicheren Boden gefordert, damit die Zuschauer den Ball besser verfolgen können. Die Sätze wurden von 21 auf 11 Punkte wegen der größeren Dramaturgie verkürzt. Zu mehr Übertragungszeiten hat das alles nicht geführt.

23.3.1 Sport als inszeniertes Entertainment

Diese oben beschriebenen Veränderungen zur besseren Vermarktung sind ein Gesichtspunkt zur „Entertainisierung" des Sports. Gleichzeitig werden Sportveranstaltungen immer aufwändiger inszeniert. Manchmal dauert der Vorspann und Nachspann länger als das Sportereignis selbst. Die Übertragung des Länderspiels Deutschland gegen England im Jahr 2000 dauerte insgesamt 240 Minuten, obwohl das Spiel selbst nur 90 Minuten lang ist. Ähnliches kann man bei der Formel-1 oder im Boxen feststellen. Die Sportjournalisten werden dabei immer mehr zu Entertainern. Es kommt zunehmend zu einer Vermischung von Information und Entertainment, zum sog. „Infotainment".

23.3.2 Dramatisierung der Berichterstattung

Hierbei wirken in erster Linie zwei Mechanismen: zum einen der sportliche Wettkampf selbst, der spannend ist, zum anderen ein hoher Anregungsgehalt. Dies geschieht z. B. durch Betonung des Körpereinsatzes und der abverlangten Leistung sowie der Bedrohung, welche in der Sportart vorliegt. „Wird der Sportler unverletzt da durchkommen?" Nahaufnahmen sollen diese Emotionalisierung unterstützen, man zeigt dazu Jubel und Frust der Sportler, verzerrte Gesichter, tobende Trainer, Tränen der Freude oder Enttäuschung. Auch die Berichterstatter tragen zur Dramatisierung bei. Werden z. B. zwei Fußballmannschaften (z. B. Schalke 04 und Borussia Dortmund) als Feinde beschrieben, wird das Spiel für die Zuschauer attraktiver.

23.3.3 Konzentration der Berichterstattung auf das eigene Land

Dem eigenen Land, in unserem Fall also Deutschland, gilt in den Printmedien und im Fernsehen mit 60 % die absolute Konzentration in der Sportberichterstattung. Gerne wird in der „Wir-Form" gesprochen und auf „deutsche Tugenden" wie Disziplin, Kampfkraft und Charakterstärke verwiesen. Solche nationalen Images sind fester Bestanteil der Berichterstattung. Ungefähr 90 % der Zuschauer äußern einer Studie gemäß hohe Sympathie für das eigene Land beim Sport. Beim Zuschauer entsteht das Bild, dass das eigene Land im Sport besonders fair, erfolgreich, intelligent und professionell ist. Die deutschen Sportler und Mannschaften werden zu nationalen Identifikationsgrößen, an denen sich das positive Selbstbild der Zuschauer aufrichten kann.

23.3.4 Sportliche Leistung als „Persönlichkeitsmerkmal"

Wichtig ist bei der Sportberichterstattung die Analyse, wie es zum Erfolg bzw. Misserfolg gekommen ist. Häufig ist die Rede von Motivation, von psychischer Beanspruchung und nervlicher Belastung, von Glück und Zufall. Die Journalisten stützen sich dabei auf standardisiertes und reduziertes Erklärungsrepertoire. Eine genaue Ursachenanalyse findet kaum statt. Meistens werden Gründe genannt wie Nervenstärke, Leistung und Motivation. Es scheint einer Studie nach eine deutsche Besonderheit zu sein, Niederlagen nicht akzeptieren zu können und z. B. im Fußball dies dann direkt nach dem Spiel zu thematisieren. Häufig ist hier eine Tendenz hin zur *Stammtischkommunikation* nicht zu verleugnen.

23.3.5 Sport als „Männersache"

Die Sportberichterstattung ist sehr stark durch eine männliche Sicht auf den Sport geprägt. Bei zwei großen amerikanischen Sendern, CNN und ESPN, entfielen nur ca. 5 % auf Berichte aus dem Frauensport. Bei Frauen wurde eher über Einzelsportarten berichtet, weniger über Mannschaftssportarten. Dies ist in Deutschland ähnlich, wo der Mann häufig als „Held" mit entsprechenden glorifizierenden Eigenschaften (Erfolg durch Willen, Leistung und Motivation) dargestellt wird.

23.3.6 Sport als soziales Ereignis mit Symbolcharakter

Spiele der Fußballeuropameisterschaften oder Fußballweltmeisterschaften werden häufig in Gruppen gesehen, seit 2006 werden hierzu speziell „Fanmeilen" eingerichtet. Man lädt auch Freunde und Bekannte zum gemeinsamen Fernsehen von Sportereignissen ein. Bei diesen „sozialen" Gelegenheiten finden häufig Gespräche statt über Leistungen und Fähigkeiten der Sportler, Konkurrenzsituationen, internationale Wettbewerbe oder über Sportlichkeit und Fairness.

23.3.7 Gescheiterter TV-Vertrag für die Olympischen Spiele 2018 und 2020

Die Überschrift bei „ZEIT ONLINE" vom 28.11.2016 lautete: *„Niederlage für die ganze Gesellschaft".* Was war geschehen? Das US-Unternehmen *Discovery* und die öffentlich-rechtlichen TV-Anstalten ARD und ZDF konnten sich nicht auf den Verkauf von Übertragungsrechten im Deutschen Fernsehen einigen. Bei den Verhandlungen haben ARD und ZDF für die Olympischen Spiele in Pyeongchang (Winterspiele 2018) und die Sommerspiele in Tokio 2020 maximal 100 Millionen Euro geboten, Discovery wollte geschätzte 150 Millionen Euro. Das IOC hat dafür 1,3 Milliarden Euro von Discovery erhalten. Zwar kann man weiterhin Entscheidungen im frei empfänglichen TV sehen, aber der Eurosport Player (online) sowie der Pay-TV-Kanal Eurosport 2 sind kostenpflichtig. Da man aus Sicht des öffentlich-rechtlichen Fernsehens von einer eminent wichtigen Veranstaltung für die deutsche Gesellschaft ausgeht, wurde von einer Niederlage der Gesellschaft gesprochen. Nicht nur die Gesellschaft hat eine Niederlage erlitten, auch der Sport – und hier insbesondere die Randsportarten. Man befürchtet, dass die Macht im Sportfernsehen sich verschieben könnte. Eine kritische Berichterstattung, z. B. gegenüber Korruption und Doping, ist z. B. von Eurosport kaum zu erwarten, wenn man das Verhalten gegenüber der Tour de France in den letzten Jahren als Maßstab nimmt. Enttäuscht über die Entscheidung zeigte man sich auch beim DOSB.

23.4 Zusammenfassung

Sport im Fernsehen bedeutet für die Zuschauer Unterhaltung und Anregung, soziale Orientierung und Möglichkeiten zur Identifikation. Es handelt sich offenbar um ein funktionierendes, gleichzeitig aber auch komplexes Zusammenspiel zwischen den Merkmalen der Berichterstattung und den Bedürfnissen der Zuschauer. Dass dies nicht ohne Probleme verläuft, zeigt das Scheitern der TV-Verhandlungen zwischen dem US-Sender Discovery und den deutschen TV-Sendern. Von Ausgewogenheit der Berichterstattung kann in mehrerlei Hinsicht, nämlich bezogen auf Sportarten, Geschlechter, Breiten- oder Behindertensport oder auch gegenüber dem Dauerthema Doping, nicht gesprochen werden.

Aufgaben und Fragen

1. Kann man anhand der Tabelle 23.1 erkennen, dass es einen Zusammenhang zwischen sportlichem Erfolg und Höhe der Fernsehgelder gibt?
2. Versuchen Sie Beispiele für die Einflussnahme von Medien auf den Sport zu finden. Was spricht für die These: „Journalisten schreiben die Trainer aus ihrem Amt".
3. Hören Sie Berichterstattungen im Radio oder schauen Sie eine Live-Übertragung im Fernsehen und achten Sie insbesondere auf die Dramatisierung durch die Reporter.

24 Sport und Staat

In Deutschland wird der Sport sowohl ideell (geistig, gedanklich) als auch finanziell vom Staat unterstützt und gefördert. Dadurch zeigt der Staat, wie wichtig ihm der Sport ist. Für den Sport ist es wichtig, dass der Staat ihn mit Geldmitteln unterstützt, die Unterstützung aber auch gleichzeitig für seine Ideen, Werte, Überzeugungen und weitere Ziele gilt. Dies bezieht sich nicht nur auf den Spitzensport, sondern auch auf den Freizeit-, Breiten- sowie Behindertensport und die Integration durch Sport.

24.1 Finanzielle Sportförderung

Die folgende Grafik veranschaulicht die finanzielle Sportförderung des Staates:

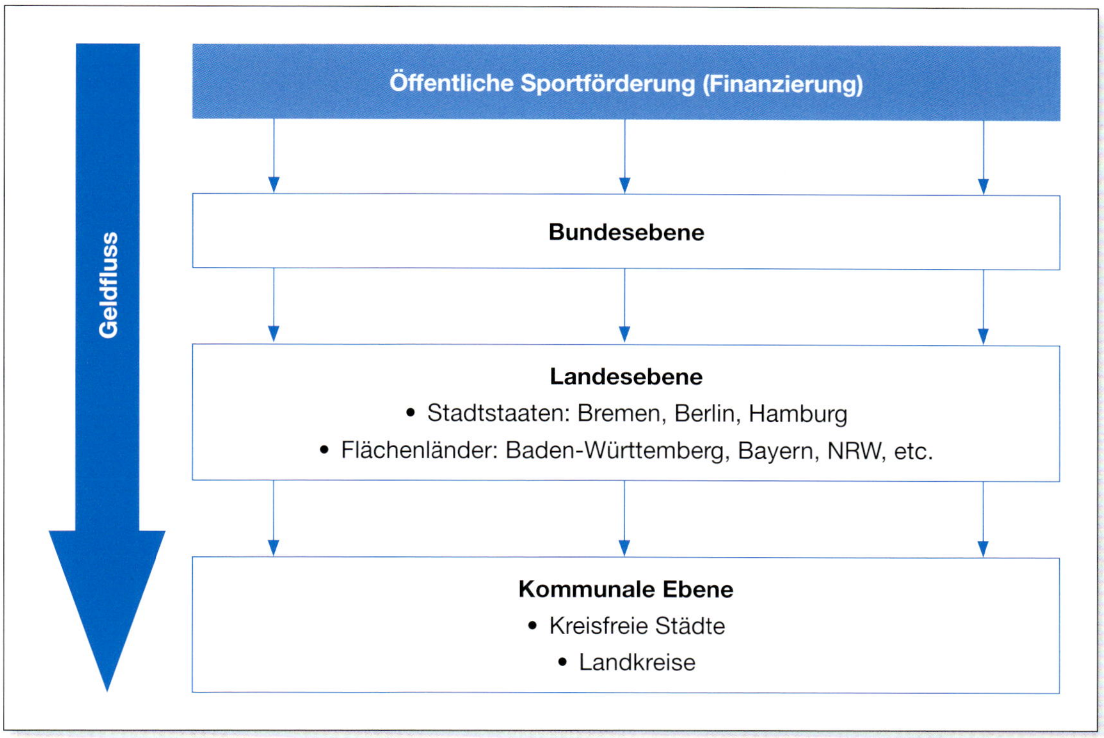

Abb. 24.1: Finanzielle Sportförderung des Staates (mod. nach *Deutscher* et al., 2016, S. 315)

Die primäre Förderung des Spitzensports liegt beim Bund, während die Länder zusammen mit den Kommunen für den Breiten- und Freizeitsport zuständig sind. Die Länder unterstützen durch finanzielle Zuwendungen an die Landessportbünde. Bei den Kommunen wird der Sport hauptsächlich über den Bau und die Unterhaltung von Sportstätten gefördert.

Darüber hinaus findet in vielen Fällen eine finanzielle Unterstützung der Vereine durch die Kommunen statt (*Deutscher* et al., 2016, S. 315).

24.2 Sportpolitik in Deutschland

Von der Bundesregierung wird anerkannt, dass der Sport für unsere Gesellschaft von großer Bedeutung ist. Spitzensportler sind Vorbilder und können junge Menschen zu eigener sportlicher Aktivität motivieren. Diese Hochleistungen sind nach Meinung des Bundes durch Fleiß, Disziplin und hohe Einsatzbereitschaft zustande gekommen - ebensolche Eigenschaften, wie sie auch für das Funktionieren unserer Gesellschaft als förderlich angesehen werden. Die Sportpolitik ist in Deutschland ein sehr großes Tätigkeitsfeld mit vielen Erscheinungsformen und sehr unterschiedlichen Ansatzpunkten. Der Staat sieht seinen wichtigsten Förderungsbereich aufgrund der Außendarstellung im Spitzensport, während den Bundesländern die Zuständigkeit für den Breitensport zukommt.

24.2.1 Der Sportausschuss des Deutschen Bundestages

Parlamentarisch wird in der Politik über den Sport in Deutschland im Sportausschuss des Deutschen Bundestages beraten. Die erste Sitzung dieses Ausschusses fand bereits 1969 statt. Die Aufgaben sah man vor allem darin, sich einen Überblick über die Lage des deutschen Sports zu verschaffen und die Vorbereitung auf die Olympischen Spiele 1972 in München und die Fußball-WM 1974 in Deutschland parlamentarisch zu begleiten.

Der Sportausschuss beschäftigt sich aber auch mit der gesellschaftlichen Bedeutung des Sports für andere Lebensbereiche wie Bildung, Gesundheit, Integration und Wirtschaft. Der Ausschuss hält Kontakt zu Sportverbänden, lässt sich von einer Vielzahl unterschiedlicher Organisationen informieren und zieht regelmäßig den Rat von externen Sachverständigen hinzu, um sportpolitische Impulse zu setzen und Gesetzgebungsverfahren einzuleiten.

Regelmäßig berichtet der jeweilige Innenminister der entsprechenden Legislaturperiode über die Aufgaben und die Arbeit des Sportausschusses.

Auszug aus dem Bericht 2016:

> „Schwerpunkte der Sportpolitik der 18. Legislaturperiode sind die Förderung des Spitzensports, die Gestaltung der politischen Rahmenbedingungen für die Bekämpfung von Doping und Manipulation im Sport und die Stärkung des Ehrenamts im Sport.“ (www.bundestag.de/sport [Zugriff 22.04.2017])

Zurzeit (2017) gehören 18 ordentliche Mitglieder mit einer Vorsitzenden dem Sportausschuss des Bundestages an.

24.2.2 Richtungsweisende Eckpunkte der Sportpolitik

Darunter fallen folgende Bereiche:

1. Autonomie des Sports - seine Unabhängigkeit, Selbstbestimmung, Entscheidungsfähigkeit
2. Subsidiarität[1] der Sportförderung
3. Partnerschaftliche Zusammenarbeit mit den Organisatoren des Sports

Der Staat erkennt die Autonomie des Sports an, was bedeutet, dass der Sport sich selbst organisiert und seine Angelegenheiten in eigener Verantwortung selbst regelt. Wenn der Sport Maßnahmen, die auch im Bundesinteresse liegen, nicht oder nicht vollständig aus eigenen Mitteln finanzieren kann, hilft der Staat aus.

1 Das Subsidiaritätsprinzip besagt, dass das, was der einzelne Bürger und die kleinere Gemeinschaft aus sich selbst heraus zu leisten vermögen, ihnen nicht von höherer Instanz abgenommen werden darf.

In der Bundesrepublik Deutschland ist das Bundesministerium des Inneren (BMI) politisch für den Sport verantwortlich. Der Bundesinnenminister ist damit der höchste Politiker in Deutschland, welcher für den Sport direkt zuständig ist.

Praxisbeispiel

Nach dem allgemein als schwach empfundenen Abschneiden der deutschen Athleten bei den Olympischen Spielen 2016 in Rio (Grundlage: Medaillenspiegel und Endkampfplatzierungen), war der Bundesinnenminister Thomas de Maizière zu Gast im Fernsehen in der ZDF-Sendung „Aktuelles Sportstudio", um mit Sportlern und dem DOSB-Präsidenten Alfons Hörmann über die Spitzensportförderung zu diskutieren.

24.2.3 Sportförderung

Die Sportförderung der Bundesrepublik Deutschland vertraut der Leistungsfähigkeit des autonomen Sports und ergänzt dessen Aktivitäten. Sie möchte optimale Trainings- und Wettkampfbedingungen ermöglichen und die internationale Stellung des deutschen Sports sichern. Diese Institutionen sind wichtig, um ein hohes Maß an Trainingsqualität zu gewährleisten. Grundsätzlich gibt es finanzielle Unterstützung durch die Bundesregierung nur ergänzend. Für das Jahr 2017 gibt der Bund 167 Millionen Euro für den Sport aus. Im Jahr 2016 waren es noch 178 Millionen Euro, da die Olympischen Spiele stattfanden und z. B. Kosten für die Entsendung der Mannschaft anfielen.

24.3 Finanzierung des Sports

Der Staat trägt in einem bestimmten Maß zur Finanzierung des Sports bei. Diese Gelder werden auf der Ebene der Kommunen (z. B. Stadt Stuttgart), der Länder (z. B. Bayern, NRW, Baden-Württemberg) und des Bundes eingesetzt. Vereine erhalten z. B. Steuererleichterungen oder die Übungsleiter bzw. Trainer einen Steuerfreibetrag, also eine Grundsumme ihrer „Bezahlung", für die sie keine Steuern bezahlen müssen.

Durch die finanzielle Förderung soll das erfolgreiche Abschneiden der deutschen Athleten bei Olympischen Spielen, Special Olympics, Weltmeisterschaften oder Europameisterschaften sichergestellt werden. Deutschland zählt sowohl bei den Sommer- als auch bei den Wintersportarten zu den weltweit führenden Sportnationen.

1. Spitzensportförderung beim Bund

Spitzensportler haben die Möglichkeit, bei der Bundespolizei ihren Leistungssport auszuüben und gleichzeitig nebenher eine vollwertige Berufsausbildung zu erhalten. Über 80 % der Athleten bleiben nach der Beendigung ihrer Sportkarriere bei der Bundespolizei. Traditionell werden bei der Bundespolizei seit 1968 die Wintersportarten gefördert, seit 1999 aber auch Sommersportarten wie Kanu fahren, Leichtathletik, Rudern, Schießen, Radsport und Judo (www.bmi.bund.de [Zugriff 22.04.2017]).

Weitere Sportförderung des Staates findet bei folgenden Institutionen statt:

- beim Zoll (www.zoll.de [Zugriff 22.04.2017]) – Schwerpunkt: Wintersportarten (Biathlon, Skilanglauf, Alpiner Skirennlauf, Skispringen, Nordische Kombination). Im Jahr 2016 wurden 64 Athleten aus diesen Sportarten gefördert;
- bei der Bundeswehr (www.bundeswehrkarriere.de [Zugriff 22.04.2017]). Im Jahr 2016 wurden 744 SpitzensportlerInnen aus olympischen (60) und nicht-olympischen Sportarten gefördert. Weitere beeindruckende Zahlen: Über 100 Athleten fuhren nach Rio zu den Olympischen Spielen 2016,

dabei wurden 44 % der Medaillen von Sportlern der Bundeswehr gewonnen. Seit 1991 wurden bei Weltmeisterschaften insgesamt 636 Medaillen gewonnen.

2. Förderung des Leistungssports von Menschen mit Behinderung

Es gelten die gleichen Kriterien für die Förderung des Leistungssports der Menschen mit und ohne Behinderung. Die Spitzensportler mit Behinderung machen mit ihren herausragenden Leistungen anderen Menschen mit Behinderung Mut, den Weg zum Sport zu finden und ihr Leben aktiv zu gestalten. Der Sport leistet hier einen sehr wichtigen Beitrag zur gesellschaftlichen Integration und Akzeptanz von Menschen mit Behinderungen.

3. Förderung des Sportstättenbaus

Spitzensportler benötigen, um im internationalen Leistungsvergleich (z. B. Olympische Spiele, Weltmeisterschaften) erfolgreich abschneiden zu können, Einrichtungen wie Sporthallen, Schwimmbäder, Rodelbahnen oder Skisprungschanzen, welche höchsten Ansprüchen genügen. Der Bund fördert daher besonders den Sportstättenbau im Spitzensport.

Weiterhin werden unterstützt:

- Olympiastützpunkte (2016: 19 OS)
- Bundesleistungszentren und
- Bundesstützpunkte

Insbesondere werden olympische Sportarten unterstützt (Fördermittel pro Jahr: 16 Millionen Euro).

4. Förderung des Stützpunktsystems

Für den Bund bildet die Förderung der Einrichtungen der Stützpunkte eine tragende Säule der Spitzensportförderung. Dabei geht es in erster Linie um die 19 Olympiastützpunkte. Gegenwärtig wird das gesamte Stützpunktsystem überdacht, um in Zukunft dadurch wieder erfolgreicher sein zu können.

Olympiastützpunkte sind sehr komplex aufgebaut, dazu gehören z. B. sportmedizinische, physiotherapeutische, trainingswissenschaftliche, psychologische und soziale Betreuungsaufgaben (Fördermittel pro Jahr: 30 Millionen Euro).

(Quelle: www.bmi-bund.de [Zugriff 22.04.2017])

5. Kampf gegen Doping

Der Kampf gegen das Doping ist für die Bundesregierung ein Kernelement ihrer Sportpolitik. Für den Bund ist ein sauberer, manipulationsfreier Sport die Basis für die Förderung auf allen staatlichen Ebenen. Der Staat unterstützt die NADA (Nationale Anti-Doping-Agentur) und war an der Gründung der WADA (World Anti Doping Agency) mitbeteiligt. Daher fördert der Staat den Sport bei der Dopingbekämpfung.

6. Integration durch Sport

Der Staat betrachtet die Integration von Menschen mit Migrationshintergrund als eine Schlüsselaufgabe in Zusammenarbeit mit der Gesellschaft. Hier bietet der Sport ideale Integrationsmöglichkeiten. Da Integration nicht einfach automatisch geschieht, sondern Aktivität voraussetzt, hat der Bund z. B. mit dem vom BMI finanziell geförderten Programm „Integration durch Sport“ bereits 1989 ein wichtiges Zeichen gesetzt, wie bedeutsam es für ihn ist. In mehr als 500 Stützpunktvereinen gibt es vielfältige Sportangebote, welche sich besonders an Zuwanderer richten.

7. Sportwissenschaft

Der Staat hat erkannt, dass Spitzensportförderung wissenschaftliche Begleitung benötigt, die dem Leistungssport Chancengleichheit oder einen Chancenvorsprung im internationalen Sportwettbewerb sichert. Folgende Institutionen werden unterstützt:

- Bundesinstitut für Sportwissenschaft in Köln (www.bisp.de [Zugriff 22.04.2017])
- Institut für Angewandte Trainingswissenschaft in Leipzig (www.iat.uni-leipzig.de [Zugriff 22.04.2017])
- Institut für Forschung und Entwicklung von Sportgeräten in Berlin (www.fes-sport.de [Zugriff 22.04.2017])

8. Internationale Sportangelegenheiten

Deutschland zählt zu den erfolgreichsten Sportnationen der Welt. Entsprechend engagiert sich das Land in der UNESCO, in der Europäischen Union oder im Europarat sowie in der Zusammenarbeit mit anderen Staaten.

Aufgaben und Fragen

1. Auf welche Art und Weise unterstützt der Staat den Sport finanziell?
2. Welche Funktion hat der Sportausschuss des Deutschen Bundestages?
3. Beschreiben Sie die Spitzensportförderung der Bundespolizei, Bundeswehr und des Deutschen Zolls
4. Wie verhält sich die Förderung / Unterstützung in den Bereichen Sportwissenschaft, Doping Integration und Internationale Sportangelegenheiten?

Sportökonomik – Sport und Wirtschaft

25

25.1 Einleitung

„FC Barcelona verlängert Vertrag mit NIKE und kassiert Milliarden" (www.sport1.de – Zugriff 07.11.2016) – „120 Millionen Euro! Toni Kroos bekommt Mega-Vertrag bei Real Madrid!" (www.tz.de – Zugriff 07.11.2016). Solche Berichte tauchen immer wieder in den Medien auf und zeigen einen Zusammenhang von Sport und Wirtschaft auf. Für den mehrmaligen Fußball-Champions-League-Gewinner FC Barcelona bedeutete der Vertrag 1,35 Milliarden Dollar in 9 Jahren, für den Deutschen Fußballweltmeister von 2014, Toni Kroos, 20 Millionen Euro Bruttoverdienst im Jahr.

Der Sport ist im eigentlichen Sinn kein Konsumartikel wie ein Auto oder ein Fernsehapparat. Sport äußert sich, wie wir in diesem Buch schon beschrieben haben, in unterschiedlichsten Erscheinungsformen. Sport ist darüber hinaus ein Teil der Unterhaltungsindustrie, trägt zur Gesundheit der Bürger bei, wird in den Schulen unterrichtet, unterstützt die Integration von Migranten und Geflüchteten sowie Behinderten und dient durch Auftritte der Spitzensportler der nationalen Präsentation. Zahllose Ehrenamtliche engagieren sich im Sport. Auf diese unterschiedlichen Arten fördert der Sport das Gemeinwohl unserer Bevölkerung (vgl. *Pawlowski*, 2016).

Die wirtschaftliche Bedeutung des Sports hat vor allem in den letzten 20 Jahren des letzten Jahrhunderts enorm zugenommen. Auch die Politik hat längst die gesellschaftliche Bedeutung des Sports erkannt. So flogen z. B. sowohl das damalige deutsche Staatsoberhaupt, Bundespräsident Joachim Gauck, als auch die Bundeskanzlerin, Frau Dr. Angela Merkel, zusammen zum Fußball-WM-Finale 2014 der deutschen Fußballnationalmannschaft nach Rio de Janeiro. Der Sport genießt in Deutschland mittlerweile eine hohe gesellschaftliche Anerkennung, der Nestor der deutschen Sportwissenschaft, der Tübinger Ommo Grupe, sprach sogar von einem besonderen Kulturgut unserer Gesellschaft.

25.2 Volkswirtschaftliche Effekte

25.2.1 Das Bruttoinlandsprodukt

Das Bruttoinlandsprodukt (BIP) gibt den Gesamtwert aller Güter, d. h. Waren und Dienstleistungen, an, die innerhalb eines Jahres innerhalb der Landesgrenzen einer Volkswirtschaft (hier Bundesrepublik Deutschland) als Endprodukte hergestellt wurden, nach Abzug aller Vorleistungen. Das auf den Sport bezogene Bruttoinlandsprodukt beträgt 3,7 % des gesamten BIP. Der Sport leistet damit einen ähnlichen Beitrag wie das Versicherungsgewerbe mit 4 %. Die ökonomische Bedeutung des Sports in Deutschland ist damit höher als in Österreich (1,5 %), der Schweiz (1,8 %) oder in Großbritannien (1,5 %). Der Gesamtwert der Waren und Dienstleistungen betrug 2008 ca. 73,1 Mrd. Euro. Im Jahr 1990 lag er noch bei rund 15 Mrd. Euro, 1998 bei ca. 26,5 Mrd. Euro.

> Der Sport stellt einen wichtigen Wachstumsmotor der deutschen Wirtschaft dar.

Auch Sportgroßveranstaltungen wie Fußballweltmeisterschaften oder Olympische Spiele können das BIP sehr stark beeinflussen. So konnte z. B. die Fußball-WM 2006 (bekannt auch als das „Sommermärchen") in Deutschland bis zum Jahresende 2008 eine Erhöhung des BIP von 3,88 Mrd. Euro bewirken.

Folgende Abbildung zeigt den Anteil einzelner Industriebereiche am BIP.

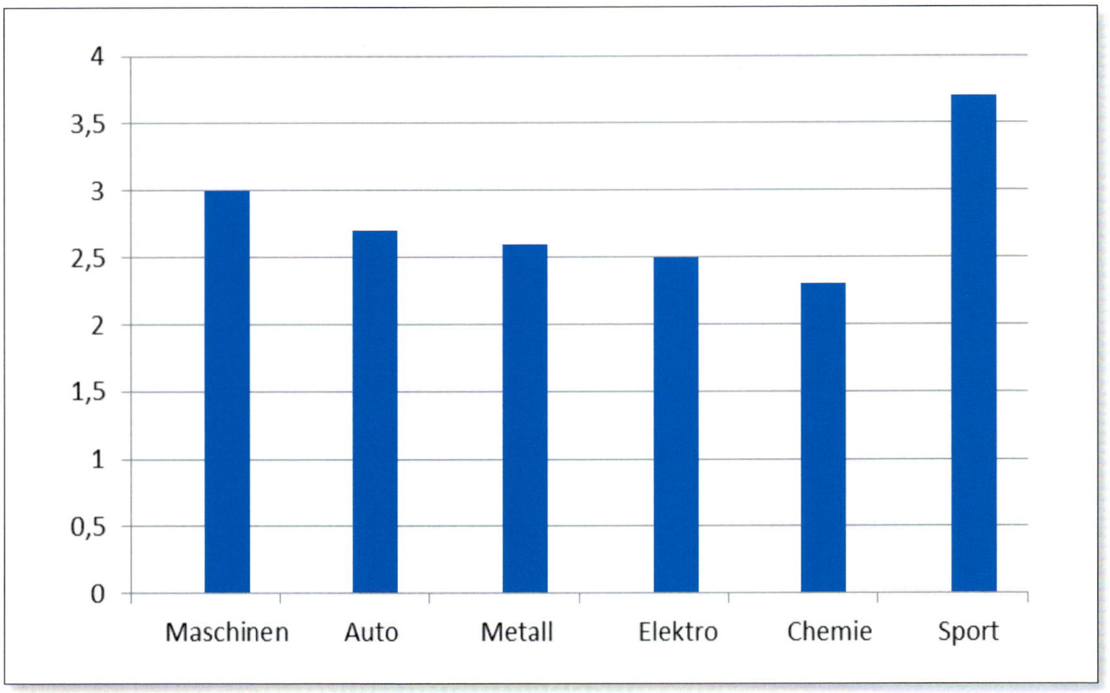

Abb. 25.1: Anteil einzelner Industriebereiche am BIP; Quelle: www.statista.com (Zugriff 18.12.2016)

25.2.2 Bauinvestitionen

Im Jahr 2008 betrug das Gesamtvolumen für Bau, Modernisierung, Pflege und den Betrieb von Sportstätten rund 22,8 Mrd. Euro, wovon den größten Anteil die Betriebs- und Instandhaltungskosten mit ca. 9,7 Mrd. Euro ausmachten, gefolgt von Bauinvestitionen in Sportstätten mit ca. 7 Mrd. Euro. Die öffentliche Hand, also hauptsächlich die Kommunen, trug ca. 74 % der Investitionen und Betriebskosten im Bereich Sportstätten. Investitionen in die Sportinfrastrukturen haben nachweislich einen positiven Effekt auf das Bruttoinlandsprodukt.

Auch Sportvereine erzeugen nachweislich einen positiven Effekt auf das Bruttoinlandsprodukt. Pro Jahr investieren ca. 5000 Sportvereine mehr als 10000 Euro in eigene Baumaßnahmen, im Durchschnitt sogar ca. 80000 Euro. Auch der geförderte vereinseigene Sportanlagenbau erzeugt einen volkswirtschaftlichen Mehrwert.

25.2.3 Sportkonsum

Der sportbezogene Konsum stellt den größten Anteil an den greifbaren ökonomischen Effekten des Sports dar. Private Haushalte in Deutschland konsumieren 136,6 Mrd. Euro, davon entfallen 112,6 Mrd. Euro auf das aktive Sporttreiben und 26 Mrd. Euro auf das passive Interesse am Spitzensport. Der Anteil des Sports macht 9,7 bzw. 7,2 % ohne Berücksichtigung der Fahrtkosten am Gesamtkonsum der deutschen Haushalte aus.

Bei der Untersuchung von Sportgroßveranstaltungen konnte ein deutlicher, durch die jeweilige Veranstaltung bewirkter Mehrkonsum festgestellt werden. Sowohl bei der Fußball-WM 2006 in Deutschland als auch bei den Olympischen Spielen 2012 in England konnte jeweils ein kurzfristiger Mehrkonsum von 1 Mrd. Euro berechnet werden.

Der organsierte Sport kommt jährlich auf sehr hohe Ausgaben. Die knapp 4000 Sportverbände - und Bünde geben jährlich ca. 671 Mio. Euro aus. Das aktuelle Gesamtvolumen aller 91000 Sportvereine in Deutschland beträgt ca. 3,289 Mrd. Euro jährlich.

25.3 Sponsoring, Werbung und Medien

Das Gesamtvolumen für Werbung, Sponsoring und Medienrechte betrugt für das Jahr 2010 ca. 5,5 Mrd. Euro. Fast jedes dritte Unternehmen unterstützt den Sport in Deutschland direkt oder indirekt.

Das Sponsoring dient dem Spitzensport heute als ein sehr wichtiges Finanzierungsinstrument. Olympische Spiele werden heute zu ca. 30% über Sponsoren finanziert und viele Bundesligavereine medienwirksamer Sportarten sind mehr oder weniger stark von Sponsoren abhängig (siehe FC Barcelona). Hingegen haben nur etwa 10% der deutschen Vereine Werbeverträge mit Sponsoren abgeschlossen. Eine zu große Abhängigkeit ist nicht ungefährlich für den Sport, da dies die Gefühle der Zuschauer negativ beeinflussen kann oder zu unerwünschten Eingriffen der externen Sponsoren in den Sport führen kann. Als Negativbeispiel seien hier zeitliche Ansetzungen von Topevents genannt, zu Zeiten von denen sich der Sponsor die höchsten TV-Einschaltquoten verspricht. Steckt zu viel Geld im Sport, kann dies das „Gewinnen wollen um jeden Preis" verstärken, die Sportler werden anfälliger für Doping und die immensen Geldsummen können vermehrt zu Steuerbetrug und Korruption verleiten.

Als erste Form der Förderung von Sport und Kultur gilt das Mäzenatentum, welches auf den Römer *Gaius Clinius Maecenas* (70–8 v. Chr.) zurückzuführen ist. Er förderte drei Dichter finanziell ohne Gegenleistung. Dies ist für Mäzene charakteristisch.

Definition Sponsoring:
Sponsoring ist definiert als die Planung, Organisation, Durchführung und Kontrolle sämtlicher Aktivitäten, die mit der Bereitstellung von Geld, Sachmitteln, Dienstleistungen oder Know-how durch Unternehmen und Institutionen zur Förderung von Personen und / oder Organisationen im Bereich des Sports verbunden sind, um damit gleichzeitig Ziele der Unternehmenskommunikation zu erreichen.

Juristisch gesehen beruht das Sponsoring auf einem Vertrag zwischen einem Sponsor und einem Gesponserten mit der Bestimmung, dass der Sponsor den Gesponserten finanziell oder auch materiell unterstützt und als Gegenleistung die Rechte der Nutzung des Namens, der Embleme und / oder die Nutzung verschiedener Kommunikationsplattformen erhält (vgl. *Breuer / Thiel*, 2005).

Der Sport erhält also von den Sponsoren Geld, welches er flexibel einsetzen kann. Es kann auch in Sach- und Dienstleistungen bezahlt werden.

Generell zeichnet sich das Sponsoringsegment des Sports durch sehr hohe Wachstumsraten aus.

Durch das Sponsoring erhält der Breitensport rund 2,5 Mrd. Euro und der Spitzensport rund 1 Mrd. Euro im Jahr. Die Sportgüterhersteller geben für die Werbung ca. 726,9 Mio. Euro aus und zählen an achter Stelle liegend somit zu den stärksten Branchen 2010. Für die Medienrechte betragen die Aufwendungen ca. 1 Mrd. Euro.

25.4 Sponsoring bei deutschen Fußballbundesligaklubs

In der Saison 2016 / 2017 stieg RB Leipzig in die Fußballbundesliga auf, mit der Marke RedBull® als zentralem Geldgeber. RB Leipzig ist nicht der einzige Klub, welcher sehr viel Geld über Sponsoren erhält. Der erfolgreichste deutsche Fußballverein, der FC Bayern München, erhält z. B. höhere Summen von der Allianz, Audi sowie der Firma ADIDAS. Der Revierklub Borussia Dortmund ist z. B. nach wie vor der einzige Klub, welcher an der Börse notiert ist. Der Gang zur Börse erfolgte bereits im Jahr 2000. Ausländische Börsenklubs im Fußball sind z. B. der AS Rom, Manchester United und Ajax Amsterdam. Der Fußballverein 1899 Hoffenheim wird von dem SAP-Mitbegründer Hopp seit 1989 finanziell unterstützt. Der Traditionsklub HSV Hamburg gehört zu 11 % einem Logistik-Unternehmer. Bayer Leverkusen gehört zu 100 % dem Chemieunternehmen Bayer AG und wird von diesem finanziell unterstützt. Der Aufsichtsrat des VFL Wolfsburg wird von VW kontrolliert. Der Autokonzern wird allerdings künftig sein Engagement, welches auf 80–90 Mio. Euro pro Jahr geschätzt wird, auf 60–70 Mio. Euro reduzieren, bedingt durch den „Abgasskandal" (vgl. *Gotthardt*, 2017).

Hier ein Beispiel für die Sponsoringrichtlinien der BAYER-AG

- Langfristigkeit: Teamsponsoring wirkt mit zunehmender Dauer stärker
- Regelmäßigkeit: Maßnahmen, die regelmäßig präsent sind, haben größere Erinnerungswerte als Einzelevents
- Dominanz: Bayer möchte, wenn dann im Vergleich zu anderen Unternehmen die Dominanz als Hauptsponsor oder als Co-Sponsor auftreten
- Image- und Zielgruppenkongruenz: Die gesponserte Sportart sollte zum Unternehmen bzw. zur Marke passen. Auch die Glaubwürdigkeit spielt hier eine besondere Rolle
- Vernetzung mit Basiswerbung und PR (Public Relations): Das Sportsponsoring ist begrenzt von seiner Wirkung und muss in die klassische Kommunikationsarbeit eingebunden werden
- Klare Zielformulierung: Erst durch eine klare Zielformulierung lässt sich das Kosten-Nutzen-Verhältnis bzw. der Erfolg einer Maßnahme bewerten (vgl. *Trosien*, 2009)

25.5 Arbeitsmarkteffekte

Eine Studie hat gezeigt, dass im Jahr 2013 durch die sportbezogenen Aktivitäten in Deutschland ca. 1,765 Millionen Menschen beschäftigt waren, was rund 4,4 % aller Erwerbstätigen in Deutschland und ca. 2 % in Europa entspricht. Vergleichbar ist die Sportbranche mit dem Niveau des Kreditgewerbes, welches 2009 für 4,3 % der Beschäftigten in Deutschland verantwortlich war. Im Jahr 1998 lag der Wert noch bei 2,4 %. Von diesen 783000 Arbeitsplätzen sind 541000 in den Sportvereinen, -verbänden, Sportwaren, sportspezifischen Beschäftigungen der öffentlichen Hand sowie bei kommerziellen Sportanbietern tätig und 242000 außerhalb der sportspezifischen Produktionsbereiche. Der Sport schafft seiner Bedeutung entsprechend in zunehmendem Maß Arbeitsplätze.

In Deutschland ist die Bedeutung des Sports für den Arbeitsmarkt höher als im restlichen Europa.

Am Beispiel der Fußball-Bundesliga kann man erkennen, dass sportbezogener Konsum auch in fremden Branchen Arbeitsplätze schafft und sichert. Von den ca. 70000 Vollzeitarbeitsplätzen, welche die Fußball-Bundesliga schafft, befinden sich weniger als 10 % direkt im Profifußball. Mehr als 10000 Angestellte alleine im Gastronomie- und Hotelgewerbe verdanken dem Profifußball ihre Jobs. Studien aus den USA zeigen, dass vor allem Geringqualifizierte hiervon profitieren können.

25.6 Steuereffekte des Sports

Die sportbezogenen Einnahmen der öffentlichen Haushalte in Deutschland sind größer als ihre sportbezogenen Ausgaben. Einnahmen: 22,171 Mrd. Euro, Kosten: 9,895 Mrd. Euro. Die Nutzeffekte des Sports überwiegen. Der Sport trägt also dazu bei, dass der Staat mehr Steuern einnimmt, die wiederum dem Allgemeinwohl in Schulen, Krankenhäusern, Polizei, Bundeswehr etc. zukommen können. Die steuerlichen Rückflüsse der Sportverbände in Deutschland betragen jährlich etwa 130 Mio. Euro, bei den Sportvereinen sind dies ca. 720 Mio. Euro. Sportbezogene Steuermindereinnahmen von 2009 werden auf rund. 0,750 Mrd. Euro geschätzt. Den geschätzten Einnahmen aus den Sportstättennutzungsgebühren im Jahr 2010 in Höhe von 0,8 Mrd. Euro stehen Ausgaben in Höhe von 2,919 Mrd. Euro gegenüber.

25.7 Volkswirtschaftliche Bedeutung des Ehrenamtes im Sport

Es ist volkswirtschaftlich nicht unkompliziert, den Wert der ehrenamtlichen Tätigkeiten im Sport lediglich nach dessen materiellem Wert zu beurteilen. Monatlich wenden ehrenamtlich Tätige in den Sportvereinen Deutschlands ca. 37,2 Millionen Arbeitsstunden in den Sportvereinen auf, was einer Wertschöpfung von 6,7 Mrd. Euro entspricht. Hinzu kommen jährliche Wertschöpfungen von 350 Mio. Euro durch ehrenamtliche Tätigkeit in Sportbünden und -verbänden.

25.7.1 Sozioökonomische Aspekte

Sport wirkt auch in gesellschaftspolitischer Richtung, wobei dies nicht einfach zu erfassen ist. Es sind aber gerade diese Aspekte, welche die finanzielle staatliche Unterstützung in den Sport lohnenswert erscheinen lassen.

25.7.2 Gesundheitsleistungen

Seit Jahren gibt es sehr viele klare Beweise aus Studien, dass der Sport die körperliche, psychische und soziale Gesundheit unterstützen kann. Weiterhin wirkt er vorbeugend gegen zahlreiche Krankheiten wie Diabetes, verschiedene Krebsarten, Herz-Kreislauf-Erkrankungen, Osteoporose oder Erkrankungen des Bewegungsapparates.

Studien zeigen auf, dass das Potenzial sportbezogener Einsparungen zwischen 2,5 % und 16 % der gesamten Gesundheitskosten beträgt. Durch körperliche Inaktivität, worunter auch das Nicht-Sporttreiben fällt, entstehen z. B. in Kanada Kosten von 2,1 Mrd. Dollar, in den USA von 24,3 Mrd. Dollar, in der Schweiz von 2,4 Mrd. Franken (vgl. *Breuer / Mutter*, 2013).

> Durch das Sporttreiben können in Deutschland Einsparungen zwischen 7,2 Mrd. und 45,9 Mrd. Euro pro Jahr erzielt werden.

Die gesamten Gesundheitsausgaben beliefen sich im Jahr 2010 auf rund 287 Mrd. Euro. Sport kann jedoch nicht nur dabei helfen, Krankheitskosten zu sparen, er verursacht natürlich auch Kosten durch die Behandlung von Sportverletzungen und Sportschäden.

Indirekt bedeutet dies, dass jeder Bürger durch Sport und gesunde Lebensführung dazu beiträgt, dass Gesundheitskosten „eingespart" werden können. Sport wirkt sich in vielen Bereichen, wie z. B. Herz-Kreislauf-System und Bewegungsapparat, positiv auf die Gesundheit aus. Heutzutage erkennen viele Krankenkassen dies an und belohnen Menschen, welche gesunden Sport treiben, z. B. mit Prämien oder Beitragsrückzahlungen ihrer Krankenversicherungsbeiträge.

25.7.3 Der Beitrag des Sports zum Sozialgefüge und zur Integration

Der Sport trägt zur sozialen Integration bei, da er die Möglichkeiten zur Kontaktaufnahme zu anderen Menschen schafft, und er fördert darüber hinaus das Gemeinschaftsgefühl, das soziale Engagement und das solidarische Handeln.

> Besonders im Kindes- und Jugendalter kommt den Sportvereinen eine herausragende Bedeutung in der gesellschaftlichen Integration zu.

Gleichzeitig leistet der Sport bei uns in Deutschland einen wichtigen Beitrag zur Integration von Migranten, Geflüchteten und anderen Minderheiten. Immerhin haben ca. 10 % aller Vereinsmitglieder einen Migrationshintergrund. In ca. 30 % der Sportvereine üben Menschen mit Migrationshintergrund eine ehrenamtliche Funktion aus. Gleichzeitig bietet der vereinsgebundene Sport vor allem Kindern, Jugendlichen, Familien und Mitgliedern unterer sozialer Schichten sowie finanziell schlechter gestellten Randgruppen bessere Möglichkeiten Sport zu treiben als kommerzielle Sportanbieter.

25.7.4 Bildungsleistungen

Der organisierte Sport in Deutschland zählt zu den größten Bildungsträgern in Deutschland. Die Sportverbände sind verantwortlich für die Qualifizierung und Lizenzen in 660 Ausbildungsgängen, Sportarten und Disziplinen. Der Sport kann beispielsweise über die Trainerausbildung der Menschen, die sich dieser Qualifizierungsmaßnahme stellen, hinaus zu deren Bildung beitragen. Die dort erworbenen Kompetenzen können den Trainern auch in ihrem täglichen Umgang mit anderen Menschen von Nutzen sein. Über die Sportjugenden der Landessportbünde sowie die Trainerakademie in Köln, die Führungsakademie des DOSB und die Deutsche Olympische Akademie Willi Daume werden umfangreiche Aus- und Weiterbildungsmaßnahmen angeboten. Gleichzeitig verhält es sich so, dass der Spitzensport das gesellschaftliche Leistungsprinzip vermitteln kann. Über 90 % der deutschen Bevölkerung sehen im Hinblick auf die Leistungsbereitschaft eine Vorbildfunktion der deutschen Athleten und über 80 % im Hinblick auf die Leistungsfähigkeit.

25.7.5 Sportgroßveranstaltungen

Sportgroßveranstaltungen wie z. B. Olympische Spiele, Europameisterschaften oder Weltmeisterschaften sind in der Lage, ein positives Image herzustellen. Man denke hier beispielsweise an die Fußball-WM 2006 in Deutschland, die als „Sommermärchen“ bezeichnet wurde. Solche Veranstaltungen bringen infrastrukturelle und städtebauliche Veränderungen mit sich, welche die Position im Standortwettbewerb begünstigen können. Zudem geben solche Sportevents und international erfolgreiche Athleten einem Land die Möglichkeit sich darzustellen und tragen so zum Image und Ansehen eines Landes bei.

Es ist relativ unstrittig, dass Spitzensport bevölkerungsweit positive gemeinschaftliche Gefühle auslösen kann. Man kann auch versuchen, dies in ökonomischen Geldwerten auszudrücken. Der eigentliche Wert liegt jedoch viel höher.

25.8 Zusammenfassung

Der Sport hat in Deutschland eine sehr wichtige ökonomische Bedeutung. Das Sporttreiben selbst und der in Verbänden und Vereinen organisierte Sport sowie der Spitzensport haben eine Vielzahl positiver volkswirtschaftlicher und sozio-ökonomischer Effekte. Der Anteil des Sports am BIP beträgt immerhin ca. 3,7 %. Im gesamten Sportbereich sind ca. 1,765 Mio. Menschen beschäftigt. Der Wohlfahrtsgewinn des ehrenamtlichen Engagements wird auf ca. 7 Mrd. Euro pro Jahr taxiert. Der Sportsektor investiert ebenfalls ca. 7 Mrd. Euro in Bauvorhaben. Keine andere Branche kann derart hohe

Summe für Sponsoring generieren wie der Sport mit ca. 5,5 Mrd. Euro pro Jahr. Der Zusammenhang zwischen Sporttreiben und mentaler, psychischer und sozialer Gesundheit ist wissenschaftlich belegt. Der Sport stellt außerdem einen großen Bildungsträger dar. Auch zur Persönlichkeitsbildung kann der Sport einen Beitrag leisten (vgl. *Breuer / Mutter*, 2013).

> Zusammenfassend kann man sagen, dass der Sportsektor in Deutschland sowohl direkt, über volkswirtschaftliche Effekte, als auch indirekt, über sozio-ökonomische Effekte, eine erhebliche ökonomische Bedeutung besitzt.
>
> Der Sport in Deutschland ist vor diesem Hintergrund nicht als Kostenfaktor zu sehen, sondern als kostbares Investitionsgut, das bei öffentlicher Investition wertvolle wirtschaftliche, steuerliche und soziale Rendite produziert, deren Wert den Investitionsbetrag deutlich übertreffen.

Aufgaben und Fragen

1. Der Sport stellt einen wichtigen Wachstumsfaktor der deutschen Wirtschaft dar. Versuchen Sie Beispiele für diese These zu finden.
2. Welchen Stellenwert nehmen Sponsoring, Werbung und Medien im Sport ein?
3. Untersuchen Sie, wenn möglich, wie Spitzensportmannschaften aus Ihrer näheren Umgebung sich im Hinblick auf Sponsoring aufgestellt haben.
4. Schauen Sie sich im Internet auf der Homepage von großen Fußballvereinen an, wie diese Ihre Sponsoren präsentieren. Sehen Sie eine Tendenz zwischen großen erfolgreichen Klubs und der Finanzstärke der Sponsoren?
5. Beschreiben Sie die Effekte des Sports auf a.) den Arbeitsmarkt b.) die Steuern c.) die volkswirtschaftliche Bedeutung des Ehrenamts d.) die Gesundheitsleistungen.
6. Welchen Beitrag kann der Sport zur Integration und in der Bildung leisten?

Olympische Spiele – die olympische Idee

26

Die antiken olympischen Spiele

Der Beginn der Olympischen Spiele kann nur annähernd bestimmt werden, da Quellen hierzu mangelhaft sind. In der mykenischen Zeit, also 1600–1200 v. Chr., war Olympia in Griechenland bereits eine Kultstätte. Bei den Veranstaltungen in Olympia handelte es sich zu Beginn um kultische, rituelle Handlungen. Es gibt Hinweise, dass der Beginn um 1600 v. Chr. gelegen haben könnte. Spätestens jedoch seit 776 v. Chr., mit dem Beginn der Aufzeichnungen der Sieger, finden in Olympia, welches auf der griechischen Halbinsel Peloponnes lag, im vierjährigen Rhythmus bei Zeus-Festen heilige Spiele statt. Im Jahr 393 n. Chr. soll es sogar durch Kaiser Theodosius zum Verbot der Olympischen Spiele gekommen sein. Folgende Wettkämpfe wurden ausgeführt:

- Faustkampf (Boxen), Ringen
- Laufen (200 m, 400 m, 4800 m)
- Speer, Diskus
- Pferderennen, Wagenrennen, Waffenrennen

(vgl. *Finley / Pleket*, 1976)

26.1 Die Olympischen Spiele der Neuzeit

Die Grundlage des neuzeitlichen Olympismus legte ein junger Franzose, Pierre de Coubertin (1863–1937). Coubertin wollte eine Erneuerung der Menschheit durch den Sport – im Training und Wettkampf sollte sich die Jugend nach englischem Vorbild körperlich und sittlich vervollkommnen. Für Coubertin waren die Olympischen Spiele kultische Hochfeste. Der Olympismus verstand sich von Anfang an als Friedensbewegung. Im olympischen Wettkampf sollten die Nationen und Rassen zur gegenseitigen Achtung erzogen werden. Zu Beginn verfolgte Coubertin die Idee, Frauen von den Spielen auszuschließen, da sein olympisches Idealbild der erwachsene männliche Einzelkämpfer war. *Neue Disziplinen* wie Radfahren, Schießen, Fechten, Geräteturnen, Schwimmen und Tennis waren dabei, während man auf die aus der Antike bekannten Disziplinen wie Boxen, Wagenrennen oder Reiten verzichtete.

26.2 Die olympische Idee

„Unter olympischer Idee versteht man eine Geisteshaltung, die auf der Ausgewogenheit von Körper und Geist beruht. Sport, Kultur und Erziehung sollen in einer Lebensweise verbunden werden, die auf Freude am körperlichen Einsatz, auf dem erzieherischen Wert des guten Beispiels und auf der Achtung fundamental und universell gültiger ethischer Prinzipien beruht" (Quelle: www.dosb.de).

Durch Coubertins Anregung kam es 1894 auf einem Sportkongress in Paris zur Gründung des IOC (International Olympic Committee). Bereits zwei Jahre später kam es 1896 in Athen zu den ersten Olympischen Spielen der Neuzeit. Erst im Jahr 1924 gab es die ersten Olympischen Winterspiele, die seither ebenfalls im 4-jährigen Rhythmus stattfinden.

Coubertins Wunsch war es, dass die Olympische Idee über die Spiele hinaus wirken sollte. Diese beinhaltet nach Coubertin:

- Leistung und Leistungsstreben
- Vielfalt im Sport
- Fairness
- Frieden
- Internationale Solidarität, welche im Sport in der Breite und nicht nur in der Spitze und in allen Altersgruppen Leitmotiv und Kern der Idee sein soll.

Coubertin wollte, dass die Olympischen Spiele in einem würdevollen und friedvollen Rahmen und an wechselnden Austragungsorten Gelegenheit für eine geistige und körperliche (damals vorwiegend europäische und dem Amateurgedanken verpflichtete) Elite bieten sollte, sich im fairen und edlen Wettstreit mit den besten der Welt zu messen und für ihr Land zu kämpfen. Ein Amateursportler erhält für seinen Sport keine Einkünfte bzw. die Einkünfte sind für einen Lebensunterhalt zu niedrig.

Auch die Devise „citius-altius-fortius" (schneller-höher-stärker) wird auf Pierre de Coubertin zurückgeführt. Diese Verherrlichung des körperlichen Menschen nennt er „religio athletae", ein ernsthaftes, gläubiges Streben nach persönlicher Perfektion.

26.3 Amateurismus

Die antiken Amateurbestimmungen des Sports sind eigentlich aus Ausschlussregeln entstanden, man wollte damit Menschen, die den exklusiveren, höheren Gesellschaftsschichten als *nicht würdig* erschienen, den Zugang zu den Spielen verwehren. Das heutige Verständnis des Amateurstatus, nämlich für sportliche Betätigungen oder Erfolge Geld oder Wertpreise anzunehmen, hat sich ca. 1850 in England auch aus einer Abgrenzung der „sportsmen", die ihren Sport aus Liebhaberei (als sog. *amateurs*) betrieben, heraus entwickelt.

Im antiken Griechenland hat es dagegen keine Amateurbestimmungen gegeben. Die Sieger wurden zuhause großzügig finanziell belohnt und kassierten bei hunderten von Wettkämpfen Sach- und Geldpreise und sogar Auftrittsgagen. Das IOC hat immer versucht, den Amateurismus beizubehalten, keine Berufssportler zuzulassen. Doch der Professionalismus ließ sich, auch durch die immer größeren Auswirkungen der Finanzierung des Sports durch die Industrie, nicht aufhalten. Immer mehr Sportarten, welche zu den Olympischen Spielen hinzukamen, sowie die ansteigende Bedeutung der Massenmedien für den Sport führten zu der logischen und nicht mehr rückgängig zu machenden Konsequenz der Vermarktung der Olympischen Spiele. In Los Angeles 1984 nahmen Fußballprofis und „Scheinamateure" teil, auch Tennisprofis wurden plötzlich zugelassen. (*Langenfeld* 1984, Amateurismus S. 23 und Professionalisierung S. 285)

26.4 Die Paralympics

Das IPC (International Paralympic Committee) wurde 1989 gegründet und repräsentiert eine große Zahl an Aktiven mit unterschiedlichen Behinderungen. Es hat den Behindertensport seither auf ein neues Niveau angehoben. Es sorgt durch sein Reglement für vergleichbare Bedingungen des Leistungssports der Behinderten und Nicht-Behinderten. Die Paralympics gehen auf die Initiative des Engländers *Sir Ludwig Guttman* zurück, der allerdings zunächst die Kriegsversehrten im Sport zusammenbrachte. Zum ersten Mal gab es Paralympics 1960 in Rom, im Jahr 1976 kamen die Winterspiele hinzu. Mittlerweile finden die Paralympics kurz nach den Olympischen Spielen in den gleichen Wettkampfstätten statt und erfreuen sich zunehmender Beliebtheit.

Folgendes kann man dem Leitfaden des DOSB entnehmen:

„Für Menschen, die mit Behinderungen Sport treiben, besonders im Leistungs- und paralympischen Sport, sind Klassifizierungen sehr wichtig, um einerseits gerechte Wettkämpfe zu ermöglichen und andererseits die Attraktivität des Sports zu gewährleisten. Das Klassifizierungssystem ist auch für Sportler und Zuschauer bedeutsam, um eine Vergleichbarkeit der Leistungen herzustellen und ein größtmögliches Teilnehmerfeld erhalten zu können" (vgl. Deutscher Behindertensportverband (Hrsg.), 2016, S. 6–7).

Zur Teilnahme an Paralympics sind Sportler berechtigt, wenn sie mindestens eine der folgenden 10 Beeinträchtigungen aufweisen:

1. Beeinträchtigung der Muskelkraft
2. Beeinträchtigung des passiven Bewegungsapparates
3. Fehlen von Gliedmaßen – Amputation oder Fehlen von Knochen oder Gelenken
4. Beeinträchtigung durch unterschiedliche Beinlänge
5. Kleinwuchs
6. Muskelhypertonie – erhöhte Spannung der Muskulatur
7. Ataxie – (koordinative Störungen, neurologisch bedingt z.B. durch Gehirnverletzung)
8. Athetose (unkontrollierte Muskelbewegungen)
9. Beeinträchtigung der Sehfähigkeit
10. Intellektuelle Beeinträchtigung

26.5 Youth Olympic Games

Zusätzlich zu Olympischen Spielen und Paralympics wurden die Youth Olympic Games vom IOC aus der Taufe gehoben. Das Sportprogramm dieser Jugendspiele orientiert sich an den Olympischen Spielen, mit 28 Sportarten / Disziplinen bei den Sommerspielen (Olympische Spiele: 41) und 7 bei den Winterspielen (Olympische Spiele: 15). Einige Abänderungen zu den regulären Spielen findet man vor, z.B. im 3:3-Basketball auf ein halbes Basketballfeld oder gemischtgeschlechtliche Wettkämpfe bzw. Teams. Es finden außerdem keine Wettkämpfe im Synchronschwimmen, Wasserball oder Bahnradfahren statt. Dies erklärt die geringere Anzahl an Sportarten / Disziplinen. Es dreht sich bei diesen Spielen um 5 Themen:

1. Olympismus
2. Soziale Verantwortung
3. Ausdruck von Wohlbefinden
4. Ausdruck eines gesunden Lebensstils
5. Verbesserung von Fähigkeiten

Die ersten Sommerspiele fanden 2010 in Singapur und die ersten Winterspiele 2012 in Innsbruck statt. Es gibt eine Altersbegrenzung von 14–18 Jahren. Die Wettkämpfe finden in Altersgruppen statt: 14–15, 16–17 und 17–18 Jahre. (Quelle: www.olympic.org/youth-olympic-games)

26.6 Jugend trainiert für Olympia (JtfO)

Im Schulbereich gibt es seit 1969 den Wettbewerb Jugend trainiert für Olympia, mit ca. 800000 Teilnehmern der weltgrößte Schulsportwettbewerb. Vermittelt werden sollen positive Werte wie Fairness, Teamgeist und Einsatzfreude. Es soll die Olympioniken von morgen motivieren, sichten und fördern.

Es ist nicht alles Gold, was glänzt...

Durch verschiedene Faktoren wurde der Aufwand für Olympische Spiele in den letzten Jahren geradezu gigantisch. Man sah z. T. darin die Chance, privatwirtschaftlich finanziellen Gewinn zu erzielen. Politisch problematisch wurde es, als die Spiele 2008 nach Peking vergeben wurden. Es wurde sogar über einen Boykott der Spiele wie in Moskau (1980) und Los Angeles (1984) diskutiert. Ähnliches erfolgte bei den heftig kritisierten Winterspielen 2014 in Sotschi. Hier waren es ökologische und Umweltprobleme. Auch die Vergabe der Spiele 2016 nach Rio war nicht unumstritten, im Vorfeld gab es zahlreiche Proteste der dortigen Bevölkerung. Das IOC möchte keine Instrumentalisierung der Spiele zu politischen Zwecken. Im Hinblick auf den Gigantismus scheint jedoch mittlerweile (2016) das Ende der Fahnenstange erreicht zu sein. Im Herbst 2016 äußerte Japan, welches die Sommerspiele 2020 in Tokio ausrichten wollte und gleichzeitig eines der wirtschaftsstärksten Länder der Welt ist, dass man die immensen Kosten für die Spiele nicht mehr bezahlen könne und formulierte den Wunsch, bestimmte Disziplinen z. B. im benachbarten Süd-Korea auszutragen. Die Kosten hatten sich von ca. 6 Milliarden Euro auf ca. 24 Milliarden Euro vervierfacht. Für die Winterspiele 2022 bewarben sich nur zwei Kandidaten, nämlich Almaty und Peking, das letztlich den Zuschlag erhielt. Die Bewerbung um die Winterspiele in München 2022 oder 2024 wurde sogar von der dortigen Bevölkerung abgelehnt. Die Spiele können nicht ständig größer, schöner und teurer werden, wenn Risiken und Nebenwirkungen noch beherrschbar bleiben sollen. Der momentan amtierende Chef des IOC, Thomas Bach, steht mittlerweile einer Organisation vor, die milliardenschwere Werbe- und TV-Verträge abgeschlossen hat. Der Kampf gegen das Doping mutet dabei manchmal wie ein Kampf gegen Windmühlen an. Zum Teil kann man sich nicht einmal mehr auf die akkreditierten Doping-Labore verlassen. Es geht dabei um den Kern der Olympischen Idee. Preuß sieht für die Zukunft 5 Herausforderungen für die Olympische Bewegung:

1. Alle Reformvorhaben sollten die Erhaltung der olympischen Ideale stärker beachten.
2. Dem Gigantismus der Spiele sollte Einhalt geboten werden. Dies betrifft z. B. überdimensionierte Sportstätten, extrem hohe Kosten, ausufernde Anzahl von Medienvertretern usw.
3. Steigerung der Attraktivität der Spiele für die JugendJugend, z. B. Einführung der Youth Olympic Organisation (YOG)
4. höhere Transparenz in der Bewerbung um Olympische Spiele
5. Bekämpfung des Dopings

(*Preuß*, http://www.sport.uni-mainz.de/Preuss/site_de/f_olympia.shtml, Zugriff am15.05.2017)

Aufgaben und Fragen

1. Beschreiben Sie die geschichtliche Entwicklung der Olympischen Spiele von Beginn bis zur Gegenwart.
2. Was hat sich im Laufe der Zeit dabei verändert?

Doping

27

Doping ist keine moderne Erscheinung des 20. oder 21. Jahrhunderts, sondern begann schon im Altertum.

27.1 Geschichte des Dopings

Bereits die Gladiatoren im „Circus Maximus" in Rom (600 v. Chr.) sollen laut Überlieferungen stimulierende Substanzen gegen Müdigkeit und Verletzungen verwendet haben. Um 300 v. Chr. hatten die Athleten in Griechenland Pilze zur Leistungssteigerung verwendet. Nach Überlieferungen des 2. und 3. Jahrhunderts n. Chr. (Philostratos und Galen) hatten Athleten während der Olympischen Spiele pflanzliche Produkte zur Stimulation und zur Verbesserung der Leistungsfähigkeit eingesetzt. Um welche Wirkstoffe es sich dabei gehandelt hatte, ist nicht näher bekannt.

Begrifflich wird das Wort Doping auf den Ausdruck „Dop" zurückgeführt, der dem Jargon der südafrikanischen Ureinwohner, dem „Kaffern-Dialekt", entstammt. Es ist die Bezeichnung für einen Schnaps, der zum Zwecke der Stimulation bei kultischen Handlungen zur Anwendung kam. In der Neuzeit wird Doping zuerst in der 2. Hälfte des 18. Jahrhunderts im Radsport erwähnt, wobei es sich im Wesentlichen um koffeinhaltige oder alkoholhaltige Getränke sowie Nitroglycerin und Kokain handelte. Im größeren Stil wurde Doping jedoch erst nach dem 2. Weltkrieg - vor allem durch den Radsport - bekannt.

Erwähnenswert ist, dass die Einnahme leistungssteigernder Mittel und Medikamente zu Beginn der olympischen Bewegung noch nicht als eine Bedrohung oder Beeinträchtigung des ethisch-moralischen Anspruchs des Sports gesehen wurde. Dopingmittel waren Ende des 19. Jahrhunderts sowohl im Amateur- als auch im Leistungssport allgemein üblich. In England dagegen wurde bereits 1666 verboten, Pferden Aufputschmittel zu geben.

Die Sechstagerennen (Radsport) waren ohne Aufputschmittel nicht durchzuhalten, aber das interessierte niemanden. Im Marathonlauf der Olympischen Spiele von Saint Louis 1904 nahm der Sieger *Thomas Hicks* eine Mischung aus Strychnin, Eiern und Brandy zu sich, ohne dass dies gegen die damalige Moral im Sport verstieß. Auch der Sieger des Marathonlaufs von London 1908, *Dorando Pietri*, war gedopt und wurde von Helfern über die Ziellinie getragen. Er wurde deswegen disqualifiziert, nicht aber wegen Dopings. Und kein geringerer als *Pierre de Coubertin* bezeichnete ihn als den moralischen Gewinner des Laufs.

Nach dem ersten Weltkrieg kam es zu 2 entscheidenden Entwicklungen. Man erkannte, dass Stimulanzien gesundheitliche und soziale Probleme verursachen können. Damit gingen in Ansätzen eine Dopingdebatte und erste Dopingverbote einher. Der erste Spitzenfachverband, der 1928 eine Dopingbestimmung in sein Regelwerk aufnahm, war der Internationale Leichtathletikverband (IAAF).

Von deutschen Sportärzten ging die Initiative für eine klare Definition von Doping aus, mit dem Ziel, Doping im Amateursport zu verbieten. Im Amateursport sollte aus Gründen der Reinhaltung des Amateurgedankens das Doping verhindert werden. Im Profisport war es weiterhin erlaubt.

Im Jahr 1952 wurde dieses Verbot nochmals aufgegriffen: „Der deutsche Sportärztebund steht auf dem Standpunkt, dass jedes Medikament - ob es wirksam ist oder nicht - mit der Absicht der Leistungssteigerung vor Wettkämpfen gegeben als Doping zu betrachten ist." Dieser Grundsatz gilt bis heute. Wer absichtlich Medikamente nimmt, um seine Leistung im Sport zu steigern, ist ein Doper. Und Doping ist im Sport verboten.

Merke

Nach *Krüger* (2012) handelt es sich beim Dopingverbot im Sport um eine ideologisch und moralisch legitimierte soziale Konstruktion bzw. Konvention.

Der Radsport ist 1967 durch den Tod des Engländers *Tom Simpson* am Mont Ventoux in die Schlagzeilen geraten. Ein großer Dopingskandal war auch der positive Dopingbefund des kanadischen 100-m-Olymiasiegers von Seoul 1988, *Ben Johnson*.

Nach der Wiedervereinigung der beiden deutschen Staaten wurde das Ausmaß des „Staatsdopings" in der ehemaligen DDR bekannt (Informationen zu einem Einzelschicksal unter: www.andreas-krieger-story.de). Klagen von sog. „Dopingopfern" folgten daraufhin.

Durch die „ärztliche Dopingbetreuung" des Radsportteams Telekom durch zwei Mediziner geriet die Sportmedizin der Universität Freiburg 2007 unter Verdacht des systematischen Dopings über mehrere Jahrzehnte hinweg. Jahrelang wurde in diesem Fall von einer Kommission ermittelt.

Eine neue Dimension erreichte das Doping auch durch die sog. BALCO-Affäre in den USA im Jahr 2003. Dieses Unternehmen wurde ausschließlich zu Dopingzwecken gegründet. In einem speziellen Dopinglabor wurden entsprechende Mittel für Spitzensportler hergestellt und verteilt.

Der Radsport geriet immer mehr in ein schlechtes Licht, als es 1998 zum Festina-Skandal kam, und die Tour-de-France-Sieger *Bjarne Rijs* (1996) und *Floyd Landis* (2006) sowie der Deutsche *Jan Ullrich* (2007) des Dopings überführt wurden. Hier spielte der spanische Arzt *Eufemiano Fuentes* eine unrühmliche Rolle als Teamarzt des Radsportteams Liberty-Seguros-Würth. Er wurde Jahre später zu einem Jahr Haft auf Bewährung und einem mehrjährigen Berufsverbot verurteilt.

Der größte Star der internationalen Radsportszene, der Amerikaner *Lance Armstrong*, siebenfacher Sieger der Tour de France 1999 sowie 2000 bis 2005, bekam nach seinem Dopinggeständnis alle 7 Titel aberkannt und musste Preis- sowie Sponsorengelder zurückbezahlen. Dieser Dopingfall führte sogar zum Ausstieg der öffentlich-rechtlichen Fernsehanstalten ARD und ZDF aus der bis dahin sehr ausführlichen Live-Berichtserstattung zu der Tour de France.

Aufgrund eines Fernsehberichts der ARD geriet 2015 die russische Leichtathletik unter Dopingverdacht. Die WADA (World Anti Doping Agency) drohte daraufhin mit einem Olympia-Ausschluss für Brasilien 2016. Zu Beginn des Jahres 2016 wurde in einem weiteren Bericht über die russische Leichtathletik bekannt, dass sich an den Strukturen, die 2015 aufgedeckt wurden, nichts geändert hatte. Am 21. Juli gab der internationale Sportgerichtshof (CAS - Court of Arbitration for Sport) bekannt, dass die russischen Leichtathleten sowie Sportler weiterer Disziplinen wegen systematischen Dopings für die Olympischen Spiele in Rio de Janeiro 2016 gesperrt sind.

Noch während der Olympischen Spiele in Rio wurde durch die „Times" bekannt, dass ein Funktionär aus Kenia im Vorfeld versucht hatte, durch Bestechung Dopingproben zu verhindern („The Times", 07.08.2016).

Kenia, *der* Läufernation schlechthin, droht wegen eines mangelhaften Anti-Doping-Kampfes das Olympia-Aus in Rio de Janeiro 2016. Die WADA beklagt, dass im afrikanischen Land keine konkreten Anti-Doping-Maßnahmen erkennbar sind. Im Tennissport wurde die ehemalige Weltranglistenerste, die Russin *Maria Scharapowa*, zu Beginn des Jahres 2016 des Dopings mit einem Herzmedikament, welches die Durchblutung verbessert, überführt. Sie gestand, es über 10 Jahre hinweg eingenommen zu haben und gab an, eine Warnung der WADA übersehen zu haben, dass das Medikament ab dem 1.1.2016 auf der Verbotsliste steht. Nach dem Geständnis der populären Sportlerin beendeten große Sponsoren sofort ihre Unterstützung. Der Spielerin droht eine mehrjährige Sperre. Kurz darauf äußerte sich im Frühjahr 2016 gegenüber der „Sunday Times“ und der ARD/WDR der englische Arzt *Mark Bonar*, er habe ca. 150 hauptsächlich englischen Spitzensportlern beim Doping geholfen. Auch mehrere englische Fußballklubs sollen zu seinen Kunden gehört haben.

27.2 Doping im Breitensport

Das Dopingproblem ist keinesfalls nur auf den Leistungssport begrenzt, wo sein Missbrauch auch im Regelwerk verankert ist. Es gibt seit vielen Jahren vermehrt Hinweise, dass im Breitensport vor allem ein Medikamentenmissbrauch mit dem Ziel der Leistungssteigerung stattfindet. Sportler scheuen auch nicht davor zurück, Arzneimittel, die eigentlich für Tiere bestimmt sind, einzunehmen. Etwa 10–20 % der Mitglieder in deutschen Fitnessstudios geben an, bereits einmal Dopingsubstanzen verwendet zu haben. In Zahlen bedeutet dies, dass in Deutschland ca. 770000 Männer und ca. 300000 Frauen in diesen Institutionen mit leistungssteigernden Mitteln arbeiten. Es handelt sich dabei hauptsächlich um anabole Steroide oder Clenbuterol, aber auch um Stimulanzien. In vielen Studien lag die Missbrauchsrate bei Männern deutlich höher als bei Frauen. Je mehr Muskelmassenaufbau angestrebt wird, desto höher ist die Missbrauchsrate. Bei der Subgruppe der Bodybuilder lag eine deutlich höhere Häufigkeit an Medikamentenmissbrauch mit Raten zwischen 20 und 62 % vor, so die Ergebnisse dieser Studie (vgl. *Striegel*, 2008). Die Vermutung liegt daher nahe, dass Fitnessstudios für jugendliche Besucher ein Gefahrenpotenzial darstellen, da sie mit leistungssteigernden und gesundheitsgefährdenden Substanzen in Berührung kommen könnten. Fitnessstudiobesucher lassen sich auch immer mehr von Ärzten bezüglich ihrer Dopingpraktiken betreuen, was in einer Studie von *Striegel* (2008) immerhin ca. 32 % der Befragten angaben. Zum Doping in Freizeitwettkämpfen liegen so gut wie keine Daten vor. Die Tatsache, dass in diesem Sportsegment einerseits hoch ambitionierter Wettkampfsport betrieben wird und andererseits so gut wie keine Dopingkontrollen zu erwarten sind, lässt zumindest einen Missbrauch von Medikamenten zur Leistungssteigerung vermuten. Eine Dopingprävention im Breiten- und Freizeitsport findet quasi nicht statt (vgl. *Nieß* et al., 2014).

Nicht nur im Sport ist Doping ein Problem, es betrifft auch Teile unserer Gesellschaft. Für *Kläber* (2012) ist es alarmierend, dass in den westlichen Industrieländern in Betrieben wie Krankenhäusern oder Kasernen eine steigende Bereitschaft zu erkennen ist, Medikamente wie z. B. Aufputsch- und Beruhigungsmittel einzunehmen. *Krüger* (2012) spricht in diesem Zusammenhang von einer Medikalisierung der Gesellschaft. Der Griff zu Medikamenten und zu allen möglichen Mitteln und Methoden, die das Leben angenehmer, schmerzfreier und erträglicher machen sollen, wird zunehmend selbstverständlich. In Schulen und Universitäten wurde Ritalinmissbrauch festgestellt.

Zudem greifen immer mehr Kinder und Jugendliche zu Dopingmitteln. In den USA lag in einer Studie (vgl. *Kläber*, 2012) das Einstiegsalter bei 38 % der Fälle noch unter dem 15. Lebensjahr. Aber auch in Deutschland zeigt eine Studie diese Tendenz. Im Jahr zuvor hatte man bei über 500 Dopingproben Spuren dieses Medikaments festgestellt. Daraufhin wurde die WADA aktiv.

27.3 Der Kampf gegen das Doping

Für den Bereich des Leistungssports hat die WADA ein Regelwerk aufgestellt, welches auf der ganzen Welt verpflichtend gilt und einen fairen und gerechten Sport garantieren soll. Die WADA (World Anti Doping Agency) wurde 1999 gegründet und hat ihren Hauptsitz in Montreal, Kanada. Aufgabe der WADA ist die Förderung und Koordination des Anti-Doping-Kampfes auf internationaler Ebene (siehe www.wada-ama.org). Die nationale Agentur in Deutschland ist die NADA, die Nationale Anti Doping Agentur, mit Sitz in Bonn. Sie wurde 2002 gegründet und ist für die Dopingbekämpfung in Deutschland zuständig. Sie setzt sich aus den Ressorts Recht, Medizin, Prävention und Doping-Kontrollsystem zusammen (siehe www.nada.de).

Die Doping-Definition in Artikel 1 des NADA-Codes 2015 lautet:

Definition Doping:
Doping wird definiert als das Vorliegen eines oder mehrerer der nachfolgend in Artikel 2.1 bis Artikel 2.10 festgelegten Verstöße gegen Anti-Doping-Bestimmungen.

NADA-Code Artikel 2:

Als Verstöße gegen die Anti-Doping-Bestimmungen gelten:

2.1 Vorhandensein eines verbotenen Stoffs, seiner Metaboliten oder Marker in der Probe eines Athleten

2.2 Anwendung oder versuchte Anwendung eines verbotenen Stoffs oder einer verbotenen Methode seitens eines Athleten

2.3 Umgehen der Probenahme, Weigerung oder Versäumnis, eine Probe abzugeben.

2.4 Meldepflichtverstöße

2.5 Unzulässige Einflussnahme oder versuchte unzulässige Einflussnahme auf einen Teil des Dopingkontrollverfahrens

2.6 Besitz eines verbotenen Stoffs oder einer verbotenen Methode

2.7 Das Inverkehrbringen oder versuchte Inverkehrbringen von verbotenen Stoffen oder verbotenen Methoden

2.8 Die Verabreichung oder versuchte Verabreichung von verbotenen Stoffen oder verbotenen Methoden bei Athleten bei Wettkämpfen oder die Verabreichung oder versuchte Verabreichung von Stoffen oder Methoden, die außerhalb von Wettkämpfen verboten sind, bei Athleten außerhalb von Wettkämpfen

2.9 Beihilfe

2.10 Verbotener Umgang

Da ständig neue Wirkstoffe auf den Markt kommen, wird die Verbotsliste jährlich zum 01.01. angepasst (siehe NADA).

Der Artikel 4 des NADA-Codes umfasst verbotene Substanzen und Methoden. Es ist nicht möglich, an dieser Stelle alle verbotenen Substanzen aufzulisten. Hierzu zählen u. a.:

1. Anabole Substanzen
2. Peptidhormone, Wachstumsfaktoren, verwandte Substanzen und Mimetika
3. Beta-2-Agonisten
4. Hormone und Stoffwechselmodulatoren
5. Diuretika und andere Maskierungsmittel
6. Stimulanzien
7. Narkotika
8. Cannabinoide
9. Glukokortikoide
10. Alkohol und Betablocker
11. Manipulation von Blut und Blutbestandteilen
12. Chemische und physikalische Manipulation
13. Gendoping

Die Substanzen:

- 1.–5. sind zu jeder Zeit verboten,
- 6.–9. sind im Wettkampf verboten,
- Die Methoden unter 11.–13. sind zu jeder Zeit verboten,
- Alkohol und Betablocker sind nur in bestimmten Sportarten verboten.

Problematisch ist bei Sportlern auch die Verwendung von Medikamenten im Krankheitsfall. In den Medikamenten können nämlich Substanzen enthalten sein, die auf der Verbotsliste stehen. Gerade gebräuchliche Medikamente wie Hustensaft oder Erkältungsmittel halten viele Sportler für unbedenklich, doch diese können sich als Dopingfalle entpuppen. Über die Medikamentendatenbank der NADA (www.nadamed.de) kann man hierzu wichtige Informationen erhalten. Aber nicht nur Medikamente, sondern auch homöopathische Arzneimittel oder Nahrungsergänzungsmittel können verbotene Substanzen erhalten. Der Sportler muss sich eingehend informieren, bevor er etwas einnimmt. Als klassisches Beispiel sei hier *Aspirin Complex®* erwähnt, das Pseudoephedrin enthält und damit verboten ist. Ein harmloser Mohnkuchen kann das im Wettkampf verbotene Morphin enthalten, genauso wie asiatische Tees oder Schlankheitsmittel, die Beimengungen der verbotenen Stimulans Ephedrin enthalten können.

Wer sichergehen möchte, dass sein Nahrungsergänzungsmittel dopingfrei ist, kann in der sog. Kölner Liste nachschauen: www.koelnerliste.de oder in der NADA App.

27.4 Doping und seine Folgen

Eine positive Dopingprobe kann für den Sportler mehrere negative Konsequenzen nach sich ziehen.

Gesundheitliche Folgen: Dopingsubstanzen wie Anabolika erhöhen das Herzinfarkt- und Krebsrisiko. Bei Frauen können sie zu einer Vermännlichung führen (z. B. Bartwuchs, tiefe Stimme). Das Wachstumshormon HGH kann zu schweren Entstellungen im Gesicht führen.

Die gesundheitlichen Folgen verbotener Dopingmittel:

Anabolika: verstärkter Muskelaufbau, bessere Regeneration, höhere Leistungsfähigkeit

Nebenwirkungen: Herz- und Leberschäden, Brustvergrößerungen bei Männern, Vermännlichung bei Frauen, vorzeitiger Wachstumsstopp bei Kindern / Jugendlichen, Akne

Asthmamittel: erhöhen die Herzfrequenz, Leistungssteigerung vor allem im Ausdauerbereich, bei hoher Konzentration verstärkter Muskelaufbau

Nebenwirkungen: Herzschäden, erhöhter Blutdruck, Erhöhung des Blutzuckers, Muskelzittern

Stimulanzien: anregende Wirkung, erhöhte Sauerstoffaufnahme

Nebenwirkungen: erhöhter Blutdruck, Herzrhythmusstörungen, Unterdrückung der Ermüdungsgefühle, was bis zur völligen Erschöpfung führen kann

Erythropoetin (Epo): vermehrte Bildung roter Blutkörperchen, dadurch verbesserte Sauerstoffaufnahme und vor allem im Ausdauerbereich verbesserte Leistungsfähigkeit

Nebenwirkungen: Bei hoher Dosierung wird das Blut zähflüssig. Die Gefahr von Blutgerinnseln und Herzinfarkt steigt.

Sportliche Folgen:

Ein positiver Dopingbefund kann die Karriere beenden und dadurch die Lebensplanung erheblich beeinflussen. Wer mehrere Jahre gesperrt wird, verliert schnell den Anschluss an die Elite. Errungene Siege werden auch rückwirkend aberkannt.

Finanzielle Folgen:

Durch eine positive Dopingprobe kann es auch zu hohen finanziellen Einbußen für den Sportler kommen. Nicht nur Preisgelder, auch Zahlungen der Deutschen Sporthilfe können zurückgefordert werden. Zudem können Sponsorenverträge aufgelöst werden.

Soziale Folgen:

Durch Doping kann das eigene Image und auch das Image der Sportart beschädigt werden. Fans und Zuschauer werden betrogen, der Sport verliert in der Gesellschaft an Ansehen und Stellenwert.

Rechtliche Folgen:

Doping wird von den jeweils zuständigen Disziplinarorganen der Sportverbände oder einem unabhängigen Sportschiedsgericht sanktioniert. Seit 01.01.2016 gilt in Deutschland ein neues Anti-Doping-Gesetz. Erstmals kann damit ein Athlet wegen Dopings auch strafrechtlich belangt werden, was es bis dahin nicht gab. Es können Geld- oder sogar Freiheitsstrafen von maximal 3 Jahren verhängt werden, dies gilt auch für den Handel mit den verbotenen Substanzen. Schon der Fund eines Dopingmittels bei einem Sportler hat Konsequenzen. Wer Minderjährige dopt, muss sogar mit einer Haft von bis zu 10 Jahren rechnen.

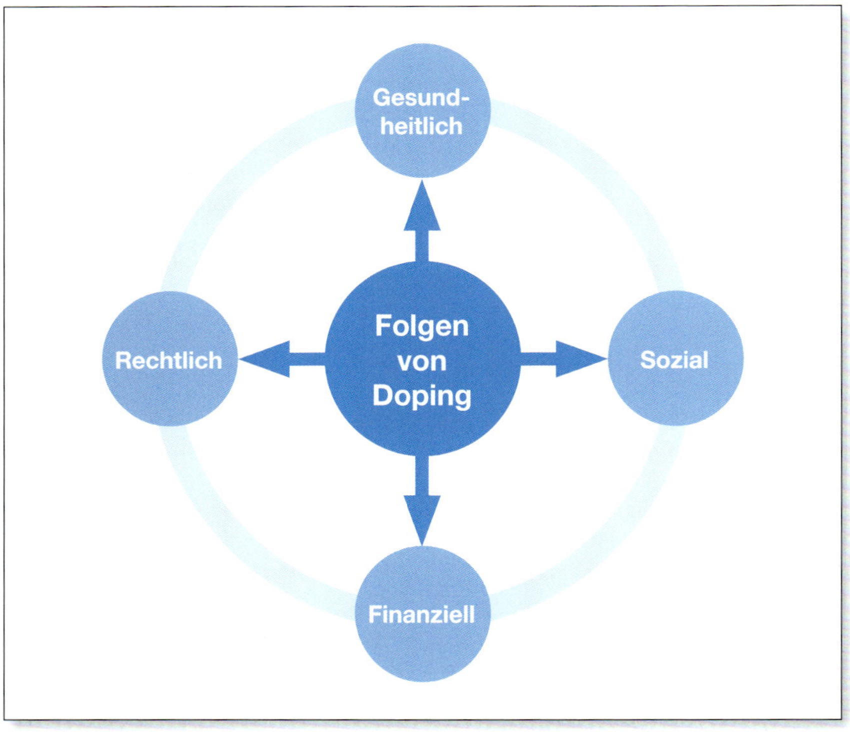

Abb. 27.1:
Die Folgen von Doping

27.5 Trainings- und Wettkampfkontrollen

Dopingkontrollen finden nicht nur nach einem Wettkampf, sondern auch im Training statt. Diese Kontrollen können jederzeit durchgeführt werden und beschränken sich keineswegs nur auf das Training selbst. Sie werden in Deutschland von der NADA organisiert. Dabei setzt die NADA auf intelligente Kontrollen, bei denen viele ganz unterschiedliche Faktoren in der Kontrollplanung beachtet werden.

Auf nationaler Ebene ist die NADA für die Organisation der Wettkampfkontrollen zuständig. Neben den Podiumsplätzen 1 bis 3 können auch andere Profi-Athleten per Losverfahren kontrolliert werden.

Der Ablauf einer Dopingkontrolle folgt genau festgelegten Regeln. Ein Film der NADA zeigt Schritt für Schritt den Ablauf einer Dopingkontrolle (zu finden unter: www.gemeinsam-gegen-doping.de).

Die Testpools und das Meldesystem ADAMS

Es gibt je nach Dopinggefährdung eine Einteilung in 3 Testpools (Stand: Dezember 2015):

1. Registered Testing Pool (RTP)
   ca. 600 Athleten, A-Kaderathleten aus Sportarten der Risikogruppe A (mit einem hohen Dopingrisiko) sowie Athleten des vom internationalen Verband festgelegten International Registered Testing Pool (IRTP)
2. Nationaler Testpool (NTP)
   ca. 1400 Athleten, A-Kaderathleten aus Sportarten der Risikogruppen B und C (mit einem geringen bis mittleren Dopingrisiko) und B-Kaderathleten der Risikogruppe A (mit einem hohen Dopingrisiko)
3. Allgemeiner Testpool (ATP)
   ca. 5000 Athleten, alle weiteren Kaderathleten, d. h. aus dem B-, C, und D/C-Kader (nur bei Risikogruppen B und C)

Im Jahr 2010 hat die NADA 8108 Trainings- und 849 Wettkampfkontrollen organisiert und durchgeführt. Die Anzahl der Wettkampfkontrollen erreichte damit einen Höchstwert. 66 Dopingkontrollen führten zu Verfahren wegen möglicher Verstöße gegen Anti-Doping-Bestimmungen. 48 Verfahren resultierten aus Wettkampfkontrollen, 9 aus Trainingskontrollen der NADA, ebenfalls 9 mögliche Verstöße gegen Anti-Doping-Bestimmungen wurden unabhängig von einem positiven Analyseergebnis registriert. Erstmals handelte es sich in 3 Fällen um Meldepflichtverstöße oder verpasste Kontrollen.

Um für unangemeldete Kontrollen verfügbar zu sein, muss der Sportler der NADA Angaben zu seinem Aufenthaltsort und seiner Erreichbarkeit übermitteln. Für den RTP und NTP muss ein Sportler z. B. vierteljährlich im Voraus für jeden einzelnen Tag seine voraussichtlichen Aufenthaltsorte und -zeiten sowie regelmäßige Tätigkeiten und Teilnahmen an Wettkämpfen melden. Diese Meldungen sind grundsätzlich im Meldesystem ADAMS (Anti-Doping Administration and Management System) einzugeben. Jeder Athlet erhält dafür einen personalisierten Zugang von der NADA. Dieses Zugangsportal zu ADAMS findet sich unter: www.adams.wada-ama.org.

Zusammenfassung und Ausblick

Die Geschichte des Dopings ist genauso alt wie der Sport selbst. Lösungsansätze müssen berücksichtigen, dass es sich beim Doping um ein hochkomplexes System handelt, welches genauso hochkomplexe Gegenmaßnahmen erfordert. *Kläber* (2012) schlägt eine möglichst frühzeitige und rigorose Aufklärungsarbeit im prophylaktischen Sinne vor, die schon in den Schulen beginnen müsste. Das NADA-Präventionsprogramm GEMEINSAM GEGEN DOPING setzt ebenfalls frühzeitig ein und folgt dieser Einschätzung. Fächerübergreifend könnte man sich im Biologieunterricht mit den Wirkungsweisen der Dopingmittel und Negativauswirkungen auf die Gesundheit befassen. Sinnvollerweise sollten auch der Sportunterricht sowie die Sportvereine in die Aufklärungsarbeit integriert werden. Es geht aber gleichzeitig beim Kampf gegen Doping um mehr als nur um den Sport, es handelt sich letztendlich auch um ein gesamtgesellschaftliches Problem.

Aufgaben und Fragen

1. Welche Folgen kann Doping für einen betroffenen Sportler haben? Beschreiben Sie bitte möglichst genau.
2. Was hat sich seit dem 01.01.2016 an der rechtlichen Situation im Doping verändert? Wer ist in Deutschland für Dopingkontrollen zuständig, wer im internationalen Sport?
3. Ist Doping lediglich eine Erscheinung der letzten 50 Jahre? Wie hat sich Doping geschichtlich entwickelt?
4. Ist Doping lediglich eine Erscheinung des modernen Leistungssports?
5. Nennen Sie die gesundheitlichen Nebenwirkungen der bekanntesten Dopingmittel.
6. Welche Testpools gibt es? Wird nur im Wettkampf getestet?
7. Versuchen Sie Argumente zu finden, die dafür sprächen, Doping freizugeben.

Literatur

Baumann, S.: Mannschaftspsychologie, Meyer & Meyer Verlag, Aachen 2002

Baumann, S.: Psychologie im Sport, Meyer & Meyer Verlag, Aachen 2006

Bäumler, G.; Schneider, K.: Sportmechanik, BLV Buchverlag, München 1981

Beck, F.: Sport macht schlau, Goldegg Verlag, Berlin 2014

Borggrefe, C.; Thiel, A.; Cachay, K.: Sozialkompetenz von Trainerinnen und Trainern im Spitzensport (Band 5). Sport und Buch Strauß Verlag, Köln 2006

Braun, H.; Carlsohn, A.: Vegan zu Gold. In: Dt. Z. f. Sportmed. 66:2 (2015) S. 1–3

Bray,K. : Wie man richtig Tore schießt, Pendo-Verlag, München 2006

Breuer, C.; Mutter, F.: Zum Wert des Sports aus ökonomischer Perspektive. Exzerpt. Deutsche Sporthochschule Köln, Köln 2013

Breuer, C.; Thiel, A.,: Handbuch Sportmanagement, Hofmann-Verlag, Schorndorf 2005

Bruckmann, K.; Recktenwald, H.D.: Schulsport Buch, Meyer & Meyer Verlag, Aachen 2010

Cohen, D.B.; Mont, M.A.; Campbell, K.R.; Vogelstein, B.N.; Loewy, J.W.: Upper extremity physical factors affecting tennis serve velocity. In: Am J Sports Med. Nov–Dec 22:6 (1994) 746–750

Cross, K.M.; Worrell, T.W.: Effects of a static stretching program on the incidence of lower extremity musculotendinous strains. In: J. Athl. Train. 34 (1999) 11–14

de Marées, H.; Heck, H. Sportphysiologie, Sportverlag Strauß, Köln 2003

Deutscher Behindertensportverband (Hrsg.): Leitfaden für die Qualifizierung der paralympischen Sportarten, Frechen 2016

Deutscher, C., Hovemann, G., Pawlowski, T., Thieme, L.: Handbuch Sportökonomik, Hofmann Verlag, Schorndorf (2016) S. 315

Digel, H.: Lehren im Sport. Rowohlt Verlag, Hamburg,1983

DLV (Hrsg.): Kinder-Leichtathletik, 2. Auflage, Philippka-Sportverlag, Münster 2004

DOSB (Hrsg.): Positionspapier des DOSB, 2006

Finley, M.J.; Pleket, H.W.: Die Olympischen Spiele der Antike, Wunderlich Verlag, Tübingen 1976

Francescon, G.: Soziale Kompetenz für Trainer/innen und Übungsleiter/innen im Kinder- und Jugendsport, Sportjugend Hessen, Frankfurt 2001

Freiwald, J.: Optimales Dehnen, Spitta Verlag, Balingen 2013

Freiwald, J.; Greiwing, G.: Optimales Krafttraining, Sport – Rehabilitation – Prävention, Spitta Verlag, Balingen 2016

Friedrich, W.: Optimale Sporternährung, Spitta Verlag, Balingen 2015

Gärtner, D.: Beweglichkeit im Sport. In: Leistungssport 3 (2016), S. 5–12

Gleich, U.: Merkmale und Funktionen der Sportberichterstattung. In: Media Perspektiven 11/2000

Göhner, U.: Bewegungsanalyse im Sport, Hofmann Verlag, Schorndorf 1979

Gotthardt, T.: Rasenballsport aus der Dose. In: Südwestpresse, 18.02.2017, S. 4

Grosser, M.; Hermann, H.; Tusker, F.; Zintl, F.: Die sportliche Bewegung, BLV Buchverlag 1987

Hägele, M.; Zinner, C.; Wahl, P.; Sperlich, B.; Mester, J.: Aktiv oder passiv – der Effekt unterschiedlicher Erholungsprotokolle nach hochintensivem Intervall-Training (HIT). In: Leistungssport 6 (2009) S. 10–14

Hegner, J.; Hotz, A.; Kuntz, H.: Erfolgreich trainieren. Akademischer Sportverband Zürich, Zürich 2000

Herbert, R. D.; Gabriel, M.: Effects of stretching before and after exercising on muscle soreness and risk of injury: systematic review. In: BMJ, Vol. 325, 8 (2002), S. 1–5

Holfelder, B.; Bubeck, D.: Theoretische Betrachtungen über die Trainingssteuerung anhand des Laktatstoffwechsels und der Muskelfasertypisierung. In: Schweizerische Zeitschrift für Sportmedizin und Sporttraumatologie, 60:1 (2012) S. 32–39

Hollmann, W.; Strüder, H.K.: Sportmedizin, Schattauer-Verlag, Stuttgart 2009

Hohmann A.; Lames M.; Letzelter M.: Einführung in die Trainingswissenschaft. Limpert Verlag, Wiebelsheim 2007

Hottenrott, K.; Neumann, G.: Trainingswissenschaft, Meyer & Meyer Verlag, Aachen 2016

Ivy, J.; Portman, R.: Nutrient Timing, Basic Health Publications, Inc., Laguna Beach, USA 2004

Jeker, M., Bühr, V., Colombani, P.: Kohlenhydrate. In: Swiss forum for sport nutrition, 3, 2004

Kläber, M.: Dopingaufklärung an Schulen. In: Sportunterricht 61 (2012) S. 106–110

Klee, A.: Update Dehnen. In: Sportunterricht 62 (2013) 130–134

Klee, A.; Wiemann, K.: Dehnen – Training der Beweglichkeit. Schriftenreihe Praxisideen, 2. erw. Aufl. Hofmann Verlag, Schorndorf 2012

Krüger, M.: Doping als Phänomen des Sports und Thema der Sportpädagogik. In: Sportunterricht 4 (2012) S. 99–105

Kulmann, D.: Erfolgsmodell Sportverein zwischen Kontinuität und Wandel. www.DOSB.de, 2016

Langenfeld, H.: Handlexikon Sportwissenschaft, Amateurismus, Professionalisierung. Schorndorf: Hofmann Verlag, Schorndorf 1984

Linz, L.: Erfolgreiches Teamcoaching, Meyer & Meyer Verlag, Aachen 2004

Mettler, S.; Colombani, P.: Wasser. Swiss forum for Sport Nutrition, 8/2010

MKJS Baden-Württemberg (Hrsg.): Schülermentorenausbildung in Baden-Württemberg – eine Erfolgsgeschichte. 2009

Nieß, A.; Striegel, H.; Wiesing, U.: Doping und Medikamentenmissbrauch im Breiten- und Freizeitsport. In: Dt. Z. f. Sportmed. 65 (2014) S. 29–33

Noakes, T.D.: Fatigue is a brain-derived emotion that regulates the exercise behavior to ensure the protection of the whole body homeostasis. In: Front Physiol. 82 (3) 2012

Olivier, N., Rockmann, U., Krause, D., Grundlagen der Bewegungswissenschaft und -lehre, Hofmann Verlag, Schorndorf 2013

Pawlowski, M.: Sportökonomik, UVK Verlagsgesellschaft, München und Konstanz 2016

Preuß, H.: Aktuelle Herausforderungen und Perspektiven für die Olympische Bewegung, http://www.sport.uni-mainz.de/Preuss/site_de/f_olympia.shtml (Zugriff am 15.05.2017)

Rieder, H.; Fischer, G.: Methodik und Didaktik im Sport, BLV Buchverlag, München 1986

Röthig, P.: Sportwissenschaftliches Lexikon, Hofmann Verlag, Schorndorf 1992

Sauerland, M. et al.: Selbstmotivierung für Sportler, Spitta Verlag, Balingen 2013

Schek, A.: Ernährung im Top-Sport. Umschau Zeitschriftenverlag, Wiesbaden 2013.

Schek, A.: Die Ernährung des Sportlers, In: ErnährungsUmschau, Heft 6 (2008) S. 362–370

Schleip, R.: Faszien-Fitness. Riva-Verlag, München 2015

Schmitz, J.N.: Allgemeine Grundlagen der Sportpädagogik, Hofmann, Schorndorf 1979

Schnabel, G., Harre, D., Borde, A.: Trainingswissenschaft, Sportverlag, Berlin 1997

Schönborn, R.: Optimales Tennistraining, Spitta Verlag, Balingen 2005, S. 34

Schönborn, R.: Optimales Tennistraining, 2. Aufl., Spitta Verlag, Balingen 2010, S. 181

Schröder, U., Wagner, G.: Bedeutung des Trinkens für die mentale Leistungsfähigkeit. In: Dt. Z. f. Sportmed. 2 (2001) S.80

Schulz von Thun, F.: Miteinander reden – Störungen und Klärungen, Rowohlt, Hamburg 1981

Spiecker, H.: Sportschuhe, Perimed (Spitta) 1983, S. 25

Sport Brockhaus, Brockhaus, Wiesbaden 1984

Steinhöfer D.: Grundlagen des Athletiktrainings. Philippka Verlag, Münster 2003

Strauß, T.; Wydra, G.: Untersuchungen zum Einfluss von statischem Dehnen auf die Wurfgeschwindigkeit im Handball. In: Leistungssport 6 (2010) 35–39

Striegel, H.: Doping im Fitness-Sport. Nomos, Baden-Baden 2008

Thiel, A.; Seibert, K.; Mayer, J.: Sportsoziologie, Meyer & Meyer Verlag, Aachen 2013

Tittel, K.: Beschreibende und funktionelle Anatomie des Menschen, 10. Aufl. Gustav Fischer Verlag, Stuttgart 1985

Tolks, L.: Helden im Cyberspace. In: Magazin am Wochenende (2017) S. 2–3

Trosien, G.: Sportökonomie, Meyer & Meyer Verlag, Aachen 2009

Urban, S.: Distanzvergleich und Zielgenauigkeit von Einwurfvarianten im Sportspiel Fußball. Unver. Masterarbeit, Universität Konstanz 2014

Wahl, P.; Bloch, W.; Mester, J.: Moderne Betrachtungsweise des Laktats: Laktat ein überschätztes und zugleich unterschätztes Molekül. In: Schweiz. Z. f. Sportmed. u. Sportraum. 57:3 (2009) S. 101–107

Weineck J.: Optimales Training, 14. Aufl. Spitta Verlag, Balingen 2004 a

Weineck, J.: Sportbiologie, 10. überarb. und erw. Aufl., Spitta Verlag, Balingen 2010

Weineck, J.: Sportanatomie, 18. Aufl., Spitta Verlag, Balingen 2008

Wesson, J.: Fußball – Wissenschaft mit Kick, Spektrum Verlag, München 2006

Wick, D. Biomechanik im Sport, 3. überarb. und erw. Aufl., Spitta Verlag, Balingen 2009

Wottschel, S.; Wydra, G.; Bös, K.: Beweglichkeit unter Trainings- und Wettkampfbedingungen. In: Leistungssport 5 (2012) 47–52

Sachregister

B

C

Ergänzend zum Fachbuch Fit im Schulsport

Andrea Halder, Wolfgang Friedrich

Arbeitsheft – Fit im Schulsport

Optimales Sportwissen für das Sportprofil

1. Auflage 2017
Broschur, 296 S. 96 Abb., umfangreiche Ausfüllfelder
17,80 Euro [D], 18,30 [A], 20,20 CHF UVP
ISBN 978-3-941964-72-3

Das Arbeitsheft für das Lehrbuch „Fit im Schulsport – Optimales Sportwissen für das Sportprofil".

Analog zu jedem Kapitel des Lehrbuches beinhalten die Arbeitsmaterialien konkret die Wissensbereiche des Bildungsplanes des Pflichtfaches Sport an Gymnasien sowie des Profilfaches Sport an Gemeinschaftsschulen.

Alle Inhalte des Sport-Bildungsplanes abgebildet

Die geforderten theoretischen Inhalte des Bildungsplanes werden detailliert aufgearbeitet und mit der Praxis verknüpft. Durch den hohen Theorie-Praxis-Bezug setzen die Schülerinnen und Schüler das Erlernte gewinnbringend in der Praxis um. Dies vermittelt den Lernpartnern neben dem Basiswissen aus der Sporttheorie die vielseitigen Vorteile von Sport und motiviert mit praktischen Anleitungen und Trainingstipps zum lebenslangen Sporttreiben.

Anhand sogenannter „Inputseiten" erarbeiten die Schülerinnen und Schüler das Thema mithilfe von

- ✓ Schaubildern,
- ✓ Lückentexten,
- ✓ Grafiken
- ✓ sowie aktuellen Recherchen und Erkenntnissen.

Mit praktischen Fragen rund um die Sporttheorie

Den „Inputseiten" schließen sich Fragen an, die den Lernpartnern ermöglichen, auf drei unterschiedlichen Niveaustufen ihr erlerntes Wissen zu überprüfen.

Die motivierenden, abwechslungsreichen sowie dem Alter entsprechenden Methoden aktivieren die Schülerinnen und Schüler zum eigenständigen und selbstverantwortlichen Lernen.

Die Arbeitsmaterialien ermöglichen den Lernpartnern einen interessanten, praxisnahen sowie differenzierten Zugang zu sporttheoretischen Inhaltsbereichen, die sie im eigenen sportlichen Handeln positiv und gewinnbringend unterstützen.

Auch für Sport-Lehrkräfte geeignet

Für Lehrkräfte ist das Arbeitsheft eine wertvolle Planungs- und Strukturierungshilfe. Die Kapitel sind inhaltlich sinnvoll aufeinander aufgebaut und dienen als Leitfaden für die in den Bildungsplänen dargestellten Kompetenzen. Des Weiteren eignen sich die Inhalte der Arbeitsmaterialien optimal zur Erstellung differenzierter Lernstandsüberprüfungen, da sie konkret für das Unterrichten auf drei Niveaustufen ausgearbeitet wurden.

spitta

Spitta GmbH
Ammonitenstraße 1
72336 Balingen
Tel.: 07433 952-0
Fax: 07433 952-111